普通高等教育"十二五"规划建设教材

公共关系学

于中涛　景庆虹　主编

中国农业大学出版社

·北京·

内容简介

本教材共由13章组成。主要论述了公共关系的产生和发展，公共关系的基本功能，公共关系的组织机构，公共关系从业人员培养，公共关系对象，公共关系传播，公共关系工作程序，危机公共关系，涉外公共关系，公共关系心理，公共关系人际交往，公共关系礼仪等内容。

图书在版编目(CIP)数据

公共关系学/于中涛，景庆虹主编．—北京：中国农业大学出版社，2011.5(2015.7重印)

ISBN 978-7-5655-0247-7

Ⅰ.①公… Ⅱ.①于… ②景… Ⅲ.①公共关系学-高等学校-教材 Ⅳ.①C912.3

中国版本图书馆CIP数据核字(2011)第043166号

书　　名　公共关系学

作　　者　于中涛　景庆虹　主编

策划编辑　潘晓丽　　**责任编辑**　尹　静

封面设计　郑　川　　**责任校对**　王晓凤　陈　莹

出版发行　中国农业大学出版社

社　　址　北京市海淀区圆明园西路2号　　**邮政编码**　100193

电　　话　发行部 010-62731190，2620　　读者服务部 010-62732336

编辑部 010-62732617，2618　　出　版　部 010-62733440

网　　址　http：//www.cau.edu.cn/caup　　**e-mail** cbsszs @ cau.edu.cn

经　　销　新华书店

印　　刷　涿州市星河印刷有限公司

版　　次　2011年5月第1版　2015年7月第2次印刷

规　　格　787×980　16开本　19.25印张　350千字

定　　价　29.00元

编写人员名单

主　编　于中涛　景庆虹

副主编　高　英　欧书阳　雷焕贵　赵　爽

参　编　刘雪梅　赵立艳　杜　娟　高爱霞　周津春
李　梅　张小楠　陈　勇　舒永久　康菊花

前　言

公共关系学是一门研究协调社会组织与公众之间关系，以实现社会组织“内求团结，外求发展”、“内强素质，外树形象”的现代管理科学，是在改革开放初期开始传入我国大陆的一门新兴学科。

进入新世纪，经济全球化趋势越加明显，中国需要与世界各国在更大范围内和更深层次上进行沟通和交往，更加需要树立和维护自己的国际形象。随着我国改革开放的不断深入，特别是社会主义市场经济的发展与和谐社会的建立，需要各种社会组织不断提升现代管理水平，需要各个地区之间、组织部门之间、组织与公众之间以及人与人之间有更多的交往与协调。事实表明，公共关系在国际交往、组织管理、市场营销、人际关系协调、危机处理、优化环境、提升形象以及和谐社会建设等方面，都占有重要的位置，起着重要的作用，日益受到人们的关注。人们也越来越认识到公共关系人才的重要性以及公共关系学在人才培养方面的重要意义。在我国的高校中，也普遍开设了公共关系学课程，加强了对公共关系学的理论研究和实践教学。正是在这样的背景下，我们在总结多年教学和研究成果以及实践经验的基础上，编写了《公共关系学》这本书。

本书坚持系统性和简明性、知识性和可读性、理论性和实用性相统一的原则，介绍了公共关系的历史沿革、主要功能、基本原则、方法技巧、工作程序、国际公关、危机公关、公关心理等内容，各章都附有内容提要和复习思考题，它不仅适合于高等院校公共关系类专业的教学需要，也适合于非公共关系类专业的公共必修课或公共选修课的教学需要，同时亦可作为企业职工和公务员上岗培训、在职培训的教材，并可供在职人员自学提高使用。

本书由于中涛拟定编写提纲，由各位编者分别执笔完成。各位编者的书稿完成后由于中涛和景庆虹进行全面修改，最后由于中涛统稿、定稿。各章执笔分工如下：绪论，于中涛（沈阳农业大学）；第一章，李梅（四川农业大学）、杜娟（山西农业大学）；第二章，张小楠（新疆农业大学）、高爱霞（山东财政学院东方学院）；第三章，陈勇（福建农林大学）、赵立艳（沈阳农业大学）；第四章，刘雪梅（北京林业大学）；第五章，康菊花（新疆农业大学）、周津春（中国农业大学）；第六章，舒永久（四川农业大学）、雷焕贵（山西农业大学）；第七章和第八章，景庆虹（北京林业大学）；第九章，欧书阳(西南大学);第十章,于中涛(沈阳农业大学);第十一章,高英(北京农学院);第十二章,赵爽(新疆农业大学)。

在本书的写作过程中,参阅了国内外大量的有关著作和文献资料,在此,我们对相关的学者和作者表示诚挚的谢意!

本书的编写得到了中国农业大学出版社及许多专家和学者的帮助与支持。特别是中国农业大学出版社为本书的编写和出版提出了多方面的指导性意见,做了大量的工作,在此,请接受我们最诚挚的谢意。

本书肯定会有不少的缺点、不足和疏漏,祈望广大师生及读者对本书提出宝贵意见,给予批评指正,以便今后进一步修改与完善。

编 者

2011 年 2 月

目　录

绪　论

本章要点

1. 公共关系与公共关系学。

2. 公共关系学的学科性质。

3. 公共关系的基本要素。

4. 公共关系与相关活动及相关学科的关系。

第一节　公共关系与公共关系学

一、公共关系的含义

要了解什么是公共关系学，首先就要了解什么是公共关系。

从词源学上说，“公共关系”一词源于英语“public relations”，因此，公共关系也被简称为 PR。由于现代公共关系产生和发展的历史较短，也由于公共关系学本身还是一门新兴的学科，尚不够成熟和完善，所以，人们对公共关系至今也没有一个确定而统一的定义。事实上，要给公共关系下一个统一的定义是不可能的，也是不必要的。只要符合以下几个原则，公共关系的定义完全可以有不同的表述。

第一，这个定义能反映和明确公共关系的构成要素及其内在关系。公共关系的三个基本要素是：公共关系的主体一社会组织；公共关系的客体一公众；公共关系的手段一传播沟通。

第二，这个定义能反映和明确公共关系的基本功能、主要目的和核心概念，这就是提高社会组织的知名度和美誉度，树立组织的良好形象。

第三，在语言表达上应当简洁，抓住实质。任何关于公共关系的定义都不可能也没有必要包罗公共关系的一切方面、一切作用和一切功能，关键是反映和明确公共关系的本质或实质。

据此，我们可以将公共关系定义为：公共关系是社会组织借助于传播沟通手段，提高知名度和美誉度，树立良好形象，以争取公众的了解、理解和合作的一种客观状态和现实活动。因此，虽然从广义上说，公共关系还有其他一些指代，特别是人们也常常将研究公共关系的科学，即公共关系学简称为公共关系，但实际上，通常所说的“公共关系”这个概念主要有两重含义：它既可以被理解为一种客观状态，也可以被理解为一种实践活动。

1.公共关系状态

从静态上看，公共关系表现为社会组织与公众之间关系的一种客观存在的现实状态，如是紧密还是疏远、是融洽还是紧张、是合作还是对抗等，尤其突出表现为社会组织在公众中的知名度、美誉度及其形象的现实状态。

一般来说，一个组织的公共关系状态可以有三种类型：

一是良好的公共关系状态。此时社会组织拥有较高的知名度和美誉度及良好的组织形象，处于被公众支持和信赖，从而沟通与合作比较顺利的状态。这是社会组织存在和发展的环境基础。

二是不良的公共关系状态。此时社会组织形象欠佳，处于不被公众支持和信赖，甚至误解很深、矛盾冲突明显、合作难以进行的状态。不良的公共关系状态对社会组织的存在和发展会带来诸多不利的影响和危害，不但会使该组织无法取得“人和”之利，而且还会使该组织处于潜在的危机之中。

三是中性公共关系状态。此时社会组织形象不好不坏，组织与公众之间没有明显的矛盾冲突，公众对该组织也没有特别的好感、支持和信赖。这是介于良好的公共关系状态和不良的公共关系状态之间的中间状态，它既可以发展为良好的公共关系状态，也可以发展为不良的公共关系状态。究竟会向哪个方向发展，取决于这个组织是否开展以及如何开展有效的公共关系活动。

2.公共关系活动

从动态上看，公共关系又表现为一种活动。当一个社会组织自觉地采取各种公共关系手段去改善原有的公共关系状态时，便出现了公共关系活动。实际上，公共关系活动就是社会组织为了提高知名度和美誉度，塑造良好的组织形象，协调与公众的关系而开展的各种实务性活动。这些活动又可以分为日常的公共关系活动和专项公共关系活动两大类。前者主要是指渗透在日常例行性业务工作中的公共关系活动，如协调沟通、注重礼仪、热情服务、礼貌待客、一般性宣传资料的编写与发放等。后者主要是指配合组织整体发展目标并根据组织不同发展阶段的需要而专门策划和实施的专题性公共关系活动，如举办新闻发布会、展览会、产品展示会、社会赞助、广告制作与宣传、市场调查、公共关系危机管理等。

总之，要正确、全面地理解公共关系这个概念，就应该从静态和动态相结合的角度,将公共关系看做是客观的社会状态和能动的社会实践的统一。

二、公共关系学的对象和内容

1.公共关系学的对象

广义地说,公共关系概念的内涵之一,就是公共关系学。我们常常将公共关系学简称为公共关系,对公共关系学和公共关系这两个概念不加区别,在同等意义上使用。但是,狭义地说,这毕竟是两个不同的概念,二者是反映和被反映、研究和被研究的关系。

一门学科的特定研究对象,是该学科赖以建立和发展的基石,也是该学科区别于其他学科并得以独立存在的标志。和其他各门科学一样,公共关系学作为一门科学,也有自己特定的研究对象和独立的研究领域。简单地说,公共关系学的研究对象就是公共关系,就是社会组织与公众的相互关系。公共关系学是一门研究社会组织与公众之间关系,研究公共关系活动及其规律和方法的一门学科,它是对公共关系现实状态的反映,是对公共关系实践活动及其经验的理论概括和总结。

2.公共关系学的内容

公共关系学的研究对象决定了公共关系学的研究内容和范围,一般可以相对地将其分为公共关系历史、公共关系理论和公共关系应用三大组成部分。

(1)公共关系历史研究。公共关系历史的研究主要以公共关系自身的历史变迁和发展作为主要内容,但同时也要分析现代社会的政治、经济、科学技术和文化等因素同公共关系产生和发展的关系。

公共关系和公共关系学是随着人类社会的进步而逐渐形成和发展起来的,研究公共关系和公共关系学产生与发展的历史,揭示其发生发展的原因、条件、背景及其各个发展阶段的特点,总结其历史经验,并探求其历史发展的规律,既便于我们全面认识公共关系和公共关系学,也有利于为现实的公共关系实践提供有益的借鉴。

(2)公共关系理论研究。公共关系理论研究又包括基础理论研究和相关理论研究两部分。

公共关系学的基本理论研究是公共关系学理论的核心,它是对公共关系的本质特征和一般规律的概括,其主要内容包括公共关系学的基本概念和学科特性,公共关系的含义、地位与功能,公共关系的基本要素及其关系,公共关系活动的工作步骤与方法,公共关系的组织机构和基本原则等。

公共关系的相关理论是指与公共关系学关系密切的相关学科,如社会学、心理学、传播学、新闻学、管理学、舆论学、广告学、市场学、行为科学、人际关系学等。作为一门交叉性、综合性的学科，公共关系学涉及了许多学科的研究领域，借鉴了这些学科的有关理论、方法和研究成果，这些学科的很多内容与公共关系的理论研究和实际运作密切相关。

(3)公共关系应用研究。应用研究主要是对公共关系实务部分的研究，它是对公共关系的具体运作过程以及实际运作原则、方法与技巧的研究，包括民公共关系日常事务性工作，组织内外信息的调查、评估和反馈，与新闻媒介交往、进行新闻传播及宣传，举办各种公共关系专题活动，设计、制作广告，公共关系谈判与演讲，公共关系策划，危机事件处理，会场的布置及会议议程的安排，组织展览会、展销会、联谊会、民意测验，参加社会公益活动，培训公共关系工作人员、建设公共关系机构，研究公共关系礼仪，进行国际公共关系等。公共关系学是一门应用性极强的学科，从一定意义上说，公共关系学研究的目的，就在于指导公共关系的实际运作。

公共关系的理论研究，是公共关系应用研究的基础，并对公共关系的应用起着巨大的指导作用；而公共关系的应用研究，则是公共关系理论研究的目的。公共关系发展历史的研究则从属于公共关系的理论研究和公共关系的应用研究。三者相辅相成、共同构成了公共关系学完整的研究对象、范围和内容。

三、公共关系学的学科性质

要更好地了解什么是公共关系学，不仅要揭示公共关系学的研究对象、内容和范围，还要搞清楚公共关系学的学科性质和特点。

1.公共关系学属于人文社会科学

所谓人文科学，在过去，是指以人和自然为对象的世俗学问，是与“神学学科”相对应和并立的。在今天，广义而言，人文科学是指对社会现象和文化艺术的研究。在西方，通常认为人文科学包括语言、文学、绘画、音乐、雕塑、建筑、哲学、历史等学科。社会科学是研究社会现象的科学，包括政治学、经济学、军事学、法学、教育学、文艺学、史学、民族学、宗教学、社会学、语言学等学科。实际上，由这种划分本身就可以看到，人文科学和社会科学是很难区分开来的，二者相互包含、你中有我、我中有你。所以，我们通常将其统称为人文社会科学。

从公共关系学的研究对象、内容、范围以及公共关系的功能上看，公共关系学不是研究自然现象及其规律，而是研究社会组织与公众的关系，从而研究人和社会、研究社会现象及其规律，它属于人文社会科学。

2.公共关系学是一门边缘性、交叉性和综合性的学科

现代科学发展的特点之一就是，各门科学既相互分化，又相互综合，各门科学的发展或多或少都具有相互渗透、相互借鉴、相互结合的特点。公共关系学也是如此。公共关系学既是一门独立的学科，又是一门多学科交叉的、边缘性的、综合性的学科，它借鉴和运用了管理学、社会学、政治学、经济学以及心理学、伦理学、传播学、市场营销学、广告学、舆论学、演讲学、谈判学、行为学、人际关系学、逻辑学、社交学、民俗学、口才学等学科的理论、观点和方法，对社会组织和公众之间的相互关系，即公共关系进行研究，从而具有高度的综合性，是多门学科综合发展的产物。

3.公共关系学是一门应用性、实践性较强的学科

公共关系学是一门在公共关系实践活动基础之上产生出来又用以指导公共关系实践活动的应用学科，公共关系学研究的目的，就在于指导公共关系的实际运作。如果离开了指导公共关系实践活动，没有应用性，公共关系学就失去了其存在的价值。所以，现代公共关系学都有应用研究部分，对公共关系的具体运作过程以及实际运作原则、方法与技巧进行专门研究。并且，公共关系学的研究和教学都很注重案例分析，任何公共关系案例都是公共关系学的有关理论和方法的具体而生动的运用与展现；依据具体的案例对公共关系学的有关问题进行学习和研究，可以极大地提高人们的思维能力和应用能力，掌握发现问题、分析问题和解决问题的方法与技巧。

综上所述，公共关系学是一门具有交叉性、综合性和应用性的人文社会科学。

第二节 公共关系的基本要素

一、社会关系与公共关系

公共关系属于社会关系，而社会关系又属于关系，因此，要分析公共关系及其基本要素，首先就要分析“关系”。

1.“关系”和社会关系

从广义上说，“关系”是指事物之间的相互依赖、相互作用、相互影响、相互制约。一般地讲，世界上存在着物与物、人与物以及人与人这三大类关系。

物与物的关系主要是存在于自然界中的各种物质关系。如物质的化合与分解，星体间的吸引与排斥，动植物的生殖繁衍与遗传变异等。

人与物的关系主要是指人与自然界的关系，是通过人们反映、改造、适应和保护自然的认识与实践活动表现出来的关系。

人与人的关系主要是人们在社会领域中，特别是在生产实践活动中所结成的社会关系。小到家庭关系、邻里关系、血缘关系、亲属关系、师生关系、同学关系、老乡关系、干群关系，大到生产关系、阶级关系、民族关系、甚至于国际关系等。

从狭义上说，“关系”特指社会领域中人与人的关系，也就是社会关系。反过来说，社会关系就是指社会领域中发生的人与人的关系。

公共关系就是一种社会关系。从分析“关系”特别是社会关系入手，才能把握住公共关系的实质，对社会关系的研究是公共关系要素分析的起点。

2.“关系”及社会关系的特性

“关系”及社会关系有很多特性，其中与公共关系活动及公共关系学研究直接相关的特性主要有：

(1)关系的客观性。关系本身并非是看得见、摸得着的有形实体，但也不是虚无缥缈之物，不管人们承认不承认，意识到或意识不到，各种关系总是客观存在的。关系包括人与人之间的社会关系及公共关系一旦形成，就不以人的意志为转移，我们只能实事求是地正视关系和认识关系，并在此基础上利用关系和改善关系，而不能臆造关系。当然，关系的客观性并不意味着人在各种关系面前是无能为力的，只能消极地适应关系，甚至听任关系的摆布。相反，人是有主观能动性的，人可以在社会实践中，在各门科学的发展中认识关系，并在此基础上利用关系和改善关系。

(2)关系的普遍性。如前所述，关系是事物之间的相互依赖、相互作用、相互影响、相互制约。世界上的任何事物都普遍处于相互依赖、相互作用、相互影响、相互制约之中，关系无处不在，无时不在。这对于社会关系来说，尤其如此。人作为社会的一分子，就要介入和参与各种各样的社会活动，与各种各样的人发生联系，这就形成了普遍存在的、各种各样的社会关系，其中各种组织与各类公众之间则会发生公共关系。

(3)关系的复杂性。关系，尤其是社会关系是多维的、复杂的。从性质上说，有生产关系、经济关系、政治关系、文化关系、法律关系、道德关系、宗教关系等；从角色上说，有父母与子女的关系、夫妻关系、同学关系、师生关系、朋友关系、老乡关系、亲戚关系、同事关系、消费者与商人的关系、演员与观众的关系等。特别是，从社会学角度来说，一个人可以同时具有多种角色和关系，他所承担的多种角色和关系又总是与更多的角色和关系相联系，所有这些构成了复杂的社会关系体系。

(4)关系的可变性。事物都是运动、发展和变化的，这决定了事物之间的关系也必然是可变的。例如，从质上说，关系可以由好变坏，也可以由坏变好；从量上说，关系可以由少到多，由简单到复杂，也可以由多到少，由复杂到简单；从时间上说，社会关系还具有明显的时代性。例如，在小生产和自然经济的情况下，人与人的交往就少，人与人的关系也就比较简单，“鸡犬之声相闻，老死不相往来”。在现代化大生产和市场经济条件下，人与人的交往就多，社会关系特别是人际关系就复杂得多。关系的可变性为我们调整、协调、改变和改善关系,包括公共关系提供了可能。

(5)关系的效能性。关系特别是社会关系、人际关系是有用的,有价值的。公共关系本身的作用和功能也表明了关系的效能性。事实上,“拉关系、走后门”,靠朋友、老乡、同学等人情关系、庸俗关系就能办成事本身,也说明了关系的效能性。正因为关系、社会关系及公共关系是有用的、有价值的、有效能的,我们才有必要认识、研究、利用和改善关系,包括公共关系。

3.判断社会关系及公共关系的标准

一般地说,关系特别是社会关系及公共关系在性质上有好坏雅俗之分、正当与否之别。为了能够自觉地认识和判定关系的好坏、正误,防止将关系庸俗化和滥用关系,以便正确地处理各种关系,开展健康的人际交往和公共关系活动,就必须掌握判断关系、社会关系及公共关系的标准。在社会领域,判断社会关系及公共关系正当与否的标准主要有:

(1)法律标准。现代社会是一个法制社会,市场经济是法制经济,因此,在现代社会中,衡量关系的重要标准就是法律。例如,由行贿、受贿等构成的关系就是触犯了法律的关系,这种关系是不正当的,当事人也要受到法律的制裁。

(2)纪律标准。现代社会是一个高度组织化了的社会,每个人都工作和生活于一定的组织之中,因此,在制约人的行为的社会规范中,除了法律之外,还的组织纪律。有些不正当的关系活动虽然并不违法,但却违纪,违反了党纪、政纪、厂纪、校纪等。这种关系也是不正当的,当事人也要受到纪律的处罚。

(3)伦理道德标准。道德,包括家庭美德、社会公德和职业道德等也是社会的重要行为规范,因此,一个人和一个组织的行为及由此形成的关系,即使并不违法,也不违纪,还可能违反社会的伦理道德标准。道德对于谴责、制约一些不正当的关系及公共关系活动,也有一定的作用。

一些人对公共关系理解上的一个误区,就是将其等同于“拉关系”、“走后门”、请客送礼、美女加金钱式的庸俗关系。事实上,公共关系与庸俗关系是有本质上的区别的:

一是二者的活动方式不同。公共关系是以现代科学理论为指导,以法律、纪律和道德准则为依据,遵循规范的组织形式和严格的工作程序,通过正式渠道,采取大众传播或人际传播等手段,公开进行的活动。而庸俗关系则是通过内外勾结、营私舞弊、行贿受贿、色情勾引等庸俗手段进行的不正当的幕后交易,是违法、违纪和违反道德准则的。

二是二者所要达到的目的和产生的结果不同。公共关系以提高组织的知名度与美誉度、建立良好的组织形象、维护组织与公众双方的合理利益为目标，因此，公共关系活动的结果必然是为社会创造一种以诚相见、讲求信誉的良好风气，形成和谐、友善、健康的人际关系，推动经济社会的发展和社会文明程度的提高。庸俗关系则是一种违法乱纪、违背社会公德的丑恶现象，其目的是通过各种卑劣手段，谋求个人或小集团的利益，其结果是使人变得唯利是图，进而败坏整个社会的风气，使国家和公众的利益遭到不应有的损失。

由此可见，归根结底，公共关系与庸俗关系的区别就在于是否违反了社会的法律、纪律和道德规范。法律、纪律和道德是社会组织和个人的行为规范，也是衡量关系正当与否以及区分公共关系与庸俗关系的重要标准。我们开展的公共关系活动，必须在法律、纪律和道德的规范之下进行，而不能将其混同于违反社会法律、纪律和道德规范的庸俗关系。

二、公共关系的基本要素

任何一个现实的社会关系都有三个构成要素：主体——特定行为的发出者；客体——特定行为的作用对象和承受者；媒介——特定的行为方法和手段，是主体和客体之间的联系途径与作用方式。同样，作为社会关系重要表现形式的公共关系也是由三大基本要素构成的。

1.社会组织——公共关系的主体

组织是人们依照一定的规范和目的所进行的社会组合，包括政治组织、经济组织、文化组织、教育组织、体育组织、军事组织、宗教组织等。在现代社会中，社会组织特别是经济组织要想得到健康的发展，并立于不败之地，就必须树立起正确的公共关系观念，培养一支德才兼备的公共关系工作人员队伍，健全公共关系组织，并根据组织目标的需要，踏踏实实地开展各项公共关系活动。各种组织都是公共关系行为的发出者，都是公共关系活动的主体。

2.公众——公共关系的客体

公众是社会组织开展各项公共关系活动的对象或客体。例如，同生产企业发生往来关系的公众，有企业原材料的供应者和产品的购买者；同商业企业打交道的公众，有商品的供应者和商品的消费者；同宾馆旅店打交道的公众有中外宾客，与学校发生联系的公众有学生等。为了更好地生存和发展，社会组织必须坚持着眼于公众，了解公众的需要、动机和行为特征，为公众服好务，在公众那里树立起良好的形象，以得到公众的理解、信任和支持。

3.传播沟通——公共关系的手段

社会组织和公众之间，只有借助于各种媒介、方法和手段，才能形成现实的关系或联系。在公共关系活动中，社会组织就是借助于各种传播沟通媒介、方式和手段，作用于公众，影响公众，提高社会组织的知名度和美誉度，并在公众中塑造良好的组织形象。

上述三大要素及其相互作用就构成了现实的公共关系及公共关系活动。

第三节　公共关系与相关活动及相关学科的关系

公共关系活动与其他一些社会活动有着密切的关系，公共关系学是一门综合性、交叉性很强的学科。因此，我们往往容易把公共关系活动及公共关系学同其他相关的活动和相关的学科混为一谈。所以，要全面、准确地了解和界定公共关系及公共关系学，就必须把握公共关系及公共关系学与相关活动及相关学科的联系与区别。

一、公共关系与管理

管理是管理者为了达到一定的目的，对管理对象实施一系列的控制，如计划、组织、指挥、调节和监督等过程。管理学则是对管理实践及其经验的概括和总结，是研究管理活动的基本规律和一般方法的科学。

1.公共关系与管理的联系

管理活动与公共关系活动，管理科学与公共关系学的联系主要表现在：

第一，从理论上说，一方面，管理科学中包含有公共关系学的内容，并且，公共关系学的研究，有助于管理思想和管理方法的科学化进程。公共关系是现代组织必不可少的一种工作，它贯穿在现代管理的整个过程之中，是现代管理的有机组成部分。例如，管理民主化是现代管理思想的主要标志之一，利用现代传播媒介进行关系协调、信息沟通是实现科学管理的重要方法。公共关系学的研究成果就可以有效地促进组织内外关系的协调和信息沟通，增强人们参与管理的主人翁意识，提高人们的积极性和工作效率。另一方面，公共关系学中也包含有管理学的内容，并且，管理学的研究也可以促进公共关系学的研究。公共关系学就是在吸收管理学等相关学科的研究成果、理论、方法和手段的基础上建立起来的。管理学的基本原理，始终是公共关系学的重要理论来源之一。

第二，从实践上看，二者的作用和功能有很多的相似之处。公共关系学是现代管理科学不断发展的新成果，又是从其他管理职能中逐步分化出来的重要职能。

公共关系活动运用人际沟通、组织沟通、大众传播以及其他各种媒介，以真诚的态度、周密的计划、客观的信息、持续的努力与组织内外的公众相互交流，促进理解、信任和合作，在塑造组织良好形象的同时，达到组织、公众与社会利益的协调。公共关系是一种独特的管理职能和先进的经营管理方法，是企业和组织实现有效管理的重要途径。

正因为如此，很多学者认为公共关系学就是一门新兴的管理科学，公共关系是一种管理职能，属于管理学的范畴。这就是对公共关系理解上的"管理职能论"。

2.公共关系与管理的区别

公共关系与管理以及公共关系学与管理学毕竟是两种不同的活动和学科。公共关系具有管理职能，但又不能将其等同于管理；同样，公共关系学中渗透着很多管理学的理论和方法，但公共关系学并不就是管理学。二者的区别主要表现在：

第一，二者的工作和研究对象及其范围、侧重点不同。管理的工作对象是组织中一切可控制的因素，包括人、财、物等；而公共关系的工作对象主要是人。同样，管理学是研究管理行为及其规律和方法的，它是从管理实践及其经验中概括和总结出来的科学理论。而公共关系学则是研究公共关系活动及其规律和方法的，是对公共关系实践及其经验的概括和总结。

第二，二者的工作和研究任务与目标不同。就企业而言，管理主要涉及企业的经营活动，公共关系则主要涉及企业的社会活动。管理学研究的主要任务和目标是提高组织的工作效率和经济效益，是如何合理地组织生产力，不断地完善生产关系，并及时地调整上层建筑，以适应生产力发展的需要。而公共关系学研究的任务和目标，主要是如何借助于各种传播媒介，处理好组织与公众的关系，扩大组织的知名度和美誉度，塑造良好的组织形象。管理学侧重于组织机构内部的管理研究，主要是研究组织内部技术性、生产性和财务性工作以及人事行政业务。而公共关系学不仅要研究组织内部的管理事务，还要研究组织外部的经营事务，它具有"内求团结、外求发展"的双重任务。公共关系在组织的管理中，承担着沟通协调内外关系的重任，并侧重于研究组织的外部关系，为组织的发展营造良好的外部环境。

二、公共关系与市场营销

市场营销是企业面向用户需要和市场需求，通过市场交换，引导产品或劳务流向消费者的综合性经营销售活动过程，包括市场调查、新产品开发、制定价格、选择销售渠道、选择促销手段以及开展售后服务等一系列活动。而市场营销学就是研究企业营销活动规律、方法及其影响因素的一门科学。

1. 公共关系与市场营销的联系

公共关系与市场营销，公共关系学与市场营销学都是商品生产和市场经济高度发展的产物，经常交叉、融合在一起，存在着某些相似之处，有着密切的联系。

第一，二者工作和研究的对象与内容互相渗透。这突出表现在对组织，特别是企业来说，市场营销中的顾客和公共关系活动中的公众是一身二任的双重角色。公共关系和市场营销都涉及企业与它的目标顾客或顾客公众之间的关系，它们工作的成功均有赖于对目标顾客或顾客公众的看法和行为的了解、引导和顺应。就市场营销来说，所谓的市场实质上就是顾客的总和，市场营销学的研究对象就是消费者总和构成的"市场"。市场营销学首先就要研究消费者，以满足消费者的需要，促进营销活动，而公共关系学中的公众在社会经济生活中都要充当各种顾客和消费者的角色。同样，对于许多社会组织，特别是企业和商店来说，它们的顾客和消费者同时也是其公共关系工作的公众，从而也是公共关系学的一个重要的研究对象和内容。也正因为如此，市场营销学在不断地吸收公共关系学的研究成果，而公共关系学也在适应现代社会发展的需要，吸收市场营销学的成果，不断地服务于企业的市场营销活动和市场营销学的研究。

第二，二者的功能和作用以及二者的研究成果相互交叉，相互补充。一方面，公共关系具有促销的功能，是市场营销的一个重要手段和途径，市场营销是公共关系发挥作用的重要领域。现代的市场竞争在很大程度上是一种形象的竞争，传统的促销观念，如减价打折、分期付款、有奖销售、送货上门等，已不能完全适应时代的需要。公共关系活动可以提高企业及产品的知名度和美誉度，树立良好的企业及产品形象，使企业赢得众多社会公众的了解和支持，从而促进企业产品的销售。公共关系促销已成为产品销售的有效方法，公共关系活动已成为市场营销活动不可分割的组成部分。因此，有人称"良好的企业形象是无言的推销员"，公共关系活动是"无形的推销术"，是"软推销"。现代企业为了保持长期的良好的销售业绩，无不以树立企业的信誉和形象为前提。另一方面，成功的市场营销活动，可以根据市场的变化，特别是消费者需求的变化，不断地改变企业的产品结构，选择恰当的营销手段，多方面地满足顾客或公众的需要，积极稳妥地推进企业产品的销售，不断提高企业的经济效益，这本身就是在树立企业的良好形象。良好的企业形象可以促进产品的销售，而良好的产品销售又有助于树立良好的组织形象，二者相互推动，共同为企业的生存与发展服务。

第三，二者的原则具有一致性。公共关系活动和市场营销活动以及公共关系学和市场营销学都遵循着互利互惠的原则。由这种原则导向的行为方式，就是在利他中实现利己。这种哲学观念转化为形象化的口号就是市场营销中的"顾客就是上帝”和公共关系中的“公众就是上帝”。二者都要将公众或顾客放在第一位，为公众或顾客服务，让公众或顾客满意。

2.公共关系与市场营销的区别

由于公共关系与市场营销的密切联系，人们很容易产生公共关系等于市场营销的误解。事实上，二者之间存在着重要的差别：

第一，二者工作和研究的对象、内容及范围不同。市场营销活动的对象主要是顾客或消费者，而一个社会组织的公共关系所面对的公众却要广泛得多，顾客或消费者仅仅是公共关系工作对象或公众中的一部分，而非全部。公共关系活动的对象除了顾客公众之外，还包括职工公众、股东公众、媒介公众、政府公众、社区公众、社团公众、竞争者公众等。因此，市场营销学与公共关系学的研究对象、内容和范围也是不同的。市场营销学主要是研究企业的经营和销售活动，即与市场有关的企业经营活动过程，其立足点与着眼点是企业；而公共关系学则主要是研究组织及企业与社会公众之间的关系，其立足点与着眼点是公众。

第二，二者的性质和应用领域不同。市场营销是企业满足消费需求，实现企业目标的商务活动，主要用于工商企业组织。公共关系活动则大大超越了企业的经济活动领域，向政治、文化、科技、教育等其他领域延伸，它主要表现为企业的社会活动。公共关系的应用领域要比市场营销广阔得多，它被应用于社会中的各级各类组织。很多社会组织可以不搞市场营销，为了树立形象和扩大影响，却不能不从事公共关系活动。

第三，二者的目标不同。市场营销的最终目标是实现生产与消费的统一，它主要关注商品和服务的销售与赢利，其主要作用是要带来一个组织或企业与其消费者或用户之间的物质交换，并通过交易过程来满足这种物质上的需求。公共关系注重的是组织与公众之间的双向信息交流，以树立组织形象，形成良好的公众信誉，实现公众对组织或企业的信任和接纳，其主要作用是要带来一个组织或企业与公众之间，通过信息交流而达到的精神上的满足。从市场营销的角度来看，公共关系活动可以成为组织或企业促进产品销售的一个重要手段，但产品促销只是公共关系活动的一个目的，而不是全部和最终的目的。同样，市场营销学研究的侧重点是企业产品或服务与其外部市场相适应的问题，即如何根据市场的需要，调整其产品生产结构等问题；而公共关系学则不仅研究组织及企业与外部公众的关系，还要研究组织及企业内部员工之间的关系，完成“内求团结、外求发展”的双重任务。

第四，二者的效果及其时效不同。市场营销达成的是企业与顾客的商品与劳务交换，其效果可能是短时的、可见的；而公共关系首先关注的是与公众进行信息、思想和感情的交流，并由此培育起企业与公众之间的相互信任与理解，得到公众的信赖与支持，所以其效果往往是长期的、无形的。

三、公共关系与信息传播

信息传播是社会组织或个人利用各种媒介，将信息与他人或组织进行交流的沟通活动。传播学是研究个人或组织如何借助于各种媒介，进行信息、思想和感情的传播交流，以及传播的功能、内容、模式、过程、方法和效果的科学。

1.公共关系与信息传播的联系

第一，信息传播是公共关系活动必不可少的工具和手段，是公共关系的三大基本要素之一，从一定意义上说，公共关系活动的实质就是信息的传播沟通过程。任何一个组织要扩大影响，树立形象，争取公众的了解和支持，就必须借助于各种传播媒介不断地发出信息和接受信息，这既是公共关系活动，又是一种传播行为。信息传播是组织与公众联系的纽带和桥梁，公共关系活动的实施过程主要就是利用信息传播，特别是大众传播的原理、媒介、技术和方法，收集公众的有关信息，通过加工、处理再向公众传递开去，以此来影响公众的态度，引发公众理解与支持的过程。离开了信息传播，公共关系工作的目标是无法实现的，能否有效地利用信息传播特别是大众传播学的有关理论、技术和方法进行信息传播活动，是公共关系工作成败的关键。从这个意义上说，信息传播不只是公共关系的手段和工具，而且公共关系活动过程的本质就是利用各种传播媒介采集、加工、处理和传递信息的传播过程。

第二，信息的传播沟通也是公共关系学的重要研究对象和内容。信息的传播沟通是公共关系活动的重要手段和工具，是公共关系的三大要素之一，是公共关系的实质和重要功能。因此，它自然也就成了公共关系学研究的重要对象和内容。并且，公共关系学正是随着大众传播媒介的普及和传播技术的进步而发展起来的。传播学的研究成果为公共关系学的建立提供了理论基础，是公共关系学的重要理论来源之一，传播学的研究对公共关系学的研究有重大的推动作用。

由于二者的关系如此紧密，以至于一般的公共关系定义都要涉及传播沟通，甚至有的学者就从传播沟通的角度来给公共关系下定义，如“传播沟通论”。

2.公共关系与信息传播的区别

公共关系与信息传播又存在着明显的区别。

第一，二者的研究对象及侧重点不同。传播学特别是大众传播学的研究对象是大众传播事业的发生和发展、大众传播与社会的关系、大众传播的功能、内容、过程及效果，发现并掌握传播的发生和发展的规律。公共关系学的研究对象是社会组织与公众的关系以及公共关系的理论与运作。公共关系学除了研究大众传播媒介本身之外，更侧重于把大众传播媒介当做公共关系工作的一种工具或手段，运用它们去促进公共关系事业的繁荣与发展，促进组织与社会公众之间的信息沟通和关系的协调。

第二，传播学特别是大众传播学是伴随着大众传播媒介的出现和大众传播活动的广泛开展而建立起来的一门科学；而公共关系学则是现代商品经济和市场经济高度发展的产物，它是利用大众传播媒介进行信息传播与沟通的一门科学。

四、公共关系与广告

广告（这里主要是指商业广告）是为了推销产品或服务，借助于报刊、广播、电视、网络等传播媒介，面向消费者开展的宣传活动。广告学则是研究广告活动的历史、理论、策略、制作与经营管理的科学。

1.公共关系与广告的联系

第一，从方式和手段上看，公共关系与广告都要运用传播特别是大众传播的方式和手段来进行，公共关系和广告在传播工具、传播对象及其功能等方面有很多相似之处。

第二，公共关系与广告互相渗透、互相补充、互相促进。公共关系和广告都是商品经济高度发展的产物，都是现代企业的重要促销工具和手段。广告是一种传递信息的重要工具，它以介绍、说服和提醒为目标，对人们起到唤起注意、引起兴趣、启发欲望、导致行动等作用。因此，一方面，公共关系离不开广告，公共关系活动可以利用广告这种方式和手段，向社会公众展示本组织的产品、服务和员工风貌，为企业或组织建立声誉，树立形象、扩大影响。每一个广告事实上都在直接地向社会公众“推销”着企业或组织及其产品和服务的形象，在扩大该组织及其产品和服务的影响，都或多或少地带有公共关系的性质。所以，组织或企业应当把广告纳入到公共关系工作的整体战略之中。另一方面，广告也离不开公共关系，广告业务也应当融入公共关系思想，并以公共关系思想为指导。公共关系有助于组织或企业确定广告的宣传主题、宣传对象和传播方式，为广告制造有利的环境氛围，使广告更好地得到公众的认同，产生更好的实际效果。组织或企业在广告业务活动中，应当从树立良好组织形象的总目标出发，来进行广告的创意、制作与发布，使广告在达到促销目的的同时，也要服务于树立组织及其产品和服务的形象，尤其要避免由于广告而破坏组织原有良好形象的现象。广告应当以公共关系作为其重要的工作内容，并把树立企业及其产品和服务的信誉和形象作为其长远的目标，服从于公共关系工作的全局和指导思想。

2.公共关系与广告的区别

第一,二者的性质、对象、内容和目标不同。广告是利用传播媒介影响消费者,以打开或占领商品与劳务市场,其商业性色彩明显。广告限于特定的销售任务,传播的内容仅限于产品本身以及与推销该产品有关的方面,它以销售为导向,直接目标就是推销某种具体的产品或劳务以及经济效益。广告是运用各种媒介通过传播技巧来诱发消费者的购买欲望,“让别人购买我”。公共关系活动的性质内容和直接目标并不是推销某种具体的产品和劳务,而是通过树立产品和组织的良好形象,为组织发展创造良好的环境条件,以唤起公众对组织及其产品和服务的兴趣、好感、了解和信任,得到公众的理解、支持和合作,“让别人喜欢我”,它追求的目标是社会效益。如果说这也是推销的话,它直接推销的是“形象”。所以,开展公共关系工作无疑要利用广告这个重要工具,但是,在公共关系活动中,广告只是其一小部分,仅仅是传播公共关系信息的一种辅助性的手段,应用范围有限。

第二,二者的主客体范围不同。从主体上看,公共关系存在于任何组织之中,既可以是营利性组织,也可以是非营利性组织,既可以是政府,也可以是企业,一个社会组织并非一定要做广告,但必须做好公共关系工作,各级各类组织都有自己的公众,都要开展公共关系活动,任何组织都是开展公共关系活动的主体;广告的主体主要是企业,而且绝大多数情况下是为营利性组织服务的。并且,就企业内部而言,广告业务主要与经营部门有关;而公共关系工作涉及组织内部的每个成员和每项活动。从客体上看,广告是针对组织的部分公众而言的,主要是针对消费者;而公共关系的客体范围远远超出了消费者,它是与社会组织相关的所有个人、群体和组织。

第三,二者的地位及传播周期不同。一般来说,广告在企业管理中属于局部性的工作,主要服务于营销领域,因此,一个广告的成败往往不会对企业的经营全局产生决定性影响。并且,既然广告是就社会组织的某些局部或阶段性的目标而开展的,广告的目的是推销某种产品和服务,而产品和服务是经常更新变动的,从而广告的周期往往是短暂的,有的还有明显的季节性和阶段性;公共关系在企业的经营活动中则处于全局性的、战略性的地位,服务于组织的整体形象和整体目标,公共关系工作的好坏往往决定着组织的形象和声誉,并由此决定着企业的生死存亡。因此,公共关系也是一项长期和系统的工作。良好的信誉和形象不是一朝一夕就能树立起来的,树立起来之后,也要经过长期的工作去维护和改善,急功近利的方式是很难奏效的。

第四，二者的效果和效益不同。广告的效益可以用产品或劳务的推销情况来测定，广告的支出可以用所占版面或时间来计算，广告的效果一般是直接的、局部的、战术性的、明显的、可测的，一种产品的广告效果如何，可以通过产品销售量的增加、利润额的上升，人们对该产品的知晓程度等得到实际的检验，其经济效益是显而易见的；公共关系活动也需要一定的开支，但不能直接用所占的版面或所用的时间来计算。在公共关系活动中的一则报道、一则评论所发挥的效益，远远不是占有同样版面或时间的广告所能比拟的。公共关系的效果是间接的、全局性的、战略性的、不明显的，在短时间内很难看到成效，但却有经济和社会的整体效益，这是一笔无形的财富。

第五，二者传播的原则和方式不同。广告的信息传播原则是既要真实可靠，又要引人注目，有感染力，从而允许艺术上的夸张和内容上的必要渲染，甚至可以采取虚构的乃至神话的手法。因此，真实性与艺术性相结合是广告的传播原则。这是因为只有引人注目的广告才能使企业的产品和服务广为人知，并激发消费者的购买欲望，最终达到扩大销售和服务的目的。公共关系的信息传播也要引人注目，否则也难以扩大影响，树立形象，但这种引人注目要从属于客观真实，公共关系遵循的最根本原则就是实事求是、真实可信，而不能有夸大和虚假，否则就会使相关的组织及其产品和服务形象破损、信誉扫地。

五、公共关系与人际关系

人际关系就是人与人之间的相互联系、相互作用、相互交往，如夫妻关系、父母子女关系、兄弟姐妹关系、师生关系、朋友关系、同事关系、同志关系等。人际关系学则是研究人际关系的产生、发展、调整和改善规律与方法的科学。

1.公共关系与人际关系的联系

(1)公共关系与人际关系同属于人与人之间的社会关系，它们作为人类社会关系的主要关系形态，都是所有社会组织要面对并妥善处理的关系。对这两种关系处理的好与坏，都直接关系到社会组织的生存和发展。

(2)公共关系与人际关系相互依赖、相互包含、相互作用。一方面，公共关系离不开人际关系。公共关系的主体是社会组织，但社会组织是由人组成的，社会组织开展公共关系活动也是由其中具体的人来进行的；同样，公共关系的客体是公众，而公众也是由具体的个人构成的集合体。所以，社会组织对公众进行的公共关系活动，本质上也就是处理人与人之间关系的社会活动，是人与人之间的相互作用和相互沟通。人与人之间的深厚情谊和相互信任以及良好的人际关系，会增加彼此对对方所代表的组织的信任程度，为公共关系事业铺路搭桥，善于运用人际交往的技巧，就能顺利地完成公共关系的工作任务。因此，善于处理人际关系是公共关系工作的重要专业技能和手段，良好的人际关系是融洽的公共关系的重要组成部分，是公共关系工作的重要内容，公共关系目标的实现，离不开人际关系的协调，良好的个人关系有助于建立良好的公共关系。另一方面，公共关系也影响人际关系，有着良好的公共关系状态的社会组织，其内部人际关系的协调以及与外部的人际交往必然也是良好的。此外，公共关系学的学习和公共关系工作的开展也有利于人们掌握一些人际交往的方法和技巧，促进人际关系的协调和发展。

2.公共关系与人际关系的区别

第一，二者的历史渊源不同。人际关系是一切社会关系中最古老的关系之一，有了人类社会就有了人际关系；而真正意义上的公共关系是现代社会的产物，特别是商品经济高度发展的结果。

第二，二者的主客体不同。人际关系的主客体都是人甚至就是个人，是个人与个人之间的交往关系，它以个人为支点；公共关系的主体是社会组织，客体是公众，这是组织和组织、组织和公众以及组织和个人之间的关系。

第三，二者的手段和方式不同。人际关系主要依赖个人的所作所为进行协调，主要通过个人与个人之间的语言和非语言交往的方式获得相互间思想和感情上的传递和沟通；公共关系则以组织行为为基础，借助于各种专门的传播媒介特别是大众传播媒介，并且要采用专门的动作方法、筹划专门的活动，才能进行并取得良好的效果。

第四，二者的功能和目的不同。人际关系和人际交往是要增进人们之间的相互了解，联络彼此的感情，协调双方的关系，建立良好的个人关系，并寻求物质利益和心理需要上的满足，以保证个人的顺利发展和个人事业上的成功；公共关系则有管理职能，目的是建立信誉、塑造形象、扩大影响，它要解决的是社会组织与其社会环境之间的关系问题，“内求团结，外求发展”，争取公众的支持与合作，以保证组织事业的成功和组织目标的顺利实现。

总之，一方面，公共关系活动和公共关系学与其他相关活动及相关学科之间有着极为密切的、相互交叉的关系和联系，否认这种联系是片面的和错误的。另一方面，无论从理论上还是从实践上看，公共关系及公共关系学在工作和研究的对象、内容、范围、侧重点、目标、原则、体系、方法和功能等方面，都与其他活动和其他学科有明显的不同。公共关系是一项独立的社会活动，公共关系学是一门独立的学科，它有选择地借鉴和吸取了相关人文社会科学的成果，但绝不仅仅是众多学科的简单“裁剪”、“拼凑”和“综合”。因此，任何一项社会活动都不能取代公共关系活动，任何一门学科的研究也都不能替代公共关系学的研究。

第四节　学习和研究公共关系学的目的和意义

公共关系学是现代商品经济和信息传播高度发展的产物，它作为一种现代经营管理职能、经营策略、传播行为和现代交往方式，在当今社会中占有重要的地位，有着重要的作用，所以，学习和研究公共关系学有重要的意义。

1.掌握公关知识、树立公关意识、增强公关能力

从个人的层面上说，学习公共关系学能使我们掌握公共关系学的知识，并由此自觉地树立起公共关系意识。所谓公共关系意识，就是公共关系原理和原则在人们头脑中的内化，是公共关系规范在人们思维中的反映，包括形象意识、公众意识、真诚互惠意识、传播沟通意识等。而增强了公共关系意识，并以其自觉地指导自己的行为，必然会提高我们自身的素质与水平。例如，具有形象意识的人，在公共场合和社交场合，特别是在各种择业应聘的场合，就会尽量地修饰自己的外表和仪容，就会时时处处注意自己的举止言谈，保持服装整洁、语言得体、行为得当、仪态大方，就会注重礼节礼貌，保持自己得体的形象和风度；具有公众意识的人，就会懂得公众就是“民心”，每个人，特别是组织的领导者和管理者都应当树立“公众导向”的现代公共关系意识，以“让公众满意”为出发点和归宿点，把公众需要作为决策和行动的依据，真心实意地为公众服务，千方百计地搞好同公众的关系，争取公众的信赖和支持；具有真诚互惠意识的人，首先就会自觉地遵循追求真实这一现代公共关系工作的基本原则和告诉公众真相这一公共关系工作的不二信条。公共关系强调真实原则，要求公共关系人员实事求是地向公众提供真实信息，以取得公众的信任和理解。同时，真诚互惠的意识有助于在社会上形成“我为人人，人人为我”的良好风尚；同样，公共关系活动的实质就是社会组织运用现代信息社会的各种传播媒介和沟通手段与公众之间建立有效的双向联系，促成双方之间的交流与合作。而人们一旦具备了传播沟通意识，实现与人们之间的有效沟通，就会消融人们之间的很多误会、分歧或矛盾，人与人之间的关系就会变得更加祥和美满、协调通融。

公共关系学的学习和公共关系活动的开展在转变个人观念、更新思想意识的同时，也会促进个人综合能力的提高。在学习公共关系学的知识和方法的基础上，我们也能提高自己的人际交往能力、文字和口头表达能力、组织能力、思维和谋划能力以及灵活应变能力、创新能力等。通过学习和研究公共关系学，掌握一些公共关系的知识、理论、方法、技能、礼仪，提高写作、语言、应变、交往、沟通、组织和谋划等公共关系能力，有助于我们扩大视野，开阔眼界，丰富知识，提高综合素质，并树立自身的良好形象。所以，公共关系对个人及当代大学生实现理想、走向成功大有裨益。

2.提高管理水平、树立组织形象、发展市场经济

从社会组织及企业的层面上看，由于公共关系具有管理职能，所以，学习公共关系学，开展公共关系活动，有利于提高组织及其领导者的管理水平，提升组织的知名度和美誉度，树立组织的良好形象，促进组织及企业获得更大的经济效益和社会效益。而企业是市场经济的主体，企业的发展，必然推动社会主义市场经济的进步。

在我们的现实生活中有两种关于组织形象的片面理解：一种观点认为组织形象纯粹是靠宣传造成的，只要有钱并舍得在宣传上花钱，知名度就会提高，甚至黑的也能变成白的，自然就会在公众中树起良好的组织及其产品和服务的形象。结果，他们只务虚不务实，不在组织及产品和服务本身的建设和发展上下工夫，刻意追求名声。另一种观点认为组织形象不是宣传出来的，宣传并不能使黑的变成白的。只要扎扎实实地把组织中的各项工作搞好，把产品做好，就会"酒香不怕巷子深"，名声就会"不胫而走"，不用宣传也自然会在公众那里树立起良好的组织形象。结果，他们只务实不务虚，只埋头于组织内部的实务，而不管组织及其产品和服务的外部名声。这两种观点在现代组织及企业的发展中都是有百害而无一利的。特别是，在现代社会中，社会组织特别是企业处于激烈的竞争之中，并且，这种竞争已经由商品的质量竞争、技术竞争、价格竞争、服务竞争，扩展到了信誉竞争和形象竞争。在市场经济的条件下，特别是在产品普遍供过于求的买方市场的条件下，企业生产出物美价廉的高质量产品固然是根本，是赢得消费者的基础和关键。但是，企业仅仅满足于"酒香不怕巷子深"、"有麝自来香，不用大风扬"，是不够的。只有在做好了自己的事情、自己的产品和自己的服务的基础上，通过成功地开展公共关系工作，进行自觉的宣传，创名声、亮牌子、求信誉，扩大了知名度、提高了美誉度，树立了良好的形象，才能赢得社会公众的广泛了解、理解、支持和合作，从而不断地开拓市场，取得更好的经济效益和社会效益，在激烈的市场竞争中立于不败之地。组织的信誉和形象已经成为一个组织及企业的无形资产和财富。公共关系作为一种形象竞争的手段，能够提高组织及其品牌的知名度和美誉度，减少社会摩擦，拓展合作关系，争取社会的支持，将使组织及企业吸引更多的顾客，招揽到优秀的人才，增强内部员工的向心力和归属感，得到股东的投资及争取到更多的其他资金，赢得更多的朋友，受到人们的爱戴和拥护。公共关系既是竞争的产物，也是现代社会竞争的有效手段，它能加强组织及企业的整体竞争能力，促进其可持续发展。所以学习和研究公共关系学，开展公共关系工作，是社会主义市场经济的必然要求，它有利于促进社会主义市场经济的发展。

再如，由于处在复杂多变、各种利益交织的社会环境中，组织及企业难免会与社会公众产生各种矛盾和冲突，进而演化为危机，在各种传媒如此发达的今天，这种危机可能会在很短的时间内就会迅速广泛扩散。对此，一些组织及企业成功地化危为机，一些组织及企业则在危机中遭遇损失，甚至遭受灭顶之灾。不同的组织及企业在对待危机时所采取的不同态度和处理方法会产生截然不同的结果，这让我们清醒地认识到，组织及企业要持续生存并获得顺利发展，就必须学会并进行科学的公共关系危机管理。危机之中往往孕育着转机，把握公共关系危机处理的要点、原则与方法，做好公共关系危机管理，就能够将危机中的压力转化为动力，化危机为契机，驱使组织及企业因势利导地谋求技术、市场、管理和组织制度等方面的创新，提高风险免疫力，恢复组织及企业的形象和信誉。

不仅企业要提高公共关系危机管理的能力，其他社会组织也应如此。公共关系的一个真谛就是，面对出现的危机，“你绝不可以改变事实，但可以改变公众对你的看法”。在这方面，北京市公安局就做了很好的尝试。2010 年，在北京市公安局挂牌成立了“公共关系领导小组”，这是中国省一级公安机关成立的首个公共关系部门，它标志着现代公共关系被引入了中国首都的警察队伍。众所周知，中国警察与老百姓之间有关系融洽、警民一家亲的一面，“有事找警察”已经成为很多中国人的共识。但是，不可否认的是，警察与普通百姓之间也是有距离的，甚至警察总是让人觉得神秘和高高在上。并且，近年来，随着普通百姓法律和维权意识的增强，公众质疑执法的不公开、甚至存在“权钱交易”的声音越来越多。特别是在有些事件发生后，警方往往失语，始终不对该事件作出任何表态，最终导致舆论一边倒地指责警方，老百姓对警察的信任度在降低。例如，在 2009 年全国舆情监测中，各地发生的严重负面新闻中涉及的主体，首当其冲就是公安部门，因为他们直接与普通百姓接触，处于社会矛盾的前沿。事实上，很多警民矛盾并不是由于实质性的利益冲突造成的，更多的是因为误解和缺少沟通，所以在公安机关内部建立一个有利于信息沟通、关系沟通和品牌建设的公共关系部门显得越来越迫切，从而随着公共关系理论和实践在内地的逐步成熟，公共关系的理念也逐渐渗入到中国警务活动的各个方面，以至于北京市公安局成立了“公共关系领导小组”，并要求所属的各单位，也要按照统一的要求设立公共关系部门，使全警进入公共关系时代。此外，北京警方还在酝酿选拔警察形象大使，拍摄形象宣传片，开设博客和微博，用更现代化的传播手段和技术，促进警察与群众的沟通。同时，北京警方还将对所有民警进行培训,教他们妥善处理与老百姓的关系。北京市公安局指出,警察公共关系建设旨在以坦诚的情感和态度,与媒体、普通群众和弱势群体进行真诚、公开和及时的信息交流和沟通,加强对社会公平、正义、公信度的宣传。

此外,组织及企业的发展要靠人才,公共关系专门人才的培养日益受到重视。早在2000年,劳动和社会保障部职业技能鉴定中心就决定,举行公共关系人员职业资格国家统一鉴定,而从当年开始实施的《招用技术工种从业人员规定》,也将公共关系人员列入必须持职业资格证书就业的职业目录,公共关系从业人员必须持证上岗。2001年,国家有关部门根据“十五”计划的结构调整情况,对未来人才需求的预测表明,有十几类人才是我国急需的:其中包括会计、法律、电脑、环保、咨询服务、保险、推销、公共关系类等。有的专家还指出,在经济全球化的背景下和我国进入WTO之后,所大量需要的人才之一就是公共关系方面的人才。所以,学习和研究公共关系学,也有助于培养公共关系人才和管理人才,从而有助于促进组织及企业的发展,推动我国的现代化建设。

3.促进社会文明进步,建设社会主义和谐社会

公共关系是一种组织行为,其最终目的是建立、塑造和维护组织的良好形象,以促进组织的可持续发展。而当组织通过公共关系活动达到这一组织目标时,也必然会产生良好的社会效应。所以,从社会的层面上看,学习公共关系学,开展公共关系工作,有利于促进社会物质文明、政治文明和精神文明的进步,推动社会主义和谐社会的建设。

学习公共关系学,开展公共关系活动,能提高企业的经营管理水平,提高其工作效率和经济效益,促进生产力的发展、市场经济的繁荣和物质财富的积累,从而推动了社会主义物质文明建设。

学习公共关系学,开展健康、规范和科学的公共关系活动,能有效地抵制“庸俗关系学”,反对各种不正之风,这是端正党风、民风,促进社会风气好转、优化社会环境的有效途径。公共关系观念是现代社会的文明观念,它要求社会组织和个人一事当前不仅要考虑自身的利益,而且要负起社会责任,注意组织及个人与社会利益的平衡,追求组织利益与社会利益的一致,求得组织效益与社会整体效益的高度统一。通过开展公共关系活动,履行社会义务,协调社会行为,调节人际关系,促进社会交往和团结合作,将对现代社会人们的思想意识、处事方法和人际交往方式等带来重大的变革,并进而影响到人们社会生活的各个领域。同时,公共关系作为一种价值观念,将真诚、公正、守信、透明、互惠、沟通等观念引进社会互动和人际互动之中,强调组织内部融洽和谐的气氛,倡导人与人之间的友好相处,主张在人际交往中,诚实守信,遵纪守法,遵守职业道德和起码的文明礼貌,从而能起到净化社会风气,优化社会环境、提升人们思想和道德水平的作用。

学习公共关系学,开展公共关系活动也有利于推进社会政治民主化进程,有利于健全社会主义民主与法制,有利于建设我国的政治文明。在中国几千年的封建社会里,君主制,宗法制占据统治地位,人民群众只能任人宰割,根本没有平等可言。随着社会主义制度的建立,人民开始当家做主,人与人之间开始有了平等。但是由于受人的素质、生产力水平及传统文化等多种因素的影响,社会主义民主与法制还没有健全,"君贵民轻"观念、宗法观念和等级观念等还在侵蚀着人们的思想。而公共关系以崭新的姿态和观念,涤荡着传统观念的影响。公共关系是一种平等互利的新型关系状态,它崇尚民主,善对公众,强调"公众至上",以人为本,要求社会组织及其领导者要协调好与内外公众的关系,进行广泛的双向信息交流,真正做到上情下达,下情上达的有效沟通;它要求社会组织要根据民意进行决策,并利用大众传播媒介等各种手段向公众解释政策,争取公众的支持与理解;它主张社会组织的一切行为都应立足于满足社会成员的各种需求,热忱为社会公众提供各种优质服务,关心他们的欲望,倾听他们的呼声,汲取民智,凝聚民力,顺应民心,帮助他们解决实际问题。公共关系及公共关系学是民主政治发展的伴生物,它反过来对社会的民主政治建设又起着促进作用。

学习公共关系学,开展公共关系工作,有利于促进社会物质文明、政治文明和精神文明的进步,也必然会推动社会主义和谐社会的建设。我国的改革开放和市场经济的发展需要安定团结的政治局面,通过加强公共关系工作,有助于增强政府和公众之间的双向沟通,增强领导者和被领导者之间的了解、理解、信任和合作,增强人与人之间的友好关系,也有助于化解各种社会矛盾和冲突,形成和谐的社会氛围。公共关系学本身就是一门通过传播沟通行为达到社会和谐的学问。所以,在党中央提出构建和谐社会的新的时代背景下,我们的公共关系应当承担起这一新的责任与使命,让公共关系这一学科在构建社会主义和谐社会的进程中,在更广泛的社会政治、经济、文化等领域中充分发挥其学科优势和作用。

4.适应经济全球化的要求、促进我国的对外开放

从整个世界的层面上看,学习和研究公共关系学,开展公共关系活动,也有利于适应经济全球化的要求,促进我国的对外开放。

市场经济是一种开放的经济,我们的社会是一个开放的社会,经济在全球化,而我国也早已加入了世贸组织(WTO),进入了世界经济大协作的新环境之中。我国的对外开放就是要调动一切可以调动的力量,开拓一切可以开拓的渠道来进行我国的现代化建设,它在前所未有的规模上、在空前多的领域内发展了我国与外国的交流与合作关系。而要发展国际交流与合作,特别是发展我国的对外经济交流与合作，扩大出口贸易，吸引外资，引进技术，洽谈生意，一个必要的前提就是我国和国际间的相互了解和理解，经济全球化和我国的对外开放需要加强中国与世界的双向沟通：一方面，我们要了解世界，让世界走向中国，另一方面，我们也要让世界了解中国，让中国走向世界。无论是经济、政治还是文化交流都需要了解世界各国的社会文化传统、风俗习惯和大众的兴趣爱好，针对各国公众的心理需要运用各种新闻媒介和其他渠道，向国外公众传播我国的信息，宣传解释我国的方针政策，消除误解，调解矛盾，并获得世界各国公众的理解和支持，这就需要进行国际公共关系活动。通过开展国际公共关系活动，可以使我们的国家在国际上扩大知名度、提高美誉度，树立良好的国际形象，为我国对外开放和参与国际交流、竞争与合作创造良好的国际环境，使国内和国际两大市场都能得到更有效的开发，保证我国对外开放的顺利进行。

在开展国际公共关系活动方面，我国已经或正在做很多事情。例如，我们当年就利用了奥运会这个平台，很好地对外树立了中国的国家形象。北京奥运会是一次成功的“国家公关”。当北京市还处于奥申委时期，公共关系就是申办奥运会众多工作中的重要组织部分。当时还专门聘请了国际知名公共关系公司万博宣伟作为北京奥申委的公共关系服务商，举办了各种有效的公共关系活动，包括组织外国媒体访问中国，邀请到著名运动员作为北京申奥的海外舆论代表，举办“世界三大男高音紫禁城广场音乐会”，采用定期多媒体电子邮件的形式向舆论领袖、媒体和有影响的体育界人士通报最新情况等，及时准确地向公众传达了各种奥运会信息。在获得奥运主办权后，北京奥组委也一直重视公共关系工作。北京奥组委还与被列为全球三大国际公共关系公司之一的伟达公共关系顾问公司签订合作协议，聘请伟达公共关系公司作为北京 2008 年奥运会的传播顾问。北京奥组委成立之初，就十分重视媒体传播工作，设置了新闻宣传部和媒体运行部，新闻宣传部负责新闻发布、记者接待和社会宣传工作，以及官方网站内容建设和奥林匹克教育工作；媒体运行部负责主新闻中心、国际广播电视中心和场馆媒体中心的规划和运行工作，为注册媒体人员提供工作设施和各项服务，为在全球推广北京奥运会、向世界传达关于中国和北京的信息，传播中国文化、向世界展示中国改革开放和经济建设的成果，塑造良好的国家与城市形象，开展了一系列卓有成效的工作。

2010 年，国务院新闻办公室还正式启动了国家形象系列宣传片的拍摄工作。该片是为塑造和提升中国繁荣发展、民主进步、文明开放、和平和谐的国家形象而设立的重点项目，是在新时期探索对外传播新形式的一次有益尝试，它力图从更多角度、更广阔的视野展示当代中国。同年，由中国互联网新闻中心（中国网）牵头主办的“中国品牌全球宣言”启动仪式新闻发布会也在国务院新闻办公室发布厅举行，由中国官方出手，向世界宣传中国品牌。此外，为了了解外国人眼中的中国，全面展现中国城市的国际形象，2010年由新华社《瞭望东方周刊》、中国市长协会《中国城市发展报告》工作委员会、复旦大学国际公共关系研究中心共同在北京启动“中国城市国际形象调查推选活动”。为了保障调查的专业与严谨，复旦大学国际公共关系研究中心邀请专家学者共同研发了我国首个“中国城市国际形象研究评价体系”，涉及城市向往度、城市文化、自然环境、市民素质、治安状况、便捷程度、城市个性、诚信程度、政府效率、投资价值、发展潜力、国际化程度共12项指标。作为全球最大的专业调查机构，盖洛普公司受委托将在全球100多个国家对我国的候选城市进行调查，受访者包括到过中国的外国人、各国主流媒体、驻华机构和企业等。所有这些举措表明，中国政府及有关部门在对外介绍当代中国现状及中国人民昂扬向上的精神面貌方面，在对外展示中国的国家形象方面，更加自觉、更加积极、更加主动。

复习思考题

1. 如何理解公共关系与公共关系学的联系和区别？

2. 为什么说公共关系学是一门综合性和应用性的学科？

3. 如何理解公共关系的三大要素及其相互关系？

4. 为什么说公共关系学与相关学科之间既有密切的联系，又是一门独立的学科？

5. 如何理解学习和研究公共关系学的重要意义？

第一章　公共关系的产生和发展

本章要点

1. 公共关系的产生与发展经过了“类公共关系”时期、现代公共关系萌芽时期和现代公共关系产生与发展时期。

2. 现代公共关系产生与发展的社会基本条件。

3. 现代公共关系在中国的传播和发展得益于中国的改革开放、社会主义市场经济的发展以及社会主义民主政治体制的不断完善。

4. 公共关系的发展趋势体现在科学化与理论化、职业化与规范化、全球化与规模化、多元化与整合化以及本土化等方面。

公共关系作为一种客观存在着的社会现象和朦胧的思想意识，有着极其悠久的历史渊源。然而作为一种明确的思想观念、一门具有一定系统性和完整性的学科体系，一种专门的社会职业，至今不过近百年的历程。为了能更好地把握和揭示公共关系的本质及其发展的一般规律，准确而全面地理解公共关系思想与理论，有必要追溯公共关系的源流，了解公共关系产生与发展的历程和趋势，剖析公共关系形成与发展的诸多社会基本条件。

第一节　公共关系的萌芽

在人类社会的早期，不可能有自觉的公共关系活动以及这一专门化的职业，更不可能有对公共关系活动及其规律的自觉认识、科学的公共关系思想以及独立的公共关系学科体系，甚至不存在“公共关系”这一概念。但是，公共关系作为一种客观存在的社会关系和社会现象却有其久远的历史，并且在人们的社会实践活动中也表现出了一定的类似于公共关系的意识、思想和观念。人类的社会属性决定了其社会交往的组织性和必然性，只要有人类社会的存在，就必然有社会交往，而在人类的社会交往中，社会组织与社会成员之间就必然存在着相互间的传播、沟通与交流，以此来协调彼此的相互关系，共同求得发展。从公共关系发展史上看，这种“公共关系”可以称之为“类公共关系”、“准公共关系”或“史前公共关系”，这是公共关系的萌芽阶段。这种“类公共关系”的源头可以追溯到古代社会人类文明开始的地方——古埃及、古罗马和古代中国等国家。

一、西方早期的类公共关系

西方早期的类公共关系思想和活动可以追溯到人类文明的初期。古代的人们及其组织为了政治的、军事的和经济的目的而进行传播沟通、大造舆论、建树形象、争取民心及民众支持的事例举不胜举。

古希腊是当时文化发达、政治民主的国家，这个国家就非常重视沟通技术，十分推崇演说和辩论，深谙沟通技巧并能应用自如的演说家有很高的社会地位，其中的杰出人物甚至被推选为首领。古希腊的著名学者亚里士多德在其经典著作《修辞学》一书中，还精心地阐述了如何运用修辞艺术来影响公众的思想和行为。他认为“语言是思维的工具，是思想的直接现实，是人类最重要的交往媒介。而语言艺术能增加人与人之间的情谊、消除误解、融通思想”。因此，亚里士多德在《修辞学》中明确提出修辞是争取和影响公众的思想与行为的艺术，一个人的修辞能力是其参与政治活动的重要条件。不掌握这门艺术，政治家的思想就无法有效地传递给民众，也就难以得到民众的理解与拥戴，政治家与公众之间进行沟通的桥梁是靠修辞艺术来构筑的。实际上，这种“修辞”沟通就是古代朴素的、自发的类公共关系思想。此外，古希腊的诗歌韵律感极强，便于记忆，也不失为一种舆论工具，所以，那时便有了一批靠给王公贵族写赞美诗，以树立其形象、扩大其影响来维持生活的人。

古罗马时代也有将诗歌巧妙地运用于宣传政府政策的类公共关系活动。如著名诗人维吉尔的《田园诗》，从表面看这首诗只不过是赞美乡村生活，其实是受政府委托而作，目的是为了减轻城市人口过多给政府带来的压力。古罗马的独裁者恺撒大帝就是一位善于修辞，精于演讲和沟通的政治家，他认为要获得民众的支持就必须以自己的思想去影响他们。他十分注重民意，信奉“公众的声音就是上帝的声音”。面对即将来临的战争，他通过散布各种传单来开展大规模的宣传活动，以获得民众的支持。他在率领罗马军团进军高卢的途中，不断派手下人送回很有感染力的“用人民的语言”写就的战地快报，这些战地快报在罗马广场上被人们广为传诵，激起了狂热的民族自尊感，并树立起了他自己的神圣形象。后来他又亲自撰写了记录战事的纪实专著《高卢战记》，为自己歌功颂德，美化自己的形象，这对其夺得统治者的宝座不能说没有一点影响。

西方基督教在全世界卓有成效的传播在很大程度上也依靠了沟通、交流与传播的手段和技术。公元一世纪时，教徒保罗和彼得通过布道等活动来宣传基督教义。耶稣死后 40 年出现的《新约》4 部福音并非单纯提供了耶稣生平的资料，而是宣传对基督教的信仰，所以有人认为这本书可以被看做是宣传效力极强的类公共关系资料，是西方早期类公共关系的又一典范。

二、中国早期的类公共关系

早在商朝，中国就有了类公共关系思想与实践。《尚书·盘庚》中记载，盘庚迁都到殷后，为了消减民众的不满，采用了软硬兼施的谋略，对民众先后进行了 3 次训示，先是讲迁都的好处，然后是劝告，最后是严厉警告。迁都后他还对众人进行慰劳。在这 3 次的训词中，盘庚均提及了“朕及笃敬，恭承民命”，这说明他已经知道，要使事情成功，一个重要因素就是顺民意，得民心。只有向民众说明事情的原委，自己的目的才能得以实现。

在西周末年，针对周厉王施暴政而带来的怨声载道、民怨鼎沸的社会状况，有识之士还提出了“防民之口，甚于防川”的观点，认识到了社会舆论好坏对政权的稳固与否有着直接的影响，肯定了社会舆论的重要性，强调了应当重视民众的意愿，并据以调整施政措施。

春秋战国时期，诸子百家争鸣，群雄争霸，众多人士从各自不同的立场出发，提出了大量丰富的类公共关系思想，并进行了卓有成效的、一直为后人所称颂的类公共关系实践活动。例如：

在为人之道和行为规范方面，孔子提出了一系列的以仁爱为核心，重视民众、讲求信誉、在人际交往中为人着想、重义轻利的主张，如“己所不欲，勿施于人”、“己欲立而立人，己欲达而达人”、“君子喻于义，小人喻于利”、“仁、义、礼、信”、“人无信不立”、“人而无信，不知其可乎”等。孟子提出“仁言不如仁声之入人心也，善政不如善教之得民也”。墨子强调“兼爱”、“非攻”、“与人为善”的交往原则。荀子则留下了“四海之内皆兄弟”的名言。这些论述与现代公共关系所强调的诚信原则以及正确处理人际关系的原则颇有相似之处。

在治国方略及政府行为方面，孟子认为“民为贵，社稷次之，君为轻”，“天时不如地利，地利不如人和”，认为治国也要“和为贵”。管仲把“礼、义、廉、耻”看成是维持国家的四根支柱，指出“礼、义、廉、耻，国之四维，四维不张，国乃灭亡”。齐国的孟尝君“为相数十年，无纤介之祸”，这在很大程度上得益于其门客冯欢的“焚券”之举。孟尝君让冯欢去他的家乡要债，冯欢则当众以孟尝君的名义把债据全部焚毁，为孟尝君“买”回了民心，巩固了他的政治地位，即使后来孟尝君被罢官遣回家乡，也受到了乡民的欢迎。《左传·襄公三十一年》中有“子产不毁乡校”一文，讲了郑国统治者子产执政后，保留了乡间人们劳动之余聚集闲聊的场所，以供人们议论和发泄，把乡校看成是执政者与民众相互沟通及信息反馈的地方，以竭力增进与民众的关系。通过子产不毁乡校的故事，体现了一定程度的舆论监督，说明了他是重视公众信息的。秦国的商鞅在变法时使用了“徙木赏金”的方法。商鞅让人在咸阳城门立柱一根，同时张贴告示，称扛走立柱者可获得奖赏若干，后果然兑现。通过这个“人为的事件”，不但表明了他变法改革的决心，也以此来取信于民，在民众中树立了可信的形象，树立了政府法令的权威，使秦国变法得以顺利进行，为最后统一中国打下了坚实的基础。秦末刘邦攻入咸阳后，为争取秦人的民心，与秦民“约法三章”，废除秦朝的虐民法令，深得老百姓的拥戴，威望大增，都认为他是一代明君。唐太宗提出的“民可载舟，亦可覆舟”，明太祖提出的“政犹水也，欲其常通”等，从现代公共关系的角度上看，更是体现出了政府公共关系的基本特点。

在政治军事谋略及传播沟通方面，我国古代的一些有识之士都很重视舆论宣传并有很强的说服传播能力，也有高超的语言传播技巧和艺术。东周洛阳人苏秦，周游列国，宣传自己政治上的“合纵”主张，使当时的赵、齐、楚、魏、韩、燕六国结成同盟。而魏国人张仪则凭借自己雄辩的口才，宣传自己的“连横”主张，对东方六国采取各个击破的政策，瓦解了六国“合纵”的政治军事同盟。刘备三顾茅庐，动之以情，晓之以理，感化了诸葛亮，终使诸葛亮为汉刘江山“鞠躬尽瘁，死而后已”。诸葛亮凭三寸不烂之舌说服孙权联合抗曹，为了搞好边区关系，对孟获七擒七纵，终使孟获归顺汉室。我国兵家历来主张“攻城为下，攻心为上”，推崇“不战而胜”。明末李信进军京城，广泛宣传“迎闯王，不纳粮”等口号以赢得民心，这是后来得以成就大业的重要原因。此外，在我国古代，当军队和政权占领一城一地后，其首要大事之一，就是及时地张贴“安民告示”。“安民告示”的内容主要就是向老百姓公开宣传其政策、法令，吁劝民众拥护或接受新政权，以达到缓和社会矛盾、安定民心、建立社会新秩序的目的。

在经济生活及国际事务方面，汉代的张骞两次出使西域，到过 36 个国家，使这些国家都知道了东方有个汉帝国且盛产丝绸，这对东西方的政治、经济和文化交流产生了巨大而深远的影响，开辟了中西文化交流的一个新纪元。明代的郑和七下西洋，历时 28 年，途经 30 余个国家。每到一地，他便以中国的瓷器、丝绸等物品与当地的产品进行交换，并与亚非各国加强了经济和文化上的联系。此外，古时酒店和商家门前的招牌上经常写着“酒店门前三尺布，过来过往寻主顾”、“百年老店”、“童叟无欺”、“和气生财”等，这些流传至今的古代商业口号，也都反映了现代公共关系的一些基本思想和基本原则。

三、人类早期类公共关系的特点

无论是在中国的古代，还是在西方的历史上，都可以找到大量的类似于现代公共关系的思想和实践。某些现代公共关系的思想、观念和做法古人确曾运用过，或者说，现代公共关系的思想和实践也继承和吸收了古人从事政治、经济、军事和外交等活动中的一些好的传统思想、观念和做法。在人类早期的类似于公共关系的各种实践活动中，到处闪烁着现代公共关系的思想火花。但是，现代公共关系有其特定的内涵和外延，它有自己产生和发展的特定的社会历史原因和条件。古代的类似于公共关系的活动毕竟不是现代意义上的公共关系，从根本上说，与现代社会的公共关系活动还不能等量齐观。古代的所谓的公共关系还只能是一些原始的“准公共关系”或“类公共关系”，具有以下几个特点。

(1)从学科上看，这种类公共关系没有也不可能有独立的、系统的公共关系理论和学说，甚至没有自觉的公共关系观念，没有明确提出公共关系的概念。

(2)从实践上看，人类早期的类公共关系没有也不可能有自觉的、专门的和系统的公共关系活动，这种公共关系活动还带有明显的自发性和盲目性，还是零星的、散碎的，体现在当时的经济、政治、军事、外交和日常活动之中。

(3)从作用的领域和范围上看，由于这一时期社会生产力水平相对低下，经济相对落后，人与人的经济关系比较简单，所以人类早期的类公共关系活动多集中在政治和军事领域，带有强烈的政治和伦理色彩。

(4)从形式和手段上看，人类早期的类公共关系活动没有也不可能运用现代公共关系在传播过程中所使用的手段，特别是大众传播的媒介和手段。人类早期的类公共关系活动常常以人际口头传播为主要手段，也辅之以舞蹈、诗歌、雕塑、建筑、戏曲等艺术形式。

(5)从本质上看，人类早期的类公共关系，没有也不可能从根本上真正重视公众。在传播过程中，传播主体甚至对公众提供真实性不强的信息，以至于依靠子虚乌有的迷信及造神方法来影响舆论和公众。

第二节　现代公共关系的产生和发展

现代公共关系是一个完整的概念，它既指现代的公共关系思想观念，也指现代的公共关系实践活动；既指一门独立的科学理论体系，也指一种专门的社会职业。现代公共关系出现在 19 世纪末 20 世纪初的美国，它是美国等西方资本主义国家的政治、经济、科学技术及文化等社会条件发展到一定阶段和程度的必然产物。

一、现代公共关系产生和发展的基础与条件

1.现代公共关系产生和发展的实践认识基础

现代公共关系不是凭空出现的，作为一种社会职业活动它是以往公共关系或类公共关系实践活动的延续和超越；作为一种思想观念，它是对以往公共关系或类公共关系思想观念的继承和发展；作为一门科学，它是以往公共关系实践活动的反映，是以往公共关系实践经验的概括、总结和升华。所谓现代公共关系的实践认识基础，主要就是指现代公共关系产生和发展的实践基础及思想理论来源。

广义地说，中国和西方早期的类公共关系思想与活动也是现代公共关系产生的实践基础和思想理论来源，但是现代公共关系的直接实践基础和思想理论来源，是近代以来美国社会中这种公共关系思想和实践的进一步发展。

一般认为，现代意义上的公共关系发生于美国的独立战争时期，而后在政治竞选和迅猛发展的传播学的推动下得以发展。

1750—1783 年的 34 年间，英属北美的 13 个殖民地为了摆脱英国的殖民统治，展开了一系列的宣传活动，其代表人物是塞缪尔·亚当斯和亚历山大·汉密尔顿。亚当斯为了反对英国并塑造美国的形象，出版了 1 500 多种小册子，广为散发，详细而又及时地在他的出生地新英格兰公布不列颠人傲慢自大和压迫人民的证据。其中很多小册子是他煞费苦心炮制的，他用夸张的技巧强化了双方的对立程度，从而激起了殖民地人民对英国殖民统治者的仇恨。通过一系列有计划的传播活动，亚当斯成功地达到了反对英国的殖民统治、为美国革命制造舆论的目的，为美国独立战争的最终胜利做了充分的舆论准备。亚当斯还费尽心力地建立了各殖民地的通信网络——通讯委员会，借此网络互通信息，保持各州间的经常联系。亚当斯所做的这些事情被认为是美国历史上第一次在重大政治斗争中以公共关系活动的思想与方法为武器并夺取胜利的典型例证。

亚历山大·汉密尔顿作为美国历史上的第一位政治专栏作家，其最主要的贡献是他领导了一场争取宪法获得批准的运动。1787 年 10 月至 1788 年 4 月，是美国面临如何立国的关键时刻，汉密尔顿创编了《联邦制者论文集》和《1787—1788 年的美国北部联邦同盟文件》，同时他和其他作者一起发表了一系列通俗易懂、影响深远的评论文章，用自然坦率的风格巧妙而有效地引导了当时的公众舆论，阐明了立宪党人的观点，为建立联邦制提供了依据，促使宪法得以批准，为美国实现联邦制铺平了道路。历史学家阿伦·纳文斯认为这次活动是“历史上最出色的公共关系工作”。

19世纪二三十年代，美国的普通公民开始拥有了选举权，公众的政治兴趣被迅速调动起来，新闻界的作用也日渐明显。1828年，安德鲁·杰克逊参加总统竞选，因他出身低微，没有雄厚的经济实力。为了竞选成功，他一改早期政治选举的方式，聘请学者和记者成立了顾问团为其出谋划策，努力树立自己的形象。其中著名记者詹姆斯·肯得尔作为他的高级智囊，担任竞选活动专家和公共事务专家，负责为杰克逊撰写演讲稿、发布新闻、进行民意测验并进行分析等工作。杰克逊按照竞选纲领进行呼吁、宣传和辩论，并最终获选。与此同时，美国最早的政府机关报——《环球报》诞生，它作为政府的喉舌，不断地对政府的政策进行报道和解释，这成为了以后白宫一整套对外宣传模式形成和发展的基础。这种在政治竞选中有意识、有计划地争取公众的活动，无可否认地成为带有自觉意识的现代公共关系的雏形。

19世纪初，美国传播业迅速发展，这对现代公共关系的形成有着极大的推动作用，所以，不少学者就将19世纪30年代在美国出现的“便士报运动”视为现代公共关系产生的诱因。19世纪30年代以前，美国发行的报纸种类和发行量都很少，价格昂贵，主要供上层社会的达官显贵阅读。后因报业技术的改进，使报纸变得便宜，因而在美国报刊史上出现了以大众读者为对象，大量印发通俗化报刊的“便士报”时期，史称“便士报运动”。当时，随着政治的民主化、经济的繁荣和科学技术的进步，美国的大众传播业得以迅速发展，《纽约太阳报》带头推出了价格低廉（一便士即可买一份报纸）、趣味性和刺激性都很强的报纸，掀起了一场报刊宣传热潮。“便士报”使读报不再仅仅是富人的特权，报纸就在这一过程中完成了大众化、通俗化的飞跃。这一运动对现代公共关系的形成、发展有着极其重要而直接的影响。初时，报业集团主要是为了争取读者，扩大发行，强调舆论的独立性，报刊的内容开始关切大众生活，因而颇受社会公众的认可，从而使其成为一些大企业和财团看重的媒体。而后因报刊的发行量大、发行成本增高，广告覆盖面扩大，因而，广告费也随之猛涨。不久之后，大企业和财团的巨头们就窥见了其中有利可图的机会，不花广告费亦能争取消费者。为了省下昂贵的广告费他们便纷纷雇佣专门的报刊宣传员在报刊上对自己和企业进行大肆宣传，甚至不惜愚弄公众，编造各种离奇的新闻、“神话”来宣传自身和企业，吸引读者的注意力，争取消费者，树立自身和企业的形象，而报刊为了迎合下层读者的需要也乐于接受和予以发表。于是，一场声势浩大的报刊宣传代理活动开始风行起来，其中最具代表性的人物是费尼斯·巴纳姆。巴纳姆是一个马戏团的经理人，他信奉“凡宣传皆好事”的原则，以擅长利用报纸制造和杜撰“神话”宣传、推动马戏演出而闻名于世。巴纳姆曾声称在他的马戏团里有一位黑人女奴海斯，曾在100年前养育过美国第一任总统乔治·华盛顿。消息发表后引起了极大的轰动，巴纳姆就势以各种笔名在报上发表有“不同”看法的“读者来信”，人为地引起了一场争论。于是，很多人抱着好奇心纷纷到马戏团去探个究竟，使马戏团的票房收入猛增，每周可获1 500美元的收入。而海斯死后的解剖结果表明，她的年龄为80多岁，并非巴纳姆所说的160多岁，当然也就根本不可能抚养过华盛顿总统。真相揭露后，巴纳姆宣称他对此“非常震惊”，自己也是受骗者。其实他就是骗局的制造者，并早已从他所策划的骗局中得到了不菲的利益。

这一时期报刊宣传活动的致命弱点，就是全然不顾公众的利益，不择手段地愚弄和欺骗公众，这与现代公共关系的根本宗旨南辕北辙。同时，在这一时期轰轰烈烈的传播活动中，并未使用过公共关系这一概念，人们也并未把这种有计划、有目的的传播活动与公共关系这一概念联系在一起。严格说来，这一时期的公共关系较之人类早期的类公共关系还没有发生根本性的变化。但是，这一时期的报刊宣传活动以自觉的舆论宣传和争取公众为目标，将舆论宣传与组织的经济利益直接地联系在一起，与人们牟利的愿望紧密地结合在一起，从传播活动的组织性、计划性和目的性上开始接近于现代公共关系。正是由于报刊等大众传播媒介的空前发展，使得企业与大众传播媒介有意识地、自觉地结合在一起，这在客观上对促进现代公共关系的产生有着非常积极的作用，它从反面促进了公众意识的觉醒。所以，人们又将整个巴纳姆时期称为“反公共关系时期”、“黑暗的公共关系时期”、“公众受愚弄的时期”，但它在促进公共关系发展成为一种有组织的活动方面有着不同以往的意义和作用，为其后现代公共关系的真正产生、正式确立和迅猛发展奠定了实践和认识基础。

此外，值得注意的是，1802年美国第三任总统托马斯·杰弗逊在议会宣言中用“公共关系”代替了“精神状态”，这是最早出现的“公共关系”术语。1807年出版的《韦氏新九版大学词典》首次收录了“公共关系”一词。当然，这时的公共关系一词所指代的内容与现代公共关系的含义是不同的。

2.现代公共关系产生和发展的社会历史条件

社会生产不断发展，社会分工越来越细，社会组织高度分化以及在此基础上形成的社会组织之间相互协调、相互整合、互相融通的发展趋势和客观需要是现代公共关系产生和发展的社会历史条件。

人类社会的发展历史在一定程度上就是一部社会生产不断分工和社会组织不断分化的历史。一方面，社会生产的发展以及与此相适应的各种社会分工的出现，不断地推动着社会组织发生分化，使社会环境变得更加复杂多样，人与人之间的社会关系也逐渐由单一变得更加多元化。由于社会分工的细化，人们从事专门的社会职业，视野受局限，生存空间缩小，人与人之间处于一种更加隔离的状态。另一方面，也正是由于社会组织的分化，社会关系变得更加复杂多样，人们为了要适应这种社会环境，就必须更加自觉地去协调人与人、人与社会组织以及社会组织之间的相互关系。社会组织的分化和组织化程度的提高，不仅在社会经济领域，而且在社会的政治、思想文化和科学技术等领域都得到了深刻的体现。20 世纪初以来，尤其是近半个多世纪以来，科技革命与产业革命使各国的政治、经济乃至整个社会发生了划时代的改变，整个世界的经济格局、政治格局和人们的思想观念都发生了重大变化，社会日益走向多元化与多极化。这就使得任何一个社会组织只有加强与其他社会组织和公众的相互沟通、协调与合作，才能得以生存和发展，从而使社会组织与其相关团体和公众之间的自觉的、有目的、有计划的相互沟通与联系就变得愈加迫切和必要。现代公共关系正是这一社会客观环境的必然产物。也正是适应了这一历史发展的客观需要，现代公共关系一经产生就得到了前所未有的发展，在社会生活的各个领域发挥着日益重要的作用。

3.现代公共关系产生和发展的社会经济条件

社会生产的进步，商品经济的出现和发展是现代公共关系产生与发展的社会经济条件，现代公共关系是商品经济和社会化大生产的产物。

现代意义上的公共关系不可能在生产力和经济都很落后的封建社会中产生，它只能产生于社会化大生产和商品经济迅速发展的社会之中。在商品经济条件下，整个生产活动是建立在社会化大生产的基础之上的，出现了明确的社会分工和市场竞争，形成了开放的市场经济。人们生产的产品不再以满足自给自足的要求为主要目标，而是主要通过市场交换来实现其价值，只有如此，人们通过劳动生产的产品才能得到社会的承认。因此，无论是个人，还是社会组织，都必须通过自觉的努力以获得社会的认可与支持，为自己的生存和发展创造一个良好的环境。

首先，商品经济的稳定发展，商品交换的畅通，是社会组织立足于现代社会的关键和根本，这就从客观上要求有一种良好的社会关系和环境来发展这种交换关系。公共关系正好能够担当起这一角色，使社会组织与公众通过沟通与交流来建立相互信任、相互合作的良好关系以及良好的社会生活机制。

第二，随着商品经济的发展，在商品流通和商品交换中出现了由卖方市场向买方市场的根本性转变，为了适应这种转变，最大限度地争取公众，争取消费者的理解、信任、支持与合作，各类社会组织，尤其是营利性的社会组织在客观上需要一种良好的公共关系作为保障。

第三，商品经济的高度发展，不仅使商品供给极大地丰富起来，还促进了社会的经济水平和人们的文化素养的不断提升，从而使消费者的消费水平不断提高。同时，消费者的日常消费开始从满足基本需要为主转向以选择性的需要为主，这就迫使商品生产者、经营组织者通过各种有效手段在公众中树立自己良好的形象，以赢得广大公众的信任和支持，在日益激烈的社会竞争中立于不败之地。

第四，商品经济的发展促使社会分工深化，各种生产、经营和管理部门的专业化程度也越来越高。通过建立现代公共关系的经营管理方法，可以在不断提高社会组织的专业化程度的同时，建立跨行业和跨地区的横向经济联系，从而使其在相互合作、相互促进中求得共同发展和繁荣。

第五，社会生产力水平不断提高，人与人、组织与组织之间的竞争日趋激烈，这就使得商品交换需要进行大量的宣传和大力的推广，增进商品生产经营者和消费者之间的相互沟通与了解也就显得十分迫切和必要，这也只能通过由双方建立良好的公共关系来实现。

4.现代公共关系产生和发展的社会政治条件

社会政治生活的民主化是现代公共关系赖以产生和发展的社会政治条件。

在以血缘关系为基础的漫长的封建专制社会，在人们政治生活中起主导作用的是封建宗法关系，所以，在民众与统治者之间根本不可能建立起平等互利的公共关系。从封建社会进入资本主义社会是人类社会民主化进程中的一个重要里程碑，虽然资产阶级的民主政治有着其虚伪性和欺骗性的一面，但它比起专制的封建制度来说无疑是一大历史进步。

首先，政党要人要入朝执政，必须维护公民的“普选权”，并通过竞选的方式来实现。

其次，政府的方针政策、施政措施等工作也只有在得到民众的基本认可的情况下，才能得以实施。实行全民参政的民主政治，这种体制在客观上就促成了社会各方有必要维持一种相互依存、彼此合作的关系。

再者，资产阶级民主政治的建立，破除了君主权力神圣不可侵犯的信条，把政府的合法性奠定在公民认可的基础之上，迫使统治者必须重视自己的施政方针被公众信任和支持的程度，并不断改善与公众的关系。为此，政府和社会组织就不得不及时地了解舆情民意，在内外政策的制定和调整中顾及民众的意愿，并通过各种媒介向公众解释、宣传政府和社会组织的政策、措施，争取公众的理解与支持，与各界公众保持良好的公共关系。因此，从社会政治角度上看，现代公共关系就是民主政治的产物。

5.现代公共关系产生和发展的物质技术条件

科学技术的发展为公共关系开拓了广阔的用武之地。电子技术、信息技术、计算机技术等在第二次世界大战后突飞猛进，极大地促进了交通运输、通信技术和传播手段的现代化，这是现代公共关系产生与发展的物质技术条件。

自给自足的自然经济，生产规模极其狭小，人们几乎处在一种封闭半封闭的自然状态之中。这种落后的自然经济在本质上不要求进行广泛的人与人之间的相互沟通与联系。同时，受到落后的信息传播手段和交通工具的限制，人与人之间亦不可能发生广泛而深刻的社会联系与交往。在工业社会中，特别是20世纪初以后，商品经济日益发达、市场经济愈益完善，科学技术日新月异，大大地促进了交通运输、通信技术和传播手段的飞速发展，从汽车、火车、轮船、飞机、人造卫星的出现到电报、电话、广播、电视、计算机、互联网以及光导通信的相继推广和应用，使世界的整体性日益明显。地球"变得越来越小"了，人们之间的时间和空间距离也都"缩短"了，这样，人们迫切需要广泛而深刻的社会交往和经济交往就有了技术上的支撑和保障。这样的物质技术条件，为社会组织的对内、对外宣传，扩大组织的知名度和美誉度，改善组织在公众心目中的形象，为企业和社会组织的生存与发展创造良好的舆论环境和社会环境。

6.现代公共关系产生和发展的思想文化根源

现代公共关系的产生与发展不仅以生产社会化、政治民主化、经济市场化、技术现代化为条件，还有其思想文化和社会心理上的根源。

第二次世界大战之后，世界进入了一个相对和平和稳定的发展时期，各国都高度重视普及国民教育，提高国民素质。人的文化素质的提高，推动了人的平等观念、民主观念的发展，促进了社会文明的进步、公众意识的觉醒和社会组织经营管理理念向着"以人为本"的方向转变。

20世纪初以来，在社会经济领域，随着工业化进程的推进，科学技术的进步和生产力的高度发展，使得劳动开始从体力密集型向智能密集型转化，迫使企业主不得不考虑和重视公众及员工的态度和心理因素，以最大限度地调动他们的生产积极性。在这样的社会大背景下，导致了企业经营管理思想的重大转变，企业管理也变得更加注重人际关系的作用。一些有识之士开始意识到，顺应民众的社会文化心理，满足他们更加广泛的物质和精神需求，比采取以往的对抗手段来压制他们甚至奴役他们，更有利于消除社会组织与公众之间的冲突与矛盾，社会组织和公众之间必须建立一种良好的类似于人际情感的和谐关系。

社会文明的进步，人的素质的提高，民主观念的增强，公众意识的觉醒，经营管理思想的深刻转变，为现代公共关系的产生和发展提供了必要的思想文化基础和社会心理基础。

二、现代公共关系产生和发展的历史阶段

对于现代公共关系产生和发展的历程，学术界有不同的看法，有的主张将其划

分为4个阶段:巴纳姆时期、艾维·李时期、伯内斯时期和现代时期。有的主张将其划分为3个阶段,即产生形成时期、理论体系建立时期和现代发展时期。我们采用后一种观点,将现代公共关系产生与发展的历程划分为3个阶段。

1.产生形成期

19世纪末,美国已进入了垄断资本主义时代。此时,一方面垄断财团占有着社会的绝大部分财富,掌握着国家的经济命脉。他们为攫取最大利润,全然不顾广大民众的利益和最基本的社会道德准则,对劳资关系、重大事故、环境保护等重大原则问题置之不理,肆无忌惮地、不择手段地搜刮民脂民膏,贪婪地榨取劳动者的血汗。另一方面社会经济危机频频爆发,罢工运动风起云涌。一大批中小企业和资本家在垄断财团的疯狂兼并活动中惶惶不可终日,广大民众的生活更是极度艰难。结果,整个社会的阶级矛盾日益激化,各个阶层和集团之间的利益冲突也愈益尖锐,整个社会充满了对工商寡头的敌意,劳资关系十分紧张。美国十大财团之一的杜邦公司因其依靠生产销售炸药等杀伤性武器暴富而被称为“杀人工厂”;洛克菲勒在科罗拉多下令杀害罢工工人而臭名昭著,被称作“强盗大王”。在这种情况下,美国的新闻界终于爆发了以揭露实业界巨头的丑闻和阴暗面为主题的新闻揭丑运动,史称“扒粪运动”。当时,一批深受欧洲人文主义思想影响的新闻界的记者、作家,愤然以笔代枪,掀起了揭丑运动的高潮。在近10年的时间里,他们在各种报刊上发表了2 000多篇揭露、谴责和抨击资本家和政府丑行的文章,并配以大量的社论和漫画作品,出版了大量的宣传小册子,形成了强大的舆论攻势。这场运动不仅深刻地批判了垄断资本家的丑恶劣行,伸张了社会正义和公道,而且还把不少企业和组织置于十分不利和尴尬的舆论环境之中,使其声名狼藉,社会形象丑陋不堪,生存与发展受到了极大的威胁。

面对如此恶劣的社会环境,垄断财团一开始并未意识到问题的症结所在。他们仗着财大气粗,置社会利益和公众利益于不顾,先以暴力、恫吓等高压手段,试图阻止新闻界发表揭丑文章,平息不利舆论。继而又以高额广告费和不在发表揭丑文章的报刊上登广告来收买、威胁记者和报业。这些都没能奏效后,他们又变换手法,以贿赂为武器,一些大企业用高额酬金公开雇佣记者创办自己的报刊,仿效“便士报”时期的报刊宣传作法,为自己辩解,杜撰有利于工商巨头们耸人听闻的“新闻”和“神话”,企图掩盖企业中出现的种种问题。结果适得其反,难以奏效。一份刊登企业广告的报纸,同时也发表抨击揭露该企业的文章;企业新闻代理人炮制的隐瞒事实、欺骗公众的“神话”和“新闻”最终也不能混淆视听,反而弄巧成拙,招致公众对垄断财团的敌意与日俱增。于是,一些具有远见卓识的、开明的工商界人士意识到瞒天过海、欺骗公众的做法无济于事,唯一的出路是改善企业与公众的关系，争取公众的理解，树立良好的社会形象，这是企业生存与发展的关键所在。于是，以“说真话”、“讲实情”、通过企业与公众之间“对话”的宣传形式来获得公众信任的主张被提了出来，并得到越来越多的企业家的认同。随之，代表企业利益、建立企业与公众的良好公共关系并从中取得报酬的新型职业也应运而生。艾维·李便是这一时期“说真话”社会思潮和开创公共关系新型职业的主要代表人物。也正因为如此，这一时期也被称之为艾维·李时期。

艾维·李是牧师的儿子，先后就读于普林斯顿大学和哈佛大学，毕业后相继在《纽约日报》、《纽约时报》和《纽约世界报》担任了5年的记者和编辑工作。当时他深感企业界、新闻界和社会公众之间关系的不协调，审时度势地提出了“说真话”的宣传思想。他认为一个组织要获得好的声誉，不是依靠向公众封锁消息或以欺骗来愚弄公众，而是要把真情告诉给公众。即便真情披露之后对组织造成了不利影响，也不能去极力遮掩真实情况，而应该对组织的行为进行调整，以获得公众的理解与支持。他认为一个组织要建立良好的公共关系，创造最佳的生存与发展环境，最根本的信条是“讲真话”，“公众必须被告之”。正是这种“讲真话”、“公众第一”的思想，从根本上改变了以往人们在社会交往中的观念，这也是艾维·李对现代公共关系形成的最大贡献。

1903年，艾维·李与帕克一起创办了世界上第一家正式的职业宣传咨询事务所，这被普遍认为是现代公共关系诞生的标志。他是向客户提供公共关系咨询服务并收取费用的第一位职业公共关系从业人员。由于他的出色的公共关系实践以及向新闻界发表了反映他基本思想的重要文献《原则宣言》，提出了开展公共关系活动的宗旨，从而为现代公共关系的基本原则奠定了基础。

艾维·李在职业公共关系领域大显身手，令其声名大振。当时，他成功地为洛克菲勒财团等企业提供了公共关系咨询服务。洛克菲勒财团是艾维·李的第一个客户，他应该财团之邀，为其改变“强盗大王”的形象，平息工人的罢工怒潮做了大量的、卓有成效的工作。艾维·李聘请了社会上有威望的劳资公司对一些事故的具体原因进行核实与确定，将真相公布于众，并请工人领袖参与解决劳资纠纷。他还建议洛克菲勒向慈善事业捐款，增加工人工资，救济贫困，以实际行动改变了公司在公众心目中的不良形象，大大提高了企业的声望。同年，艾维·李成功地处理了宾夕法尼亚州铁路公司的一起严重铁路事故。在事故处理中，他一改过去铁路公司对此类事故的惯常做法，反对遮遮掩掩，因为“血已洒在路上，伤者的悲泣也是掩盖不了的”。他首先安排了专列将记者们尽快地送抵事故现场，果断地采取了公布事故真相、向死难者家属付出赔偿、为受伤者支付治疗费并检查铁路路基以保证不再发生类似悲剧和事故的措施。他要求事故方要向社会各方诚恳道歉，要向记者们提供尽量多的信息，回答所有合理的问题并解释技术性的问题，让记者们了解造成事故的原因并亲眼目睹铁路公司为处理该事故所做的种种努力，以便通过他们向社会传达相关的信息，从而取得了令人瞩目的良好效果。这样，艾维·李把一个铁路惨案变成了公共关系的一个胜利。这些问题的处理和解决使艾维·李蜚声社会，并先后被美国电话电报公司等多家巨型公司和政府聘请为公共关系顾问。

艾维·李虽然开创了现代公共关系事业，但限于当时的社会条件和历史的局限，他没能建立起现代公共关系的理论体系，艾维·李更多的是凭借其丰富的经验、敏锐的判断和超越常人的直觉来开展公共关系实践活动，却缺乏相关的理论和系统、科学的方法。因此，有人认为他是公共关系的艺术家，而不是公共关系学家。艾维·李在运用“说真话，讲实情”的基本原则来处理危机事件的过程中，更注重的是将组织的想法、意愿等传达给公众，而公众信息的反馈机制和重要性还没有得到应有的重视。所以，这一时期的公共关系传播被称为“单向公共关系传播时期”。但是，不可否认的是，正是由于艾维·李的努力实践，才使公共关系走上了正确的、独立的、专门的社会职业之路，也使公共关系向着科学化的方向迅速发展有了实践基础。所以，他在现代公共关系的发展史上占有不可替代的重要地位，被后人称之为“公共关系创始人”、“公共关系鼻祖”。

2.理论体系建立期

艾维·李开创了现代公共关系事业，提出了一系列独创的思想观点和观念，但他虽然拥有丰富的公共关系实践经验，却没有提出比较系统的、科学的、严密的公共关系理论，他的公共关系实践被认为“只有艺术，而无科学”。完成现代公共关系理论体系奠基任务，并使公共关系学科正规化、科学化的人，是另一位现代公共关系的先驱爱德华·伯内斯。

爱德华·伯内斯是美籍奥地利人，一岁时随父母移居美国，是美国第一批接受公共关系实践的学者。1912 年，他受聘于福特汽车公司任公共关系部经理，为福特公司塑造良好的社会形象立下了汗马功劳。第一次世界大战爆发后，曾在威尔逊总统成立的官方公共关系机构“克里尔委员会”担任委员，负责向国外新闻机构提供美国参战的背景及解释性材料。战后，伯内斯一面创办公共关系实体，一面将其主要精力投入到公共关系的理论研究及教学工作中，并取得了巨大的成就。1919 年他与夫人一道在纽约创办了一家公共关系公司。伯内斯在深入研究了公共关系产生的原因和当时的社会状况之后，于 1923 年将其研究成果集成为《舆论之凝结》一书，这也是伯内斯出版的第一本公共关系学专著，该书被看做是现代公共关系的第一部经典之作。书中明确提出了公共关系咨询的概念，阐释了它的作用，认为公共关系咨询能帮助企业执行合乎社会要求的行为的政策，能通过宣传这些政策和行为，为企业赢得公众的好感与支持。伯内斯的这一思想和主张，明确肯定了公共关系的重要职责之一是要向组织提供政策咨询，而不是仅仅向社会做宣传。基于此，他提出公共关系的整个活动过程，应当包括从计划到反馈，最后到重新评估等8个基本程序。同年，他以教授身份第一次在纽约大学开设并主讲了公共关系学课程，开了在高校中开设公共关系学课程的先河，标志着公共关系学正在成为一门独立的学科。1925年伯内斯又完成了《公共关系学》一书，从理论上对20世纪以来美国的公共关系理论与实践进行了概括与总结，初步确立了现代公共关系学的学科地位。1928年伯内斯完成了又一部专著《舆论》的编撰工作，该著作的问世标志着公共关系的基本理论与方法已形成为一个较为完备的体系。他还把1897年《铁路文献年鉴》中出现的"公共关系"一词与艾维·李的公共关系思想结合起来，使这一名词首次有了科学的含义，并广泛流传开来。学术界普遍认同是伯内斯给予了现代公共关系以系统、理论的武装，实现了公共关系的科学化，将公共关系从属于新闻出版的传播范畴中分离、独立出来，逐渐成为一门独立而又系统的学科。

伯内斯一生致力于公共关系的实践与理论研究，他不仅在实践中发展了艾维·李的思想，并进一步提出了"投公众所好"的观点，从而使艾维·李的单向公共关系传播模式发展到了双向非对称型的公共关系传播模式。他很注重公众的信息反馈以及据此调整组织的信息传播和行为。但是这一切主要是以实现组织利益为目的，强调运用科学理论与方法诱导公众接受组织的观点，未能以互利互惠的原则来看待组织与公众之间的利益，也未能把公众放在与组织平等的地位上加以看待。

在这一时期，1924年，美国《芝加哥论坛报》发表社论，强调指出公共关系已成为一项专门职业、一种管理艺术和一门科学。有人认为，此社论的发表既是公共关系科学化的标志，也是现代公共关系理论和实践系统化的标志。

3.蓬勃发展期

20世纪40年代后期，特别是50年代以后，现代公共关系的实践和理论研究进入了一个全新的蓬勃发展时期。

在组织机构方面，早在1927年，"希尔·诺顿"公共关系公司就在美国的克利夫兰成立，1930年，"博雅"公共关系公司成立。而这两家公共关系公司在此时都已发展成为跨国公共关系公司。1948年，美国公共关系学会（PRSA）在纽约成立，哈罗博士出任第一任主席。同年，英国公共关系协会也宣告成立。1955年国际公共关系协会（IPRA）在伦敦成立，第一批会员包括欧、美、亚、非各大洲多个国家和地区，1958年在比利时首都布鲁塞尔还召开了第一届世界公共关系大会，这标志着公共关系已经作为一门世界性的行业而问世。继而,1967 年亚洲公共关系联盟成立。1981 年太平洋公共关系专业协会在香港成立。

职业地位方面,1960 年,美国人口调查局开始把"公共关系从业人员"从"记者和编辑"中分列出来,标志着公共关系从业人员拥有了属于自己的独立的社会地位。

在公共关系教育方面,在公共关系实践与理论不断发展的过程中,公共关系教育的发展也齐头并进。1947 年,美国波士顿大学开办了第一所公共关系学院(后改名为公众传播学院),并设立有公共关系学硕士和博士学位。到 20 世纪后期,美国已有 400 多所大学开设公共关系学课程,有 60 余所大学可以授予公共关系学学士学位,37 所大学可授予硕士学位,13 所大学可授予公共关系学博士学位。公共关系学这门年轻的学科已跻身于大学校园和神圣的科学殿堂。

在公共关系理论研究和著述方面,这一时期,以卡特利普、森特和杰夫金斯为代表的一大批公共关系学家,在实践和理论上都把公共关系推向了一个新的历史发展阶段。斯科特·卡特利普和艾伦·森特是美国著名的公共关系专家,他们的代表作《有效公共关系》、《公共关系咨询》和《当代公共关系导论》等在世界各国产生了广泛的影响。他们提出的"双向对称"公共关系模式,成为当代公共关系的重要标志。弗兰克·杰夫金斯是英国著名的公共关系专家,大学毕业后曾在伦托尔公司从事公共关系工作,主要负责处理科技公共关系,是英国公共关系协会理事、英国公共关系学院教授。1968 年后他自己在英国开办了公共关系学校,是一位出色的公共关系教育家。他曾到过 18 个发展中国家讲学,对发展中国家公共关系状况的了解十分深入。他的著述甚丰,是当今英美两国撰写公共关系著作最多的学者之一。他的主要论著有《广告学》、《广告学概论》、《有效的市场战略》、《有效的公共关系设计》、《市场学和公共关系媒介设计》、《公共关系与成功的企业管理》、《公共关系与市场营销》、《公共关系学》、《公共关系·广告·市场营销》、《市场学·广告学和公共关系辞典》等。他的思想和论著对于丰富和发展公共关系学的理论,促进当代公共关系事业的发展起到了极其重要的作用。

在出版物方面,早在 1939—1945 年,美国就出版了《公共关系季刊》、《公共关系杂志》和《公共关系新闻》等刊物,为公共关系的科学研究提供了平台。

三、现代公共关系的发展趋势

美国汤姆生公司总裁曾预测,在未来的年代中,国际公共关系将是发展最快的产业之一。这一预测已经并将继续得到充分的验证。总起来看,现代公共关系发展的基本趋势主要体现在它的理论化与科学化、职业化与规范化、全球化与规模化、多元化与系统化以及本土化等方面。

1.公共关系的科学化与理论化

自伯内斯等先驱将公共关系引向科学化、理论化之路以来，应社会政治、经济和文化发展的需要，经过几十年的历史发展过程，公共关系的科学性越来越强，理论体系日臻完善与成熟。一方面，公共关系理论在其发展过程中不断地汲取其他各门学科的成果来实现自身的科学化，尤其是各门具体的社会科学和人文科学的相关知识、理论和方法为公共关系奠定了坚实的理论基础。另一方面，公共关系理论在吸收其他科学知识、理论和方法的同时，也逐渐形成了较为独立、完整和科学的理论体系，并增强了它对实际工作的理论指导作用。

作为一门年轻的学科，在公共关系理论体系中还有诸多内容需要我们继续去探索和研究，整个公共关系理论体系还需要在指导实践的过程中不断地得到补充、丰富、调整和进一步的完善。因此，公共关系的科学化和理论化是它向着更为完善、更为科学的方向发展的一种必然趋势。

2.公共关系的职业化与规范化

公共关系作为一种独立的社会职业从新闻界分离伊始，便得到了迅猛的发展，成为一种新兴的行业和一种日益受到人们尊重和向往的社会职业。如今，公共关系几乎渗透到了社会生活的各个领域，在各行各业中都发挥着越来越重要的作用。公共关系的这种职业化主要体现在：

第一，专业机构不断增多、职业队伍不断壮大。在美国，现代公共关系几乎从一开始就是从产业化起步的。目前，它拥有服务范围分布十分广泛、规模大小不等的2 000多个公共关系咨询公司，职业公共关系从业人员从20世纪50年代到80年代末增长了近7倍，达20万人之多。同样，世界上的许多国家对公共关系在社会事务中所发挥的独特作用也有着越来越深刻的认识，其公共关系职业化的发展进程非常迅速，从业人员、机构设置、活动经费等年年递增。

第二，职业教育蓬勃发展。迈克尔·杜马斯曾指出，靠“即兴的从业人员”是不可能搞好公共关系工作的，靠分散的、作坊式的工作状态，靠兼职人员或临时组合的专家队伍，已不能满足当代社会对大公共关系的要求。通过严格而正规的教育培训来培养高素质的现代公共关系专门人才已成为大家的共识，并且这项工作在世界各国包括中国都在大力开展和实施。

第三，职业准入更加规范。公共关系作为一种社会职业，逐渐告别了没有职业准入要求的时代，持证上岗已成为一种趋势和现实。仅以我国为例，中国国家劳动和社会保障部已于1999年5月正式将“公共关系员”作为一种职业列入《中华人民共和国职业分类大典》，2000年又将“公共关系员”列入全国90个持证上岗的职业之一，并于当年7月1日起开始实施。

与公共关系职业化进程相伴随，公共关系也在逐步地规范化。公共关系初兴之时，公共关系的目的、对象、内容、方法、原则和活动范围等并没有一个统一的标准，甚至称谓都无定规。随着世界范围内公共关系的普及与推广，公共关系的理论体系与操作体系日益走上职业化、国际化与规范化的轨道。特别是在职业道德规范建设、知识技能与考证晋级、活动效果鉴定与仲裁等方面，各国和有关国际组织都进行了不懈的探索与研究。1948年美国公共关系协会成立时制定了《公共关系人员职业规范守则》，并于1963和1978年两次修订这一守则；1961年《国际公共关系行为规则》出台；1965年《国际公共关系协会大会行为规则》、1978年《墨西哥宣言》分别获得通过；2001年中国也制定了《中国国际公共关系协会会员行为准则》等。尽管这些规章条文各异，但都有一个共同的特征，那就是不断促进公共关系活动的职业化和规范化，强化行业规范、职业道德和提高从业人员的素质。

3.公共关系的专业化与规模化

一方面，公共关系在逐步进入公共关系实务专业化的轨道。许多公共关系公司及社会组织中的公共关系部门所开展的公共关系实务从内容到形式都得到了极大的丰富；公共关系公司在提供专业服务方面市场细分化程度日益提高，专业化服务越来越到位；专门化的公共关系公司在社会组织发展中的地位和作用也越来越重要，公共关系咨询业将成为本世纪公共关系业的新的增长点。

另一方面，与专业化发展相对应，公共关系组织和从业人员发展的规模日趋扩大，影响进一步加深。20世纪80年代初，美国有2 000余家公共关系公司，从业人员增长很快，仅美国政府每年雇佣的公共关系人员就逾万人，经费开支近10亿美元。世界最大的博雅和伟达两家公共关系公司在全球都设有办事处。这些都从不同侧面反映出公共关系在全球的影响日益加深，规模继续壮大的趋势。

4.公共关系的多元化与整合化

在现代公共关系产生的早期，公共关系活动的主体是工商企业，其社会功能更多地集中在社会经济领域。随着公共关系自身的不断发展以及社会对公共关系客观需求的不断增长，它不仅在工商企业界发挥着独特的作用，而且在各级政府机构、科教文卫领域、宗教等社会组织中都得到了广泛的关注和应用，都发挥着更加广泛而具体的社会功能和作用，公共关系的主体和功能呈现出多元化的特征。

与此同时，公共关系在理论研究与实际运作中的整合特征也越来越明显。这种整合特征主要表现在：公共关系各种职能的相互协调与整合；公共关系实际运作中各环节的整合；公共关系学的多学科交叉与整合；公共关系的科学性与艺术性的整合；公共关系国际化与民族化的整合。在未来的发展中，公共关系的多元性与整合特征将会表现得愈发突出。

5.公共关系的国际化与本土化

早在20世纪30年代及以后，公共关系就由美国向西欧各国"输出"，继而在世界上许多国家中发展起来。由于世界政治、经济和科学文化等国际化趋势的日益加剧，人类社会已开始进入到一个全球化的时代，其中尤其是出现了市场经济的全球化和信息传播的全球化。在此基础上构建起来的现代公共关系产业无疑也已成为全球化的跨国行业。随着全球信息交流网络化的形成，跨国公司的持续发展，各国对公共关系普遍给予的高度重视，表明实施大公共关系的宏观条件已经具备，开展全球化公共关系的趋势也已渐成气候，公共关系在各种国际事务中发挥着越来越重要的作用。世界各国政治、经济、科学、文化等联系越来越密切的大背景，促使公共关系的国际化日益加强，公共关系在国际间的学术交流日趋频繁、国际间的学术研究越发深入。

应当指出，任何一个国家或地区，都有着自己独特的国情及思想文化底蕴，对外来的文化、科学、技术、经验等，都需要有一个与本民族文化和实际相磨合、融合和整合的过程，即实现本土化。公共关系也不例外。只有这样，现代公共关系这一从美国传向世界的新思想、新理念和新的经营管理方法才会真正在不同国家，不同地区，不同社会组织中发挥应有的作用。

第三节　现代公共关系在中国的传播和发展

在公共关系国际化的过程中，公共关系也在20世纪80年代传入了中国，并在与中国实际相结合的过程中不断地实现其本土化或中国化。

一、现代公共关系在中国传播和发展的客观必然性

首先，现代公共关系在中国传播和发展的根本原因是中国改革开放的需要。

1979年，中国共产党在北京召开的第十一届三中全会，翻开了中国进行社会主义现代化建设的新篇章，改革开放成为这一历史时期的基调和主流。中国的国门逐渐敞开，改革从经济领域渗透到政治领域，乃至整个教育和思想文化领域，这既为公共关系在中国的传播提供了可能，也使公共关系在中国的传播成为必要。现代公共关系随着国外的先进技术和管理经验等于20世纪80年代初被传播到了中国大地，并由南往北、自东向西迅速地推广和普及开来。

其次，公共关系在中国广泛发展的基本条件是社会主义市场经济体制的逐步

确立。

在改革开放的过程中，随着市场经济体制的逐步确立和不断发展，以企业为主的社会组织被推向市场，企业是社会主义市场经济的主体。面对市场的残酷竞争，它们必须遵循市场经济的基本法则，认真、平等地对待其他组织和公众，塑造自身良好的形象，扩大自身的影响。为此需要开展公共关系活动。否则，它们将在激烈的市场竞争中失去生存的机会，被市场无情地淘汰。

第三，现代公共关系在中国的深入发展依赖于社会主义民主政治体制的确立和不断完善。

中国的经济体制改革卓有成效，政治体制改革也在不断地深入。社会主义市场经济体制的逐步建立和不断完善，必须建立与之相适应的社会主义民主政治体制，以维护市场经济中形成的新的社会组织关系、社会群体关系和个体关系。而维护这样一些关系的正常化，正是公共关系的职能所在，公共关系在这些领域都能有效地发挥其作用。因此，经济体制改革与政治体制改革需要社会主义民主政治，而民主政治推动着现代公共关系在中国的持续发展。

二、现代公共关系在中国传播与发展的过程和阶段

1.传播与引进阶段

1980—1984 年，这是公共关系在中国大陆的传播与引进、学习与初步尝试的阶段。

20 世纪 80 年代初期，随着改革开放和市场经济的推行与发展，公共关系开始进入中国大陆，并迅速被国人所认识和接受，从而得到了迅速传播和蓬勃的发展，在神州大地掀起了一股“公共关系”热潮。

1980 年，我国政府颁布了《广东省经济特区条例》，在广东省设立了深圳、珠海、汕头三个经济特区。在这些地区最先出现了一批合资企业，主要是一些服务行业的宾馆和酒店。这些行业率先按照国外的一些管理模式在企业内部设立了公共关系部，并从香港和海外聘请公共关系专业人员主持工作。公共关系在这些企业的经营管理中发挥了独特的作用，并逐渐向其他行业扩展。

1980 年，深圳竹园宾馆成立了中国大陆企业内部的第一个公共关系部。其后，在沿海经济开放地区的合资企业中纷纷成立了公共关系机构，开展公共关系活动，并获得了良好的反响。1984 年广州白云宾馆和广州白云山制药厂开创了在国营企业中设立公共关系机构的先河。

2.迅猛发展阶段

1985—1989 年的几年时间里，公共关系风靡中国大地，是公共关系在中国获

得较快传播和发展的一个时期。在这一时期里，公共关系专业机构、学术组织、社会团体和从业人员开始大量出现，不少工商企业都成立了企业内部的公共关系机构。与此同时，公共关系教育也迅速发展起来。我国公共关系的职业教育已呈现出立体化的局面，当时，数百所高校开设了公共关系学课程，几十所高校设立有公共关系专业，培养该专业的学士和硕士。另外，通过自学考试、电大、夜大等成人（继续）教育途径，公共关系专职人员短期培训、资格证书培训等方式，培养出了大批的各级各类公共关系专业人员，呈现出公共关系教育的正规化、系统化、多层次化。与此相适应，有关公共关系的刊物和著作犹如雨后春笋，其种类与数量之多，在当时众多学科中可谓首屈一指。

由于公共关系从传入到迅猛发展历时很短，一些人还没来得及真正了解公共关系的内涵、实质和意义，引起对公共关系认识的一些误解和偏见，甚至将庸俗关系与公共关系相提并论，误以为公共关系就是迎来送往搞交际、陪酒吃饭拉关系等。尽管如此，当时公共关系领域中理论与实践的“百家争鸣，百花齐放”的局面，为以后公共关系在中国的健康发展奠定了较为广泛的群众基础。

3.持续稳定发展阶段

1990 年以来，国内公共关系从“过热”的状态下逐渐回归。学术界、企业界和政府部门在认真吸取教训、总结经验的基础上，高度重视公共关系意识的普及、公共关系理论的引进与消化、公共关系教育的推广、公共关系活动的开展等工作，尤其注重对国内公共关系发展的职业化和规范化建设以及行业规范的制定与完善。公共关系的实务操作规范也更加国际化、标准化，服务水准开始进入国际统一的标准体系之中，并取得了显著的成效。同时，各行各业开始自觉地注重形象建设、追求无形资产、建立企业文化、塑造品牌形象、开展全员公关，使公共关系的实务渗透到了企业管理的各个角落，并焕发出迷人的魅力。

公共关系机构和从业人员队伍迅速壮大。据 1999 年第一期《中国国际公共关系协会通讯》的调查，目前世界排名前 20 位的公共关系公司已有近一半进入了中国市场，拥有稳定客户并具有一定规模的在华外资公共关系公司已超过 50 家。年营业额超过 2 000 万元人民币、年均增长率超过 30%的中、外资公共关系公司已过 10 家，小型公共关系公司更是不计其数。中国公共关系从业人员已过 10 万人，2000 年度中国公共关系市场（不含港澳台地区）的整个公共关系行业年营业额估计接近 15 亿元人民币，年增长率为 50%。截止到 2002 年上半年，全国已举行了 4 次公关员职业资格鉴定全国统考，参考人数达 3.4 万人，其中 2.4 万人获得了职业资格证书。据不完全统计，到 1994 年，公共关系译著、专著、教材、辞典等出版物超过 300 种。

作为一门年轻的学科，一项新兴的职业，公共关系在中国的传播发展过程中也难免存在一些问题。例如，公共关系实践活动频繁，但缺乏创新，活动的策划水平偏低；从业人员队伍虽然庞大，但高素质的公共关系人才严重缺乏，存在专业人员中从教、受教、实际操作这三类人员多，而理论功底深厚、实践经验丰富的高素质的人才太少的“三多一少”局面；理论研究很活跃，但移植照搬过多，民族化、本土化不足；受经济发展东西部不平衡的影响，公共关系的发展也存在着这种地域上的南北差异大，东西不平衡的状况；一些社会组织在开展公共关系工作时容易出现“内冷外热”的现象，重视“外求发展”，忽视“内求团结”，等。

中国公共关系发展至今，可以说是问题不少，但成绩卓著，只要我们的学术界、企业界以及政府等各界冷静思考，认真总结过去的经验和教训，深化理论研究、重视公共关系实践、积极借鉴国外的先进成果并吸收各门相关学科的理论和方法，中国的公共关系事业一定会走上稳定、持续和健康的发展之路。

4.中国公共关系发展要事记

1981 年，深圳竹园宾馆设立中国第一个公共关系部门。

1984 年，第一家外资专业公共关系公司美国伟达公共关系公司在北京设立办事处。

1985 年 1 月，深圳市总工会举办了国内第一个公共关系培训班。

1985 年 4 月，北京师范大学开设了公共关系讲座。

1985 年 8 月，中国第一家专业公共关系公司中国环球公共关系公司在北京成立。

1985 年，第一家合资专业公共关系公司中法公共关系公司在北京成立。

1985 年，中山大学成立了国内第一个公共关系研究会。

1985 年，深圳大学传播系创办了国内第一个公共关系专业。

1986 年 1 月，广州成立了广东地区公共关系俱乐部。

1986 年 11 月，中国第一个公共关系协会——上海市公共关系协会成立。

1987 年 5 月，中国公共关系协会在北京成立。

1987 年，原国家教委把公共关系正式列入高校的课程。

1988 年 1 月，国内第一份《公共关系报》在杭州出版发行。

1989 年 1 月，国内公开发行的第一份《公共关系》杂志在西安创刊。

1991 年 4 月，中国国际公共关系协会在北京成立。

1994 年，原国家教委批准广东中山大学正式试办四年制本科公共关系专业。

1999 年 5 月，公共关系员作为一种职业正式列入《中华人民共和国职业分类大典》。

2000 年 3 月，国家正式将公共关系员列入持证上岗的 99 个职业之中。

2001 年，国家制定了《中国国际公共关系协会会员行为准则》。

2002 年底，全国公共关系员职业资格统一考试启动。

2007 年，出版了第一本《2006—2007 中国公共关系报告》。

2008 年 11 月 14 日，第十八届世界公共关系大会在北京人民大会堂隆重开幕，这是首次在中国召开的国际公关大会。

复习思考题

1. 现代公共关系产生和发展的社会基本条件是什么？

2. 试述现代公共关系产生与发展的历史时期及各个时期的主要特征和代表人物。

3. 现代公共关系的发展趋势是什么？

4. 为什么说现代公共关系在中国的传播与发展具有客观必然性？

5. 你认为中国的公共关系在未来的发展中如何能更好地实现国际化与本土化？

第二章 公共关系的基本功能

本章要点

1. 公共关系对社会组织的功能和作用。

2. 公共关系在塑造形象、扩大影响，采集信息、监测环境，宣传引导、影响舆论，咨询建议、参与决策，传播沟通、协调关系，全员教育、服务社会等六个方面的基本功能。

3. 公共关系的基本功能表明，自觉而有效地开展公共关系活动具有重要的作用。

公共关系的功能也就是公共关系的作用。从公共关系发展的历史可以看出，公共关系的功能经历了一个不断演变和发展的历史过程。最初，公共关系只是一种简单的宣传活动，发展到今天则已形成了一个多元化、多层次的功能体系。公共关系的功能是多方面的，它不仅能为组织的生存和发展创造良好的外部环境和内部条件，而且能渗透到社会生活的各个方面，对社会发生积极的作用，如公共关系活动的开展有助于社会互动环境的优化、社会经济环境的优化、社会政治环境的优化和社会文化环境的优化等。同时，公共关系也对个人的思想和行为发生重要的影响，如有助于人们树立公共关系意识、塑造良好的个人形象，掌握公共关系的知识和能力、提高自身素质，注重沟通协调、形成良好的人际关系等。在这里，我们主要是论述公共关系对于社会组织的功能和作用。

第一节 塑造形象、扩大影响

社会组织开展公共关系活动的根本目的就是树立组织形象，提高组织的知名度和美誉度，一切公共关系活动归根到底都是为了树立、维护和完善组织的良好形象。因此，公共关系的最基本功能和作用，就是塑造形象和扩大影响。虽然公共关系有多种社会功能和作用，如搜集信息、决策咨询、协调关系等，但是在这些功能中，塑造组织形象是最重要的，公共关系的其他功能和作用都是这一功能和作用的展开和表现，都是为这一功能服务的。

一、组织形象及其构成

组织形象就是公众对社会组织的总体评价，是社会组织的表现和特征在公众心目中的反映。具体地说，组织形象的构成要素及影响组织形象的因素是多方面的，其中最重要的有两个方面。

1.组织的总体特征与风格

组织的总体特征是指这个组织的最显著的、最能代表其整体情况的特点，这是公众对组织及其行为的概括性认识。一个组织有自己的特点和风格才能区别于其他的组织，才能“独树一帜”、“木秀于林”，从而才能引人注目并给人留下深刻的印象，也才能树立起自己的形象。

一般认为，组织的总体特征和风格又可分为两大类：

一是内在的总体特征和风格。包括组织精神和风格，如企业的企业精神、企业文化和经营方针等；组织的凝聚力，如组织内部的团结、员工们共同的价值观、较强的归属感；组织的实力，如资金、技术、人才等的多少、水平和层次；办事的效率，如组织机构及其工作人员办事认真，讲求实效；员工的服务态度、职业道德和精神风貌以及产品的质量等。

二是外在的总体特征和风格。包括组织建筑的布局，房屋的装饰，厂房及车间内外的清洁，街道、卫生、环保及美化的状况，技术设备的状况，组织的旗、徽、歌，员工的仪表、着装，产品、用品和设施的名称、设计、外形、色彩、商标、标志、装潢和包装等。

对于树立一个组织的形象来说，内在的特征与风格和外在的特征与风格是不可分割的两个方面，要塑造组织形象，二者不可偏废。组织的内在特征和风格是组织的“内在美”，它是组织形象的根本和支柱，并决定了组织的外在特征和风格及其取向。但是，这种特征和风格毕竟是内在的、是比较含蓄的，它需要表现出来；而组织的外在特征和风格就是“外在美”，就是组织内在特征和风格的直接表现、外在显示，非常直观，易给公众造成第一印象，使人一目了然。

2.知名度和美誉度

知名度和美誉度是评价组织形象的两个最基本和最重要的指标。

所谓知名度就是一个组织被公众知晓和了解的程度。这是评价组织社会影响大小或称“名气”大小的一个客观尺度，它主要是从量的方面来评价组织形象。

所谓美誉度是一个组织获得公众信任和赞许的程度。这是评价组织社会影响好坏甚至善恶程度的一个指标，它主要是从质的方面来评价组织形象。

从一定意义上说,知名度是中性的,“流芳百世”和“遗臭万年”都是知名度高的表现。知名度与美誉度也并不是一一对应的。一个组织的知名度高,其美誉度不一定就高;知名度低,其美誉度不一定就低。一个组织乃至个人要想在公众中树立良好的形象,就必须同时将这两个指标作为自己努力和追求的目标,不仅要塑造出自己的良好形象,提高美誉度,而且要不断扩大自己的影响,提高知名度。好的形象是知名度和美誉度的统一。

知名度与美誉度的关系,可以用组织形象地位图来表示,如图 2-1 所示,它是公共关系专家们用来测定组织实际社会形象的主要工具。

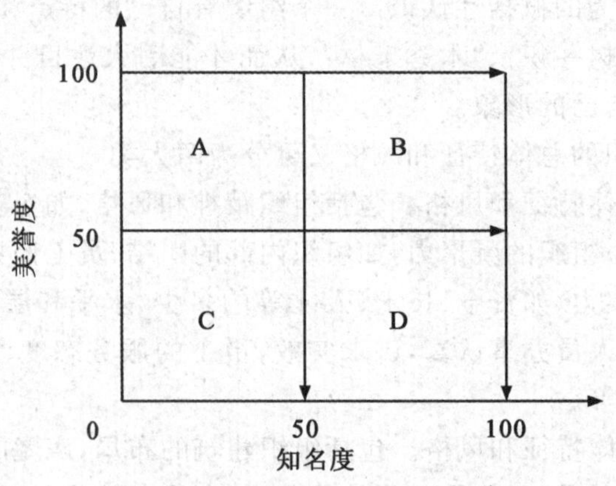

图 2-1 组织形象地位图

在组织形象地位图中:A 区表示高美誉度,低知名度,说明组织的公共关系处于较为稳定和安全的一种状态。公共关系工作的重点应该是在维持美誉度的基础上,提高知名度。B 区表示高知名度、高美誉度,说明组织的公共关系属于最佳状态。将来的问题是如何保持荣誉,更上一层楼。但是也要注意,过高的知名度也会给美誉度造成压力,必须时刻保持高度的警惕。C 区表示低知名度,低美誉度,说明组织的公共关系处于不良状态。在这一种状态下,组织首先应该完善自身,争取较高的美誉度,而在传播方面暂时保持低姿态,待享有较好的美誉度以后,再大力做好提高知名度的工作。D 区表示高知名度,低美誉度,说明组织的公共关系处于“臭名远扬”的恶劣状态,不仅信誉差,而且知之者甚众。在这种情况下,其公共关系工作的重点首先在于降低已经负面的知名度,隐姓埋名,减少舆论界的注意,默默地努力改善自身,设法逐步挽回信誉,提高美誉度,再求发展。

二、组织形象的特性

组织形象及其知名度和美誉度有如下的特性：

1.组织形象的主客观两重性

组织形象的确定者和评价的主体是公众，组织形象确定的对象和评价的客体是社会组织自身。因此，组织形象必然是主客观的统一。一方面，既然组织形象的确定者和评价的主体是公众，这个形象是组织在公众心目中的形象，组织形象如何就必然要受到公众这个评价者的知识、方法、角度、价值观以及思维方式、道德标准、审美取向、情感态度和性格差异等主观因素的影响。所以，不同的公众对同一个组织会有不同的评价，同一个组织在不同的公众心目中会形成不同的形象。另一方面，公众对社会组织的评价和印象又不是凭空产生的，公众心目中的组织形象也不是天上掉下来的，不是头脑中固有的；组织形象归根结底也不是组织自封的，更不是自吹自擂出来的。组织形象有其客观根据和客观标准，公众心目中的组织形象是基于社会组织自身的实际表现，是对组织自身行为及其表现的反映，具有客观性。

2.组织形象的整体性和多维性

一方面，组织形象是公众对组织的一种总体评价，总体形象，它包括了对组织某一方面的具体评价所构成的局部形象，但又不能简单地将其等同于具体评价和局部形象；另一方面，组织的各个方面、各个要素、各个角度以及每一个产品和成员，的确都能从不同的角度或维度反映出这个组织的形象。因此，哪一个方面、要素、产品和个人出现了问题和失误，都会损害组织的整体形象。所以，组织形象是整体性和多维性的统一。

3.组织形象的变化性和相对稳定性

一方面，组织形象是发展的、变化的，而不是一成不变的；但是另一方面，它一旦形成，又有一定的稳定性和相对的不变性。例如，一些“老字号”企业和商店就是如此，几十年、几百年前形成的形象至今还令人难忘，其特定的风格、特殊的标志等已在一定的公众之中形成了一种心理定势，从而变成了一种无形的财富。组织形象的这种特性，既为持续维护公众心目中良好的组织形象提供了可能，也说明要在公众心目中塑造良好的组织形象并非易事，不是一蹴而就的。当然，要改变公众心目中已经形成的组织的不良形象也是困难的和缓慢的。这从另一个方面告诉我们要更加珍惜组织的良好形象。

无论是在公共关系的学科理论上，还是在公共关系的实务上，组织形象都是十分重要的。有的学者认为，“组织形象问题是公共关系理论的核心问题，组织形象概念是整个公共关系理论概念群中的核心概念。这一认识是基于它在公共关系历史、理论和实务中的地位而得来的”。因此,公共关系的首要功能就是塑造形象和扩大影响。

应当说,从公共关系发展的历史上看,社会组织及人们的这种塑造形象、扩大影响的意识和行为有一个从自发到自觉、从被动到主动的发展过程。早期,人们对塑造形象、扩大影响是比较盲目的,自发性强,对于公众的重视以及关注公众对组织形象的评价往往出于被迫和无奈;在现代社会中社会组织及人们的组织形象意识越来越明晰,塑造形象、扩大影响的实践活动越来越自觉和主动。在现代社会中,一个组织的良好形象是它的无形财富,是组织的无价之宝,社会组织将由此而受益无穷。

三、组织形象管理

既然组织形象如此重要,公共关系特别重视组织形象管理。

1.组织形象管理与 CIS 战略

组织形象管理就是以文化形象管理为核心、以产品形象管理为基础、以人员管理为龙头,对服务形象、环境形象、标识形象等实行规范管理,并通过全面提高组织内在素质和外在表现,来全面提升组织形象的现代化管理。

组织形象管理的重要方法之一是实施 CIS 战略。CIS(corporate identity system)即企业形象识别系统,它是指运用企业精神理念、行为规范和视觉标识,形成对特定组织的整体性感知,从而系统地向公众传播内涵丰富、外观和谐而有品位的组织形象。

CIS 由三大要素构成:理念识别系统(mind identity system,MIS)、行为识别系统(behavior identity system,BIS)和视觉识别系统(visual identity system,VIS)。

理念识别系统是指组织深层次的理念和文化,它是 CIS 战略实施的基础和核心所在。企业识别系统的建立,首先就是企业精神理念的确立,包括企业的经营宗旨、经营理念和企业文化等方面。理念识别系统赋予企业生动的人格魅力,使其从经营观念上与别的组织区别开来,并指导和规范着组织的行为识别系统和视觉识别系统。

行为识别系统是指组织的制度形成、行为准则、组织活动和组织员工行为规范等综合行为方式。行为识别是一种动态的识别系统,是组织实践其经营理念的准则,组织正是通过一系列有目的的活动来体现和实施 CIS 战略,塑造组织形象。

视觉识别系统是指组织的识别标志、品牌商标、广告宣传和企业的主色调等。

视觉识别是一种静态的识别符号，是具体化、视觉化的传播形式。它运用视觉设计，将组织理念视觉化、规范化和系统化，是CIS的视觉载体，它将组织的管理意识和营销策略，通过视觉的再现艺术地传递给公众。

CIS是形象建设的系统工程，其三要素之间既互相关联统一，又各具特色各有侧重。其中，理念识别系统是三者关系的基础，重点在精神，它是企业CIS战略系统的原动力。行为识别系统是企业主观能动性的体现，重点在人，是企业中人的因素综合。视觉识别系统则是载体，承载着前两者的全部内涵，重点在外观。CIS不是单一的某个识别系统所能概括的，视觉识别系统是理念识别系统的外在表现，理念识别系统是视觉识别系统的精神内涵；而静态的视觉识别系统和动态的行为识别系统的结合，才会达到好的传播效果。所以，CIS战略的各个要素都充分地发挥作用，才能塑造出良好的组织形象。

CIS是组织的一项形象战略，它以组织精神理念为核心，组织行为方式为准则，视觉标志为载体，其目标是促进企业更新理念，强化组织员工归属意识，以极大的整体优势参与市场竞争，占领市场制高点。当今世界上所有著名的大公司和名牌产品，都是通过CIS战略的导入而取得卓越成就的。据国际设计协会估计，企业在CIS战略导入中每投入一美元，就可以获得227美元的收益。CIS战略被当做提高企业经营管理水平的行之有效的战略手段和法宝，被国外企业界普遍采用。

2.不同阶段的组织形象管理

任何组织形象的建立与发展，都要经历依次递进的三个时期：塑造期、巩固期和维系期。当然，有的组织还会遇到危机期。一个组织应该根据不同时期的不同特点来变换管理模式，以塑造和维护组织的良好形象。

(1)塑造期。此时形象管理的目标主要是让公众认可。组织及其公共关系人员可以采取开业广告、开业庆典、记者招待会、新产品展览、免费招待等宣传和交际形式，向社会公众进行自我介绍，交结各方朋友，提高组织的知名度和美誉度，努力让尽可能多的人知道自己、了解自己和理解自己，并进一步接近自己。给公众留下良好的、广泛的第一印象是事业成功的一半。

(2)巩固期。此时形象管理的目标主要是让公众喜欢。组织及其开展公共关系的主要手段是情感融通和利益驱动双管齐下，如举办宴会、招待会、座谈会，进行谈判、专访、慰问、电话及信函沟通等。这会使人际间的沟通进入“情感”的深层次，从而博得公众的好感。

(3)维系期。此时形象管理的目标主要是让公众偏爱。这个时期的公共关系工作主要有组织形象的信息管理、组织形象的目标管理、组织形象的传播管理、组织形象的机构管理等。对于任何一个组织来说，这都是一项长期的公共关系任务，做好了形象的维护工作，社会组织才能始终处于良好的公共关系状态之中，这是组织生存和发展的必要条件。

第二节 搜集信息、监测环境

组织环境是由组织的公众以及其他影响组织生存和发展的社会政治、经济和文化等因素组成的。组织环境是不断变化的，组织要适应这种环境，求得自身的生存和发展就必须严密地观察环境，监测环境，并对环境做出科学的预测。而公共关系的基本功能之一，就是向组织提供环境及其变化的信息，对组织所处的环境进行分析和研究，并在此基础上对环境的变化做出科学的评估与预测，使组织对环境及其变化始终了如指掌，保持清醒的头脑和敏锐的感觉，从而合理地选定或调整组织的发展目标。公共关系在社会组织中具有预警系统的作用，它运用各种调查研究的方法，搜集信息、分析情报、监测环境、反馈舆论、预测趋势、评估效果，帮助组织对复杂的公众环境及其变化保持高度的敏感性，维持组织与整个社会环境之间的动态平衡。

所谓公共关系监测环境的功能，就是指公共关系组织和公共关系工作人员了解和掌握组织环境信息，观察与预测影响组织生存与发展的公众情况及其他环境变化的情况。而这一切又是从搜集和研究环境信息开始的，并且是通过搜集和研究环境信息来进行的。

一、搜集信息

（一）搜集信息的内容

信息是现代社会各类组织赖以生存和发展的基础。社会公众对社会组织印象和评价的好坏，也是通过反馈回来的信息得以反映的。组织环境的信息既包括组织所面临的自然环境情况，又包括组织所处的人文环境情况。各类社会组织为了不断地完善自我，就一定要注意搜集信息资料，它是社会组织"兼听则明"的重要途径。通常，公共关系作为组织的信息情报中心，所面对和要搜集的信息并不局限于与组织专门业务直接相关的业务信息以及与组织形象直接相关的公众信息，还包括社会的政治、经济、文化、科技、军事、民情等全方位的社会情报资料。具体地说，可以将这些信息分为两大类。

1. 与组织形象相关的信息

公共关系组织及公共关系的工作人员首先要注意采集与本组织的形象评价有

关的各种信息，这些信息涉及公众对组织的政策、产品、行为和人员等方面的影响、看法、意见和态度。这主要又包括：

(1)公众关于产品形象信息。产品形象是一个组织的产品或服务在公众心目中的印象和评价，这是组织生存与发展的关键，是组织整体形象特别是企业组织整体的客观基础。只有组织的产品和服务被公众所接受、所欢迎，组织特别是企业存在的价值才能真正得到社会的认可，组织自身也才能获益。如果公众都不愿意购买某个组织的产品或不愿接受某个组织所提供的服务，这个组织就失去了存在的意义。公众对产品的意见和评价是多方面的，比如质量、性能、功能、价格、款式、包装以及与同类但不同品牌产品的比较和售后服务等。公共关系工作人员应当通过直接或间接的方式，接触公众或用户，全面地了解他们对产品和服务的意见和建议，并将这些意见和建议反馈给组织，以不断地改进产品与服务，并开发新产品、提供新服务。

(2)公众关于组织形象信息。产品形象是组织形象的基本要素，但不是组织形象的唯一要素。要赢得公众，只靠产品的优势是不够的，还要靠组织的整体形象。组织的整体形象往往是公众信任其产品和服务与否的重要依据，组织在公众中的整体形象好，公众就会乐于接受其产品和服务。

组织的整体形象反映在公众对组织各项要素的总体评价方面，包括公众对组织的方针政策，经营管理水平，服务宗旨、质量和水准，人员及专业素质，办事的制度、程序和效率，技术、财政和人才等方面的实力，组织文化，精神文明建设，履行社会职责等方面的评价与反映。公共关系工作人员要掌握这些信息，以使该组织根据这些评价与反映不断地调整和完善自己。

(3)公众需求信息。公众需求是公众利益和兴趣之所在，是公众态度与意见的基本出发点。只有了解和重视公众的需求，并尽可能地满足公众的需求，才会赢得公众，联络公众与组织之间的感情，与公众建立良好的关系，在公众的心目中树立起良好的组织形象。这是组织生存和发展的依据和动力。在市场经济的条件下，满足市场的要求，实质上就是满足公众或顾客的要求。了解和满足公众的需求是企业组织抢占市场、促销产品、赢得利润、在竞争中获胜的法宝。

公众的需求是千差万别、方方面面的。既有物质方面的需求，也有精神方面的需求；既有眼前的需求，也有将来的需求；既有生存和享受的需求，也有发展的需求。公共关系工作人员要千方百计地搜集公众的各种需求信息。

(4)公众的其他信息。组织在公众心目中的形象，必然会受到公众自身的价值观、思维方式、道德标准、审美取向以及性格差异等主观因素的影响，这些信息往往是公众对组织态度与意见的背景材料。因此，一些公众自身状态的信息也应得到组织及公共关系部门和公共关系工作人员的关注。这类信息包括组织内部公众的个人爱好、心理个性、家庭状况等。此外，对组织外部其他公众的动向、竞争者的状态、合作者的态度、新闻界的动态等情况也应当给以详细的了解和把握。

2.组织环境中的其他社会信息

社会组织存在于复杂的社会环境之中，其存在和发展必然受到组织环境中的各种因素的影响。因此，公共关系搜集信息、监测环境也包括要为组织搜集社会环境中的其他社会信息，监测社会各方面的变化与发展趋势。这就需要特别注意国内外的政治、经济、文化、科技、军事、时尚潮流、民俗民情、舆论、热点等各方面的情况动态，分析其对组织的各种直接或潜在的影响，充分利用其中的有利因素，避免不利因素的影响，使组织与社会环境的变化保持平衡及协调一致。

(二)搜集信息的制度

面对复杂的、迅速变化的环境，要系统、全面地搜集信息，及时、有效地监测组织环境，作为组织的公共关系部门和公共关系工作人员应当建立起一套搜集信息的制度。在当前的公共关系实践中，通常建立和采用以下几种主要的搜集信息的制度，各类不同组织可以根据自己的特点，进行选择和利用。

1.建立健全组织的信访制度

信访制度建立的关键是要有一套合理而有效的有关信件和来访的接收或接待制度，以及问题处理及信息反馈的制度。

2.建立健全有效的信息交流制度

建立与业务主管部门、政府有关部门、新闻媒介、协作对象、竞争对手和社会团体等较为稳固的、经常性的信息交流关系。

3.建立健全对大众传播媒介的监测制度

对与本组织机构的业务和经营活动等关系最为密切的几种主要大众传播媒介进行定时监测，并对其发布的有关资料进行收集整理。

4.建立健全公共关系的调研制度

定期对本组织的各类公众的利益、产品服务、经营管理、环境保护、政府关系、媒介关系等进行调查研究。结合开展公共关系活动，制定公共关系计划的需要，不定期地对本组织的舆论环境、企业形象、产品形象、领导人形象、公共关系活动的效果等进行较深入的调查研究。

5.建立健全公共关系的预测制度

定期或不定期地对影响本组织生存和发展的政治、经济、文化、科技和风尚以及各类公众态度的变化等因素的变化及其影响进行预测。

6. 建立健全科学的公共关系档案制度

建立公共关系档案的关键在于对各类信息资料的科学分类，建立有一套对资料使用的科学程序。

二、研究信息

公共关系工作不只是将搜集到的各类繁杂的环境信息以及原始资料和数据简单地提供给决策机构。要科学而有效地监测环境，还必须对搜集来的信息、资料和数据进行细致的整理、深入的分析与研究，做出科学的说明、解释和评价，并从中找出组织目前存在的和将要面临的问题，从而提出相应的意见和建议。公共关系对信息的研究，还不仅是对上述公众需求信息、产品形象信息等的研究，还应当包括对组织所开展的公共关系活动对公众态度、公众行为和社会舆论的影响及其产生的变化的研究；不仅要对公众进行整体的分析与研究，还要对公众进行分门别类的分析和研究。

信息的搜集与研究是分不开的。通过对搜集来的信息进行分析和研究，可以发现问题，然后针对这一问题又需要进一步地搜集有关方面的信息，这是一个循环往复且内容不断更新的运作过程。

公共关系搜集信息、监测环境的功能的发挥，可以使社会组织更好地了解和把握环境的变化情况，评估社会舆论，找出自己的问题所在，给自己以科学的定位，预测未来的发展趋势，为领导的决策提供咨询和建议，这一功能的实现是公共关系其他功能实现的重要前提。

第三节　宣传引导、影响舆论

公共关系不仅要向内搜集信息、监测环境，而且要向外传递信息，影响舆论。公共关系在组织经营管理中发挥着宣传引导的作用。只有通过各种传播媒介将组织的有关信息及时、准确、有效地宣传出去，获取公众对组织的了解和理解，才能提高组织及其产品的知名度和美誉度，为组织的存在和发展创造良好的公众舆论，树立组织良好的社会形象。

一、公共关系影响舆论的途径和方式

1. 创造舆论，告知公众

公共关系的宣传功能首先在于“告知公众”，即向公众说明和解释组织的有关

政策、行为、产品和服务等等,争取公众的了解和理解,促使公众的认同与接受。这是一种为组织创造和形成公众舆论的工作。当公众对组织缺乏认识和了解的时候,组织就需要主动地宣传自己、介绍自己,促进公众对自己的认知与了解。当组织的政策和行为与公众有关的时候,就需要满足公众的知情权及知晓权,主动向公众做出说明和解释,消除公众的疑虑,避免舆论的误解。让公众知道并正确地了解本组织,是建立良好公众形象的基本前提。不了解就谈不上理解,更谈不上好感与合作。因此,告知公众,形成舆论,是公共关系宣传的基本功能。

2.强化舆论,扩大影响

运用各种现代媒介加深组织在公众中的印象,深化公众对组织的了解,提高组织的社会知名度和美誉度,为组织及其产品推广形象,扩大影响,是公共关系宣传的重要任务。当一个组织及其产品有了基本的公众形象及良好的评价之后,还需要注意坚持不懈地做宣传推广,不断维持和完善已经享有的知名度与美誉度,强化良好的公众舆论趋势,强化良好的社会公众形象。当一个组织处于形象良好的状态时,宣传和传播投入的效益一般都能获得比较理想的结果;相反,如果忽略了宣传和传播工作,公众对组织的印象就会逐步淡漠,良好的形象也会因为宣传和传播的失误而受损。公共关系宣传不能只造成一时的舆论轰动,就完事大吉,相反,需要通过长期不断地、潜移默化地传播渗透,不断加深公众对组织及其产品和人员的良好印象,使之不断积累、巩固和强化。

3.引导舆论,控制形象

公共关系宣传的功能还在于调节组织的信息输出量,引导公众舆论向积极、有利的方向发展,并根据舆论反馈适当地调整组织的行为,控制组织的形象。比如,当公众对组织的评价毁誉参半的时候,公共关系宣传需要小心谨慎地发挥"观念向导"的作用,缩小不利舆论的影响,引导有利舆论的发展;当组织的美誉度不能与知名度同步发展,或知名度过高而脱离组织实际需要时,公共关系宣传要以低姿态介入舆论,适当降低组织的知名度和公众对组织的注意力;当组织的形象不佳时,公共关系宣传应当根据具体的原因,或者诚恳地向公众道歉和解释,争取公众的谅解;或者澄清事实真相,纠正舆论误解,扭转被动的局面,恢复组织的声誉。

二、公共关系部门和人员在影响舆论过程中应当注意的问题

公共关系人员是组织的喉舌和代言人,公共关系工作是组织与公众交流的中介和桥梁。当公共关系人员在为组织的目标而宣传的时候,不要忘记了自己作为传播工作者的社会责任;当公共关系人员以极大的热情和诚意进行人际交往时,也千万不要忘记自信自重,不要忘记做人应有的立场和原则。公共关系部门和人员

对外要为宣传和推广组织形象，争取良好的组织环境而奔波，对内则要反映公众的要求和舆论，从而促使组织与公众之间的双向传播关系的平衡，全面发挥公共关系的功能，建立起真正有利于组织发展的公众关系。为此，公共关系部门和人员在影响舆论过程中应当注意以下问题，坚持以下原则：

1.不要压制公众舆论，特别是当出现不利于组织的舆论时应当坚持兼听的态度和疏导的原则

古人云："兼听则明"、"防民之口，甚于防川"，这告诉我们听取来自各方面的不同意见和建议只有好处，没有坏处。公众的口是堵不住的，社会组织如果自我膨胀，自以为能够通过公共关系活动完全控制舆论，那将会酿成大错。舆论有着不以人的主观意志为转移的客观发展规律，公众更不可以任人随意捉弄和欺骗。只要舆论代表的是一种正确的意见，就是凭着强大的政治力量、经济力量，或者直接用行政手段来压制，也是压不住的，而且只能是压得越紧、反抗及反弹越烈，最终还是要发展成为震撼组织的强大力量。强制性的限制和堵塞是没有出路的，即使是对错误的舆论，也要进行疏导，并且疏导也只能是以事实为根据，顺应舆论发展的规律，根据不同的舆论发展阶段，采取不同的疏导策略。当一个组织刚刚创建或推出某种新产品、新服务时，公共关系部门要负责为其大力宣传，制造舆论，从零开始建立这个组织或某个新产品、新服务的良好声誉；当一个组织处于顺利发展时期，即组织运转正常、信誉已经建立的时期，公共关系部门就应致力于保持和维持对组织有利的舆论，同时又不断寻找宣传的契机，进一步扩大组织的影响；当一个组织处于逆境时，即组织运转面临困境甚至危机、组织形象遭到损害时，公共关系部门就应促进或强化有利舆论，争取独立舆论，扭转或反击不利舆论。

2.要对公众舆论施加积极的影响，引导舆论朝有利于组织健康的方向发展

对于影响组织的各种舆论，公共关系部门和人员不能只是进行消极的反映、简单的了解，而是要从组织的立场出发，本着实事求是的精神，对舆论进行辩证的分析，并对舆论施加积极的影响。在舆论的发展过程中，还应当顺应舆论的发展，主动地传播一些新闻事实，提供影响某种舆论形成的各种事实根据、背景材料，以引导舆论向有利于组织健康的方向发展。

3.要积极引导舆论，但不要凭主观意志制造舆论和组织舆论

成功的公共关系舆论和舆论环境并不是人为地制造出来的，它是顺应社会发展和特定事物发展的规律，把公众的真实需求与愿望，把组织的真实情况集中到有益的公共关系活动上来，以引起社会的关注，进而对公众舆论产生影响，起着对舆论的疏通引导作用。公共关系活动绝不可能代替公众的思想和态度，更不可能依据主观需要，靠制造引人注目的新闻事件来改变真实的组织形象。人为制造和组织的舆论所形成的只能是组织的假象，经不起实践的检验，也不会长久。公众绝不会永远受骗，最终只能造成组织形象的损失，导致更为严重的公共关系危机。

4.得到舆论领袖的支持有利于做好舆论的宣传引导

舆论领袖亦称为“意见领袖”，是指那些能左右群体意见，在公众中有相当大的影响力的人。如果能使他们与你的观点一致的话，那么通过他们再去影响其他更多的公众就会相当容易了。为了与这些意见领袖建立良好的沟通关系，应当注意做好以下工作：

(1)对意见领袖所反映的情况和意见应持重视和信任的态度。如果你流露出不信任的态度，就可能招致某一部分员工的反感。

(2)在工作安排上要尽可能地让意见领袖担任一些重要职务，尽可能地把组织的正式沟通和非正式沟通渠道结合起来。

(3)有事多与意见领袖商量，争取这些人的认同与合作。

(4)千万不能用任何压制手段把意见领袖变成组织的单向传声筒。如果这样，他们的威信就会荡然无存，并很快被别人所取代。

第四节　咨询建议、参与决策

决策就是为了解决某种问题以实现一定的目标，从多种可供选择的行动方案中选出最优或满意的方案的过程。在今天，社会组织决策的一个重要发展趋势是日益专门化。这一方面有利于决策的科学化，另一方面，由于各自的专门化决策也常常忽视了从全局和社会的角度来考虑决策所可能导致的社会后果。

公共关系部门和公共关系工作人员可以站在公众和社会的角度来提供咨询建议、参与决策、评价决策，提请决策部门和领导者依据公众利益和社会价值来修正可能造成不良后果的决策，使组织的决策不仅能反映本组织发展的要求，也能反映公众和社会的要求。公共关系咨询建议、参与决策的功能就是要求公共关系部门在组织决策时，能向决策层和决策职能部门提供有关公共关系方面的情况、意见和建议，行使决策参谋的职责。

一、咨询建议、参与决策的环节

公共关系部门参与组织决策通常是通过以下 4 个环节来实现的。

1.为确立决策目标提供咨询建议

这是一种相对超脱的、从公众的客观角度出发去评价决策目标的社会制约因素和社会后果的工作，其目的是使决策目标与公众利益、社会需要和环境因素更为相容。在现代组织的发展中，由于专业分工和部门功能的相对独立，使得决策也日益专门化。各个职能部门的管理人员决策的焦点高度集中于本部门的专业目标，往往疏于从全局出发考虑局部决策的社会后果，这就需要公共关系部门站在公众和社会的立场上，统筹兼顾、综合评价各职能部门的决策目标可能引起的社会问题，敦促决策部门及时修正决策目标，以使社会组织的目标既反映组织发展的要求又符合公众的利益。

2.为决策提供信息服务

公共关系的决策咨询作用还表现在，完善各种公众咨询制度和措施，建立各种信息渠道，为决策提供各种社会信息。这包括广泛的外源信息和及时的内源信息，根据决策目标整理各种信息，对其进行分类、分析、概括，并适时地提供给最高管理决策层和各个专业部门作为决策的客观依据。

3.协助拟订和选择决策方案

决策方案是实现决策目标的各种方法、措施的总和，而决策过程实质上是一个在多种方案中择优的过程。公共关系参与决策的作用也表现在运用公共关系手段为决策者评价、选择和实施有关的决策方案服务。公共关系部门要运用各种公共关系手段广泛征询公众的意见，促进决策的民主化与科学化，特别是在协调组织的经济效益和社会效益的统一性上，要敦促决策者重视决策行为的社会影响和社会效果。

4.帮助组织实施方案并从公众角度评价决策效果

公共关系部门不仅要为组织决策提供信息、确定目标、拟订方案，还要以公共关系的特有方式和方法帮助组织实施方案。公共关系咨询还应根据对决策目标的分析、评价以及后果对决策目标的制约作用，对那些正在实施的方案通过各种渠道进行了解和追踪，通过信息反馈使组织及时了解方案实施的进展情况，并适时地调整和完善方案。

二、咨询建议、参与决策的常用方法

(1)公共关系部门咨询建议、参与决策最主要的方法就是为组织提供全面的、详细的、真实的、适用于本组织决策需要的资料及信息。这通常又采取向组织提供通过研究分析后制定出来的报告和建议等形式。

(2)通过人际交往，加强与各决策层人士的交流与沟通，这是影响决策层及其决策的重要方式。

(3)必要时对决策层人士进行游说，开展劝说活动。

(4)平时可以通过内外的各种舆论工具,对决策层的思想观念施加影响。

三、公共关系部门咨询建议、参与决策的特点

公共关系部门在组织管理中所起的是参谋的作用。公共关系部门的咨询建议、参与决策的过程也有自己的特点,因此,发挥这种功能要注意以下几个方面的问题:

1.决策咨询以组织的目标为前提

组织的目标既有既定的目标,也有临时的目标,有长期的目标,也有短期的目标,所以,决策咨询职能发挥作用的前提是明确组织的目标,并在兼顾各种目标的前提下,围绕实现既定目标提出咨询建议。

2.要明确在决策中的地位和功能

公共关系部门只是参与决策,而无权做出组织的决策。因此,管理决策层可以采纳也可以否定公共关系部门提出的建议,可以对公共关系部门的情况描述和结论提出疑问,并要求其继续加以研究。管理层的决策常常要全面考虑组织运行的诸方面的因素,而不单纯是公共关系方面的因素。

3. 要有倾向性意见

作为决策咨询者,公共关系部门应该提出各种可供选择的方案,或是对已经存在的各种可供选择的方案做出评价,并对方案的选择做出倾向性的建议。决策本身就是在若干个可供选择的方案中进行选择的过程,所以,如果只有一个方案,就无从选择,也就谈不上决策。

第五节　传播沟通、协调关系

现代组织机构是一个具有内在联系,同时又与外界环境发生物质、能量和信息交换的开放系统。对于这样一个系统,其内部各子系统、各要素之间,以及系统与外部环境间的协调作用是非常重要的。只有协调才能使社会的组织机构的系统成为一个结构稳定、发展有序、功能最优的有机整体。但是,组织内部、组织与外部公众之间常常由于各自的利益,各自的着眼点的不同而产生矛盾、摩擦甚至对抗。如不注意,这种不协调会造成不应有的消耗,甚至导致组织的危机。因此,公共关系在这方面的沟通协调功能就显得格外重要。通过做好各种传播沟通工作,与各部门和各类公众进行协商,争取相互的谅解,促使组织各部门同步化、协调化运作,促

使组织与环境相互适应、和谐发展，就成为公共关系部门责无旁贷的重要职责和重要工作。

一、公共关系沟通协调工作的形式和内容

在现代社会中，组织是一个开放系统，它必须和周围环境建立起广泛的联系。搜集信息、宣传引导就是这种联系的重要内容。此外，公共关系部门还应当通过其他一些日常交往活动，如座谈会、联谊会、研讨会、节庆活动，参观拜访、社会报务、社会赞助等，与公众进行有效的沟通，培养公众对组织的感情，赢得他们对组织的理解和支持。如果说宣传引导侧重于从组织到公众的定向影响，着眼于对公众认识的引导的话，那么沟通协调则侧重于组织与公众之间双向对称交流，着眼于组织与公众情感的联络。

1.公共关系沟通协调工作的形式

组织的沟通协调可分为对内和对外两个方面：

(1)协调内部关系，增强组织的凝聚力。公共关系首先重视内部沟通协调的任务，要求建立和完善组织内部的各种传播沟通渠道和协调机制，促进组织内部的信息交流，上情下达、下情上达、横向联络、分享信息。在充分的信息交流与分享的基础上保持和谐的状态，促进思想上的认同和行为上的一致，提高组织的凝聚力、向心力。内求团结是外求发展的保证和前提，公共关系要为创造良好的内部“人和”气氛而努力。

组织内部的沟通就是让管理部门和员工彼此之间了解对方的想法和意图，协调好管理部门与员工、管理部门与股东以及管理部门之间的关系。实践证明，企业内部关系紧张，员工抱怨较多，很多都是源于内部沟通不够。成功的组织必然有一个高效的信息沟通网络，保证上下左右全方位信息交流的顺利畅通，从而形成一个充满信任、团结和合作气氛的良好内部环境。

(2)开展社会沟通，建立和谐的社会环境。通过开展公共关系活动，不仅要实现内部团结，还要达到外求发展。在对外交流中，公共关系承担的是组织的“外交部”的职能，它要运用各种交际沟通手段和方式，迎来送往、广为联络、开拓关系、善结人缘，为组织的生存和发展减少各种障碍，增加各种有利的机会，创造和谐的公众环境。这包括要处理好诸多的关系：如要处理好各类直接业务往来的关系，处理好组织与各种权力制约部门之间的关系；主动建立和发展各种非业务性的社会关系等。

组织作为社会的一员，对社会福利、卫生、教育、市政建设和文化生活的发展负有社会责任。同时，组织也只有在一个健全的社会里，才能求得生存与繁荣。所

以，组织应当关心社会，回报社会，对公共事业要给以赞助，要帮助解决社会问题。这也有助于在社区、媒介、顾客和员工等公众的心目中树立起社会责任感强的良好形象，赢得公众的好感。

2.公共关系沟通协调工作的内容

在组织机构中，公共关系部门往往要做化解矛盾，争取谅解的沟通协调工作。这主要包括三个方面。

一是调解领导与被领导之间的矛盾或冲突。如最高决策层与管理职能部门之间的矛盾；最高决策层、各管理职能部门与职工的矛盾等。

二是协调组织机构内部各管理职能部门间的矛盾或冲突。如生产部门与销售部门、计划部门与生产部门、财务部门与各职能部门等的矛盾或冲突。

三是协调组织与外部公众间的矛盾或冲突。如组织与政府、上级主管部门的矛盾，组织与竞争对象和协作对象、供销商的矛盾及组织与顾客和社区等的矛盾与冲突。

二、公共关系加强传播沟通、协调关系的主要任务

为了做好和加强沟通协调工作，公共关系部门要做好以下工作，完成下述任务。

(1)在组织内部和外部建立起合理的通信网络，保证信息双向交流的正常进行。在组织内部保证上传下达和平行交流信息渠道的畅通。协助各职能部门建立健全合理的信息收集和流通渠道。在组织外部健全信息交流网络，保证与主要公众团体的经常性信息交流，加强相互了解，减少误会。

(2)提高组织的环境监察预测能力，尽量预先减少可能造成的不协调因素。通过预测公众态度可能产生的变化，把工作做在前面。如，预测公共关系活动和广告宣传可能会造成的误解或与竞争对象造成的摩擦，提前采取回避或其他措施来减少或避免这类冲突。

(3)提高对各种信息的反馈和分析能力，以保证能及时解释各种误解，及时调整组织的政策和行为。

(4)提供各种联谊活动，加强各方的感情交流，造成相互支持、相互信任的团结气氛。根据需要组织由领导、职工及各类公众参加的竞赛、联欢、开放日等活动。加强各方的联系和交往，加深友情。

(5)安排有误会及矛盾冲突的各方的协商对话活动。通过各种协商对话活动，使各自的看法、愿望和需求能得以充分的表达，进而加深相关各方相互的了解和理解，从而达成相互的谅解。

第六节　教育培训、服务社会

一、全员教育、提高素质功能

作为一种经营管理职能，公共关系的职责是管理一个组织的“无形资产”，即知名度、美誉度、公众舆论和关系网络等。正因为“无形”，大大增加了公共关系工作的难度。所以，公共关系工作的成功，不仅需要依靠专职的公共关系部门和公共关系人员的不懈努力，而且还有赖于一个组织各个部门和全体人员的整体配合。一个组织上至最高领导，下至每一个成员，都是有形无形的公共关系人员。从创建优质产品，提供优质服务到宣传引导公众舆论，都离不开组织全体成员共同和持久的努力。要使这种努力变成一种自觉的、主动的甚至是习惯性的行为，并取得成效，就必须增强组织全体成员的公共关系意识，使组织从最高领导到一般办事人员都养成自觉珍视组织良好形象和声誉的职业素质，并掌握一定的公共关系知识和技能。无疑，直接对员工进行教育、培训和引导，提高其素质的工作也是公共关系部门的重要职责。

这方面的教育主要包括：

一是对员工文化素质、道德观念、法律意识、业务技术的教育。公共关系部门应当要求组织提供一定的资金，支持协助组织开展各种专项的员工培训计划，有计划、有步骤地将本组织的员工逐渐培养成为具有较高文化修养和较高道德风尚的好公民、好员工。

二是独立开展对本组织各层领导干部和员工的系统的公共关系观念的教育。这会使领导者在决策时有公众的观念，能处处考虑到组织的形象，使决策更有效、合理；使员工在工作中能处处考虑公众利益和组织形象，以主人翁的态度，保持良好的服务质量和产品质量，并自觉地宣传本组织的成就，维护组织的形象。

三是有针对性地对领导、各职能部门的干部及各类员工进行公共关系技能的教育，提高他们在传播沟通、社会交往中的能力。如有针对性地进行接待规则、礼仪习俗、演讲技巧、交谈艺术、应对媒体、写作以及外语等方面的训练。

二、优化环境、服务社会的功能

公共关系在促使组织不断地提高自身素质、塑造良好形象的同时，也对社会环境起到了优化的作用。社会组织是社会的细胞，公共关系对社会的积极作用表现在它通过强调社会组织的社会责任，并督促组织履行这种社会责任，帮助组织适应社会的发展，从而促进了社会环境的整体优化。

首先，各种组织尤其是营利性组织通过开展公共关系工作会为自己赢得更好的经济效益，从而促进了整个社会经济的发展，提高了人们的物质生活水平，使广大人民群众的教育、医疗、卫生和社会福利等条件不断得到改善；也使得社会有更多的财力、物力去关注公共事业，关心贫困阶层和弱势群体。公共关系沟通了社会各部门、各团体之间的联系，促使它们齐心合力地承担起各种社会义务和责任。

其次，公共关系工作促进了政治文明的建设和发展。公共关系既是民主政治发展的产物，反过来又会促进民主政治的建设和发展。公共关系强调“公众至上”，主张社会组织的一切行为都应立足于满足社会成员的各种需要，热忱为他们提供各种优质服务。这就要求社会管理者要有公仆意识，要自觉地深入到民众之中，关心他们的生活需求，倾听他们的呼声，帮助他们解决问题。公共关系工作的开展，也促使社会管理者积极运用现代化的传播手段通过对内协调，对外宣传来扩大组织的影响，提高组织的知名度和美誉度，完善组织在公众心目中的形象，增加社会组织的透明度和公正性。当然，随着社会民主政治的发展，也进一步强化了公众的主人翁意识，通过公共关系工作了解舆情民意，也在一定程度上满足了人民群众参与社会公共事务决策和管理的愿望，激发了他们管理社会和公共事务的热情，优化了民主政治的环境。

最后，公共关系工作对于社会的精神文明建设更起到了积极的作用。公共关系引导社会树立新的观念，将公正、透明、信誉、协调、互惠等信念广泛传播，净化了社会风气。公共关系促使各个组织重视塑造形象，增强社会责任，增进社会交往，促进团体合作等理念，规范和提升了组织行为。公共关系工作促进了组织与公众之间交往的真诚、平等和互利，带给人们一种良好的和谐氛围，这在现代社会中显得尤为可贵和重要，它有助于人们走出自我封闭的心理樊篱，摆脱孤独和隔阂、恐惧和忧虑，适应现代开放社会，从而优化了社会心理环境，使得人与人之间、人与社会组织之间得以和谐相处。

此外，公共关系还具有处理突发事件或危机处理的功能等。对于这一功能我们将在另一章中专门论述。

复习思考题

1. 公共关系的基本功能有哪些？
2. 公共关系部门所收集的信息包括哪些方面？

3. 公共关系工作是怎样影响社会舆论的?

4. 某制药公司在公众心目中原本保持着良好的形象,这家公司所生产的感冒药、皮肤病药膏等产品也很受公众欢迎。但是,由于研究发现,这种感冒药中所含的 PPA 成分对人体有害,各个国家和地区的政府均下令禁止该种感冒药的制造和销售,这使该制药公司的销售和声誉都受到了影响。公司的公共关系部门受命设计一系列的活动来挽救企业的形象。如果你是这个公共关系公司的工作人员,请你根据这个情况设计一个公共关系宣传活动的策划方案。

第三章　公共关系的组织机构

本章要点

1. 公共关系各种职能的实施和各种作用的发挥需要有组织机构上的保证，公共关系的职能往往是通过公共关系组织机构的活动来体现和完成的。

2. 公共关系的组织机构主要有公共关系部、公共关系公司和公共关系社团三种。本章主要介绍这三种公共关系组织机构的特点、功能和类型。

公共关系各种职能的实施和公共关系各种作用的发挥需要有组织机构上的保证，公共关系的职能往往是通过公共关系组织机构的活动来体现和完成的。有效的公共关系必须由专门的组织机构来运作。因此，有必要分别介绍一下由公共关系部、公共关系公司和公共关系社团组成的这些公共关系组织机构各自的特点、功能和类型。

第一节　公共关系部

公共关系部是社会组织中的重要职能部门，是组织为增强公共关系观念，制订和实施公共关系计划，开展公共关系活动而设置的专门性机构。随着社会的发展，社会组织与各类公众发生的关系日渐增多，且错综复杂，这就有必要在组织内部设置公共关系部，以协调组织与各类公众的关系及组织内部的各种关系。

一、公共关系部的特点和职能

1. 公共关系部的特点

公共关系部是组织内部的职能部门之一。作为组织内部的一个特殊的职能部门，公共关系部与组织内部的其他职能部门相比，有如下特点：

(1)专业性。专业性指公共关系部是组织内部专门从事公共关系工作的一个职能部门。公共关系部的工作与组织内部的办公室工作、秘书处工作等有类似之处，但它们之间又有着严格的区别，公共关系部是专门为组织开展公共关系活动而设立的专门性机构，其各项工作都是为了实现组织的公共关系目标而展开的。同时，为了实现这个目标，适应公共关系部这种工作性质的需要，公共关系部的工作人员也都是专门的公共关系专业人员，他们公共关系意识强，受过公共关系方面的专业训练。

(2)协调性。协调性指公共关系部具有在组织的各个部门及各项工作之间进行协调和沟通的作用。组织内部的计划部门，主要是制订好组织的发展计划，进行前瞻性的研究；组织内部的财会部门，主要是做好财务会计工作，监督组织的经济行为；组织内部的生产部门，主要是抓好生产，完成生产任务；组织内部的技术部门主要是做好技术及其研究工作，指导生产工作的正常进行等。它们往往各司其职，各行其是，从而难免有时协调不够、配合不力。而组织公共关系目标的实现以及组织总体目标的实现，需要组织内部各部门、各机构的互相配合和共同努力。组织内部的公共关系部，能独立于这些部门之外，并在组织的各个部门及各项工作之间发挥协调和沟通作用，以保证组织公共关系目标及组织总体目标的实现。

(3)服务性。服务性指公共关系部不是组织的领导和决策部门，它的主要作用是为组织领导、组织内部的其他职能部门及整个组织和公众提供服务。具体地说，一是公共关系部不是组织的决策部门及领导机构，它不具备在组织中发挥领导和决策的功能。在组织的领导和决策过程中，公共关系部主要是发挥咨询、建议及参谋作用。二是公共关系部不是组织的领导部门，从而也不能直接领导组织内部其他部门的工作。在这方面，公共关系部的职能也主要在于向组织内部的其他职能部门提供有效的服务，如咨询与建议。三是公共关系部也要通过开展专项公共关系活动及日常公共关系活动为整个组织、为员工以及为社会公众服务。

2.公共关系部的职能

公共关系部的职能实际上就是公共关系功能的具体化，前述的公共关系功能都体现为公共关系部的职能。

(1)咨询建议，参与决策。公共关系部不是组织的领导和决策部门，它主要是在采集、整理和分析信息的基础上为领导者们提供可供选择的决策方案，协助决策层进行决策。公共关系部必须了解并根据各类公众对组织的要求，多视角、多层次地综合评价组织及组织内部各个职能部门的日常行为对社会公众和舆论带来的影响，充当组织最高管理层的智囊。所以，公共关系部是组织的“智囊团”、“思想库”和决策参谋部。例如，政府公共关系部门的一项重要功能就是随时掌握和了解社会及广大人民群众对政府机关的评价意见和要求建议；同时，及时反馈给政府的有关部门及最高管理层，以制定出公正合理的、能为广大人民群众满意的公共政策，从而提高政府部门的权威性和诚信度。这是最高层次的公共关系。公共关系学的创始人之一伯纳斯就认为，公共关系如果不能进入决策就不是真正意义上的公共关系。

(2)采集信息，监测环境。在一个复杂、多变的环境中，社会组织如果不能及时地采集到有用的信息，了解变化的环境，就可能迷失方向。公共关系部门的另一个职能就是负责监察组织内外环境的变化，调查了解社会舆论与民众意向，提供和预报有关政治、经济以及各个时期的社会潮流与各类内外公众的信息，以帮助组织及时掌握各种社会情报，不断矫正经营管理政策和组织行为，确保组织在谋生存、求发展的激烈竞争中立于不败之地。因此，公共关系部也是组织的信息情报部，公共关系部要建立起广泛的社会联系和通畅的信息网络系统，任何关系到组织生存和发展的信息都是公共关系机构搜集的对象。组织正是通过对这些信息的收集和整理，才能了解现状，预测趋势，适应社会变化。

(3)宣传组织、树立形象。公共关系部是组织形象的设计师，一个组织的知名度的大小、美誉度的高低、在公众心目中形象的美丑，对于这个组织来说，是性命攸关的大问题。而一个组织要扩大知名度、提高美誉度，并树立起良好的形象，以便获得公众的了解、理解和信任，取得公众的支持与合作，就需要不断地向公众宣传组织的政策，解释组织的行为，介绍组织的宗旨和任务、工作内容和范围、生产经营状况等，增加组织的透明度，为其自身的发展争取有利的社会环境和氛围。公共关系部就是组织的宣传部、组织的喉舌和组织的对外发言人。

(4)协调沟通，问题管理。“内求团结，外求发展”是公共关系的工作目标之一。完成这一目标的主要手段就是沟通协调，并妥善地管理和处理各种问题，包括突发的事件和问题。公共关系的协调沟通和问题管理的功能主要体现在：

①内部协调。公共关系部在组织内部负责协调各职能部门间的关系，解决它们因工作或部门利益而造成的矛盾隔阂，并随时注意协调处理内部员工对本组织的意见和要求，关心员工的工作、学习、生活以及心理状态，搞好内部团结合作，使每一个员工都关心本组织的全局性发展，增强员工的团队意识，造就组织的内聚力和向心力。

②外部协调。随着组织与外界交往的日益密切，对外联络和应酬交际的任务越来越重。同时，组织与外部的各种摩擦纠纷也会随之增多，这就需要进行协调。公共关系部作为一个组织的对外机构就要担负起这些工作。公共关系部门不仅担负着接待已与该组织发生关系的单位与个人，而且要主动地向外争取合作伙伴。公共关系部就是组织的外交部。

③管理和处理问题及突发事件。首先，要及早地识别对于一个组织具有潜在影响的问题，早做准备、防微杜渐，有备无患。其次，要精心设计用以缓和其影响或者利用其后果的战略策略与反应方式。对于社会组织来说，问题的存在既是客观的也是普遍的。公共关系部门不仅要研究已暴露的问题并做出战略反应，而且要借助调查研究及早发现隐藏的问题，评估有关问题对这个组织的影响，提供政策和战略性的建议，把组织运行的风险减少到最低限度。最后，问题管理中的核心问题是处理突发事件。任何组织在运行过程中都难免会遇到由于各种原因引起的公众的抱怨和不满，使组织与公众的关系恶化。其中有的属于公众的误会和误解，有的则属于自身犯了错误。无论是何种原因，都应该尽快和妥善地处理。如果该组织依然我行我素，甚至寻找各种理由进行辩解推托，结果只会使该组织与公众的关系越来越糟。此时，组织的明智之举是迅速运用公共关系手段予以补救。公共关系部及公共关系工作人员应当本着实事求是，有错必纠的态度，真诚地检讨组织自身的失误，以实际行动消除公众的不满，求得公众的谅解，把突发事件的不良影响降到最低限度。

二、公共关系部的类型和组织结构

1.公共关系部的设置类型

由于不同的组织有不同的目标和任务，有不同的要求和条件，所要处理的公共关系问题也各有侧重，所以在不同的组织中，公共关系部的设置类型有所不同。根据与组织其他部门之间的不同关系，特别是公共关系部的隶属关系的不同，可以将公共关系部划分为不同的类型。

(1)直接隶属型。这是指公共关系部直接隶属于组织的最高领导层，由总经理担任公共关系部的负责人。公共关系部的一切工作都要汇报至组织的最高决策机构，一切计划安排与实施都要由组织的最高决策机构讨论、批准和决定。所以，这种类型也叫总经理直接负责型(图 3-1)。

这种类型的公共关系部可以使公共关系部负责人的意见直接影响到组织的经营决策层。公共关系部对其他部门的工作也可以给予必要的监督，并负责组织内部各部门的信息沟通与协调工作。早在 1956 年美国公共关系协会的一项调查表明，在 166 家大公司中，约有 80%的公共关系机构直接隶属于组织的最高领导。其中由董事长或总经理亲自执掌的占 52%，其他均由董事会、首席副董事长或副总经理执掌。

(2)部门并列型。这是指公共关系部同组织中的其他职能部门处于平等地位，公共关系部门的负责人同组织中其他部门的负责人一样作为上级决策层之下的处于平等地位的次一级领导者,在对内对外的交往中有一定的决策权和指挥权,并能独立地开展各项公共关系活动(图 3-2)。

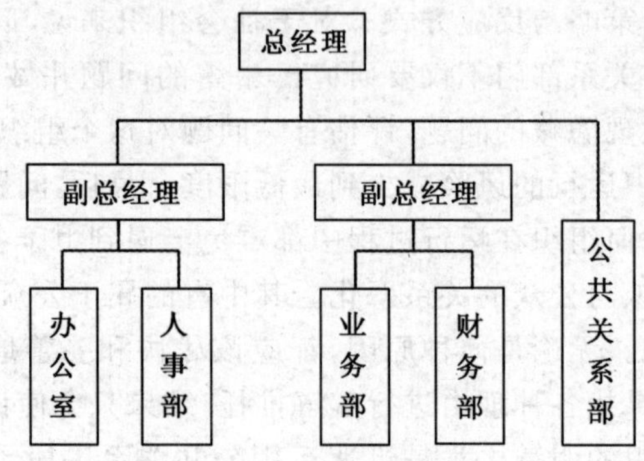

图 3-1 直接隶属型

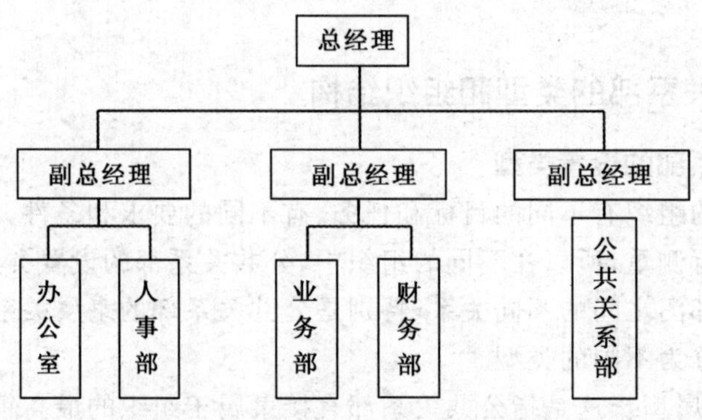

图 3-2 部门并列型

(3)部门所属型。这是指公共关系部同组织内部其他职能部门相比处于较低一个层次,并受某一个具体职能部门的管辖。但公共关系部门的领导人可以与组织最高决策者保持密切的联系,并能应邀列席组织最高决策层的某些活动(图 3-3)。

处于组织机构中第三个层次的这种公共关系部,根据组织的性质、条件和要求的不同,除了将其归属于办公室外,还有以下几种不同的归属类型。

一是公共关系部归属于经营管理部门。这种归属强调公共关系工作在组织的整个经营管理工作中的特定管理功能,把它应用于生产、财务、营销的各个环节,能够全面配合经济组织各项业务的开展。

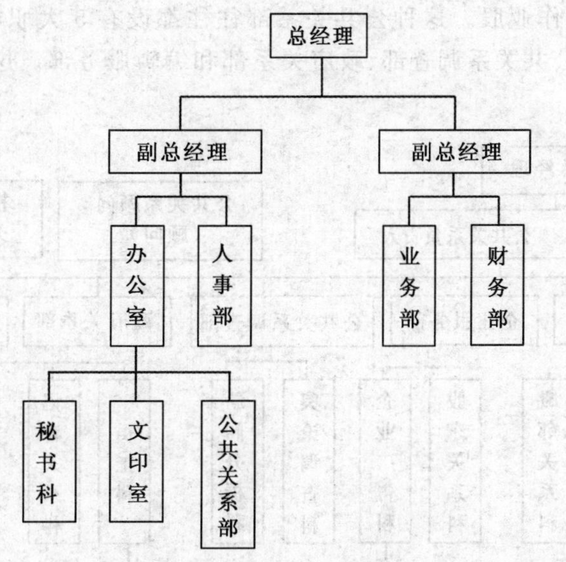

图 3-3　部门所属型

二是公共关系部归属于销售部门。这种归属侧重于公共关系的促销功能，强调公共关系在市场营销领域中的作用。现在国内外的不少营销学、市场学方面的著作，都将公共关系视为一种促销策略和手段。一些企业的公共关系负责人也往往由销售部长或经理兼任。这种安排，将公共关系的职能局限于商品推销范围之内，注意了与顾客关系的处理，但容易忽视其他方面的公共关系工作。

三是公共关系部归属于广告宣传部门。这种归属侧重于公共关系的宣传功能，主要将公共关系部门作为组织的对外发言人，配合广告、宣传工作，树立组织的形象，扩大组织的知名度，以弥补广告、宣传的不足，增强广告的可信度。但这种归属容易忽视公共关系在经营管理其他各环节上的重要作用。

四是公共关系部门归属于外事接待部门，即突出公共关系工作的外交功能。

2.公共关系部的组织结构

根据与组织其他部门之间的不同关系，特别是公共关系部的隶属关系的不同，可以将公共关系部划分为不同的类型。而公共关系部本身也有不同的组织结构，不同的形式和类型。以企业为例，从公共关系部组织机构的规模上看，公共关系部的组织结构有大、中、小三种类型。

(1)大型企业的公共关系部(图 3-4)。大型企业公共关系部的组织结构比较复杂，一般可以分为四个管理层次：公共关系机构负责人、主要的公共关系职能部门、各业务科和各作业股。这种公共关系部往往都设有5大职能系统：社会关系部、企业服务部、公共关系调查部、政府关系部和编辑服务部。这些职能系统的业务范围分别是：

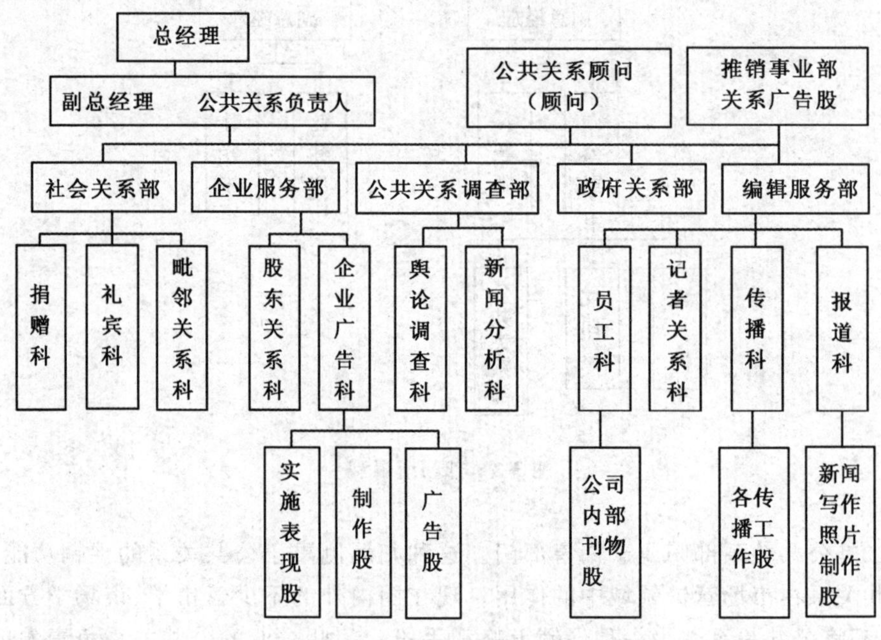

图3-4　大型企业的公共关系部

社会关系部——具体负责各项礼宾接待，协调与毗邻组织之间的关系，代表企业向社会各界提供赞助和捐赠等。

企业服务部——重点负责协调企业中的股东关系，从事广告宣传和咨询服务等业务。

公共关系调查部——从事社会舆论调查、民意测验、新闻分析、信息收集和处理等业务。

政府关系部——主要从事对政府所制定和颁布的方针政策、法律法规的研究和分析，向政府提供企业的有关情况以及有效地取得政府对企业工作的支持。

编辑服务部——负责与内部员工的情感联络，处理同新闻媒介的关系，编辑出版宣传品以及对外策动传播等业务。

大型企业公共关系部的负责人一般由专门的公共关系副总经理或副董事长担任，也有由总经理或董事长挂名担任的。

(2)中型企业的公共关系部(图 3-5)。中型企业的公共关系部在组织结构上要简单得多,一般有三个层次:公共关系机构负责人、各职能部门和各业务科。往往设有四个职能部门:新闻宣传口、公共事务口、内部协调口和公共服务口。

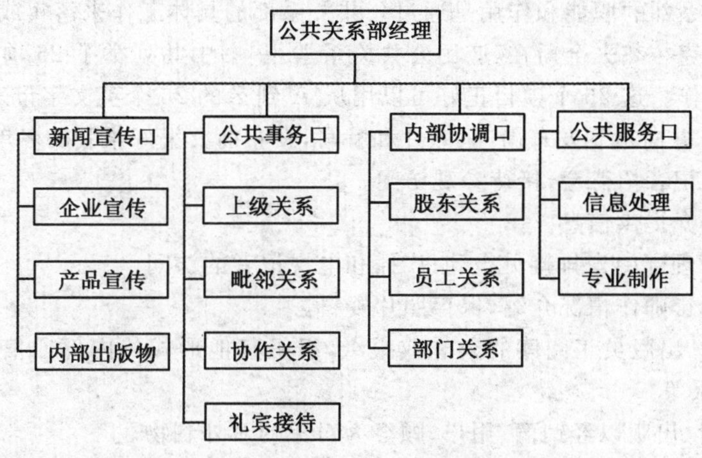

图 3-5 中型企业的公共关系部

(3)小型企业的公共关系部(图 3-6)。小型企业公共关系部的组织结构最为简单,公共关系部下设新闻宣传、内部协调、公共事务三个岗位,专门处理企业最为敏感的公共关系业务。

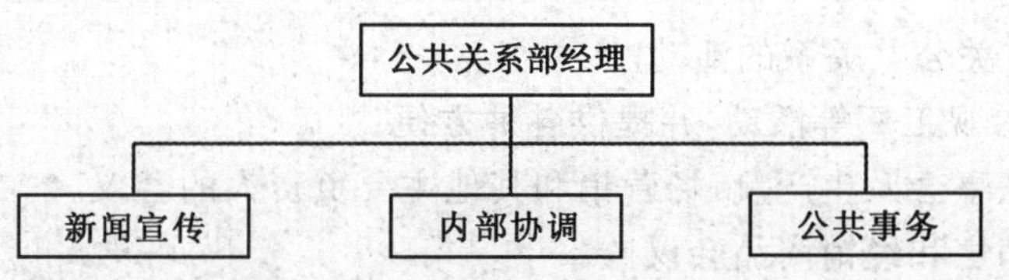

图 3-6 小型企业的公共关系部

社会组织在选择公共关系部的类型时,应视组织的具体情况而定,在人员配置上要尽可能做到精干、高效。一些不具备设置公共关系部的组织就不要勉强设置,可以委托公共关系顾问或公共关系公司来代理组织的公共关系业务。在美国,20 世纪 90 年代以来的发展趋势是,削减公司内部的公共关系工作人员,并把组织的公共关系工作安排给外部的公共关系公司。外部的公共关系顾问和公共关系公司独立工作,它可以提供从组织内部公共关系部那里不容易得到的有价值的公共关系服务。

三、公共关系部的具体工作

公共关系部的职能和作用是通过公共关系部的具体工作来落实或实现的。英国学者弗兰克·杰夫金斯在《应用公共关系学》一书中共列举了26项公共关系部门的具体工作。这26个项目正好可以用从A到Z的26个英文字母来表示。

A. 写作并向报刊发布新闻、照片和特写,发布前要编好报刊的名单。

B. 组织记者招待会,接待参观访问。

C. 向媒介提供信息。

D. 为管理部门安排接见报刊、广播和电视记者的访问。

E. 为摄影师作情况介绍,保存照片资料。

F. 编辑、出版员工阅读的杂志或报纸,组织其他形式的内部通信,如录像带、幻灯片、墙报等。

G. 编辑、出版以经销商、用户、顾客为对象的对外刊物。

H. 编写并提供各种资料,如培训资料、企业的历史、年度报告、新员工须知等。

I. 制作视听工具,如记录片、幻灯片、录像带,包括分发、编目、放映以及维护工作。

J. 组织有关公共关系的展览会、陈列品、包括提供交通工具。

K. 制造并维护企业识别标志,如商标、配色图案、专用印刷品的风格及车辆的标志等。

L. 主办有关公共关系的活动。

M. 组织参观工厂等活动,并提供各种方便。

N. 参加董事会及生产、市场营销和其他主要负责人的会议。

O. 出席销售和经销商品会议。

P. 代表企业出席行业性的会议。

Q. 负责同公共关系顾问联系。

R. 训练公共关系员工。

S. 进行意见调查或其他调研活动。

T. 监督广告,和广告专业单位联系(如果广告工作也由公共关系部门管理)。

U. 和政治家和公职人员联系。

V. 当新厂房或办公楼落成举行开幕时,接待来宾和新闻媒体。

W. 安排官员和国外人士的来访、参观。

X. 举办纪念活动,如百年纪念或获奖纪念等。

Y. 从剪报、广播、电视或其他外界的报告中获得信息反馈，进行组织整理。

Z. 分析信息反馈，评估预定目标的实现结果。

我国公共关系学者对公共关系部的具体工作也有不同的表述，对弗兰克·杰夫金斯的观点也有不同的评价。例如，有的学者认为弗兰克·杰夫金斯这样的列举比较细致，但不够概括，而且还遗漏了一些重要内容，如"参与决策"。因此，他们把公共关系部门的具体工作概括为七个方面：

①举办或参加专题活动。包括举办新闻发布会、有关展览会，参加经销会，筹划和组织纪念活动等。

②对外联络协调工作。包括与新闻界和社会各界人士的联系，组织安排本组织领导参与外界有关活动等。

③编辑出版工作。包括编写月底和年度报告及各种宣传资料，出版内部刊物，制作新闻图片、录像带、幻灯片和企业标志等。

④调研工作。包括民意测验、报刊检索、市场分析、资料整理等。

⑤礼宾接待工作。包括定期接待、日常接待等。

⑥参与社会组织的决策。如表明对新产品开发与宣传的意见。

⑦对内协调工作。如加强供、产、销各部门间的信息沟通与合作[①]。

这种概括更为详细、全面和清晰。但仍然遗漏了一些重要内容，如问题管理、危机管理、公司社会责任等。

第二节　公共关系公司

公共关系公司又称公共关系咨询公司、公共关系顾问公司或公共关系服务公司，它是由各具专长的公共关系专家组成，运用专门知识、技能和经验，受客户委托，专门从事公共关系活动和咨询的服务性机构。

公共关系公司诞生于 20 世纪初的美国。"现代公共关系之父"艾维·李于 1903 年首创了具有公共关系性质的事务所，1920 年 N·W·艾尔正式开办了公共关系公司。公共关系公司成为一种专门的职业机构以来，其专业地位和职能不断得到巩固和发展，在社会中特别是在工商企业界中越来越广泛地发挥着重要的作用，甚至还诞生了一大批国际性的、著名的跨国公共关系公司。据统计，在美国有 2 000 多家公共关系公司；在英国有 600 多家公共关系咨询机构；在我国香港地区

①居延安. 公共关系学. 2 版. 上海：复旦大学出版社，2001：388-390。

有20余家公共关系公司;在我国的内地也有大批公共关系公司。公共关系公司已在全球成为一种新兴的、蓬勃发展的组织。

公共关系公司的出现和发展是经济和社会发展的必然产物。在商品经济发达和市场竞争激烈的社会里,各种不同的社会组织在客观上都需要开展公共关系工作。当然因组织的类型、行业的特点、单位的规模不同,需要不同类型的公共关系机构。规模较大、实力雄厚的社会组织有条件组建组织内部的公共关系机构;而规模较小的社会组织,无力也无必要专门建立组织内部的公共关系部门。即便是组织内部设有公共关系部的机构,它们也往往需要在某一个专门问题上求助于同行专家。国外许多企业就不仅在内部设置公共关系部,而且还聘用公共关系公司的专家作为顾问。在美国,有1/3工商企业的公共关系活动由公共关系公司代理;美国公共关系学会顾问学院的一项抽样调查发现,几乎3/4的公司都使用外部顾问,尽管他们有自己的内部公共关系部门。这就为公共关系公司的出现和发展提供了可能和条件。社会上需要专门的人员、专门的机构来从事专门的公共关系服务,而公共关系公司也能适应并满足这种社会需要。随着公共关系公司信誉和策划水平的提高,服务项目不断扩大,它在社会生活中发挥着愈来愈大的作用。

一、公共关系公司的特点和职能

1.公共关系公司的特点

与公共关系部相比,公共关系公司从事或代理公共关系业务有如下特点:

(1)观察分析问题具有客观性。由于公司与委托办理业务的组织单位之间没有直接的利益关系,公共关系公司的人员不是客户的员工,因而可以从外部冷静地观察问题,实事求是地分析问题,对问题做出客观的评价。正所谓“旁观者清”。

(2)提出的建议和方案具有权威性。公共关系公司是由各具专长的专家们组成的,这些专家有着丰富的公共关系实务经验,所以,他们提出的建议和方案更具说服力,更容易受到决策者的高度重视。这是公共关系公司的最大优势。

(3)信息来源的广泛性和渠道的网络性。公共关系公司长期从事公共关系实务,已经建立起一套较为完善的信息网络,同政府部门、社会团体、新闻媒介等有着密切的联系,信息来源广泛,渠道通畅,客户可以充分地利用有关信息,作为决策的依据。

(4)公共关系活动整体规划的经济性。这主要是对中小企事业单位而言的。组织内部设置公共关系部,必然会增加人员,从经济的角度考虑并非最佳选择。针对组织的目标和计划,如果开展专业性强、规模较大的公共关系活动,整体规划之后,如果经济上合算,也可委托公共关系公司代理。

与公共关系部相比，公共关系公司也有自己的弱势。由于公共关系公司不隶属于某一组织，故对客户的情况了解不是很多；同时，公司与客户之间还会存在沟通的困难和障碍，这在一定程度上会影响公共关系公司业务的拓展。值得注意的是，斯各特·卡特里普等人在其撰写的《公共关系教程》中提到，美国多数公共关系顾问认为，公共关系顾问（或者公共关系公司）的不利条件首推费用问题。因为，费用问题是他们与客户之间出现的最频繁的问题，第二位的问题是客户守旧的态度和确定的工作方式，而抵制外部意见排在第三位，意料之外的个性或信念冲突则是第四个不利条件。

2.公共关系公司的职能

公共关系公司的优势是汇集了大批具有各项专业技术的人才，并聘有各界著名专家、学者担任公司顾问。因而，它可以对客户的公共关系问题，起到一种专家"会诊"的作用。公共关系公司可以为客户提供的公共关系咨询、联络、设计等服务项目至少有以下几个方面：

(1)一般公共关系顾问咨询，如企业中的公共关系机构如何设置，公共关系人员如何培训，某个公共关系难题如何处理等。

(2)与政府机构包括金融、经贸、外事、事业、社团等联络以及建立业务关系。

(3)与大众传播媒介联络和沟通，如安排组织新闻界参观，采访，为客户举办记者招待会，代客户撰写新闻报道专稿等。

(4)为社会组织搜集、汇编有关新闻报道及市场发展趋势、政府的方针、政策等信息资料并提供准确的分析与预测。

(5)策划和组织各类公共关系专题活动，帮助客户规划公共关系战略决策、制订公共关系长短期计划、策划公共关系传播、组织公共关系活动，以便在较短的时间内，在广大的范围里有效地提高企业及产品的知名度和美誉度。

(6)组织各种大型会议，包括人员接待和安排、会议程序编制、会场布置、会议材料整理与传播等。

(7)为客户设计以提高企业或产品、服务的知名度和美誉度为目的的公共关系广告及以推销产品为目的的商业广告，并协助客户选择合适的传播媒介。

(8)为客户撰写新闻稿件、演讲稿、企业形象及产品介绍、事件经过说明等文字材料。

(9)为企业各类宣传性刊物，如宣传小册子、画册、产品说明书以及厂区环境和室内环境提供设计、美化服务。

(10)代客户培训公共关系人员和传播媒介人员，如新闻报道通讯员、企业刊物的记者等。

二、公共关系公司的类型

从不同的角度出发，公共关系公司可以被划分为不同的类型。从业务活动范围看，有跨地区、跨国度经营的大公司，也有局限于一个地区、小范围的小公司。从业务内容区分，有实力强大的、可以承办数项大型公共关系活动的公司，也有力量相对薄弱、以承办单项具体业务为主的公司。从服务对象的性质划分，有为各行业服务的综合性公共关系公司，也有为特定行业服务的行业公共关系公司等。

1.咨询型公共关系公司

一般亦称其为公共关系咨询公司，其主要业务是提供公共关系智力，帮助客户进行公共关系分析、预测和策划。一个组织或企业如果想知道怎样建立公共关系部，想了解政策、人才、科技、市场等信息都可以向公共关系咨询公司征询。

2.顾问型公共关系公司

这种类型的公司是由享有盛誉的、有专业技术能力和公共关系经验的各类公共关系专家组成，它包括企业形象专家、政府关系专家、新闻关系专家、金融关系专家、员工关系专家、广告设计师、摄影摄像师、报刊编辑专家、市场营销专家、社会问题专家、心理咨询专家等。这类公司固定或不固定地受聘于其他客户企业。

3.专项服务型公共关系公司

这类公共关系公司一般由各个部门和系统主办，如保险业的保险服务公司，银行系统的金融服务公司，新闻系统的大众传媒事务所，广告宣传部门的公共关系广告事务部等。这些专项服务型公共关系公司的特点是能够对客户的要求给予满意的权威性答复，对客户要求代办的各类事务，要求组织的各类活动都能集中人力、物力和财力办好。

4.综合服务型公共关系公司

这类公共关系公司提供的服务项目比较广泛，如培训公共关系人才，举办各类展览会、展销会，组织各类舞会、演出等文化娱乐活动，进行产品和企业信誉及知名度的调查、民意测验，编印企业内部宣传刊物，设计厂标厂名、公共关系广告，撰写中外文书信、说明书，组织企业参观及其他专项业务。综合服务型公共关系公司规模大、活动实力强、联系广泛、手段齐全，可以开展灵活多样的以建树组织形象为目的的公共关系实务活动。

三、国内外主要公共关系公司简介

1.国外主要公共关系公司简介

(1)博雅公共关系公司。美国博雅公共关系有限公司成立于 1953 年，是全球领先的公共关系和公共事务公司。该公司在全球拥有 44 个全资事务所和 49 个子事务所，其业务遍布 6 大洲 57 个国家，在广泛的公共关系、公共事务、广告及与网站相关的领域向客户提供服务。博雅公共关系公司也是最早进入中国的国际公共关系公司之一。1986 年博雅公共关系公司和新华社合作成立了中国第一家专业公共关系公司——中国环球公共关系公司。1992 年，博雅公共关系公司在北京建立总部。目前，博雅公共关系公司通过其在北京、上海、广州和香港等地的办事处，为客户提供公共关系与传播方面的全方位咨询和服务。

(2)奥美公共关系公司。1980 年成立于美国纽约的奥美公共关系公司是世界十大专业公共关系公司之一，它和奥美广告等姊妹公司分享同一企业品牌，已发展成为全球最大的传播集团之一，在全球 159 个城市拥有 497 个办公室，众多富有才干和创新思想的专业人士，为众多世界知名品牌提供全方位传播服务。其业务涉及广告、媒体投资管理、一对一传播、顾客关系管理、数码传播、公共关系与公共事务、品牌形象与标识、医药营销与专业传播等。奥美与众多全球知名品牌并肩作战，创造了无数市场奇迹，包括美国福特、壳牌、芭比、旁氏、IBM、柯达、摩托罗拉等。1995 年开始在中国大陆设立分公司。

(3)伟达国际公共关系顾问公司。伟达国际公共关系顾问公司成立于 1927 年，是世界上最早的公共关系公司之一，拥有最大的国际办事处网络。目前，伟达公司在全球五大洲 37 个国家有 31 个办事处，客户达 1 000 多家，其中世界知名大公司占 25%。伟达公共关系公司向客户提供的公共关系服务几乎是全方位的，其核心业务包括：市场营销公共关系、金融关系公共关系、政府事务公共关系、企业形象公共关系等。伟达公共关系公司曾与国际奥委会有过 6 年的合作，1997 年，伟达公共关系公司协助雅典成功申办 2004 年奥运会，是北京 2008 年奥运会的传播顾问，还协助伦敦成功申办 2010 年奥运会。伟达公共关系公司 1984 年在北京开办办事处，成为第一家进入中国的国际公共关系公司。目前已在我国 40 多个城市开展公共关系工作。

(4)罗德公共关系公司。罗德公共关系顾问有限公司是世界上最大的独立公共关系公司之一，成立于 1948 年，总部位于美国纽约，在芝加哥、洛杉矶、华盛顿、北京、香港、上海、广州、新加坡、伦敦、巴黎和耶路撒冷等地都设有分部。通过这些遍布全球的办公室或分公司，罗德公共关系为世界上超过 250 家公司、政府机构和非营利组织提供公共关系服务。罗德公共关系公司 1996 年进入中国市场，主要向客户提供医疗保健、科技与消费品传播等专业服务。2001 年法国国际公共关系公司中国医药部正式并入罗德公共关系后，罗德中国医药部已成为中国最大的跨国医药公共关系团队。

(5)万博宣伟公共关系公司。万博宣伟国际公共关系公司也是世界上最大的公共关系咨询公司之一,它的分支机构遍布世界各大经济、政治、文化中心城市,在22个国家雇有2 500名员工,在科技、财经传播、政府关系、公共事务、生活、消费品、娱乐业以及医疗保健等领域为客户提供服务,其行销公共关系、公共事务、企业传播咨询等项目在业内居于领先地位。万博宣伟公共关系公司1993年进入中国内地市场,目前在北京、上海和广州三地设有办事处。在全球公共关系网络的通力合作下,万博宣伟曾经为北京申办2008年奥运会和上海申办2010年世博会提供了专业的公共关系支持。

除上述主要的国外公共关系公司外,还有爱德曼国际公共关系公司、凯旋公共关系公司、安可顾问有限公司、福莱灵克公共关系咨询有限公司、霍夫曼公共关系公司等一大批著名的国际公共关系公司,这些公司在全球建立起了业务网络,并在中国设立了分支机构。

2.国内主要公共关系公司简介

自1986年中国第一家本土专业公共关系公司中国环球公共关系公司成立以来,国内公共关系公司如雨后春笋般涌现出来,它们在社会生活中发挥着愈来愈大的作用。

(1)蓝色光标公共关系顾问公司。蓝色光标公共关系顾问机构,业内俗称"蓝标",1996年由几位志同道合的年轻人共同创立。目前,蓝色光标已经发展成为中国本土规模最大的专业公共关系代理公司之一,在上海、广州、成都、西安等地设有分支机构,它的客户已经覆盖IT、电信、金融、汽车、家电、快速消费品等商业企业及政府机构和院校、媒体、协会、基金会等非政府组织。其成功运作的案例有2001年北京申奥政府公共关系、新联想的企业形象推广等,在微软的产品发布、迪士尼中文网站开通等公共关系活动的背后也闪现着蓝标的身影。

(2)嘉利公共关系顾问公司。嘉利公共关系顾问公司成立于1996年,是中国最早成立的公共关系服务机构之一。曾为近百家跨国公司、知名企业和各类组织提供公共关系和市场顾问服务,其兼具国际标准同时又充分利用本地资源的公共关系咨询服务得到了各领域一流企业或组织的首肯。2002年以来一直被中国国际公共关系协会评选为中国十大公共关系公司之一。目前其业务涉及IT、汽车、房地产、大众消费品、机构推广、时尚娱乐、体育旅游、医疗健康、传媒出版等产业以及政府、非营利性机构等。随着中国公共关系产业和市场环境的逐渐成熟,嘉利公共关系公司已发展成为中国本土最大和最具影响力的公共关系公司之一。其代表案例包括:健康美丽时尚——第53界世界小姐总决赛全案推广案例;纵情广阔天地驾驭自由梦想——郑州日产帕拉丁新车上市活动案例;中国·财富——胡润《中国百富榜》系列推广案例。

(3)中国环球公共关系公司。中国环球公共关系公司是中国第一家本土专业公共关系公司,是新华社和博雅公共关系合作的产物,1986 年由经贸部批准成立。中国环球公共关系公司有着新华社的官方背景,使她拥有国内同行所无法比拟的信息、人才及技术优势与业务网络,这使环球公共关系公司与政府、传媒、社团、同行保持着良好的关系。由于早期和博雅公共关系公司的合作关系,环球公共关系公司的职员都曾经在世界一流公共关系公司接受过系统公共关系业务培训。环球公共关系公司曾经服务过的重要国际客户包括可口可乐中国有限公司、德国汉诺威展览公司、瑞士欧米茄公司等。

(4)海天网联公共关系顾问有限公司。海天网联公共关系顾问有限公司成立于 1995 年 1 月,总部设在北京,在上海、广州等地均设有分公司。目前海天网联公共关系顾问有限公司服务的主要客户集中在 IT、汽车、消费品行业中的国际、国内知名企业。代表案例包括品牌魅力驾驭时尚——POLO 赞助 2002 年上海国际女网赛案例等。

(5)时空视点公共关系顾问有限公司。北京时空视点公共关系顾问有限公司成立于 2000 年 12 月 4 日。但它在短时间内,就发展成为北京、上海、广州三家公司三足鼎立的局面,业务范围涵盖企业品牌管理、营销沟通管理、媒介传播管理、事件传播管理,凝聚近百名专业公共关系咨询人员的公共关系团队。代表案例有:自然、自在、自我,创造生活乐趣——上海通用汽车赛欧品牌文化推广案例。

此外,还有广通伟业公共关系策划有限公司、迪思公共关系顾问公司、易为公共关系公司、世纪双成公共关系公司等一大批扎根本土文化,同时具有国际水准,服务网络覆盖全国的公共关系公司。

第三节　公共关系社团

公共关系社团泛指社会上自发组织的以从事公共关系理论研究和信息交流以及公共关系行业自我管理为目标,兼做一些公共关系业务但不以营利为目的的群众团体,如各种公共关系协会、学会、研究会、专业委员会、俱乐部、沙龙、联谊会等。目前世界上著名的公共关系社团很多,如英国公共关系学会。这个学会成立于 1948 年,有 12 个地区性的团体,会员超过 3 500 人,他们在建立和推行职业道德准则方面走在世界前列。而总部设在伦敦的国际公共关系协会在所有公共关系专业协会中是最具影响力的,目前已经发展到 77 个国家数千名会员。在我国,最早的公共关系协会是1986年12月成立的上海公共关系协会。1987年5月，全国性公共关系协会专业组织——中国公共关系协会成立。1991年4月，以促进国内外公共关系界交流与协作为己任的中国国际公共关系协会在北京成立。此外，国内比较有名的还有中国高等教育公共关系协会等。目前，我国公共关系社团蓬勃发展，全国各省、各大城市都有自己的公共关系协会，为我国公共关系事业的发展做出了巨大贡献。

一、公共关系社团的特点和职能

1.公共关系社团的特点

与公共关系部和公共关系公司相比，公共关系社团自身的性质决定了它具有以下特点和职能：

(1)广泛性。这是指公共关系社团人员构成方面的特性。广泛性是指公共关系社团中的成员来自社会各阶层，包括企业、新闻、科研、文教、党政机关等各个行业各方面的人士，且在地区分布上一般也较广泛。公共关系社团的这种广泛性使成员可以广结良缘，互通信息，共同受益。

(2)松散性。这是指公共关系社团组织结构方面的特性。公共关系社团是在成员自愿的基础上联合而成的，具有松散的组织结构，这种社团成立的基础是全体成员的自觉参与，一般没有严格的组织结构系统，不具备强制性。

(3)服务性。公共关系社团作为一种组织机构，是为参与者服务的，它为成员提供各种学习、交流和提高的机会；公共关系社团也是为社会整体利益服务的，通过开展各种社会活动，传播公共关系观念，促进社会文明进步。

(4)非营利性。公共关系社团作为行业服务机构，不是经济实体。它的性质决定了它开展任何活动不能以营利为目的。

2.公共关系社团的职能

公共关系社团一般应该具备以下功能，才能发挥较好的作用。

(1)发展和联络会员。公共关系社团应把社会上各行各业的公共关系爱好者和实际工作者吸引到社团来组织学术和经验交流，以便更好地促进公共关系事业的发展。同时，还应与公共关系组织以及国内外的公共关系社团建立联系，以便形成网络，进行更好地协作。

(2)制订职业道德规范并倡导成员遵守。美国公共关系协会于1954年首次制定《关于公共关系业务的职业道德准则》，1959年和1963年第二次修订，最新文本为该协会1977年全体大会通过。内容包括基本原则和准则14项，明确规定了公共关系业务人员的行为准则。英国公共关系协会等也都制定了全体会员行为准则。在这方面，我国也有一些公共关系组织提出了公共关系从业人员的行为准则。

(3)普及公共关系知识，培训公共关系专业人才。例如，在美国有一个名为美国公共关系学生协会的组织，它作为美国公共关系协会指导下的全国性机构，实质上是一所大范围的培训学校。我国公共关系协会成立后，于1987年4月举办了第一次讲习班，邀请新加坡学者来讲学，该协会还有自己的培训中心。天津、陕西等地的公共关系协会也都面向社会举办系列函授讲座。这些活动都起到了普及公共关系知识，培训公共关系专业人才的作用。

(4)编辑、印刷专业出版物和信息交流材料。这是宣传公共关系知识的重要手段。在我国，有《公共关系报》、《公共关系导报》、《公共关系之友》等相关报刊近20多种，除此之外，还有《公共关系》、《公共关系世界》等各种形式的杂志、公共关系书籍等，在公共关系界具有一定的影响。

(5)营造良好的环境，促进公共关系学术研究。例如，国际公共关系协会每年在世界不同地区召开两次研讨会，在较高层次上进行理论探讨与交流。还规定每三年举行一次世界大会，轮流在会员国举行。首届大会是1958年在比利时首都布鲁塞尔举行的。1988年，我国应邀首次派深圳大学副教授钟文等3名代表参加了在墨尔本举行的大会。

(6)维护公众利益，推动公共关系事业发展。公共关系社团还应把向社会提供公共关系咨询服务、维护公共关系工作者及公众权益、协调各类公共关系组织的关系与行动、推动公共事业的发展作为自己的责任。

二、公共关系社团的类型

公共关系社团的形式多种多样，从不同的角度可以对公共关系社团进行不同的分类。但基本上可以将公共关系社团归纳为以下几类：

1.综合型社团

这类社团一般是民办官(政府)助，具备区域性公共关系行业的管理职能。比如，制订公共关系行业职业道德规范、规划区域性行业发展纲要、举办或承办各种公共关系活动。1986年11月，中国大陆第一家区域性公共关系协会—上海公共关系协会成立。1988年1月，天津市公共关系协会成立。1987年5月，中国公共关系协会在人民大会堂宣告成立。这些社团的宗旨基本上可以归纳为服务、协调、联络、指导、促进和监督。

2.学术型社团

包括公共关系学会、研究会、研究所等，这是纯学术性团体。参加者应该是从事公共关系理论及学术研究的人士。以公共关系学术研究和举办理论研讨活动为主要职责，兼做人才培训、社会服务等公共关系业务。

3.行业型社团

社会各行各业的公共关系工作有着不同的侧重点，公共关系职业的进一步专门化、行业化是一种必然的趋势。如 1930 年美国成立了“全美高等院校公共关系协会”，1952 年成立了“美国铁路公共关系协会”等行业型社团。我国也有了煤炭公共关系专业委员会、新闻界公共关系学会等。行业型社团在组织上保证了公共关系事业得以在某一行业深入发展。

4.联谊型社团

这种类型的公共关系社团形式松散，一般没有固定的活动方式，没有正规的组织机构，没有严格的会员条例。其主要作用是在成员之间沟通信息、联络感情，建立良好的人际关系。常见的有各种公共关系俱乐部、公共关系联谊会、PR 同学会等。

5.媒介型社团

媒介型社团是以公共关系专业性报纸、杂志等媒介为依托组建的公共关系社团。这种社团直接利用媒介，探讨公共关系理论，普及公共关系知识，交流公共关系活动经验，举办各种形式的公共关系人才培训班，是一种社会影响力较大的公共关系社团。

复习思考题

1.如何理解公共关系部的特点、功能和类型？

2.怎样看待公共关系公司的特点、功能和类型？

3.简述公共关系社团的特点、功能和类型。

第四章 公共关系的从业人员

本章要点

1. 公共关系从业人员是公共关系活动的主体，是组织的代言人，公共关系功能也要通过他们的活动来体现。

2. 公共关系意识是公共关系从业人员基本素质的核心。

3. 知识结构和能力结构是公共关系从业人员基本素质的重要组成部分。

4. 公共关系职业道德是公共关系从业人员不可轻视的基本素质。

从广义上说，公共关系从业人员不仅包括以从事公共关系实践工作为职业的人员，也包括从事公共关系理论研究和教学活动的人员，他们统称为公共关系工作者。从狭义上说，公共关系从业人员特指从事公共关系实践工作的专职人员。我们这里主要是在狭义上使用这个概念，即英文中的PR(practitioner)。

公共关系从业人员是公共关系活动的主体，公共关系的功能要靠公共关系人员所从事的公共关系活动来实现，要靠公共关系从业人员来发挥作用。公共关系的职业化是发展公共关系事业的必然趋势。现在，世界上许多国家都有了相当数量的、专门的公共关系从业人员，其中美国的公共关系职业化程度最高。在我国，现已有几十万人在从事公共关系职业，公共关系职业正在崛起，而且呈现出极大的发展潜力。公共关系从业人员作为服务公众、争取公众、为组织树立形象、赢得信誉的行为主体，其素质和职业道德的高低直接影响着公共关系工作的效果和质量、创造活力和有效程度，甚至关系公共关系活动的成败得失和事业的发展。因此，为了保证公共关系职业的健康发展，社会需要越来越多的合格的公共关系从业人员，并对他们提出了种种素质及知识、能力和道德等方面的要求。

第一节 公共关系从业人员的基本素质

一、公共关系从业人员的公共关系意识

公共关系意识是公共关系实践在人们头脑中的能动反映，是一种经过总结提炼的深层次的思想观念和原则规律，是公共关系从业人员在公共关系活动中产生的认识、观念和需求的总和。

公共关系意识是公共关系从业人员基本素质的核心，它引导着一切公共关系行为。有了良好的公共关系意识，就能认识公共关系对组织生存发展的必不可少性；确立重视公共关系和开展公共关系活动的现代经营管理理念；就会对公共关系具有特殊的敏锐的感受力，善于依据共有的信息策划出别出心裁的公共关系活动，善于甄别公共关系活动的是非、美丑，善于客观地评判公共关系活动的得失，善于科学预见公共关系活动的态势和效果；就会对公共关系有自觉的积极的内在需求，努力地开展公共关系工作。

具有公共关系意识的人员能够正确地、有分寸地把握公共关系工作，创造性地策划和实施公共关系活动，是真正合格的公共关系从业人员。相反，缺少公共关系意识的人员，即使有很好的公共关系专业知识和能力，也只能被动地实施公共关系活动，或机械地模仿他人的做法，很难创造性地完成公共关系工作；还可能导致公共关系操作的失误。

公共关系意识是一种综合性的职业意识，其主要内容包括：

1.塑造形象、维护声誉的意识

这是公共关系从业人员最基本的也是最重要的公共关系意识。形象和信誉是组织的无形资产，是无价之宝，为组织塑造形象、维护声誉是公共关系工作的一个重要的目标、任务和功能。塑造形象、维护声誉的意识要求公共关系从业人员要深刻理解组织形象的重要意义，要把组织的形象和信誉放在首要位置，像爱护眼睛一样珍惜组织的信誉；要在与公众的交往中努力塑造个人的良好形象，个人的形象很大程度上代表着组织的形象，个人形象的优劣直接关系到组织形象的高低；要以优质的产品和优质的服务来赢得公众的口碑。组织的形象必须是真实的，是实实在在地做出来的；还要不失时机地利用并创造一切可能的机会来宣传组织。例如，公共关系活动的核心和最终的目标，就是在公众中树立组织的美好形象，拥有良好的社会声誉。1835 年，摩根成为一家名叫“伊特纳火灾公司”的小保险公司的股东。

很快一家投保的客户发生了火灾。按规定，如果全部理赔，这家保险公司就将破产。因此，其他股东纷纷要求退股。摩根则认为，信誉比钱重要，所以他四处筹款并卖了自己的房产，赔偿了投保的客户，还收购了所有要求退股的股东的股份。一时间，这家公司声名鹊起。而几乎身无分文的摩根成了它的所有人，但保险公司已濒临破产了。他打出广告：凡要参加这家公司的客户，保险金加倍收取。不料客户却蜂拥而来，他们认为这家公司最讲信誉，从此，这家公司崛起。这个摩根就是后来主宰美国华尔街金融帝国的那个摩根的祖父，是亿万富翁摩根家族的创始人。这一案例说明，信誉是无价的，它比金钱更重要，有多少人信任你，你就有多少成功的机会。

2.沟通交流的意识

沟通交流意识是一种信息意识和民主意识。在信息时代，组织应建构信息交流的网络，及时地了解内外部的信息，掌握环境的变化以调整组织的政策和行为，保护组织的生存，促进组织的发展。公共关系活动是一种具有民主性的经营和管理活动，这就要求公共关系从业人员必需倾听公众的各种意见和建议，以更好地为公众服务；把组织的有关信息和所作所为宣传出去，增加与公众的相互了解和理解，争取公众的信赖和好感、支持和帮助，塑造组织的良好形象。沟通交流意识要求公共关系从业人员要经常性地、及时地、巧妙地与公众进行信息的交流、关系的协调和情感的联络。美国一家汽车店的推销人员在一次为一位女顾客细致、热心地介绍和推荐汽车时，得知当天正好是她的生日，于是他让顾客稍候一会儿，并嘱咐秘书去做一件事。不多时，只见秘书手捧一大束鲜花代表汽车店献给了这位顾客，祝她生日快乐。这一举动令顾客非常高兴和感动，当即决定购买他们的汽车。应该说这位推销员和这家汽车店是深谙顾客的心理、深谙情感沟通之道，也深谙公共关系的真谛的。

3.竞争合作与互惠互利的意识

当今社会是一个激烈竞争的社会，优胜劣汰、适者生存，任何组织都要面临这种生存危机的挑战。公共关系从业人员要有竞争和拼搏的意识，在竞争中塑造、传扬组织的良好形象；在拼搏中锻造组织的适应力和综合实力。竞争意识要求公共关系从业人员要善于捕捉有价值的信息，充分准备，迅速出击，捷足先登；还要善于抓住并创造机会，主动参与竞争，展示与传播组织的形象和实力。例如，在北京申办 2008 年奥运会期间，众多企业认为这是开展公共关系活动的好战场，是提高企业知名度和美誉度的难得的好机遇，于是纷纷参与竞争，八仙过海、各显其招，并以各自所能的财力、物力和人力为申奥活动赞助，同时也为自身塑造了形象、传播了实力。

在竞争的同时，公共关系从业人员还要适应企业经营管理的国际潮流和模式，树立合作的意识。竞争不等于一味地对抗和对峙，竞争与合作是既相互对立又相互统一的，不会合作也就不会竞争。合作可以优势互补，增强总体实力，从而更快更好地发展，各得其所。

需要强调指出的是，公共关系工作要为本组织谋得社会效益和经济效益，这是无可厚非的。但是在追求自身利益的同时，在与他人的合作中也要坚持彼此平等尊重、互惠互利、共容双赢，共同发展的职业道德。合作意识还要求公共关系从业人员要善于寻找合作的伙伴，善于选择合作的领域和合作的方式、方法等。

4.服务公众的意识

公众是组织生存发展的基础，是组织的“衣食父母”。现代公共关系教育的先驱、公共关系的泰斗爱德华·伯内斯早在1923年就指出，公共关系工作是为了“赢得公众的赞同”，“公共关系应首先服务于公众利益”。公共关系从业人员要心中想着公众的利益，当组织利益与公众利益发生冲突时应把公众利益放在首位；要充分利用条件、创造条件为公众提供优质超值的服务，满足其方方面面的要求，这样必能得到顾客的理解和回报。

美国百货连锁店沃尔玛的负责人是罗伯森·沃尔顿。其父是美国零售大王萨姆·沃尔顿。萨姆于1962年创办了沃尔玛连锁店，他认为，如果商店能提供足够多的产品和良好的服务，消费者肯定会蜂拥而来。萨姆要求其员工们要清楚，零售商店不是从“交易”上赚钱，而是从为顾客的“服务”上赚钱。顾客对你的服务不满意，你将永远失去这位顾客，或许还要加上他的一大堆朋友和熟人。争取一位新的顾客要比留下一位老顾客多花5倍的力量。这家店还有一些重要的经营原则：一是“太阳下山”的原则。这就是当天的事情在太阳下山前必须干完是每个店员必须达到的标准，不管是乡下的还是城里的店，只要顾客提出要求，就必须在当天满足；二是“超越客户期望”。萨姆要求店员，“让我们成为世界上最好的服务员，给出表示欢迎的微笑，向所有进入我们商店的人提供帮助，提供更好的超越客户期望的服务”。三是“十英尺的态度”。萨姆要求店员，“无论什么时候，当客户与你的距离在十英尺之内时，你就要注视他的眼睛，问他是否需要你帮助”。经过几十年的努力，沃尔玛终于成了全球头号连锁店。

5.创新审美的意识

公共关系不同于一般的社会科学，它既是一门科学，同时又是一门艺术，这就决定了以下两点。

首先，公共关系工作要不断创造新奇和富有美感的方式方法来满足公众求新、求异、求美的心理需要，激发公众的热情，获得公众和媒体长久的关注和好感，从而保持和不断提高组织的知名度与美誉度，使组织在激烈的竞争中立于不败之地。创新求美是公共关系的灵魂，公共关系工作不能呆板僵化，不能墨守成规，不能步人后尘。

其次，还要注重艺术性，有艺术美感，有美育作用。不论是筹办专题的公共关系活动，还是制作广告或为组织和产品命名等，都应给人以美的享受、美的陶冶、美的教育、美的启迪。既然公共关系是一门具有创造性的艺术，公共关系活动的最终目标是塑造组织的良好形象，那么，它必然具有审美的形象，才能为人们所欣赏、所接受；唯有美的活动，才能为人们所参与、所投入。良好形象的一个必备要素就是美，就要有艺术性。所以，公共关系人员也要懂得美和艺术，有一定的审美意识和能力。

6.立足长远的意识

成功的公共关系活动虽然可使组织在短期内甚至在一夜之间具有一定的知名度、美誉度，收到立竿见影的效果，但要维护组织的形象则需要长期的努力，不断的积累。公共关系从业人员应有从长计议的意识，立足长远，脚踏实地，不计较眼前的一得一失；避免急功近利，克服浮躁虚华的心理。社会组织要与公众建立良好的关系，得到良好的声誉，树立美好的形象等，都不可能毕其功于一役，需要做长期的工作和努力。

事实上，各种公共关系意识既相互独立，又相互联系融合，是一个不可分割的有机整体。例如，服务公众的意识和沟通协调的意识既各自独立，又是为塑造组织形象、维护组织信誉意识服务的；竞争合作意识要求平等尊重、互惠互利，又必须立足长远等。

还应当注意的是，公共关系意识不是固定不变的，而是随着公共关系实践和社会的发展而变化、丰富和发展的。所以，公共关系从业人员要适应实际情况和发展要求，不断更新公共关系意识和观念。例如，现在环境污染、资源短缺浪费等问题日益严重，为了子孙万代的生存和幸福，保护生态平衡、促进人与自然和谐发展的呼声越来越高涨，因此公共关系从业人员应当树立绿色意识、环保意识及可持续发展的意识，并应积极开拓可持续发展公共关系这一新的领域，为当今的生态文明建设尽一份职责、做一份贡献。

二、公共关系从业人员的知识结构

公共关系从业人员的知识结构是指公共关系知识体系在从业人员头脑中的内化，而公共关系从业人员的知识体系是指职业公共关系从业人员从事公共关系工作所需的公共关系专业知识以及由相关知识构成的专业知识系统。公共关系知识能够科学地指导公共关系工作，克服工作的盲目性，增强工作的自觉性，保证工作的效率，提高工作的质量。无疑，公共关系知识是公共关系从业人员开展工作的资本，也是施展其才能的基础。

公共关系知识结构主要由以下几个子系统构成：

1.公共关系的基本理论和实务知识

公共关系是一项专业性很强的工作，需要公共关系专业理论和实务知识的指导。公共关系的基本理论知识主要有：公共关系的基本概念，公共关系的要素，公共关系的职能，公共关系活动的原则，社会组织、公众和传播的理论，公共关系工作的程序，公共关系的历史和发展趋势等。公共关系的基本实务知识主要包括：公共关系调研知识，公共关系策划知识，公共关系活动实施和评估的知识，公共关系专门活动的知识以及社交礼仪知识等。

2.与公共关系相关的学科知识

公共关系学是一门综合性的学科，公共关系工作涉及的领域非常广泛，因此，这些领域和学科的知识、理论和方法，对公共关系工作的开展都是不可缺少的。例如，新闻传播学、管理学、心理学、社会学、营销学、广告学等。公共关系要搜集、分析和研究信息，就必须运用信息学、调查学、统计学、逻辑学等知识；公共关系要制定工作规划和措施，就必须借助运筹学、社会学、经济学、营销学、哲学等理论；公共关系作为一种管理行为，要激励员工主动积极工作，协调组织内部的各种关系和冲突，使组织具有凝聚力、向心力，公共关系从业人员就必须掌握管理学方面的知识；公共关系需要开展人际传播、大众传播甚至跨文化传播，公共关系从业人员就应当掌握传播学、新闻学等知识；公共关系工作要同各种各样的人打交道，要直接面对社会，为此公共关系从业人员就要研究人的心理、态度和行为，要了解人际交往和心理学等方面的基础知识。除此，诸如宣传资料的设计、新闻报道的采写、影像资料及广告的制作、演讲与谈判、接待和礼仪等公共关系专业技能和知识，公共关系从业人员都应根据工作的需要广泛涉猎。

一般而言，一个合格的公共关系从业人员可以通过正规的高等教育获得以上这些知识。据调查，美国公共关系从业人员有80%具有大学以上学历。

3.有关组织的知识和开展特定公共关系工作所需要的专业知识及相关的工作经验

组织的公共关系工作与组织的有关情况及关于组织的常识密不可分，公共关系从业人员要对组织的性质、特点、任务和目标，对组织的历史、现状和未来的发展，对组织的业务范围、竞争对手以及员工的精神面貌等有充分的了解。只有客观、全面、详细地了解自身的情况，才能有针对性地、得心应手地、胸有成竹地开展公共关系工作。

同时，社会组织还要开展某些特定的公共关系工作，这就要求公共关系从业人员还必须了解和掌握相应的专业知识。例如，要开展环保公共关系活动，就要了解有关环保的状况、趋势、法律、法规、政策以及生态平衡与可持续发展的观念和理论，还要具备相关的生物技术知识等。

相关的工作经验则是指工作性质和方法与公共关系工作比较接近的某些职业经验。例如，从事新闻工作的经验或与新闻部门打交道的经验；从事营销、广告方面的经验；从事舆论调查，民意测验方面的经验；在政府部门或教育部门工作的经验；在工商企业管理部门工作的经验等。

4.政策理论知识

公共关系从业人员的重要职能之一，是向组织领导提供及时准确的政策咨询，这就需要公共关系从业人员有政策理论意识和知识。并且公共关系从业人员既要掌握国家的有关方针政策，使组织的公共关系工作能纳入国家方针政策的大轨道；又必须熟练地运用组织内部的有关政策和方针，使各项公共关系活动为组织的整体目标服务。此外，还应关注和把握其他组织尤其是竞争对手的方针、政策，以知己知彼，采取对策。

公共关系是一项涉及面广、内容丰富的工作，它要求公共关系从业人员知识广博、多才多艺。理想的公共关系从业人员既要有理论家的学识，又要有实践家的才干；还应当是专才和通才式的人物。

此外，公共关系知识结构是一种动态的开放的结构，公共关系从业人员要随着社会的发展，实践的深入，特别是科学技术的进步，随时吸收新的知识，不断丰厚知识修养。知识结构静态化、封闭化的公共关系从业人员终将被时代所淘汰。

三、公共关系从业人员的能力结构

公共关系从业人员的能力结构是指一种由一系列彼此关联的能力构成的特殊的专业能力体系，这种能力体系是公共关系从业人员顺利完成其工作任务的主观条件，直接关系到公共关系从业人员的知识水平的发挥，也关系到整体职业道德水平的提高。公共关系能力是公共关系从业人员基本素质的重要组成部分。

公共关系从业人员的能力结构或能力体系包括：

1.语言表达能力

公共关系从业人员要向公众传递组织的有关信息,要同各种各样的人打交道,这些都要通过言语信息交流来实现,所以语言表达能力是公共关系从业人员的基本功。公共关系从业人员的语言表达能力方面的要求有:

首先,公共关系从业人员要掌握语言表达的基本原则,要注重语言的得体性和针对性方面的修养。要考虑公众的需要和文化背景,对于不同的公众要用不同的语言表达方式;对于同一公众,在不同的情况下表达方式也要相应地变化,以此抓住和赢得公众的心理。

其次,要有过硬的语言表达本领,包括口头语言表达能力、文字语言表达能力和动作语言表达能力。口头语言表达能力是以说和听的方式表现出来的言语形式,主要用于直接的面对面的交往之中。公共关系从业人员要有较好的演讲口才、应变口才、论辩口才、幽默口才,在表达思想观点、发布信息时要能够清晰简明,并且具有吸引力、感染力和说服力。

公共关系从业人员不仅要能言善辩,还要具有坚实的笔墨功夫,要能够撰写公文、公函、活动方案、演讲稿和新闻稿等各种宣传资料,并文通字顺、条理清楚、言简意赅。

公共关系从业人员还要善于运用动作语言(又称人体语言或态势语言)。动作语言是通过人体器官的动作或某一部分的形态变化来进行思想和情感交流的一种方式,也就是用人体表情、动作、服饰等来传递一定含义的信息。动作语言在一定程度上可以弥补口头语言的不足,甚至取代口头语言,使之更完整,更具体,更形象,从而与口头语言相得益彰。动作语言还能营造良好的交往氛围,缩短彼此间的心理差距,收到良好的公共关系效果。

公共关系从业人员除了要精通祖国的语言文字外,还要顺应全球一体化及我国加入 WTO 的发展趋势,熟练掌握一门或几门外语,具备外语传播能力,以提高公共关系工作的层面,更好地与国际接轨。语言是信息的载体或标识。在世界进一步一体化的时代,如果只掌握本民族的语言,那么,所处的交流和活动空间就太小了,所得到的知识和信息就太少了。今天的公共关系从业人员,必须充分发挥多种语言的效能来为自己的生活和事业服务。联合国教科文组织曾建议,21 世纪标准的青少年应通晓 3 种语言。建议成员国应让儿童从幼儿园开始学习第二种语言,中学学习第三种语言。建议书说,这将使语言免于"受到通信环球化和使用单一语言趋势的威胁"。

2.交往能力

任何一个组织都面临由内外公众所组成的社会关系网络,公共关系工作的宗旨和任务就是要在社会组织与公众之间架起沟通的“桥梁”,有效地协调和疏通各种社会关系,从而为组织的生存和发展创造最佳的环境。公共关系工作离不开社会交往。另外,人际交往还可以传递、交流和获得有价值的信息,从而推动组织的公共关系工作。所以,从某种意义上说公共关系也是一种交往的艺术。公共关系从业人员是社会活动家,他们只有具备良好的社交能力才能适应公共关系工作的需要,社交能力的强弱往往也成为衡量一个公共关系从业人员是否适应开放社会和能否做好本职工作的重要标准。

公共关系从业人员要树立交往的意识,扫除交往中的心理屏障,主动与各种公众交往,广结善缘,积极地开拓社交面;要明确社交的直接目的是为了树立组织的良好形象,为组织争取公众的了解、理解、支持和帮助;要努力以自己的良好形象为本组织的形象锦上添花。在社会交往中,公共关系从业人员要注意自身的礼仪风度、社交修养和社交形象,要举止大方,仪态从容;既不要自我贬低、过分谦虚,也不要盲目炫耀、夸夸其谈、信口开河。要使人感到热情、大方、亲近、信任和愉快。此外,还要遵守社会道德,把握交往的原则,重视社会礼仪,讲究交往技巧和交往艺术,还要了解并尊重交往对象的个性特点、文化背景等。

3.组织管理能力

公共关系日常工作非常庞杂,涉及人、财、物等方方面面的事情,公共关系从业人员具有一定的组织管理能力才能使工作有条理、有章法。开展各种类型的公共关系专题活动,都需要有相应的规模,且情况复杂、千头万绪,需要各方面的协调配合,这就必然遇到大量的组织管理工作。这时,公共关系从业人员要能够运筹帷幄,指挥若定,从容不迫。可见,作为公共关系活动的核心人物,公共关系从业人员有较强的组织管理才能是非常重要的。

对公共关系从业人员的组织管理能力的具体要求是:能够搜集、整理、分析和研究信息,并要有胆有识,以此为依据果断正确地决策;能够组建一个团体或机构,并制定相关的规章、制度和职责;能够统筹制订和安排公共关系工作的计划,并能选择合适的时机有效地控制计划和方案的实施,排除干扰,最大限度地实现公共关系目标;能够恰当地分职授权、下达命令,指挥有方,有效工作;能够运用各种手段和方法激励员工的工作积极性,协调好内部各部门、上下级和每个人之间的关系,协调人际冲突;能够自如地组织各种与公共关系工作有关的会议;能够自如地组织或参加各类社会活动。总之,公共关系从业人员要有条不紊、严谨周密地开展工作,既需要宏观的预测和把握,又要有具体、细微的策划与督察的能力。

4.宣传推广能力

任何组织都离不开对外宣传。推广新产品、新技术和促销等活动需要宣传,而专门的公共关系活动更需要利用各种宣传方式来传播组织信息,引导舆论和促进舆论,从而提高组织的声誉和形象。作为组织的代言人,宣传推广能力是公共关系从业人员应当掌握的一项重要的实际工作能力。

公共关系从业人员要了解媒介的传播规律、原则和新闻价值观,使各种新闻媒介能为提高组织在公众心目中的地位和信誉服务。为此,要善于与新闻界打交道,善于结交记者和编辑朋友;要善于利用各种可能而有利的时机,选择不同的传播媒介,善于运用各种传播沟通手段和方法,如广告、新闻发布会、展览会等;善于周密计划、精心设计组织的形象,并且运用各种方式把它展现在公众面前,要善于从本组织的工作中挖掘出有积极意义和新闻价值的素材,并把它们报道出去,即善于"制造新闻"。公共关系从业人员还要随时了解公众的心理需要和走向,不断调整宣传推广的策略,以提高宣传推广的效果。

5.应变能力

公共关系工作的一个特点就是不可预料性及场景性强,即在公共关系活动中,出乎意料的事情随时可能发生。如果遇事慌乱、急躁动怒,不能自制、自控,机敏、灵活和耐心地处理所发生的事情,就会有损组织的形象和利益。应变能力是公共关系从业人员不可缺少的能力之一。

应变能力包括超前应变能力和临场应变能力。超前应变能力要求公共关系从业人员能够较早或及时地看到公共关系工作的态势和结果,以适时地调整具体的公共关系策略和措施,避免或降低损害。临场应变能力要求,在遇到一些突发性事件和事先未预料的问题时处变不惊,保持清醒的头脑和镇静的心态,冷静分析原因,查明原委,做出正确的判断;根据不同的具体的场合和情况,制定妥善的对策,机智地摆脱困境,化险为夷,圆满解决问题,使公共关系工作能按计划顺利进行,以完成工作任务,达于预定的目标。

6.观察思维和想象创造的能力

公共关系工作是一种智力活动。无论是对内协调沟通,还是对外传播推广、处理危机事件等等,都需要有较高的发现问题的观察能力,分析问题的思维能力,解决问题的想象能力和积极的创造能力等。智力水平也是衡量公共关系从业人员能力的重要指标之一。

观察思维能力和想象创造能力要求公共关系从业人员要善于从普通和共有的资料或新闻信息中观察捕捉新信息,确立新观念,发现新变化和新问题;善于对零乱的事物和现象进行深入、广泛和独特的分析比较、综合概括,透过表象看本质;具有独特的想象和谋划能力，善于摆脱经验思维的影响，能够解放思想，打破框框，想他人不敢想，做他人没有做过的事，既有创新意识，又有创新能力。不论是大型的活动，还是日常具体的工作都要善于策划变通、独辟蹊径，使公共关系的内容和形式新颖别致，使工作有声有色、生机勃勃。

公共关系工作是一种复杂的社会活动，因此它要求公共关系从业人员要有较全面的和较高超的能力。这种较全面的、较高水平的公共关系能力不是一蹴而就的，它需要有长期的公共关系实践的磨炼和日积月累的广博的文化积淀，也需要公共关系从业人员自己的刻苦努力。

第二节 公共关系从业人员的职业道德

一、道德和职业道德

1.道德及其特征和作用

(1)道德的含义和特征。所谓道德，就是依靠社会舆论、传统习惯、教育以及人的信念的力量去调整人与人、个人与社会之间关系的行为规范的总和。包括社会公德、职业道德和家庭道德。

道德和法律相互联系、相互配合、相互补充，共同约束人们的行为、规范社会的秩序，但是二者又有明显的差异，道德有自身的特征。

第一，道德规范的非强制性。道德规范与政治规范、法律规范一样，都属于上层建筑，都在规范人的行为，但是政治规范、法律规范一般都是由国家制定的，并由国家通过有关行政及执法机关，如检察院、法院、公安局等机构强制执行和保证实施的，它们具有强制性。道德规范则是运用社会舆论、传统习惯、教育以及人的信念的力量发挥作用的，具有非强制性和很大的调节性，它是一种特殊的行为规范。

第二，道德渗透的广泛性。从纵向看，道德贯穿于人类社会发展的各种形态之中。道德萌芽于原始社会，将来国家消亡了，道德不仅不会消亡，可能还要进一步加强，由阶级道德真正变成为人类的共同道德。从横向看，道德存在于社会生活的各个领域和各种社会关系之中，大到经济领域、政治领域、文化卫生领域，小到人们的衣食住行。在处理父母与子女、夫与妻、上级与下级，师与生等关系时，也必须遵循一定的原则和规范，其中包括道德规范。

第三，道德发展的历史继承性。道德与其他思想上层建筑一样在不断地发展变化，但又有很强的历史继承性。

首先，这种历史继承性表现在各个不同时代的道德中都有一些共同的东西，即各个阶级都遵守的道德准则，例如“孝敬父母”、“尊敬师长”等道德规范。

其次，这种历史继承性表现在不同的社会发展时代以及不同阶级之间的道德，都有一些可以继承的内容。例如，在封建社会中，民族英雄的爱国主义精神；清官的廉洁奉公、刚正不阿的品德；“先天下之忧而忧，后天下之乐而乐”的豪迈胸怀和以天下为己任的境界等，对现代的道德建设都有一定的借鉴意义。

再次，这种历史继承性也表现在历史上一些思想家有关道德修养的理论和道德实践的方法，对于后代人的道德修养和实践仍然有着榜样的作用和启发的价值。例如，孔子提出的“己所不欲，勿施于人”，“己欲立而立人，己欲达而达人”等。

最后，道德精神和道德实践的统一性。道德是一种社会意识，是一种思想关系，是一种精神，同时道德又是一种以指导人们的行为为目的、以形成人们正确的行为方式为内容的精神，因此，它又是实践的。道德存在于人们的意识之中，又通过人们处理各种复杂的社会关系的实践表现出来。

(2)道德的社会作用。道德的社会作用是多方面的、全方位的，其中最主要的作用表现在：

第一，主体道德对经济基础有推动作用。道德属于上层建筑，一方面，道德是由经济基础所决定的；另一方面，它对经济基础的形成、巩固和发展又有巨大的反作用及推动作用。如自由、平等、博爱等建立在资本主义商品经济基础之上的主体道德观念，在资本主义经济关系建立过程中和形成之后，都曾为其商品经济包括自由贸易、等价交换、劳动力的自由买卖等唱颂歌；同时，它又对封建社会的特权思想、等级观念、封建专制等进行激烈地批判。道德对于资本主义经济基础的形成、巩固和发展都发挥过重要作用。社会主义市场经济的发展也离不开社会主义的道德建设。

第二，先进道德对科学技术和社会生产力有促进作用。道德水平高的科技工作者会以极大的积极性和创造性投入工作，在业务上精益求精，刻苦钻研，从而在科学上才会有新发现，在技术上才会有创新，进而为社会创造无穷的财富。

第三，道德对人际关系和社会秩序有调整和维护作用。道德是调整人与人之间以及人与社会之间关系的行为规范，它提供了人们的行为准则及其评判标准，如果人们能按照统一的道德规范去行动，人际关系就会被理顺，矛盾就会减少，社会就会有稳定的秩序和正常的运行。

总之，道德对于个人的行为和社会的发展都具有不可低估的作用，它和法律一起调整着人们的行为，规范着人们的活动，维护着社会的正常秩序，使社会得以良性地运行。

2.职业道德

所谓职业，就是指由于社会分工而形成的具有特定专业和专门职责，并以所得收入作为主要生活来源的工作。职业是在人类社会出现分工之后而产生的一种社会历史现象。而职业道德与职业密不可分，所谓职业道德，就是同人们的职业活动紧密联系的、符合职业特点所要求的道德准则、道德意识与道德活动的总和。每个从业人员，不论是从事哪种职业，在职业活动中都要遵守职业道德。如教师要遵守教书育人、为人师表的职业道德，医生要遵守救死扶伤的职业道德等。

(1)职业道德的构成。完整的职业道德系统由三个子系统构成：

第一，职业道德规范。它是从事一定职业的人们在履行本职工作或进行职业活动时所应遵守的各种道德规则的总和，由正式的职业道德规范和非正式的职业道德规范组成。其中正式的职业道德规范是现代社会职业道德规范的主要形式，它们被称为“守则”、“规则”或“准则”，其主要内容包括有关职业从事者的责任和义务，并要详细说明哪些行为是允许的，属于道德行为，哪些行为是不允许的，属于不道德的行为，甚至还包括对具体职业、职位的从事者的素质要求，以及一些有关的技术性要求等。

第二，职业道德意识。它主要包括：职业道德情感，这是人们对职业活动中的道德关系和道德行为的爱憎、好恶或者信任、同情、痛苦等的内心体验和主观态度；职业道德意识，这是人们在坚持职业道德原则和履行职业道德义务的过程中所表现出来的自觉克服困难和障碍的精神与毅力；职业道德观念，这是人们判断有关职业活动是善是恶，是美是丑，是正义还是非正义等的道德观念；职业道德信念，这是人们的内心对某种职业道德或其中的原则、规范等十分笃信后，由此而产生的履行相应的职业道德义务的强烈的责任感；职业道德理想，这是人们对其向往、追求的职业道德或其中某一方面较美好的想法；职业道德理论体系，以研究职业道德的原则、规范、特征、作用、产生、形成和发展及其规律等为内容的职业伦理学，便是这种理论体系的总结和概括。

第三，职业道德活动。它包括职业道德行为，这是人们在一定道德意识的支配下，或在一定职业道德规范的影响下所发生的道德或非道德的行为；职业道德评价，这是根据一定的职业道德原则及规范，对职业活动所做的道德判断；以及职业道德教育和职业道德修养等。

职业道德三个子系统之间既有区别，又有联系；既相互作用、相互影响，又相互渗透、相互转化，形成了完整的职业道德体系。

(2)职业道德的特点。职业道德同特定的职业实践相联系，因此它不同于一般的社会道德，有其特殊性。

第一,职业道德适用范围的有限性。每一种职业都属于不同的业务领域,都反映本职业的特殊利益要求,都担负着特定的职业责任和职业义务,都受着不同的职业劳动训练,都会形成不同的职业信念、情感和习惯以及特有的道德心理和道德品质,从而产生不同的职业道德规范和道德要求。某种职业道德只能对从事该职业的人员起规范作用,只能在特定的职业范围内发挥作用。

第二、职业道德发展的历史继承性。由于职业具有不断发展和世代延续的特征,相同的职业在不同的社会和历史时期,有着相同或相似的劳动方式、劳动内容和劳动对象,从而形成了比较稳定的职业心理、职业习惯和职业传统,并在此基础上形成了比较稳定的行为规范,世代相传,得以发展。如古今中外的医生都把治病救人当做自己的行为准则,历代商人都把买卖公平、童叟无欺作为应有的经商要求。这种历史继承性要比一般意义上的道德的历史继承性明显得多、强大得多。

第三,职业道德表达形式的多样性。职业道德总是从本职业的交流活动的实际出发,采用制度、守则、公约、承诺、誓言、条例,以至标语口号等多种形式,这些具体灵活的形式既易于为从业人员所接受和实行,而且易于形成一种职业的道德习惯。

第四,职业道德兼有强烈的纪律性。纪律也是一种行为规范,但它是介于法律和道德之间的一种特殊的规范。职业道德有时以制度、章程、条例的形式表达,让从业人员认识到职业道德具有纪律的规范性,有一定的强制性。例如,工人必须执行的操作规程和安全规定,军人要有严明的纪律等。

(3)职业道德的社会作用。职业道德是社会道德体系中的重要组成部分,职业道德一方面具有社会道德的一般作用,另一方面又具有自身的特殊作用,这是一般社会道德所不能代替的。

第一,促进本职工作水平的提高及本行业、本企业的发展。职业道德修养的高低,直接决定着从业人员本职工作完成的好坏,甚至关系到事业的荣辱兴衰。职业道德水平高的从业人员必定有强烈的事业心和崇高的使命感,必定追求卓越、出色地完成工作。若从业人员职业道德水平不高,行业或企业的发展、形象和信誉的树立以及经济效益自然也就无从谈起。

第二,建立和维护职业交往中的健康和美好的人际关系。职业道德一方面可以规范和约束职业内部人员的行为,促进职业内部人员的融洽与合作。例如,职业道德规范要求各行各业的从业人员,都要团结、互助、爱岗、敬业,齐心协力地为发展本行业、本职业服务。另一方面,职业道德又可以调节从业人员与服务对象之间的关系。例如,职业道德规定了制造产品的工人要怎样对用户负责,营销人员怎样对顾客负责,医生怎样对病人负责,教师怎样对学生负责等。

第三，提高全社会的道德水平，推动社会风气的好转。职业道德涉及每个从业者如何对待职业，如何对待工作，同时也是一个从业人员的生活态度、价值观念的表现，是一个人的道德意识，道德行为发展的成熟阶段。道德是职业道德的基础，职业道德是社会道德的重要组成部分，是社会道德在职业活动中的具体表现，它是一种更为具体化、职业化、个性化的社会道德。一个人道德有问题，其职业道德也难以令人信服和提升。相反，良好的职业道德会有助于一个人养成良好的道德品质并健康发展。职业道德也是一个职业集体，甚至一个行业全体人员的行为表现。如果每个从业人员、每个职业集体、每个行业都具备良好的职业道德，并能以良好的职业道德情操和作风去感染和影响他人，那么，整个社会的道德水平就会得以提升，就会在社会上形成一种强大的职业道德舆论，社会风气就会在这种职业道德行为和职业道德舆论的推动下，逐步好转，健康向上。

二、公共关系从业人员的职业道德

公共关系作为一种正式的职业，经历了长期的发展过程，逐步形成了自身的道德规范，而且这些道德规范不断地系统化、正规化和制度化，其重要的标志和成果就是各国和国际公共关系组织所制定、颁布的“道德准则”、“职业准则”，其中最有影响的有《国际公共关系道德准则》、《英国公共关系协会行为准则》、《美国公共关系协会职业标准准则》等。在我国，公共关系事业经历了 30 多年的发展，日益步入正轨，走向规范。中国公共关系界的有识之士适时地关注和研究公共关系队伍的职业道德建设。1991 年我国酝酿起草了《中国公共关系职业道德准则》(草案)，2003 年中国国际公共关系协会又颁布实施了《中国国际公共关系协会会员行为准则》。我国大多数省市的公共关系协会也都制定了公共关系从业人员的行为规章和守则。

公共关系职业道德是对公共关系活动中的道德经验和教训的概括与总结，是公共关系道德实践的结晶，是对公共关系从业人员的职业道德意识、观念、信仰、情操和行为等规范的总和。

其中的公共关系职业道德意识是指公共关系从业人员遵守职业道德的自觉与否，它要求领会与铭记职业道德规范，时时处处自觉地用职业道德来约束个人和组织的行为活动；公共关系职业道德观念是指公共关系从业人员判断职业活动的是非、美丑等的道德标准，它要求对职业行为要有正确的价值取向。公共关系职业道德信仰和情操是指公共关系从业人员对职业道德原则和规范的态度、情感以及对职业道德行为的理想追求，它要求公共关系从业人员忠诚老实、一丝不苟地履行职业道德的义务和责任，坚信职业道德，以崇高的职业道德为目标，不断提升职业道德境界，完善职业道德行为。而公共关系职业道德行为和活动是指公共关系从业人员在一定道德意识观念的支配下和职业道德规范的影响下的行为，它要求公共关系从业人员不做违背职业道德和社会道德的事情。

具体地说，公共关系职业道德的规范主要有：

1.爱岗敬业，恪尽职守

公共关系从业人员要树立正确的职业观，要认识到公共关系不仅能促进组织的发展，还能推动社会的进步。公共关系不仅是一种谋生的手段，还是开发自身潜力，展现自己创造才华的最佳选择之一。它能满足人们渴望挑战、追求卓越的现代心理需求，实现人们的自我价值；公共关系职业既有风光荣誉，又有艰苦、辛劳和烦恼。公共关系从业人员要热爱自己的本职工作，有强烈的职业自豪感、荣誉感和神圣感；要有崇高的事业心，并全身心地投入，付出自己最大的努力和全部的智能；要充分履行本职工作的社会责任、经济责任和道德责任；要对工作认真负责、一丝不苟，马虎和敷衍甚至玩忽职守是公共关系工作的大敌；要时时处处维护公共关系工作的纯洁性，不能从事任何与履行职责相悖的事务。由于社会上一些人对公共关系还有误解和偏见，所以公共关系从业人员有责任向公众宣传这项工作的意义和价值，对那些“假公共关系”、“伪公共关系”和庸俗公共关系，要敢于揭露和斗争。

2.勤奋务实，锐意进取

公共关系工作不是走形式、摆花架子，要讲究实际的效果和效益；组织的良好形象不仅靠说，更需要实实在在地做。因此公共关系从业人员要脚踏实地、勤奋工作、努力开拓创新，以最少的时间、金钱和人力投入，办尽可能多的事，为组织争取更多更好的经济效益和社会效益。公共关系从业人员还要不断提高自身的科学文化素养，有真才实学；要积极钻研业务，有过硬的职业本领；要对公共关系工作精益求精，有所创造，有所发展。浮夸浮躁、投机取巧、不学无术、碌碌无为、亦步亦趋、工作失误，从而使公众和组织蒙受损失等，都是不称职的表现。

3.廉洁奉公，遵纪守法

公共关系从业人员一般都有广泛的社会交往和关系网络，经常参加各种社会活动，能得到更多的机会和利益，同时也容易受到社会不正之风的影响和诱惑；另外，公共关系从业人员还掌握着一定的权利，时常面临以权谋私的诱惑。这就要求公共关系从业人员要保持清醒的头脑，始终把国家利益、公众利益和组织利益放在首位，要利用社会关系和拥有的权利踏踏实实、忠心耿耿地为组织、公众和社会服务，不能利用工作之便，为个人牟取私利。英国公共关系协会职业行为准则第七条就明确规定：“各会员在为其雇主或客户服务时，在未取得他们同意之前，不得因此项服务与他人有关，而接受他人付给的报酬”。那种利用职权营私舞弊、损公肥私、贪污受贿、欺诈勒索等行为都是不道德的。

公共关系不仅关系组织自身的利益，也影响社会和国家的秩序与利益，所以公共关系从业人员在策划实施公共关系活动时要考虑组织的行为是否符合国家的法律、法规、政策和社会纪律与秩序的要求。为此，公共关系从业人员要对国家的一些法规政策有较系统、较准确的认识和理解，如《民法》、《消费者权益保护法》、《广告法》、《商标法》、《反不正当竞争法》、《经济合同法》、《税法》等，从而在工作中自觉遵纪守法，严格依法办事，不做违背法规和纪律的事情。公共关系从业人员应该善于利用法律来保护组织的正当权益。

4.襟怀高远，奉献社会

公共关系工作不仅要为本组织创造社会效益和经济利益，还肩负着义不容辞的社会职责，还应为社会的物质文明和精神文明建设、为人类的文明进步做出应有的贡献，这是公共关系职业至高的道德境界。《国际公共关系协会职业行为准则》第一条就开宗明义地要求公共关系从业人员“为建设应有的道德、文化条件，保证人类得以享受《联合国人权宣言》所规定的诸种不可剥夺的权利做贡献。”奉献社会要求公共关系从业人员要有意识地尊重、维护公众权益和社会利益。《国际公共关系协会职业行为准则》要求，要“建立各种传播网络和渠道，以促进基本信息的自由流通，使社会的每一成员都有被告知感，从而产生归属感、责任感、与社会合一感”；要“尊重并维护人权的尊严，确认个人均有自己作判断的权利”等。当组织利益与公众和社会利益发生冲突时，公共关系从业人员要以公众和社会利益为重。此外，公共关系从业人员还要想方设法地以组织和个人实实在在的行动为社会的公共事业、公益事业献爱心，尽自己的绵薄之力。

5.诚实守信，光大形象

诚实守信是公共关系从业人员必须遵守的最起码的职业道德。

诚实是公共关系的生命所在。诚实要求公共关系从业人员注重透明、注重公开，实事求是，表里如一，而不可投机取巧，不可弄虚作假，欺上瞒下，欺里瞒外。例如，公共关系从业人员在调查研究，搜集社会公众和组织内部成员对组织的看法等信息时，要尊重客观事实，对各种意见一视同仁，如实地加以整理、分析和反映，以实事求是地评判、估量组织的现状和形象，并使决策者据此做出比较科学的决定，而不能投其所好，胡编乱造。要向公众尤其是向外部公众发布真实准确的组织信息，以争取公众的信任和了解。美国公共关系协会特别规定，“协会成员不得故意传播假的或使人上当的信息，并必须小心注意避免传播这类信息”。

守信是组织安身立命的根本。守信要求公共关系从业人员无论是发布信息，签订合同，还是应诺一件事情，都必须千方百计地去实现，“言必信，行必果”，令人信赖；而不能有口无心，随便许诺或随意毁约。公共关系从业人员不得同时代表利益相互冲突的组织进行活动，不得同时为同一行业的两个以上的组织提供服务。公共关系从业人员不论何时都要讲信用，严守机密信息，不能在经济利益的诱惑下，出卖组织或客户的商业机密，即使已不再为该组织服务，也不能背信弃义。美国公共关系协会强调："协会成员应为现在及过去的委托人保守秘密，并为那些曾通过该协会成员建立业务关系而有过交往的人或团体保守秘密"。

6.坚持原则，为人正直，处事公道

公共关系工作经常会遇到意外的情况，这就要求公共关系从业人员在操作时能够随机应变、灵活处理，但是这并不等于不讲原则。事实上，公共关系工作是一项具有高度原则性的工作。公共关系工作有一个原则体系，在工作的各个环节和层面上都有大大小小的原则要求。其中，有起宏观规范作用的总的原则，还有指导具体操作的专业原则，如公共关系策划原则、媒介选择原则、公共关系部门设置原则、谈判原则等，这些都是公共关系从业人员应当严格遵守的。在重大原则性问题上，公共关系从业人员决不能妥协让步，也不能超越自己的职权范围，违背原则擅作主张，贸然行事，更不能拿原则做交易。

公共关系事业是高尚的事业，公共关系从业人员要有高尚的品德和人格，为人正直、处事公道是公共关系从业人员不可轻视的职业道德。公共关系从业人员要襟怀坦白、作风正派、公私分明、坚持真理，敢于与自己和他人的错误作斗争；而不能吹吹拍拍、圆滑虚伪、夸夸其谈、投机钻营、趋炎附势、拉帮结伙、争功夺利。公共关系工作是一种群体性工作，因此，合作互助、团结友爱、互相信任和尊重，是工作顺利和事业成功的可靠保证。公共关系从业人员在待人接物上应谦虚耐心、作风民主、平等待人、容人之短，要学而不厌、诲人不倦、闻过则喜、知错必改。公共关系从业人员不能嫉贤妒能、独断专行、傲慢自大、盛气凌人。当与他人发生矛盾和纠纷时，公共关系从业人员要善于求同存异，得理让人，以自己宽宏的胸怀赢得对方的理解和友谊。而不应一味据理力争，激化矛盾。

总之，公共关系职业道德有着多方面的内容，是一个完整的体系，而掌握和遵从公共关系职业道德对于促进组织的公共关系工作更符合道德规范，促进公共关系事业和各行各业的健康发展，促进公众道德水平的提高和净化社会风尚等具有重要的意义。

所有从事公共关系活动的人员，在实际工作中均应始终不渝地遵守公共关系职业道德，而且，公共关系职业的特点和工作性质要求从业人员比一般行业的人员要有更高的道德觉悟和水平。公共关系活动是一种社会活动，同时也是一种道德活动。公共关系工作的宗旨是通过组织与公众的双向沟通与协调来塑造和传播组织的良好形象，并追求组织利益和公众利益及社会利益的最佳结合与最大的统一。公共关系从业人员不仅代表个人，更主要的是代表其所在的组织。所有这些，都要求具体承担这一职责的公共关系从业人员在操作过程中必须要有良好的道德意识和道德风尚，自觉、忠实地遵守职业道德。任何不道德、不规范的行为都有可能招致公共关系活动的失败，不仅败坏自身的形象，还会败坏整体公共关系从业人员和公共关系职业的名声，损害组织的利益和形象，损害公众的利益和社会的利益。

公共关系从业人员的道德和职业道德不是天生的，也不是一朝一夕就能造就的，它需要通过长期的公共关系实践和各种形式的道德教育及自我修养来培育、提高和完善。为此，就要求建立起社会道德评价和自我道德评价相结合的评价机制。社会道德评价可以由行业团体、新闻、公众和舆论，按照动机和效果相统一的原则，来评价公共关系从业人员言行中体现出来的职业道德状况。自我道德评价则包括对照自省、培养信念、付诸行动和自我评价。我们坚信，通过每一位公共关系从业人员的不懈努力，中国公共关系从业人员的道德和职业道德水平会不断地得到提高，中国的公共关系事业也一定会在职业道德的规范下健康、蓬勃地发展。

此外，公共关系从业人员还应当具备一定的科学文化素质、心理素质等。其中的心理素质我们将另辟一章加以专门的论述。

第三节　公共关系从业人员的培养

一、公共关系从业人员培养的含义与意义

广义地说，公共关系从业人员的培养是指根据不同的目的，采取不同的方法而开展的各种有关公共关系专业知识与技能的教育、培训与讲座、辅导等。主要包括高等院校的公共关系专业教育，公共关系公司及有公共关系意识的企业组织的业务素质与岗位技能培训，以及社会上举办的各种公共关系专题讲座、培训和资格认证考试的辅导等。

公共关系从业人员的培养具有重要的意义：

首先，公共关系行业是一个知识、人才密集，并对工作技能有着较高要求的智能型行业，不仅需要大批的从业人员，而且要求从业人员用其独特的思维、高超的智慧、广博的知识和较强的专业技能不断创新，以创造更好更多的社会效益和经济效益。这就要求从业人员必须接受系统、全面、专业的教育或培训以及实践的磨炼，方能胜任公共关系工作。公共关系从业人员的培养担负着为本行业和社会造

就、输送优秀人才的重任，它不仅关系到能否满足本行业所需的人才数量，更关系到本行业所需人才的质量，甚至关系到整个公共关系行业的水平、发展以及公共关系事业的前途。高水准的公共关系事业，需要高素质的公共关系人才。

其次，公共关系从业人员的培养，尤其是面向社会的公共关系培训、讲座及辅导，可以广泛地传播普及公共关系理念和知识技能，消除人们对公共关系的偏见和误解，进而提升公共关系的社会认知和认可度，提高公共关系从业人员的社会地位，促使公共关系更好更快地融入到社会的生活和大众的文化之中去。公共关系从业人员的培养也会向人们昭示，可以将公共关系作为一个人的职业选择，施展其才华、实现其自我价值和理想追求。这有利于吸引更多的优秀人才步入公共关系领域，提升公共关系职业的素质水平和竞争力，促进公共关系事业的高质量发展。

中国公共关系产业是伴随着经济的改革开放而发展的，经过 30 多年的积淀，已经具备了一定的基础、规模和社会影响力，公共关系职业越来越为社会所认可。特别是近 10 几年来，尤其是成功申办和举办了 2008 年北京奥运会及 2010 年上海世界博览会后，对公共关系的市场需求快速增长，从而也带来了对公共关系人才旺盛的需求。然而，这也凸显出了我国公共关系专业人才的匮乏：一是公共关系从业人员的数量不足，公共关系人才曾经成为我国十大类奇缺人才之一；二是公共关系从业人员的整体素质也不能满足公共关系行业的要求。目前，我国公共关系从业人员普遍缺乏专业知识和服务经验，尤其缺少中高级人才（有数万人的缺口），使得业内对优秀人才的争夺日趋激烈。据中国公共关系的行业调查报告显示，我国中高级公共关系专业人员的缺乏已严重制约了公共关系行业的快速发展。因此，如何更好、更快、更多地培养公共关系行业急需的人才，已是摆在我国公共关系界面前的迫在眉睫的大问题。我国的公共关系界应当高度重视，要建立并实施科学有效的公共关系教育体系与培训机制，真正下大力气做好公共关系人才的教育培训工作，为公共关系行业源源不断地输送优秀的人才。

二、公共关系从业人员培养的原则

公共关系从业人员的培养是一个系统工程，需要切实可行的体制、科学有效的方法和先进正确的理念与原则。公共关系从业人员培养的主要原则包括以下几个方面。

1.机制体系化原则

要充分调动和利用公共关系领域以及整个社会的各种资源和力量，在整个公共关系界内部建立一种制度和科学有效的系统来培养公共关系从业人员，使高等院校、公共关系公司、公共关系团体以及企业内部的公共关系部门等组织机构相互配合，将其培养内容、模式和方法融会贯通，人力、物力和财力相互整合，形成一套全面合理和贴近实际需要的素质技能培养体系，共同承担培养义务，并共享培养资源和培养人才，形成一个公共关系从业人员培养的良性运行机制，使公共关系人才更好、更快、更多地脱颖而出。

2.实效性原则

公共关系从业人员的培养要务实，要使培养的人才能够适应和胜任公共关系工作，以满足公共关系职业的需要和社会的需求，并促进公共关系行业的发展。否则，公共关系人员的培养也就毫无价值和意义可言。公共关系教育培训的内容、模式和方法等都应当紧紧围绕公共关系从业人员培养的这一宗旨和目标来进行。

3.多元开放原则

公共关系从业人员的培养要开阔思维和视野，在培养的诸多方面做到多元化、开放化。例如，培养途径模式的多元开放化：高校专业教育、公共关系公司及企业内部的培训以及社会上各种形式的讲座、辅导，多管齐下；培养内容的多元开放化：专业理论素质与操作技能兼顾，公共关系专业知识与非专业知识互补；培养对象的多元开放化：不仅要面对在校的大学生以及公共关系公司及企业组织的员工，还应扩大延伸到整个社会范围，不仅要面对公共关系专业的人员，还要面对非专业的人员，不仅要注重中高级人才的培养，也不能轻视初级或基层公共关系人员的培训等。

4.道德教育第一原则

公共关系从业人员的素质主要包括两大部分：专业知识及业务技能与职业道德，二者不可或缺。因此在公共关系人员培养时要二者兼顾，不可偏废。特别是在网络公共关系迅猛发展的今天，还应将网络道德伦理教育放在首位。现代公共关系在这样一个网络信息时代和虚拟的空间中，在传播和沟通的途径、手段及方法空前多样化和便利迅捷化的条件下，面对各种名利效益的诱惑，能否坚持诚信客观、对公众和社会负责等职业道德原则，是公共关系从业人员面临的一个巨大考验。当今一些组织和企业在公共关系宣传和沟通时，利用网络信息技术来欺骗和愚弄公众和社会。例如，一些提供信息技术服务的公司，公开在互联网上推销自己的所谓“屏蔽”技术和业务，声称可以帮助某些企业删除或过滤掉有损其形象的信息。而当一些组织由于损害了公众利益而发生了信誉危机时，不是坦诚道歉和依法赔偿，而是不惜重金，求救于这些“屏蔽”公司，以此推脱自己应负的责任以及受害者的揭发与追究。遗憾的是，在这一过程中，某些公共关系人员参与其中，成为不光彩的同谋，对此，公共关系教育者和业界应引起高度的警惕。我们在进行公共关系教育和培训时，不仅要强调网络公共关系的新理念，重视网络公共关系技术和手段的培训,也应加强对从业人员的网络伦理道德教育,否则,不会仅影响网络公共关系的发展,更将影响中国公共关系事业的健康发展。

三、公共关系从业人员培养的途径和方法

公共关系从业人员的培养有很多途径和方法,最主要的有以下几种:

(1)大专院校正规系统的公共关系专业教育。这是很多国家公共关系人才培养的主要做法。例如,目前在美国有将近200多所高校设有公共关系专业或授予相关学位,公共关系专业教育体系完备,教育资源和经验丰厚。这也是我国培养公共关系人才的正规的和主要的渠道。高等教育机构学科资源丰富集中,师资力量雄厚,教学经验丰富,教育对象文化素质好,能够保证培养出合格乃至职业素养较高的公共关系人才,所以我们应当大力加强高校公共关系的专业教育,使高校在培养公共关系从业人才及促进公共关系事业的发展方面,做出较大的贡献。

我国高等院校的公共关系教育历史开始得较早,并且已经打下了较坚实的基础。早在20世纪80年代末,公共关系传入我国不久,在一些大学和研究机构,就开设了公共关系知识讲座,公共关系教育发展很快。到90年代,公共关系教育在众多的高校里落地开花,很多院校开设了公共关系选修课和设置了公共关系专科教育,并且备受当时大学生们的欢迎。在本世纪的前10年期间,我国高校的公共关系学科建设和教育更有了质的飞跃和发展,有了公共关系专业的本科乃至硕士、博士学位的培养教育,初步建立起了一套完备的公共关系专业人才的培养教育体系。教学内容更加系统丰富、教学方法模式更加科学有效,人才培养更加合理、实用。当然,我国高校的公共关系教育也明显存在一些问题和缺憾,不仅人才数量远远不能满足行业和社会的需要,而且教育质量也不尽如人意。我国公共关系教育界进入了开展有实质性、实效性的教育与教学改革阶段。这不仅需要公共关系教育者联合起来,而且需要与公共关系公司及社会组织和企业联手,深入社会和企业组织,去了解对公共关系人才的具体要求,实事求是地审视公共关系教育培养的现状,找出问题的症结,积极寻求解决问题的办法,大胆尝试和开拓科学的公共关系教学的内容和方法模式。

高校公共关系教育要针对学科和职业的特点以及社会的需要。公共关系是应用性和操作性很强的学科,被称之为"术多学少"。因此在教学内容上,在兼顾专业理论的同时,要侧重公共关系实务;在教学方法上,要紧密联系实际,运用案例教学法,传授公共关系实践中新的专业知识和技能;在培养模式上,要与公共关系公司和企业合作,采取"走出去,请进来"的方式,让学生或学员走出课堂,到企业或公共

关系公司参观或实习，以领略、了解和感受公共关系实际工作的内容和运作方式；同时请企业和公共关系公司的资深人士、专家走进校园、走上讲台，介绍实际中的公共关系业务和发展动态，讲授公共关系的实践技能等。这才能使所培养的公共关系人才在走上公共关系岗位时，就能较快适应、熟悉并担当一些专业的公共关系工作及业务。高校公共关系教育还要注重教师专业素质的培养提高。没有高水平的教师，就没有高质量的教学，也难以培养出高素质的公共关系专业人才。

高校公共关系教育还应重视专业理论的研究。专业理论研究既包括公共关系思想和理论的研究，也包括实践和实务操作的研究。专业理论是公共关系学科的核心和灵魂，专业理论的研究可为公共关系教学和实践输送新鲜的血液和养料，而缺少理论及其研究，公共关系教学就将空洞无物，苍白无力，很难培养具有深厚专业底蕴的人才。因此，公共关系学术界应对公共关系实践领域里出现的一些新的理念、理论和手段、方法、技能及现象等，开展广泛深入的探讨与研究，并组织专家和学者对其进行系统地总结和提炼，使之升华为共识性的严谨的公共关系专业理论，并把这些理论引进课堂，传输给学生，使之及时了解和掌握本行业的最新趋势、最新观念和最新的知识技能，积淀丰厚的专业素养。

(2)公共关系从业人员培养的另一重要途径和方法是，公共关系公司或企业组织内部对从业人员进行的公共关系专业素质及技能的培训。高校公共关系教育虽有很大的优势，但也有一定的局限性。相对于行业的需求来说，其培养的人才数量毕竟有限，甚至杯水车薪；并且高校培养的公共关系人才的职业素质和操作技能与社会及实际工作的要求往往会有一定的距离。这就需要公共关系公司及企业组织也要担当起一部分公共关系从业人员培养的责任，弥补高校公共关系教育的不足，对公共关系从业人员进行有针对性的职业化的训练和提升。公共关系公司及开展公共关系工作的企业是公共关系行业的一大就业机构，本身吸纳着众多的从业人员，其中很多是非公共关系专业的。因此不但要对招聘的新员工进行上岗前的公共关系培训，也要对需要不断提高公共关系专业素质的老员工进行继续教育。

公共关系公司在培养公共关系从业人员方面，具有得天独厚的优势。公共关系公司是向社会组织提供调查咨询、策划宣传、协调沟通等公共关系专业服务的商业实体，是开展公共关系业务的机构，是公共关系实践操作的平台。所以在从业人员该具备什么样的素质技能以及如何培养上，他们最清楚、最有发言权。另外，公共关系公司更具备公共关系工作所需的软硬件条件和资源，特别是有很多业务经验丰富的公共关系专家或资深人士，这使其在培养公共关系从业人员方面具有某些高校不可比拟的优越性。

很多公共关系公司和有公共关系意识、开展公共关系工作的企业,都非常重视公共关系人员的专业素质培养,不仅投入大量的资金和人力,而且不断研究尝试、改进完善培养的内容、模式及方法,积累了很多经验,其共性的做法主要有:

第一,公共关系公司及企业组织应高度重视公共关系人员培养,要把公共关系人员培养作为一种制度和战略任务,真正贯彻执行,并长期坚持,这有利于提升公司的形象和竞争实力。

第二,结合公司或企业的实际现状、发展宗旨、规划方针和战略目标,全盘统筹设计培养训练计划及方案;同时针对内部不同人员的特点和具体需求,组织不同层面和具体目标的培训。

第三,设立专门的机构和人员,研究员工的素质水平、心理愿望,确定培养的目标,设计培训的内容和方式,制定培养的奖惩规章,营造培训的文化氛围,激励员工积极参与培训,组织和管理培训事务等。

第四,培养的方式灵活多样、注重实效。例如可以采用在岗培训或见习培训、脱产的长期培训或短期培训班、内部训练体验营、内部工作经验交流、内部讲座等形式。

第五,与高校和社会各界合作,资源共享,优势互补,取得培养的最大效益。例如可请高校的学者教授或一些业界专家或资深人士,讲授一些有关公共关系的基础理论、专业技能、职业经验以及社会经历感受等,加强员工的文化和人文修养。

第六,公共关系公司及企业组织不仅要对本公司的员工进行培训,还有责任对学校的公共关系教育以及社会上各种形式的公共关系培训等,给予关注和支持。

(3)社会上各种形式的公共关系培训、讲座和辅导,是公共关系从业人员培养的又一途径和方法。例如各种公共关系社团,在这方面发挥着重要的作用。对此,政府部门、企业组织、社会团体和有识之士,均应给予力所能及的支持和帮助。

以上几种公共关系从业人员的培养途径和方法并不是孤立的,而是互为补充、相辅相成的。例如:高校公共关系教育主要侧重于理论,为公共关系职业实践打基础;公共关系公司的培训主要注重公共关系实际素养和技能的培养,是高校公共关系教育的继续和提升。并且,公共关系从业人员的培养教育还有更为广泛的方法和途径,我们应当大力开拓公共关系从业人员培养教育的方法和途径,更好、更多、更快地培养社会急需的公共关系从业人员。

复习思考题

1. 请结合实例谈谈你对公共关系意识的理解。

2.你认为公共关系从业人员应当具备哪些知识？

3.举例说明公共关系从业人员应具备的能力结构。

4.为什么对公共关系从业人员要提出比其他一些职业从业人员更高的道德要求？公共关系职业道德规范有哪些？

5.通过学习公共关系从业人员的基本素质和职业道德，你有哪些感想、启发和收获？

6.如何理解公共关系从业人员培养的意义、原则和方法？

第五章　公共关系的对象

本章要点

1. 公众具有相关性、集合性、同质性、多样性、普遍性和变化性等特征。

2. 对公众进行分类，明确目标公众，了解组织在不同的公众分类条件下所采取的公关策略，既是公关从业人员必须掌握的基本功，也是制订公关计划、实现公关目的的必要前提。

第一节　公众的含义和特征

一、公众的含义

公共关系的公众(public)，指与特定的社会组织发生联系，并对其生存和发展具有影响作用的个人、群体或组织的总和，是公共关系传播沟通对象的总称。这些个人、群体或组织对公共关系主体的生存、发展以及目标的实现，具有实际的或潜在的利害关系及客观的影响力。

公共关系学中的公众，与“人群”、“人民”、“群众”等概念有着极为密切的关系，有时它们在同等意义上或相近的意义上被使用。也正因为如此，这几个概念很容易混淆。为了科学地界定公共关系学意义上的公众，就要注意这几个概念之间的区别。

首先，人群(crowd)主要是一个社会学上的用语或日常生活用语，它是相对于个人而言的，只要不是个人，凡是人聚在一起，都可以称之为人群。人群往往是或者可以是一个松散的结构，甚至是“一盘散沙”，不一定需要有合群的整体意识和相互联结的牢固纽带。

其次，人民(people)主要是一个政治哲学和社会历史范畴，在量的方面，人民泛指居民中的大多数；在质的方面，人民是指一切推动历史前进的人们，既包括劳动群众，也包括具有剥削性但又促进社会历史发展的其他阶级、阶层或集团。人民的最主要标志，就是推动社会历史的进步，而不是阻碍历史的前进。人民是个历史范畴，在不同的历史时期，人民会有不同的内容。

最后，群众(mass)在很大程度上与人民的本质含义上是一致的，我们经常将这两个概念联用，称之为“人民群众”。但是，二者还是有区别的。人民主要是一个政治范畴，群众则主要是相对于党员、领导干部及管理人员等而言的。例如，我们通常称没有加入共产党和共青团的人为群众，称广大的被管理者及下属为群众等。

总之，公共关系意义上的公众有自己特定的内涵和外延，它与人群、人民和群众等概念的区别在以下论及的公众的特征中会有充分体现。

二、公众的特征

公共关系公众作为一个特定的概念具有自身特有的性质，具有相关性、同质性、多样性、集合性、普遍性和变化性等特征。

1.相关性

相关性是公众的成因特征。与特定的组织互为条件、相互依存、相互联系、相互作用、彼此互动，这是公众得以形成的根本原因。任何组织的生存与发展都离不开特定的公众，而任何公众离开了特定的组织也就失去了原来的特定公众的意义。例如，一个企业要有自己的员工和顾客，一个学校要有自己的学生和教师，否则这个企业或学校就无法存在；而一个顾客如果中止了与某个企业的联系，一个教师离开了原来的学校，那么这个顾客或教师作为某企业或学校的特定公众的身份就会随之发生消退性的变化。凡是没有和组织发生关系的人，都不能算是组织的公共关系公众。所以公众总是具体的、实在的，总是与特定的组织相互关联的，离开了特定的组织，也就无所谓特定的公众了。公众与社会组织之间的相关性是寻找和确定公众的关键，一旦这种相关性被揭示出来，组织就很容易选择和确定开展公共关系工作的具体公众对象，从而确定自己的工作目标。

2.同质性

同质性是公众的内在结构特征。公众的形成不仅是因为公众面对同一个组织，而且在于公众遇到了共同的问题。所谓同质性，就是指公众的某种共同的性质，具体表现为某种共同的意向、共同的利益、共同的需求、共同的兴趣、共同的背景、共同的联系和共同的目的等等。尽管许多社会成员可能互不相识，但他们都与某个组织发生了共同的联系，或者在某种联系中具有某种共同的利益等等，这就使得他们成为具有某种共同特征的公众。如商店里的顾客、火车上的乘客、医院中的病人等，这些都是有关组织的主要服务对象，是有关组织的首要公众。再如，享受到优质服务的顾客，一般会对该组织持肯定态度，而成为该组织的顺意公众；而遭遇到劣质服务的顾客，则会对该组织持否定态度，而成为该组织的逆意公众。总之，这许许多多相互交叉的共同点，即同质性，就使得存在于组织内外的、表面上分散无关的公众产生了内在的、动态的结构关系，形成了各具特征的公众类型。了解和分析一个社会组织面临的具有不同外在特征的公众，把握他们的同质性，在实际的公共关系活动中具有重要的意义。

3.多样性

多样性是公众的外部结构特征。在与特定组织的相互交往中，公众的表现形式是多种多样的。例如，有个体公众、群体公众和组织公众；在个体公众中有男性公众和女性公众；在群体公众中有不同年龄层次、不同文化程度的公众；在组织公众中有城市公众和农村公众、经济公众和政治公众等等。对于组织来说，不同类型的公众有不同的利益需求，与组织形成不同的关系；即使是同一类型的公众，彼此间也有较大的差异，具有不同的行为方式。公众结构形式上的多样性正是组织与社会环境联系的广泛性的必然表现。公众的多样性，造成了公共关系的多样性，也决定了公共关系工作的复杂性。组织必须有的放矢，针对不同的公众，选择最适合的信息内容、最有效的传播方式和传播媒介。因此公共关系必须在认识、了解公众多样性的前提下，针对具体公众进行传播活动。

4.集合性

集合性是公众的功能特征。公众是围绕特定的组织客观形成的一种特殊的集合体。所谓客观形成，是指公众是按照社会生产和社会生活的一定规律即交换关系而形成，并非是按照行政或法律的正式方式而形成。所谓特殊的社会集合体，是指公众虽然不具有正式社会集合体的组织形式，但却具有社会集合体的内在联系，即与特定组织的相关性以及公众自身的同质性。以相关性为经，以同质性为纬，公众就在特定的组织周围形成了一个纵横交错的系统网络。作为公众系统中的每个成员，无论是个体、群体还是组织，他们对特定组织所具有的能动制约作用，都不是孤立、割裂的，而是无形地集合为一个有机体，能拥有 $1+1>2$ 的集束功能。

5.普遍性

普遍性是公众的存在特征。在现代社会中，公众的存在是一种普遍的社会现象。首先，每一个社会成员都必然会与一定的社会组织发生各种联系，自觉不自觉地成为特定组织的公众。其次，每一个社会组织都必然会与其他有关组织发生各种联系，从而自觉不自觉地成为其他有关组织的公众。公众的普遍存在这一特征反映了社会联系日益广泛、日趋深入这一人类社会的发展趋势。

6.变化性

公众不是封闭僵化、一成不变的对象，而是一个开放的系统，公众处于不断变化和发展的过程之中。任何组织的公众,其性质、形式、数量和范围等等均会随着主体条件、客观环境的变化而变化:有的关系产生了,有的关系消失了;有的关系不断扩大,有的关系又可能缩小;有的关系越来越稳固,有的关系越来越动荡;有的关系甚至发生性质上的变化,如竞争关系转化成协作关系、友好关系转变成敌对关系等等。公众环境的变化,必将导致公共关系工作目标、方针、策略和手段的变化。反过来,组织自身的变化也会导致公众环境的变化,如组织的政策、行为和产品的变化,使公众的意见、评价、态度或行为发生相应的变化,这种变化的结果又可能反过来对组织产生影响和制约作用。例如,可口可乐公司曾决定生产新型可乐,这在顾客群体中引起了强烈的不满,这种公众舆论立即迫使可口可乐公司慎重考虑其决策,以免导致公众环境的剧变。可见,公共关系部门及其从业人员必须以发展的眼光来认识自己的公众,并随着其公众的变化而不断地调整自己的公共关系策略与方针。

综上所述,从相关性、同质性、多样性、集合性、普遍性和变化性这六个方面来把握公众的特定含义,可以帮助我们正确地理解这一概念与人群、人民、特别是群众这几个概念之间的联系和区别。例如企业要处理好与股东的关系、与新闻界的关系等等,这些关系对象难以简单地划入群众的范畴之中,但他们均是组织的特定公众,是公共关系工作的特定对象,我们将他们称为股东公众、媒介公众等。

第二节 公众的分类

公众的构成是复杂的,科学的公共关系工作应该建立在科学地公众分类基础之上。公共关系政策的制定和公共关系方法的运用,都有赖于科学地区别不同类型的公众。公众分类是公共关系理论中的重要内容。

一、公众分类的意义

每个组织在开展公共关系活动之前,都要精心划分和选择公众。有的学者总结出了选择组织的公共关系公众的三个原则:一是不要随意扩大公众的范围,以便集中力量对确定范围内的公众开展公共关系工作;二是让应该知道的公众一定知道,让不该知道的公众最好不知道,把解决问题和危机的活动限制在尽可能精确的公众范围之中,以免公共关系工作碰到不必要的麻烦;三是注意公众范围的确定性与公众范围的不确定性的辩证关系,以便增强组织机构公共关系工作的应变性和灵活性。这既是划分和选择公众的原则,也可以帮助我们进一步理解组织公众分类的目的和意义。公共关系工作有四个阶段和步骤，这就是调查研究、公共关系策划、计划实施和效果评估。与此对应，组织公众分类对于其中的每一个步骤以及整个公共关系活动都有重要的意义。

1.科学的公众分类为公共关系的调查研究和组织形象评估确定范围

公共关系工作是从调查研究开始的，通过调查研究客观地评估组织形象，确定公共关系问题，寻找形象差距，这是公共关系工作的第一步。这一步必须首先正确地确定自己的公众，通过确定公众来确定调查的对象和研究的范围，以便集中力量对确定范围内的公众开展公共关系工作。公共关系的调查研究、客观地评估组织的形象，很重要的就是做民意及公众舆论分析。了解公众的看法和态度，首先就必须研究公众、分析公众、确定公众。

2.科学的公众分类为制定公共关系政策、设计公共关系方案明确方向

正确政策的制定和成功方案的策划是公共关系活动过程中的第二个重要步骤，这是公共关系活动的灵魂，决策和策划的水平决定着整个公共关系工作的层次和水平，而科学的决策和周密的策划是建立在对实际情况的了解基础之上的。实际情况中最重要的内容是掌握公众的情况，对公众的了解和分析至关重要。没有区别就没有政策，通过对公众的分析和科学的分类，区分出亲疏远近、轻重缓急，把握住公众发展的脉络，就会为公共关系部门制定不同的政策和策划针对性的方案提供依据，指明方向。

3.科学的公众分类为公共关系活动的组织和运行奠定基础

运用各种传播媒介、开发多种沟通渠道进行传播沟通，实施设定的政策和方案，是公共关系运行过程的第三步。实施公共关系计划，开展公共关系活动，需要有针对性，更离不开对公众的分类以及在分类的基础上对公众进行研究和分析。通过对公众的分类研究和分析，可以为选择传播媒介和沟通渠道提供可靠的依据，传播沟通具有更强的针对性和效用性。

4.科学的公众分类为科学地评估公共关系工作的效果提供依据

公共关系工作过程的最后一步是科学地检测和评估公共关系工作的成效。公共关系工作成效的评估是多层次、多视角的。例如，信息的传递范围和效率，感情的建立和深化，公众态度的形成和改变，公众行为的支持与配合等。这些效果的评估都直接与对公众的研究有关，都需要分门别类地考察各类不同的公众，了解公众是否接收到了与其有关的信息，他们的情感、态度和行为有什么变化，预期的形象效果与其实际评价存在什么差距，等等。科学的公众分类，为评估公共关系工作的效果提供了重要依据。

二、公众的分类

公众的分类就是按照公众的差异性，从不同的角度出发，根据不同的标准，把公众分成若干具有相同或者不同特征的类型，以便组织针对不同类型的公众制定不同的公共关系策略，有针对性地进行公共关系活动。通常有以下几种比较常用的分类方法。

1.根据组织的内外对象，可以将公众分为内部公众和外部公众

(1)内部公众。这是指组织内部的所有成员，包括管理人员、技术人员、生产人员、销售人员、辅助人员、股东及董事等。这类公众是组织本身的构成部分，与该组织构成了最直接、最密切的利益关系，他们对组织的评价有特殊的意义和作用，是一个组织公共关系要协调的最重要的公众之一，也是一个组织“内求团结”的主要对象以及组织能否实现自己活动目标的主要依靠力量。对于内部公众的公共关系，始终是组织公共关系的基础、重点和保证。只有先做好内部公共关系，才有可能组织、动员全体内部公众，对外部公众进行有效的全员公关。

(2)外部公众。这是指那些除了内部公众之外的与组织有这样或那样联系的公众，包括顾客、政府、新闻媒介、金融组织、社区、学校、竞争者等，他们是组织的外部环境和外部沟通对象。这类公众与组织的关系虽不像与内部公众那样密切，但他们和组织之间有这样或那样的利益关系，对组织总是有这样或那样的影响力，并且他们的数量比内部公众要大得多。组织通过外部公众与社会保持着广泛而紧密的联系，争取外部公众的理解和支持是组织公共关系活动的主要内容。

任何组织的公共关系工作都应当内外有别。公共关系传播的信息需要经过选择和整理，明确哪些在内部传播，哪些在外部传播，公共关系从业人员在传播信息的内容、方式、媒介和时间等各个方面，都应当注意内部公众与外部公众的不同，要区别对待，各有侧重。组织内部的情况不能毫无控制地宣扬出去，必要的保密是一种重要的传播政策。在对外传播前，内部传播必须统一口径，否则就会造成组织整体形象的混乱。

2.根据公众对组织的重要程度，可以将公众分为首要公众和次要公众

(1)首要公众。这是指关系到组织生死存亡，决定组织事业成败，对一个组织的生存和发展具有重要影响力和决定性作用的公众。例如，一般来说，从大的类型上看，内部公众、顾客公众都是企业的首要公众；具体而言，关键性的科技人才、管理人才和优秀员工，又是企业内部公众中的首要公众。首要公众是公共关系的重点对象，必须投入大量的人力、物力和时间，妥善处理和协调与这类公众的关系。从投入产出的比率来看，有时虽然首要公众只占公众绝对量的20%，但他们给组织带来的传播效益却可能达到80%以上。

(2)次要公众。这是指那些对组织的生存和发展虽然具有一定的影响,但没有决定性意义的公众对象。

划分公众的重要性程度,是根据公众对组织的影响力以及组织对公众的期望值来确定的,这种分类方法有助于组织公共关系资源的有效配置。对于组织来说,公共关系的资源总是有限的,同时具体的公共关系工作又受时限的影响,因此,保证首要公众可以使公共关系工作事半功倍。但首要公众和次要公众之间的划分是相对的,而且两者之间还可能相互转化。在开展公共关系工作时,次要公众也不应该被轻视和放弃,在保证首要公众的前提下必须兼顾次要公众,并且当次要公众转化为首要公众时,也要相应地改变公共关系的对策和方法。例如,对一家百货公司来说,内部员工、顾客、业务往来单位、上级主管部门应该成为其公共关系的首要公众,政府机构、社区、新闻媒介等在一般情况下构成次要公众。但这并不是绝对的。如果组织与社区发生了利害关系时,社区就成为首要公众了;被新闻媒介曝光了,新闻媒介就成了首要公众。可见,组织对次要公众也要给予足够的重视,在保证首要公众的同时,也应当投入一定的人力、物力和时间,维持和改善与次要公众的关系,争取他们的支持与合作。

3.根据公众对组织的态度,可以将公众分为顺意公众、逆意公众和独立公众

(1)顺意公众。这是指那些对组织的政策、行为和产品持赞赏、支持和合作态度的公众对象,他们是推动组织发展的基本公众和主要力量。顺意公众越多,则表明组织的公共关系状态越理想。公共关系工作应注意保持和扩大组织的顺意公众,防止他们态度的逆转。

(2)逆意公众。这是指对组织的政策、行为和产品持否定意向和反对态度的公众。逆意公众越多,表明组织的公共关系状态不甚理想。逆意公众形成的原因通常有两种,一种是因为在利益上与组织发生了利害冲突;另一种是对组织的政策和行为产生了误解。公共关系工作应做好与他们的信息沟通和相互了解,使他们的态度尽快向顺意公众转变,至少不转向逆意公众。

(3)独立公众。亦称中立公众、边缘公众或不确定公众。这是指对组织的政策和行为持中立态度,观点和意向不明确的公众。这类公众往往在公共关系的对象中占有大多数,他们可以向相反的两个方面,即顺意公众和逆意公众转化,这是公共关系工作要重点争取的公众,使他们尽快顺转。

组织要获得生存和发展的良好环境,就要争取尽可能多的公众的理解和支持。开展公共关系工作的一项基本原则就是"多交友,少树敌"。了解公众的态度,是公共关系工作的起点;转变公众的态度,既是公共关系工作的直接目标,又是衡量公共关系工作成绩的重要依据。社会组织首先应该将顺意公众当做同舟共济的伙伴，细心维持和不断加强与他们的关系。其次，要注意做好逆意公众的转化工作，改变其敌对态度，即使不能将其转化为顺意公众，也要争取其成为独立公众。最后，耐心细致地做好争取独立公众的工作，争取他们对组织的了解和好感，引导他们成为顺意公众，防止他们成为逆意公众。可以说，争取独立公众是公共关系工作中最艰巨的任务。

4.根据公众构成的稳定性程度，可以将公众分为临时公众、周期公众和稳定公众

(1)临时公众。这是指由于临时因素、偶发事件或专题活动而形成的公众。如因飞机航班误点而滞留机场的旅客，球场闹事的球迷，上街游行示威的队伍等。在瞬息万变的现代社会，每一个组织都难以完全预测到某些突发事件的发生，都有可能因某一突发事件及临时公众的形成而面临额外压力，这就需要组织及其公共关系部门都应具备应变能力，有应变对策，面对临时公众，能及时做出客观、准确的判断，弄清临时公众形成的原因，以便可以进行应急处理，迅速化解矛盾，因势利导，做好临时公众的态度引导和转化工作。

(2)周期公众。这是指按一定规律周期性出现的公众，一般和季节性活动、重大纪念日或节假日相联系。如旅游旺季出现的游客，节假日出现的铁路旅客，招生时节的考生家长等。周期公众的出现是有规律的、可以预测的，组织应当掌握其出现规律，未雨绸缪，事先制订公共关系计划，提前采取措施，做好必要的准备工作。按照一定的程序来处理。这项工作做得好，一方面，可以利用周期公众的流动性，使他们把对组织的好感传播到四面八方，提高组织的知名度和美誉度。另一方面，可以使部分周期公众转变为稳定公众。

(3)稳定公众。这是指具有稳定结构和稳定关系的公众对象，如组织员工、老主顾、常客、社区居民等。稳定公众是组织的基本公众，是组织经过较长时间努力才形成的，他们与组织具有较好的关系状态，容易接受组织的影响，对组织表现出较多的关注，稳定公众的多寡可以成为考察组织公共关系成熟性的一个重要标志。所以，组织需要采取特殊措施和额外的优惠政策，以示关系的密切性，并把扩大稳定公众的规模、数量始终作为公共关系工作的重要目标。

5.根据组织的价值判断，可以将公众分为受欢迎的公众、不受欢迎的公众和被追求公众

(1)受欢迎的公众。这是指完全迎合组织的需要并主动对组织表示兴趣和沟通意向的公众对象，如自愿的投资者、慕名前来的顾客、为组织采写正面宣传文章的记者等。对于组织来说，这是一种两厢情愿、一拍即合的关系，这种关系因为双方均采取主动的姿态，不存在传播的障碍，沟通交往的结果一般来说对双方都有利。针对这部分公众开展的公共关系工作,往往是锦上添花,会使双方关系更加协调、更为融洽。

(2)不受欢迎的公众。这是指违背组织的利益和意愿,对组织构成潜在或现实威胁的公众。如各种对组织怀有敌意的各界人士或对组织构成额外压力和负担的群体等。组织不愿意与其交往,力图躲避,不愿接触,但他们却对组织构成威胁,成为组织的"入侵者"。对此,组织往往有意设置障碍,制造困难,将其拒之门外,以减少其对组织的威胁。

(3)被追求公众。这是指符合组织的利益和需要,但对组织却不了解,缺乏交往意愿,需要组织主动接近和追求的公众。如著名的记者、社会名流、体育明星等均可能是被追求的公众。组织希望与他们建立关系来扩大影响,但要与他们建立起密切关系却是件很不容易的事,需要想方设法建立沟通的渠道,讲究交往的艺术,并善于把握传播的时机。

6.根据公众发展不同阶段的特点,可以将公众分为非公众、潜在公众、知晓公众和行动公众

(1)非公众。这是指在一定的时空条件下不与组织发生任何互动关系的公众,他们与组织无关,对组织不产生影响,也不影响组织。如在一般条件下,中小学生可被看做星级宾馆的非公众。非公众是公共关系学的特殊概念,严格地说,他们并不是真正意义上的公众。区分这类公众的意义在于减少公共关系工作的盲目性,增强针对性,并避免不必要的浪费。但从组织的运行来看,公众都是从非公众发展而来的,非公众不是绝对不变的,在一定条件下可能会发展为公众,所以,对所谓的非公众也是不可忽视的。

(2)潜在公众。这是指组织的目标和行为已对其产生影响,但他们却因种种原因尚未意识到这种影响和问题的存在,这些公众即是潜在公众。潜在公众也是将来可能与某一特定组织发生利害关系的公众,是由于潜在的公共关系问题而形成的潜伏公众、隐患公众或未来公众。潜在公众由于对自身面临的问题还处于无意识状态,所以在一段时间内还不会对组织构成影响。如一家电冰箱厂,生产了一批质量不合格的电冰箱,但购买者并没有发现质量问题,此时,这些购买电冰箱的消费者就成了冰箱厂的潜在公众。对此,组织应当知微见著,提前进行预测,分析问题的发展态势,及时发现潜在公众,采取对策,从而积极引导问题的走向,控制不利舆论。

(3)知晓公众。这是由潜在公众发展而来的,这些公众已经知晓自己的处境,明确意识到自己面临的问题与特定组织有关,迫切需要进一步了解与该问题有关的所有信息，并开始向组织提出有关的权益要求。对于知晓公众，组织应采取积极主动的公共关系姿态，及时沟通，主动传播，满足公众要求被告知的心理，使公众对组织产生依赖感。同时组织也要收集来自知晓公众的信息，通过双向沟通活动防止事态激化。

(4)行动公众。这是由知晓公众发展而来的，他们对组织的影响已做出反应，并采取实际行动，对组织构成压力，迫使组织采取行动的公众群体。对于行动公众，组织必然采取相应的措施和行动，与其进行有效的沟通和协调，变消极为积极、将压力转化为动力。

从非公众到行动公众是一个连续的发展过程，在公众发展的不同阶段，组织都应采取不同的公共关系对策。公共关系工作者在工作中应力图避免将非公众列入自己的工作对象，原则上尽量不使各类公众向下一步发展，尤其是在公众发展成为知晓公众之时，应当采取一切措施改变公众的态度，不使其发展为行动公众。

7.按照公众对组织的关心程度，可以将公众分为一般公众、留意公众和需要被告知的公众

(1)一般公众。这是指那些与组织的活动发生了关系，但其本身并不十分在意和关注组织的活动，其行为对组织的发展也无大的影响力的公众。

(2)留意公众。这是指那些与组织活动发生了关系，同时本身又十分关心、注意组织的这种活动对自己造成的后果的公众。留意公众往往依据自己对组织活动行为的理解，形成支持或反对组织的态度，即他们有可能成为组织的顺意公众，也可能成为组织的逆意公众。

(3)需要被告知的公众。这是指那些与组织活动发生了关系，具有了解组织活动内情的强烈愿望，而他们的意见和态度对组织的发展又能产生较大影响作用的公众。这类公众通常是公众中的意见领袖、一个组织的上级主管部门、重要的协作者或支持者等。

按不同方法划分出来的各种公众类型是相对的，它们之间存在着交叉和相融的关系。究竟采取哪一种方法来对公众进行划分，要从各个组织的公共关系目标出发，从当时当地的不同客观条件出发。只有抓住不同类型公众的特点，找准恰当的公众分类方法，才能使公共关系工作目标明确，对象准确，有的放矢。只有针对不同类型的公众或公众的不同特点，才能使公共关系策划切中要害，使组织的公共关系活动体现出不同的特色并卓有成效。

第三节　基本目标公众分析

目标公众就是专项公共关系活动所针对的特定公众。对一般社会组织较为常见的带有一定共性的基本目标公众的分析,可以进一步加深我们对公众这个概念的认识,也可以从另外一个角度来进一步了解公众的分类。社会组织的基本目标公众主要有员工、顾客、媒介、政府、社区、股东、名流和竞争者等。

一、员工关系

员工关系是指企业内部管理过程中形成的全部人事关系,具体对象包括全体职员、工人和管理干部。员工是企业的内部公众,是企业构成的"细胞",是内求团结的首要对象。每个员工对外都直接代表着组织的形象,员工关系可以说是公共关系公众中最基本的、最重要的、也是与公共关系主体关系最密切的公众。这类公众的工作做好了,就可以为组织开展其他方面的公共关系打下良好的基础。

建立良好员工关系的目的,是培养组织成员的认同感和归属感,形成向心力和凝聚力。为此,就必须首先了解员工公众的权利要求并努力满足这些要求。员工公众的权利要求主要有:在社会地位上的人格尊重心理的满足,不受上级的专横对待;就业安全和适当的工作条件;合理的工资及相应的福利,学习和晋职的机会;工会活动自由,有温暖的情感氛围;了解公司内情以及有效的领导。

为了解并满足员工公众的权利要求,培养组织成员的认同感和归属感,形成组织内部的向心力和凝聚力,公共关系部门应采取的员工公共关系的主要方式有:

1.了解员工,承认和尊重员工的个人价值

社会组织在实现其发展目标的过程中,首先要尊重每个员工个人的价值目标,积极创造条件让其实现个人的价值目标,将个人价值目标和组织整体的价值目标有机地融为一体。组织的整体价值目标是以个人价值为基础的,并通过个人价值的实现而实现。承认和尊重员工的个人价值是协调员工关系的基本原则,也是实现组织目标的关键。为此,组织就要切实做到尊重员工,理解员工,关心员工,使组织成为团结友爱的温暖之家,这是构成良好的员工关系的基本要求。尊重员工就是要尊重员工的人格、员工的劳动以及员工个人价值的实现。只有尊重员工,才能形成平等相待、合作共事的正常组织气氛。理解员工,就要了解员工的状况、疾苦和奉献,理解员工的态度、意愿和行为,做员工的知心朋友。关心员工,既包括物质上的关心,也包括精神上的关心,要尽可能地为员工排忧解难。组织应当创造良好

的工作环境,重视为员工多办实事,使多数人受益。

2.在组织领导与基层群众之间建立正规的联系渠道

组织内部的关系,概括起来无非就是上下级关系和平级关系两大类。为了处理好员工关系,公共关系首先应努力协调好上下级关系,在组织领导与基层群众之间建立正规的联系渠道,加强沟通协调。其主要渠道和沟通方式包括建立员工接待日制度,定期召开对话会、座谈会和民主大会,进行专题性民意测验,重视员工的合理化建议,发挥各类自控传播媒介(如本单位的报纸、刊物、电台、局域网、QQ群等)的沟通传播作用等。

3.对员工进行多种能力培训,开发其潜力资源

组织要对员工进行多种能力的教育和培训,开发其潜力资源,满足员工自我实现的需要。在这方面既要有业务性的,也要兼顾非业务性的内容,培训可以采取内部与外部、长期与短期、脱产与不脱产等多种形式。通过岗位培训、继续教育和终身学习,提高员工素质,调动员工钻研业务的积极性,激发其创新能力,使组织在整体上增强适应外部环境变化和社会竞争的能力。

4.组织各种联谊和福利活动

例如,开展文艺演出、体育比赛、舞会、旅游、参观等活动,以联络感情、调节精神、减缓压力,和谐氛围。此外,应在可能的条件下为员工家庭生活排忧解难,如关心职工宿舍、浴室、托儿所、子弟学校、养老机构等的建设和完善,减轻其家庭负担,使其工作专心致志,没有后顾之忧等。

二、顾客关系

顾客公众是指购买和使用一定社会组织提供的产品或服务的个人、团体或组织。顾客关系是组织外部公共关系中最重要的一类。在现代社会中,没有顾客就没有市场,也就没有了企业和商品。因此,顾客决定着组织的兴衰与成败,建立良好的顾客关系是企业一切活动的中心和出发点。

协调顾客关系的目的,是促使顾客形成对企业及其产品或服务的良好印象和评价,提高企业及其产品或服务在市场上的知名度和美誉度,增强企业对顾客的影响力和吸引力,为企业争取顾客,开拓和稳定市场关系。为此,必须首先了解顾客的权利要求并努力满足这些要求。顾客公众的权利要求主要有:优良的服务态度,公平合理的价格,产品质量的保证及适当的保用期,准确及时地解释各种疑难或投诉,提供产品的售后服务,产品使用的技术资料服务,产品备用零配件的供应,产品改进的升级研究与开发以及增进消费者信任的其他各项服务等等。

顾客公共关系要求企业将顾客的利益和需求放在首位,企业的一切政策和行

为都必须以顾客的利益和需求为导向。满足顾客公众的权利要求，在顾客中建立企业及其产品或服务的良好形象，提高企业及其产品或服务在市场上的知名度和美誉度，为企业争取顾客，开拓和稳定市场关系，公共关系部门所应采取的顾客公共关系的主要方式有：

1.根据消费者的特点，制定各种适当的优质服务程序并创造最佳的消费环境

产品不同，相应的服务措施不同。例如，服装不同于食品、书籍和家电等其他消费品，有关组织就应当制定相应的不同于其他种类服务的服务措施，如设立男女各式服装专柜、代人剪裁、订制特型服装等，并布置模特儿、穿衣镜、试衣室等设施，为消费者选购服装创造相宜的服务环境。

2.以消费品为桥梁，与消费者建立长期、稳定的关系，开发消费者所蕴藏的消费潜力

商品售出不是与消费者关系的终结，以出版社和书店为例，应当在将书籍卖出后，仍与购书者建立长久而又良好的往来关系，如主办座谈会，听取他们对图书出版和发行工作的看法和建议，为今后优化出版选题、扩大发行作参考。

3.为保障消费者权利而制定具体的维护措施

在原则内容上，这些措施主要有安全、陈述、选择和知晓四个方面。组织应当对消费者完全负责，允许消费者陈述其对消费品的意见，保证消费者有选择消费品的自由，消费者有了解和知晓有关商品的性能、使用及保管等情况的权利。

4.想消费者所想，不断开发适应消费者需要的新产品或服务新方式

随着社会的不断进步以及公众本身经济和文化等状况的变化，人们对各种消费品包括物质消费品和精神消费品，无论从品种和款式上，还是在性能和内容上，都会产生新的需求愿望。如果有关组织能在这些方面为消费者着想，努力予以满足，那么，该组织的消费者关系当然会是良好的。

三、媒介关系

媒介是英语“media”的汉译，一般是指社会上的新闻机构或工具。媒介公众也称为新闻界公众，包括报刊、广播、电视、网络等大众传播媒体，报社、杂志社、广播电台、电视台、网站等新闻传播机构和记者、编辑、撰稿人、主持人等新闻界人士。在社会分工中，新闻媒介是专门从事向社会公众传播信息的机构。就新闻媒介作为组织的外部公共关系的公众而言，它一方面是组织的公共关系对象，是组织的公众，另一方面它又负有将组织的有关信息扩散和传播到社会中去的责任。由于新闻媒介具有信息传播的功能，直接关系到组织的信息扩散及组织在公众舆论中的形象，所以新闻媒介关系在组织外部公共关系事务中占据很重要的地位。

与新闻媒介建立良好公共关系的目的是争取新闻传播界对本组织的了解、理解和支持，形成对组织有利的舆论氛围，并通过新闻媒介实现与大众的广泛沟通，增强组织对整个社会的影响力。良好的媒介关系有利于形成良好的公众舆论，它也是一个组织借助大众传播手段实现与公众大范围和远距离沟通的前提。为此，组织就必须了解媒介公众的权利要求并努力满足这些要求。媒介公众的权利要求主要有公平提供消息来源、尊重新闻界的职业尊严、参加公司重要的庆典等社交活动、保证记者采访的独家新闻不被泄露并提供方便的采访条件等。

根据媒介公众的权利要求以及为了满足这些要求，争取新闻传播界对组织的了解、理解和支持，形成对组织有利的舆论氛围，进而增强组织对整个社会的影响力，公共关系部门所应采取的媒介公共关系的主要方式如下：

1.熟悉和了解新闻传播的规律，主动配合新闻媒介的宣传

组织的公共关系从业人员是否熟悉和了解新闻传播活动的特点、规律以及新闻媒介机构的工作方式，对组织能否与新闻媒介搞好关系很重要，这也关系到组织能否较好地协助或运用新闻媒介开展有效的沟通工作。组织对媒介公众要以诚相待，以礼相待，努力配合他们的工作，在组织的要求与其发生矛盾时，也要充分尊重媒介公众的权利。组织的公共关系从业人员应当提供有价值的新闻线索，不失时机地召开记者招待会或新闻发布会，对新闻媒介应当主动尊重和配合，以争取他们对组织的了解与支持。此外，在设计和刊登广告时，也应虚心听取新闻媒介的意见，合理地设计广告的内容与形式，选择最佳传播媒介，较好地获得信息沟通的时效与实效。

2.客观、公正、正确地对待并积极地引导新闻媒介关于本组织信息的传播

这有两个方面的含义：一是如何正确对待有利于本组织的信息传播，如表扬性报道；二是怎样正确对待不利于本组织的信息传播，如批评性报道。总的说来，组织的正确态度应该是主动提供客观、公正、全面的新的事实，实事求是地说明情况，对有利的信息传播应该冷静、谦虚，保持清醒的头脑，将其作为本组织继续发展的动力与契机，切忌头脑发热，忘乎所以；对不利的信息传播应持“有则改之、无则加勉”的态度，正视舆论，尊重新闻媒介，并及时将自己对这类信息传播的积极反应提供给新闻媒介。

四、政府关系

政府公众是指由各级政府行政机构、政府官员和工作人员构成的公众，即组织与政府沟通的具体对象，如工商、人事、财政、税收、审计、市政、交通、治安、法院、海关、商检、卫检、环保等行政机构。任何社会组织都必须接受政府的管理、领导和制约，从而需要与政府的有关职能机构和管理部门打交道。政府公众是所有传播沟通对象中最有社会权威性的对象，组织必须与政府各职能部门建立和保持良好的沟通，这是组织生存与发展的重要保障和条件。

1.政府公共关系的意义

具体地说，搞好政府公共关系的意义有如下两个方面：

(1)政府的认可和支持是最具有权威性和影响力的认可和支持。政府掌握着制定政策、执行法律、管理社会的权力，具有强大的宏观调控力量，它代表公众的意志来协调各种社会关系。一个组织的政策、行为和产品如果能够得到政府官方的认可和支持，无疑将对社会各个方面产生重大的影响，甚至使组织的各种渠道畅通无阻。

(2)与政府公众建立良好的关系能够为组织形成有利的政策、法律和社会管理环境。政府的政策、法律及管理条例是一个组织决策与活动的依据和基本规范，组织的一切行为都必须保持在政策法令许可的范围之内。通过与政府公众建立良好的关系，组织能够及时了解到有关政策的变动，能够较方便地争取到政策性的优惠和支持，能够对有关本组织的问题在进入法律程序或管理程序之前参与意见，使之对组织的发展有利。组织应该主动建立和加强与政府有关部门的双向沟通。

2.政府公共关系的主要工作

与政府保持良好关系的目的，是争取政府及其各职能部门对本组织的了解、信任和支持，从而为组织的生存和发展争取良好的政府环境、法律保障、行政支持和社会政治条件。为此，就必须了解政府公众的权利要求并努力满足这些要求。政府公众的权利要求主要有：各种税收，公平竞争，遵守各项法律、政策，承担法律义务等。

根据政府公众的权利要求，为争取政府及其各职能部门对本组织的了解、信任和支持，为组织的生存和发展争取良好的政府环境、法律保障、行政支持和社会政治条件，公共关系部门应实施的政府公共关系的主要工作如下：

(1)自觉接受政府的管理和指导，遵守政府有关的政策和法令。政府制定的政策和法规是政府管理社会的标准和依据，也是政府管理社会的重要方式。任何组织都要受其约束，并把它作为活动的依据和准则。组织在具体的运作过程中，应妥善处理国家利益与组织利益的关系，切实按有关规定上缴利税等。

(2)及时、全面、准确地掌握与研究政府所颁发的有关政策、法令的内容，注意按照其内容的变化相应地调整本组织的决策方向及实施计划。

(3)熟悉政府的架构层次、职能范围和办事程序。政府机构有不同的层次，还有直接的主管部门的掌管某个方面的职能部门。组织的公共关系从业人员要熟悉这些部门的内部层次、工作范围和办事程序，并与主管部门的工作人员保持应有的联系，提高办事效率。

(4)主动给政府部门提供信息。尽管组织属政府管辖，但政府为管理社会而制定的政策皆根据所掌握的基层情况而定。组织如在提供信息方面主动做好沟通工作，就能促使政府所制订的政策和法令客观、合理和公正，并有利于组织的进一步发展。

(5)在努力做好自身工作、严格履行自身社会责任和义务的前提下，把握一切有利时机，扩大本组织在政府部门中的信誉和影响，使政府了解本组织对社会、对国家的贡献和成就，提高政府部门对本组织的信心和重视程度。组织的健康发展，无论是对地方还是对国家的经济、社会和文化等各个方面都是有利的，是符合广大公众的利益的，因此也与政府公众的利益目标有共同性和一致性，这是双方建立和保持良好关系的重要基础。

五、社区关系

社区是社会学上的一个概念，是指具有社会功能的一定地理区域，如区、乡、集镇、街道等，这是人们共同活动的生存空间。社区公众是指组织所在地的地方政府、社会团体和其他组织、当地居民等。社区作为现代的经济、文化、信息和利益共同体，把生活在同一地域的个人、家庭和组织联系到一起，并且构成了他们所处的直接环境。任何一个社会组织的存在都离不开一个具体的社区，也必然要与社区发生这样或那样的关系。例如，当地社区的主管机构、居民及其他组织等都是某组织必须与之发生关系的对象，这类关系处理的好坏，会直接影响到组织的生存与发展，社区关系是不容忽视的。

发展良好的社区关系的目的是为了争取社区公众对组织的了解、信任和支持，为组织的生存和发展创造一个良好的外部环境；同时体现组织对社区的责任和义务，通过社区关系扩大组织的区域性影响。为此，就必须了解社区公众的权利要求并努力满足这些要求。社区公众的权利要求一般有：为当地社会提供生产性的、健康的就业机会，正规录用(或雇用)，公平竞争；就地采购当地社会产品的合理份额；保护社区环境，关心和支持当地政府，支持当地的文化和慈善事业，赞助地方公益活动，公司负责人关心和参加社区事务。因此，组织的社区关系的重点应着眼于尽可能满足该社区对它的基本要求。这方面的工作主要包括四个方面：

(1)组织应尽可能避免或减少自身活动对社区其他公众正常活动的影响。例如，控制与治理“三废”(废水、废烟、废气)、减少噪声、安全生产等，为使社区成为一个良好的活动区域负起应负之责。

(2)组织的一切经济、文化和科研等活动一般都应先立足于本社区,然后向外扩展。应该视当地公众为最基本、最及时、最直接的顾客、旅客、观众和读者,了解其动向与需求变化,尽可能地及时予以满足。立足本地也是向外扩展的前提与基础。

(3)尽可能地将组织内部的非生产性文化与福利设施向社会开放。使社区公众都能在一定程度上分享组织的文化、福利措施。同时,适当安排社区公众参观本组织,以使他们对组织的性质、活动有更深的了解,消除误解,增强感情交流,便于维护与社区公众的长期和谐的关系,争取社区公众的理解与支持。

(4)积极承担社区内的公共事务或公益活动。捐助或修建公共设施(如公园、道路、风雨亭、图书馆等)、维护社区治安、出资组织或赞助文艺表演或体育竞赛、提供义务性的专业服务、兴办第三产业等。这不但有惠于当地,而且有助于提高本组织的形象。在一个社区内,组织一般是最具人力、物力和财力的社会成员,它也有可能做到这一切。

六、股东关系

股东公众是指组织的投资者,一般包括董事会、广大股东、金融舆论专家和各种金融机构等。股东关系并不是所有组织中都存在的关系,而是股份制企业中才有的一种关系。这类公众一般存在于盈利性的经济组织中,如工商企业及各类公司等,这是一种形式上表现为外部公众,实质上属于内部公众的目标公众。

在我国,股东公众是实行股份制后出现的一个新的公众类型,它对股份制企业的发展具有重要的作用。他们是企业的“财源”和“权源”,其态度和兴趣,直接关系到组织的生存和发展。

股东公共关系的基本目的就是稳定已有的股东队伍并吸引潜在的投资者。股东的基本权利要求有:参加利润分配,增股报价,资产清理,股份表决,检查公司账册,股票转让,董事会选举,了解公司的发展状况,享有与公司的合同中所确定的各种附加权利。根据这些要求,为了实现股东公共关系的基本目的,在股东关系上,公共关系部门要做好以下几个方面的工作。

1.尊重股东的主人翁意识

股东一旦投资于组织,就意味着其利益与组织休戚相关,便很自然地萌发出主人翁意识。因此,在涉及股金运用和组织发展的问题上,应当让股东享有决策层享有的知晓权利。平时也应建立经常的信息通报关系,让股东充分了解和关心组织情况,如企业发展规划以及新产品、新项目和财政方面的情况等。

2.吸收和激励股东参与组织的经营活动

一方面，组织的公共关系人员要及时收集股东的有关情况，如对组织的态度、意见和建议，对组织产品和服务的评价以及投资兴趣和希望等，鼓励股东献计献策，提合理化建议。另一方面，鼓励股东购买和使用本组织的产品，并利用他们的社会关系网络，宣传和推销本组织的产品。股东既是组织的消费者，又是组织的宣传者和推销者。

3.保证股东应有的经济权益

股东作为企业的投资人，享有法定的经济权益。这有两点含义：一是及时发放真实的股金红利；二是股东有要求退还或转让股金的权利。

七、名流关系

名流公众指那些对各类公众舆论和社会具有较大影响力的人物，如工商界、金融界、政界的首脑人物，科学界、教育界、学术界的权威人士，文化、艺术、影视和体育等方面的明星，新闻出版界的名记者、名编辑等。这类公众的数量虽然有限，但影响力极强，对传播的作用很大，能在舆论中迅速形成社会公众关注的焦点。通过社会名流去影响公众和舆论，往往具有事半功倍的效果。

建立良好的名流关系的目的，是借助社会名流公众的知名度来扩大组织的公共关系网络，扩大组织的公众影响力，完善组织的社会形象，其意义和作用是不言而喻的。

1.借助社会名流的知识和专长，扩大组织的信息收集广度

与社会名流建立良好的关系，能充分利用他们的见识和专长为组织的经营管理提供有益的意见咨询。社会名流往往见多识广，组织的公共关系工作者能够在与他们的交往过程中获得广泛的社会信息和宝贵的专业信息，扩大了组织信息采集的范围，无形中使组织增添了一笔知识财富和信息财富。

2.借助于社会名流的关系网络，扩大组织的社会交往范围

与社会名流建立良好的关系，能通过他们良好的社会关系网络为企业广结良缘。有些社会名流虽然不能为本组织直接提供所需的专业信息或管理咨询，但由于他们与社会有广泛的联系，或对某一方面的关系有特别重大的影响，组织便能通过他们与有关公众对象疏通关系，扩大社会交往范围。

3.借助于社会名流的社会声望，提高组织的知名度

由于社会名流有较高的社会地位，或具有某方面的权威性，或由于他们对社会的特殊贡献、突出成就等，他们具有较高的知名度和影响力。组织与社会名流建立良好的关系，就能借助他们较高的社会声望，利用社会公众崇拜名流的心理，提高

本组织的知名度和影响力。

八、竞争关系

竞争者公众是指与组织争夺原材料或市场份额的同行业竞争对手，是组织外部公众中具有特殊意义的公众，竞争者公众的分析和确定是企业经营战略的重要内容。现代意义的竞争是在公平的机会和条件下的良性竞争，需要遵守一定的商业道德规范，并且在竞争中保持一定的协作关系，争取在竞争中获得双赢。因此，公共关系部门和人员应致力于协助企业维持与竞争者的正常交往，在竞争中建立和发展良好的合作关系。

竞争者公众对组织的期望和要求包括：遵守由社会或者行业制定的竞争规则，平等的竞争机会和条件，共生观念与竞争合作等等。组织公共关系工作要注意对竞争对手的基本信息进行收集和分析，并及时将有关信息反馈给相关的职能部门。竞争者公众之间往往彼此是供应者和购买者，在促成相互间的合作开发方面，公共关系也应发挥积极的作用。另外，在共同制定行业标准、发放许可证及开展市场营销研究等方面，也有必要了解竞争者的意向，以便影响竞争者的行为模式和反应模式，促使竞争态势朝着有利于本企业的方向发展。在竞争中，还要力图促使产品或服务的差别化，树立起企业及其产品独特的形象，从而得到顾客的信任，获得市场竞争优势。

除了上述的基本目标公众外，其他还有一些公共关系对象，如国际公众对象，供应关系对象，行业关系对象，金融关系对象，学校与科研关系对象等，他们对组织的生存和发展也都有重要的作用和影响。

复习思考题

1. 公众的含义和特征是什么？

2. 公众分类的目的和意义是什么？

3. 如何对公共关系公众进行分类？

4. 联系实际说明媒介公众关系的作用和意义。

第六章　公共关系传播

本章要点

1. 公共关系传播是公共关系的三大要素之一，是连接公共关系主体和客体的桥梁和纽带。

2. 传播也称沟通，是指人与人之间的信息交流。

3. 对于影响公共关系传播效果的因素等问题进行研究，有助于公共关系传播活动有的放矢，消除障碍，取得良好的传播效果。

第一节　公共关系与传播

传播是公共关系的基本要素，是连接公共关系主体和客体的桥梁与纽带。公共关系实质上就是社会组织这个主体与公众这个客体之间的信息传播活动，即双向的信息交流和沟通过程。因此，研究公共关系就必须研究信息及信息传播。在信息时代，没有信息及信息传播，公共关系活动就会成为无源之水，无本之木，无米之炊。简而言之，离开了信息及信息传播就无法从事公共关系活动。

一、信息及信息传播的含义和特点

1. 信息的含义和类型

关于信息的含义，可谓仁者见仁、智者见智。不同的学者以及不同的学科都有自己不同的定义。例如，信息论的创始人申农认为，“信息是用以消除不确定性的东西”。从自然科学的角度上看，“信息是物质和能量在空间和时间中分布的不均匀程度，即负熵”。从哲学的角度上看，信息是自然界、人类社会和人类思维活动中普遍存在的一切物质及事物的属性。从公共关系传播这个角度上看，信息是指事物通过物质载体所发出的，具有价值性、有效性、经济性，可以减少或消除事物不确定性的知识、消息、情报、指令、数据、信号等。通常信息以知识、消息、情报、指令、数据、信号、图表、凭证、时间、地点、印刷品及音像制品等形式表现出来。

信息普遍地存在并作用于自然界、人类社会和思维领域，其表现形式是多种多样的，我们可以根据不同的标准对信息进行不同的分类。根据信息的实质内容和产生的基础，信息可以被分为社会信息和非社会信息；根据信息的地位，信息可以被分为客观信息和主观信息；根据人的感知方式，信息可以被分为直接信息和间接信息；根据载荷信息的符号种类，信息可以被分为言语信息和非言语信息；根据信息的运动状态，信息可以被分为动态信息和静态信息；根据信息的作用和结果，信息可以被分为有用信息和无用信息；根据信息的流通方式，信息可以被分为可外传信息和不可外传信息或只能在小范围内传递的信息；根据信息的外化结果，信息可以被分为有记录信息和无记录信息。

2.信息及信息传播的特点

信息总要以各种方式被不断地传播，信息及信息的传播主要具有以下的特点：

(1)社会性。从本质上说，信息传播是人们彼此间交流信息的社会性行为。特别是就社会领域而言，信息是在人与人之间进行传递的，是以发出者与接受者都能共同理解的数字、文字和符号等形式，反映一定时期社会活动的情况。信息传播是人类维持社会生活，从事社会实践活动的一种最常见、最主要的社会行为。任何社会及其任何发展阶段，都不能离开信息的传播，没有信息的传播就形成不了社会，或者说这个社会就难以正常而健康地运转。

(2)普遍性。信息及信息的传播作为事物运动的状态和方式具有普遍性的特征。信息在宇宙中是普遍存在的，人类生活在信息及信息传播的海洋之中，每时每刻都离不开信息。正如传播学者维纳所说的那样，“接受信息和使用信息的过程，就是我们适应外部环境的偶然性变化的过程，也是我们在这个环境中有效生活的过程”，“要有效生活，就要有足够的信息”。而要有足够的信息，当然就离不开传播。可以说，有人就有传播。传播行为无时无地不在，它是人类社会最普遍的现象。

(3)寄载性。信息的传播与信息的载体具有不可分割性。信息必须借助于一定的载体或者媒介体才能传播并表现出来，并且信息传播的快慢、范围和效果在很大程度上受其载体和媒介的影响。

(4)共享性。信息在传播过程中可以同时为众多的使用者所共用。信息是依附于物质性的载体而存在的，但是 它却有不同于一般物质的属性，它既可以传递又可以共享。萧伯纳曾经有一个形象的比喻：“假若你有一个苹果，我也有一个苹果，而我们彼此交换这些苹果，那么，你和我仍然各有一个苹果。但是，假若你有一种思想，我也有一种思想，而我们彼此交流这些思想，那么，我们每个人将有两种思想。”这里，萧伯纳所说的“思想”也就是人脑创造和存储的信息的一种形态。我们传播信息的目的就在于使传播者与传播对象共享信息的内容,在共享的基础上利用信息,进行再创造。也只有如此,才能达到传者和受者的相互了解、相互信任、相互支持,实现互动,从而合理地使用信息资源,为人们的实践活动服务,最终实现利益共享和价值共享的目的。

(5)时效性。信息的效用具有一定的期限,过了期限,效用就会减少,甚至丧失。通常,信息的价值与提供的时间成反比。时间延误将使信息的价值消失或失去其本来的意义。

(6)开发性。这是指即使对于同一条传播而来的信息,由于人们自身的经验、阅历、地位、知识水平、思维方式以及接收和处理信息的能力与方法等的不同,不同的人可以从中发掘出不同的价值与效用。

(7)有用性。信息是人类活动及其成功所必需的,人们可以利用信息获得某种利益或效益,实现自己的活动目的。在当今的信息社会中,信息对于人们和组织的实践及其效果的影响作用变得越来越大,并且,越来越多的人已经意识到了信息的重要性。

(8)无限性。信息处于无限地产生和发展过程之中。只要人类能够延续下去,这种信息的产生、处理和传播过程就永远没有完结,并且在现代社会中,信息有无限膨胀甚至“爆炸”之势。

二、信息传播在公共关系中的作用

公共关系实质上就是社会组织与公众之间的信息传播活动,信息传播在公共关系工作中具有重要的作用。具体来说,它表现在如下几个方面:

1.表达功能

现代的传播和沟通在传递一个信息,解释或认识某一事物和现象的同时,总是要表达出传播或沟通者的某种思想、观点和倾向性。例如,我们通过报刊、广播或电视等向公众介绍本组织的宗旨、目的、政策和行为,或向公众解释与本组织有关的问题时,总是或多或少、或明或暗地表达出自己及组织的观念或意图。

2.疏通功能

在传递一条信息时,既可以表达传递者的感情,也可以激起接受者的情感,由此可以达到传递者和接受者及组织和公众之间相互情感的交流和沟通。例如,组织领导人可以通过组织传播与本组织的成员加强联系、沟通感情、增强组织的凝聚力;组织通过召开招待会、赠送礼品等方式向社会公众表达谢意、敬意等,都可以起到疏通彼此情感的作用。

3.引导功能

大众传播媒介及其传播的信息对人们行为的导向作用更为明显。现代人生活中的许多信息都来自于大众传播和人际传播，这些传播引导着社会的潮流和大众的日常生活方向，劝导人们按一定的方式行动，从而有了某种食品的流行、某种服饰的流行和某种歌曲的流行等等。因此，组织可以通过内部刊物，表扬好人好事、批评不当之举或错误行为，发布工作指示，以此来引导内部公众的行为；组织可以通过大众传播媒介向外部公众说明事实的真相，消除公众的误解，解决各种危机，重塑组织形象，引导外部公众的活动。

4.满足功能

人们通过传播和沟通，获得了某些信息，增进了相互的了解、理解和感情，从而可以得到某种需要的满足。如果所传递的信息不能满足人们的任何需要，那么这种信息就很难为人所接受并进一步加以传播。

5.监督功能

舆论监督功能是现代传播的一种独特的功能。报纸、杂志、广播电台和电视台的新闻评论就常常发挥这一功能。信息传播的这一功能对于社会组织或个人的作用通常表现在两个方面：一是维护个人或社会组织的声誉。当个人或社会组织的声誉在较大的空间范围内受到不正当的损害时，可以通过传播媒介予以正名，维护其道德形象、遵纪守法的信誉、产品信誉以及其他应有的权利和地位。例如，当社会上传言某企业在市场上销售假冒伪劣商品，而这并不符合事实时，受害企业就可以通过报刊、电视等发布声明，给予揭露和谴责，并提醒消费者提高警惕，谨防上当受骗，以维护自己产品的信誉和组织的形象。二是剥夺作用。这是指大众传播媒介以事实为基础，通过批评或揭露手段，剥夺某个人或组织在社会上不应享有的那部分荣誉、地位、权威和形象等等。例如，在报刊、广播或电视上对制造和销售假冒伪劣商品的组织进行点名批评，对严重污染环境的企业进行曝光等，使其在社会上的地位受到“威胁”，甚至一落千丈，从而起到监督的作用。

信息传播除了上述作用之外，还有刺激功能，即对感兴趣的事物做出反应，如广告；沟通商品信息的功能；统一文化的功能；规范社会组织和人们行为的功能等。

信息传播的功能和作用表明，信息传播在公共关系工作中具有非常重要的作用，人们以及社会组织已越来越自觉地认识到了信息传播的这种重要性。例如，在日本，人们越来越认识到信息是企业的生命，许多大企业都非常重视信息的收集和传播工作。一些跨国公司就要求自己的公共关系部门能在50～60秒内获得世界各地金融市场的行情，在3～5分钟内可以查询和调用国内10 000个主要公司和企业当年或历年生产经营状况的数据，在5分钟内可凭借经济数学模型画出国内外经济因素变化可能给宏观经济带来影响的变动图或曲线等。

第二节　公共关系传播的含义、要素和类型

一、公共关系传播的含义

“传播”一词译自英文 communication，它也可被译作“交流”、“联络”、“交往”和“沟通”。凡是人类传递、接受、交流和分享信息的活动过程，都可以称之为传播。也就是说，“传播”或“沟通”这个概念是泛指人类信息交流的关系和活动，从本质上说，它是人们彼此间交流信息的社会性行为。信息传播就是社会组织或个人利用各种媒介，将信息或观点与他人或组织进行交流的沟通活动。公共关系传播是信息传播的一种特殊形式。从公共关系的角度上看，公共关系传播是指社会组织利用各种媒介，有组织、有计划地将信息与公众进行沟通，以达到争取公众、共享信息的目的。

具体地说，公共关系传播的基本含义有三个要点：

1.公共关系传播是一个有计划的完整的行动过程

“有计划”就是指公共关系传播必须按照组织的公共关系总目标有步骤地进行。“完整”是指传播过程必须符合传播学的“5 W”系统模式，即在完整的传播过程中，要包括以下五个方面的内容：who（谁），say what（说什么），through which channel（通过什么渠道），to whom（对谁说），with what effect（产生什么效果）。

2.公共关系传播是一个信息的传递和双向交流的过程

一方面，主传者即组织通过一定的媒介和方式将信息传递给受传者即公众，这些媒介和方式可以是电话、电报、信函、报刊，也可以是电视和电子邮件等。从这个意义上说，传播就是“传达”、“传送”、“传报”等。另一方面，受传者在接收到主传者的信息后总要有一定的反应，这种反应也会反馈给主传者，从而构成了双向的交流和沟通，即双方都会参与到信息的传播过程中来，相互作用、相互影响、彼此互动。这在回电、复信、交谈、谈判等活动中表现得更为明显。从这个意义上说，传播就是“交往”、“交换”、“联络”和“沟通”等。

3.公共关系传播是一种信息共享活动

在公共关系的传播中，由于主传者与受传者的双向信息沟通，双方在传递、反馈和交流的一系列过程中，达成了信息的共享，取得了共识，并使双方在最大限度上取得相互认识、了解、理解和认同。这是在任何单向性的信息传递中所难以做

到的。

信息传播是一种很古老的活动,是人类最常见、最主要的社会行为之一。在原始社会初期,人们几乎像动物一样过着群居生活的时候,就已经掌握了一些信息传播的本领,能够用表情、动作、声音甚至语言信号来表达自己的愿望,彼此沟通,从而形成了群居化的社会雏形。后来,人们开始创造出用结绳、刻木、图画等方式来记事,创造出种种神灵并用特定的仪式操演来拜神,意味着人类已经能够创造出理性化的符号,能够创造出超本能的物态化的思维,即意味着人类创造出了超越自我的传播信息的工具。自此,人类才从动物界中真正脱颖而出,一步一步走向更高级的文明。

文字的产生使语言被符号化,逐步形成了相对稳定的系统。文字大大突破了口头语言在时空上的传播局限性,并使传播更加精确。人们正是依靠了文字,才更好地建立起了社会关系和社会秩序。这就为人类摆脱原始社会时代的混乱与蒙昧打下了基础。而造纸术和印刷术的发明,使人类在传播技术方面有了很大的发展,大大扩展了信息传播的范围,提高了信息传播的速度和质量,使更多的人能够有机会享受人类文化的成果,使人类智慧和经验能够得到更广泛、更深刻地交流,从而推动了人类整体素质的提高。

从18世纪中叶的工业革命以来,机器生产首先在印刷技术方面带来了巨大变革,高速轮转式印刷使复制信息的能力空前提高,报纸作为最早的大众传播媒介诞生了,它使人类在共享信息和迅速传播信息方面进入了一个新的时代。

进入20世纪以来,传播技术更是飞速发展。广播、电报、电视、电话、电脑等电子媒介的广泛应用,使人类进入了信息时代。现代科学技术及社会需要的发展,使传播在今天成为极其复杂和无所不在的活动,每时每刻,人们都被淹没在传播所提供的各种信息之中。可以说传播是整个世界存在的一种重要的方式,也是人类社会存在的方式,是人类社会得以建立的基础。

同样,在公共关系工作中,传播也是一种极其重要的活动,它是影响公众感受和态度,促进公众了解和信任组织的一种重要手段,公共关系的实现要依靠信息或观点在公共关系主体与对象之间的双向传递与交流,因此,传播也是公共关系的重要桥梁或工具。

二、公共关系传播的要素和过程

要更好地了解公共关系传播,还要进一步了解公共关系传播的构成要素和过程。

1.传播的基本要素

公共关系传播是一个由某些基本要素构成的完整的过程，这些要素也是公共关系传播活动的主要内容，是信息传播活动得以实现的不可或缺的条件。

(1)信源。信源是指信息的源头，也就是信息产生的地方，包括信息的发布者或传播者，它们又统称为传者。当然，发布者和传播者的信息也是从社会生活中提炼出来的，但把传播活动作为一个完整的过程来看，信息是从发布者或传播者那里发送出来的，所以我们将其看做是信息传动的源头。信息源把头脑中的想法进行编码而生成了信息，在这个过程中，发布者或传播者的态度、技能、知识和社会文化背景至关重要。公共关系传播的信源一般指某一个具体的社会组织。

(2)信息。如前所述，信息是指信源传递的内容，实质上是对消息、情报、知识等的统称。在信息传播过程中，信息具体表现为声音、表情、手势、身姿等信号形式或文字、图像等符号形式。事实上信息是经过信息源编码的物理产品。

(3)媒介。传播媒介也称为信息渠道或信息通道，简称信道，这是指信息传递过程中所应用的中介物，也就是用来记录和保存信息并可以重现信息的载体。

(4)对象。传播对象就是指传播过程中信息到达的地方或信息的接受者，也称作信宿、受传者或受者。传播学中所说的信宿或受者当然是人或人的群体。

(5)信息反馈。这是指受者对传播者发出的信息的反应，即传播主体把信息传递到受者那里以后，受者的反应情况被传送回了传播者那里，也称作反馈环，这是一种信息的回流。反馈对信息的传送是否成功以及传送的信息是否符合传者意图进行核实，可以确定信息被理解的程度。传者可以根据反馈检验传播的效果，并据以调整、充实和改进下一步的传播行动。

譬如我们收听广播就是一个传播的过程，具备以上几个基本要素。信源：广播台的编导及节目主持人；信息：主持人讲述或播出的节目内容；媒介：口语、声音、无线电波；对象：收听广播的各类听众；反馈：听众中产生的影响及发生的行为变化，通过写信或打电话的方式向电台进行咨询、质疑等，广播台的编导及节目主持人等可以根据反馈检验传播的效果，并据以调整、充实和改进自己下一步的传播行动。

2.传播的过程

具备了公共关系传播的这些要素并在这些要素的相互作用的过程中，就产生了现实的公共关系传播活动，公共关系活动就是信息的传播、交流和沟通的过程。传播学关于传播过程的模式研究内容十分丰富，各种模式均力图勾画出传播活动中的主要要素、各要素之间的关系以及这些关系形成的过程。如果将复杂的传播过程加以简化，就形成了如下的传播模式：

传播的主体 → 传播的内容 → 传播的媒介
↑ ↓ ↓
对传播的反馈 ← 传播的效果 ← 传播的对象

这个模式比较简洁和准确地反映了现实的信息传播过程，揭示出了传播过程中的基本要素，以及信息传播要素之间最基本的顺序关系和因果关系：传播主体即传者，制作出传播的内容，提供给传播的媒介发表，告知和影响传播的对象即信宿，并在信宿中产生一定的传播效果，然后再反馈给传播的主体。之后，又会开始一个新的信息传播过程。

当然，这里论述的只是公共关系传播的基本要素，而不是全部要素。对信息传播过程进行更深入的分析，还会涉及更多的具体要素。例如，编码、译码、噪声干扰、传播技术、时空环境、经验范围、甚至心理因素、文化背景以及信誉意识等等，各种要素和条件都会直接或间接地影响传播的速度和效果，因此它们也都是传播学需要专门研究的问题和内容。

三、公共关系传播的类型

传播作为无处不在、无时不在的社会现象，常常以不同的形式表现出来，按照不同的划分标准，可以将其划分为不同的传播类型。例如：

以传播内容涉及的社会生活领域为标准，可以将传播划分为政治传播、经济传播、科技传播、文化传播、教育传播、军事传播和宗教传播等。

以传播所使用的媒介为标准，可以将传播划分为口语传播、文字传播、动作或身姿传播、实物传播和电子传播等。

以传播所涉及的主客体关系及规模大小为标准，可以将传播划分为自我传播、人际传播、群体传播、组织传播和大众传播等。

我们这里主要是从公共关系主客体关系及其规模大小的角度来进行类型划分并进行分析。

1.自我传播

自我传播也叫内向传播、自身传播或个人的自我交流，这是行为主体在自身内部进行的信息传播。这种传播是一个人的独立的思想活动，信息只在人的内部发生运动，它集主传者与受传者于一身。

美国社会心理学家米德将自我分为主格我(I)和宾格我(me)。每个人都是主格我和宾格我的对立统一体。自我的这两个部分经常相互交流和对话，这就是自我沟通，自我传播。凡是头脑正常、心智健全的人都既需要进行人际交往和人际交流，也需要进行自我交流。譬如，人们内心的思考和独白、内在动机的冲动、自言自语、自吟自唱、自问自答、自我陶醉和自我发泄等,就属于自我内向传播。内向传播是人类社会一切传播的基础和开始,其传播过程是行为主体不断完善自我、发展自我的过程,而个人的不断完善和发展才能推动社会的进步。一个自我内向传播丰富而频繁的人,才是一个成熟而稳健的人,它是公共关系人员必备的基本素质。

2.人际传播

人际传播是指人与人之间直接的信息交流,其具体形式包括面对面的言语交谈,通过文字、图画等形式的书面交谈,以及借助于现代通讯手段,如电话、电传、网络等进行的人与人之间的信息交流。人际传播应用最多的是面对面的言语交谈形式,它可以是在两个人之间进行,也可以在人群中间进行,比如讨论、演讲、报告等。

人际传播的特点是:传播对象专一而明确;信息交流充分而直接;信息传递平等而双向;信息反馈迅速且灵敏;传播内容往往具有隐私性;传播过程极富人情味。但这种传播影响面较小,信息辐射面狭窄,传者与受传者双方容易受性格、情感等主观因素的影响和制约,特别是人际基础上的多级口语传播,信息很容易失真。

3.组织传播

组织传播是指社会组织为实现其具体管理目标而有组织、有系统地进行的传播活动。其传播的主体是社会组织,传播的对象大多是群体。组织传播是公共关系的重要业务活动,比如召开新闻发布会,举办展览活动、信息研讨会、谈判活动、庆典活动等等。这种传播具有疏通组织内外渠道,密切组织成员与组织之间关系,增进了解,消除误会,协调行为等方面的作用,其重要性不容忽视。

组织传播的特点:

(1)传播的主体组织化。组织传播的行为者、实施者和承担者是组织机构而非个人。传播活动受组织目标和计划的制约,受组织的控制,为组织的利益服务,是组织经营管理的一种手段。

(2)传播行为在相当大的程度上具有正式性。

(3)传播对象公开化、大众化,其传播范围比人际传播更为复杂。

(4)传播媒介在一定程度上具有多样性和复杂性,外部传播的方法具有综合性。

(5)信息反馈的程度有所减弱。

4.大众传播

大众传播也称大众媒介传播,这是指专业传播机构通过报纸、杂志、广播、电视、电影、音像、图书、电脑网络等现代化的公共传播媒介,面向广大社会民众所进行的传播活动。大众传播是现代社会中影响最广泛、作用最大的传播形式。

大众传播的特点：

(1)传播机构高度专业化。现代大众传播业是个非常专业化的行业。大众传播工作要由专业的机构和人员来进行。如报社、广播电台、电视台、出版社等都是高度专业化的大众传播机构，集中了大量的职业传播人员，如记者、编辑、主持人和各类制作人员等。

(2)传播对象高度大众化。大众传播拥有大量的受众，涉及不同的地域、不同的阶层。

(3)传播内容大众化。由于面对整个社会公众，大众传播的内容一般要求能够为大众所关心、所接受，能引起许多人的注意和兴趣，从而获得一定数量的读者、听众或观众。

(4)传播的手段高度技术化。现代大众传播必须借助各种技术手段才能实现，如摄影、印刷、传真、电视、通信卫星等，其技术程度越来越高。

(5)传播活动高效化。由于高技术的运用，大众传播影响范围非常广泛，传播迅速及时，突破了以往传播的时空限制，具有强大的公众舆论影响力。

(6)传播反馈有限。大众传播的传播内容由传播机构和职业传播者选择决定，而传播的对象很宽泛、很分散，公众对传播内容的反应是个别的、分散的。如果缺乏直接和有效的反馈通道，信息反馈的过程比较长、比较缓慢，传播者收集反馈意见的手段成本比较高，这就难以得到较为准确、及时的信息反馈。

了解和研究公共关系的传播类型及其特点，并根据不同的公众对象和公共关系目标选择好传播的类型，对于进行有效的信息传播，做好公共关系工作具有重要的意义。了解了传播的类型和特点，在公共关系工作中就可以根据需要采取不同的传播类型。对小范围的特定公众，对需要获得较多信息反馈的公众，对需要产生较深刻印象的公众，对需要建立长期联系的公众，可以采用人际传播、组织传播；对大范围的一般公众，对需要迅速传播的信息，对需要让社会承认和重视的信息，对无需反馈的信息，就可以采用大众传播类型来传播。在实际生活中，一个完整的公共关系传播过程，往往是以某种传播形式为主，各种传播形式并用，它们互相补充，互相促进，协同实现理想的传播效果。

第三节　公共关系的传播媒介

传播媒介是信息或观点借以进行传递与交流的渠道、途径或手段，是传播内容的载体。离开了媒介，传播就无法进行，其作用就无法实现。在现实生活中，可承载信息的传播媒介多种多样，归类的方法也各不相同。

按照传播对象和手段来划分，可将传播媒介分为个体传播媒介、群体传播媒介和大众传播媒介；按照传播过程中所选媒介的物质构成形式和表现态势来划分，可将传播媒介分为符号媒介、人体媒介、实物媒介等。我们将重点介绍符号媒介、人体媒介、实物媒介和大众传播媒介。

一、符号媒介

符号媒介是信息传递过程中极有意义并极易引起互动的载体，它是现代社会运用最广泛的传播媒介，也是公共关系传播中常用的媒介，主要包括口头语言传播媒介、文字传播媒介和图像标识传播媒介等。

1.口头语言

口头语言媒介也叫有声语言媒介。语言是人表达思想和意图的有规律、有意义的语音串。人的动作、姿态和表情也有一定的语言效果，但不是严格意义上的语言。人类绝大多数的交流都要借助语言，语言是人类交流的一种基本的和重要的媒介。语言应用的如何在很大程度上决定着交流的效果，因此，公共关系人员利用语言媒介的能力具有特殊的意义，语言能力是衡量公共关系人员素质的一个重要指标。

在公共关系事务中，利用语言进行的交流传播既是与公众的交流传播，又是人际交流传播，是面对面的交流，其基本特征如下：

(1)直接性。这是一种直接的、面对面的交流，双方(或者多方)都有直接的感受、感染，易于产生直接的效果。

(2)及时性。在这种传播中，双方能够及时交流各种信息，对方反馈信息及时，可及时在某些方面取得一致，解决问题有立竿见影之效。

(3)充分性。由于语言能够完善、确切、重点突出且艺术性地表达思想和意图，因而双方能够充分交流。

(4)艺术性。语言是一门艺术。艺术是一种有特殊文化背景、有较高的技能技巧的表现形式。语言交流的艺术性，体现为它依赖一定国家、民族和地区所具有的特殊的文化背景，而且需要有较高的表达技能和技巧，据此，能够得到更好的语言交流效果。

2.文字

文字传播媒介又称为无声语言媒介，这是通过印刷符号进行信息传递的。文字是人类最基本、最重要的传播媒介，其他的传播媒介，如广播、电视、报纸、杂志等，都必须以文字为基础。离开了文字，人与人、社会组织与社会组织之间就无法进行交流，信息就无法传播，公共关系工作也就无法开展。

文字作为一种信息载体，也是一种信息符号。每个民族或国家的文字体系，都是一个内容丰富的表达系统。人们利用它交流思想、表达感情、传递信息、进行各种社会活动，促进社会的发展。

文字媒介具有以下几个特征：

(1)完善性。由于任何一种文字，都有其悠久的历史，都是一种相对完善的表达系统，因而利用它能够完整地交流思想、表达感情、传递信息。

(2)准确性。具体的文字内容都有确切的含义，因而运用它能够准确地交流思想、表达感情、传递信息。

(3)统一性。文字是一种统一的表达标准，它比语言具有更为广泛的适用范围。语言一般具有地方性和区域性，不同地域的人群，通常有不同的语言或不同的语言表达方式。这种差异会给交流造成一定的困难。但是，凡是使用同一文字的人群，即使各自有不同的地方语言，都可以利用共同的文字充分而又准确地交流思想、表达感情、传递信息。此外，由于文字是一种统一的表达标准，使用不同文字的人群，也可以利用各自文字的规范标准，实现文字之间的翻译，同样能够充分地、准确地交流思想、表达感情、传递信息。

(4)载储性。文字是记载信息和事实的必要手段和工具。一定形式的文字资料可以加以存储，从而起到收集、存储、积累和传播信息以及表达事实的作用。

由于文字具有以上特征，文字资料又能够反复阅读，因而文字媒介有强大的宣传说服力，是扩散信息、渗透信息，影响和造就舆论的重要工具。在公共关系工作中，经常使用的谈判决议、会谈纪要、调查报告、社交书信、公共关系简报、电文、通信、通知等，都属于文字传播媒介。

3.图像标识

图像标识包括照片、图画、幻灯片以及标识系列。研究和实践表明，在报纸和杂志上，照片常是最吸引读者的地方，图文并茂的消息往往使读者先行阅读。而使用一些动画片、幻灯片或示意图能更好地解释或说明问题，使顾客更容易接受。标识系列包括商标、品牌名称、徽记、包装、门面装潢和代表色等。它们以特殊的文字、图像和色彩的设计，向公众提供本组织及产品的特殊信息，以区别于其他的组织和产品。他们作为本组织及产品独特的形象标志，是组织形象的有机组成部分，具有特殊的传播功能。

图像标识传播是以具体形象的实在内容来向公众传播信息的，因此比较文字传播和语言传播，它有自身的优点，主要表现在以下几个方面：

(1)图像提供的信息比语言和文字更直观、更可靠，因而图像传播比语言传播和文字传播更能打动公众。

(2)图像标识为公众提供了比较直观的、看得见的信息,因此图像标识传播对公众的作用比语言和文字传播更为直接。这主要表现在两个方面:一是它的反馈快,二是它的反馈真实可靠。

(3)图像标识传播展现在公众面前的是多种手段综合组成的生动丰富的真实形象,因此,图像标识传播比语言和文字传播更能吸引公众。

(4)图像标识传播转运携带方便,具备实物传播的特色。

二、实物媒介

实物媒介是实物本身充当信息传递的载体,这在公共关系活动中也是大量使用的。如展品、公共关系礼品、象征物等都在无声地表达着各种信息,具有与一般符号媒介和人体活动媒介不同的特点。实物媒介主要有以下几种形式和类型。

(1)产品及其劳务。组织生产或销售的产品本身就是一种典型的实物媒介,是一种最可信的信息载体,它通过其质量、款式、品牌、商标、包装以及有关的售中、售后服务,传递出最实在可靠的信息。产品本身可以作为媒介被用于展览活动、赠送以及赞助活动。

(2)公共关系礼品。公共关系礼品一般是带有本组织标志的实物宣传品,如本组织产品的微型样品,或具有一定实用价值的纪念品。公共关系礼品往往是根据公共关系目标的需要而专门设计和制作的,而且其宣传价值、交际价值大于使用价值,主要是纪念性质的,因此一般是不进入市场流通的非卖品。

(3)象征物和模型。如组织的标志性建筑物,用于环境装饰的雕塑,大型活动的吉祥物,展览活动中的实物模型,印有组织标识的手提袋、购物袋、信封等,都向公众传递着组织的信息。

总之,实物媒介的特点是直观明确,可信度高;它们能最实在地表现出组织的信誉、风格、文化和追求等内容,视觉和感觉冲击力强,容易使公众对它们留下较深刻的印象,从而发展与组织的长期合作关系。

三、人体媒介

人体媒介是借助于人的行为、动作、服饰、素质和社会影响作为信息传递的载体。人类交流信息和相互沟通,除了使用语言和文字以及各种语言和文字的媒介以外,还要使用非语言符号进行交流,它们主要是指身体语言和表情语言,在面对面的沟通以及演讲活动中它们是很重要的一种传播手段。它们传播出来的无声的信息渗透力较强,影响面较大,容易形成传播双方的情感沟通,这是语言或文字所不能取代的，而且对有声语言起着强化或弱化的作用。

美国心理学家艾德华·霍尔曾经指出，无声语言所显示的意义要比有声语言多得多，因为许多有声语言往往把所要表达的意思的大部分，甚至绝大部分隐藏起来。比如，遇到失恋、家庭破裂、事业失败等问题时，许多人往往不愿意用语言叙说，但他的非语言的传播却无法掩饰，表现为心情闷闷不乐、沉默寡言、烦躁不安等。因此，要了解说话人的深层心理，单凭语言是不够的。人类语言所表达的意识大多属于理性层面，经过理性加工后所表达出来的语言往往不能直率地表露出一个人的真正意向，这就是所谓说出来的言语并非等于存在于心中的语言。因此，人的动作、表情比理性和语言更能表现人的情感和欲望。

1.体态语言

体态语言也称为动作语言，是指人们身体部位做出表现某种具体含义的动作符号。包括手、肩、臂、腰、腹、背、腿、足等的动作。比如成语中的手舞足蹈、手忙脚乱、拍手称快、措手不及、袖手旁观、握手言欢等。

公共关系人员在与别人交往时，需要注意对方的体态语言，以了解对方的内在心情或理解对方传递的细小信息。同时，也要注意自己的体态语言，以免误传信息或给对方留下不好的印象。为此，必须熟悉各种体态语言的基本含义。

手势代替语言方面的字词、数目和标点等的表达方式就很多、很细腻，需特别留意。例如，手心向外，食指和中指做成"V"字形状表示胜利；手心对着拍巴掌，表示欢迎；手背对着拍巴掌，表示不欢迎；手指泪窝表示哭；用手捂上耳朵表示不愿听；用手心向着自己摆动，表示让对方来到自己的跟前；双臂半举在头上不动，表示失败或投降的意思；而双臂高举，不停地挥动，表示特别高兴的意思。

走路也是体态语言的一种。它不但显示身体的活动，而且无意中也告诉别人关于动作人的一些信息。比如，大步流星、急匆匆地走，表示行动人有要紧的事；走路轻且缓慢，并低着头，表示行动者在思考问题；走路轻快，表示行动人精神爽快，正所谓"春风得意马蹄疾"；走路缓慢而沉重，表示行动人遇到困难或遭遇挫折，精神不爽。

表演艺术中的舞蹈、哑剧等，也都是用无声的体态动作来表达思想、态度和信息，与观众进行沟通。

2.情态语言

情态语言是指人脸上各部位动作构成的表情语言，如目光语言、微笑语言等，其主体是"眼语"。

(1)目光语言很丰富，需要细心观察领会。比如，"眼睛是心灵的窗户"，就表明了目光语言的重要性。眼睛会说话，喜、怒、哀、乐、嗔、怨等丰富而复杂的情感都可以通过眼语反映出来。白愣着眼，表示对对方不满；“暗送秋波”、“含情脉脉”、“眉目传情”等，都是目光语言的表露。

(2)微笑语言。微笑是友好的表示，但冷笑就有讽刺、蔑视的含义。

另外，脸红有时是表示不好意思，有时则是害羞的表现，有时甚至是愤怒的表现。

除此之外，情态语言还有用口、舌、齿、鼻、耳、鳃、头、颈等部位的动作构成的语言，它们在具体场合能表达种种情感的丰富含义。因此，如果在这些方面稍有不慎、出现差池，将会给公共关系工作带来不必要的麻烦和不良的影响。公共关系人员由于工作的需要，应该对各种情态语言有足够的了解。

四、大众传播媒介

大众传播媒介主要是指报纸、杂志、书籍、广播、电视、电影、互联网等形式。其中，报纸、杂志、广播和电视被称为新闻传播媒介的“四大支柱”。大众传播媒介在公共关系传播中发挥着极为重要的作用，是其他诸多媒介实现最佳效果的“助动器”和“放大机”，是实现大众传播形式的载体。

大众传播媒介具有传播范围广泛、传播速度快捷、传播内容重要等特点，其主要功能是传播信息、引导舆论、引领时代潮流、倡导社会文化风尚、提供娱乐休闲享受等。对社会组织来说，它能为社会组织的各类信息提供承载和传送服务，并能迅速形成有利于组织的社会舆论状态。

公共关系常将大众传播媒介用于新闻宣传活动和公共关系广告活动，以此来形象来向公众提供信息，树立组织良好形象。

大众传播媒介的形式很多，可以将其区分为印刷类传播媒介和电子类传播媒介。它们各有自己的特点，在传播过程中发挥着不同的效能。

(一)印刷类大众传播媒介

印刷类大众传播媒介主要是指以文字、图片等形式将信息印刷在纸张上进行传播的报纸、杂志、书籍、小册子和传单等。

1.报纸和杂志的共同特点

报纸和杂志这两种主要的印刷媒介，有一些共同的特点。它们共同的优点：

(1)可以充分地处理信息资料。报纸、杂志在版面、时间等方面的限制不像广播、电视那样多，可以用增版、增页、增刊等方式，用连载、专访等形式，提高信息的传播量或连续性，增加报道的广度和深度。

(2)读者有充分的选择余地。报纸、杂志不像广播、电视受既定时间顺序和空间位置限制。报纸、杂志随时可读，随时可看，读者可按自己的需要掌握阅读的顺序、速度和方式，有比较自由、主动的选择权。从接受信息的角度看，广播、电视是让观众、听众隶属于它的时间和空间，接受信息需要有一种固定的行为方式。而报纸、杂志则隶属于读者的时间和空间，接受信息可以是随意和自由的个别行为。

(3)资料便于保存和检索。报纸和杂志不像广播和电视那样，需要较复杂和昂贵的手段(如录音、录像)来保存资料，它们便于读者剪贴、装订、摘录和保存，便于日后检索、查考和反复使用。

(4)报纸、杂志制作较容易，成本较低，读者接受信息不需要特殊设备，因此易于流传和普及。

报纸和杂志也有共同的缺点：

(1)传播信息不如广播、电视迅速和及时。由于出版周期和发行环节的制约，报纸、杂志不可能像广播、电视那样迅速及时地报道信息，更无法做到事件发生和报道时间的同时性。

(2)受到读者文化水平和理解能力的限制。报纸、杂志不如广播、电视那么形象、生动、直观和口语化，文字印刷信息的传播效果受读者文化水平和理解能力的限制。

2.报纸和杂志的各自特点

报纸和杂志又因编辑方法、内容特点和读者对象等方面的区别而各具特点。

(1)报纸是整张发排印刷的，通过版面空间的排列组合，将各类信息高度汇集在一起；杂志则是成册装订的，以目录为引导，将各种内容分类顺序排列。报纸的大小题目相对集中，一目了然，阅读效率高；杂志内容分类清楚，读者阅读时一般态度从容，情绪稳定，注意力较集中，对信息的感受力更强。

(2)报纸的内容一般是大众化的、综合性的，读者范围比较广泛，宣传的适用面比较广；杂志的内容比较专门、特殊，读者对象比较固定专一，宣传的目标指向性比较明确。

(3)报纸的新闻资料是公布性、告知性的，时间性比较强，所提供的宣传频率比较高，但读者的重复阅读率较低；杂志的报道是解释性、资料性的，学术性和史料性价值比较强，对信息内容的处理比较深入、完整、系统，读者阅读的重复率比较高。

(4)报纸的发行期短，如日报、晚报和周报，印刷快捷、简便，制作成本低；杂志的发行周期较长，如月刊、双月刊和季刊等，印刷较精美，制作成本较高。

(二)电子类大众传播媒介

电子类大众传播媒介主要是指以电磁物理现象作为信息传播的基础，以电波的形式传播声音、文字、图像，运用专门的电器设备来发送和接受信息的广播、电视、电影、音像出版物、计算机互联网等传播媒介。其中，广播和电视是最主要的电子类大众媒介。

1.电子类大众传播媒介的共同特点

(1)信息符号以声音或图像为主,以文字为辅,因此生动形象,感染力强,能满足文化水平较低的受众的信息要求,但它对信息的深刻揭示性较差。

(2)信息符号常常是非记录的(除录像和音像出版物之外),播出后立即消失。因此,信息保存或重复接受不便,这就减少了信息长久发挥作用的性能。

(3)信息符号多以时间序列展开,在时间上具有先后性。这就使受众的选择性降低,影响全部信息的效能发挥。

(4)信息制作快速,覆盖面广,并可以即时传播,大大提高了传播速度。

(5)媒介自身制作成本较高,因此使用这些媒介费用较大。

2.各种电子类大众媒介自身的特点

下面以广播和电视为例进行分析。

(1)广播的特点。

广播的优点:①传播迅速,覆盖面广。广播节目的制作过程较电视和印刷媒介简单,传播速度快,而且不受时间和空间的限制,广泛接触听众。②通过口语、音响传播,较生动形象,有现场感,说服力和感染力较强。听众不受文化程度的限制,社会适应面很广。③传播方式灵活,收听状态无独占性,比如听众可以一边收听广播一边工作,不会限制听众的行动。④广播节目的制作成本低廉,接受广播的设备简单(收音机、收录机),运用广播传送信息的费用较低。

广播的缺点:①广播传播信息受时间和节目顺序的限制,听众无法根据自己的需要灵活选择,只能被动接受既定的节目。②广播的效果稍纵即逝,难以把握,收听时稍不留意,便无法追寻。而录制成本比较高,不利于资料保存。③广播信息只有音响,没有文字和图像,公众对信息的注意率不及印刷媒介和电视。

(2)电视的特点。

电视的优点:①电视综合了文字、声音、图像、色彩,综合了人的听觉和视觉效果,富于真实性、生动性、现场感,是目前最现代化的传播工具。它最容易引起观众的兴趣,又不受观众文化程度的严格限制,老幼咸宜,雅俗共赏。②电视传播信息非常迅速,在时间上具有同时性,在空间上具有同位性(如现场采访、现场直播),观众极易受到感染,引起共鸣,信息的可信性和权威性强。③电视传播的娱乐性最强,已成为现代生活中最主要的家庭娱乐形式;它集各种艺术手段和各种传播媒介之长,是最受公众欢迎、最有发展前途的传播手段。

电视的缺点:①和广播一样,电视也受时间和节目顺序的限制,观众无法改变收视的时间、顺序和速度,只能隶属于事先排定的时间和节目,比较被动。而且受到场地、设备等客观限制，无法像报纸、杂志、广播那样有较大的随意性、自由性。②和广播一样，电视的效果也是稍纵即逝。录像保存资料的成本比广播更高。③电视节目的制作、播放和收视，均需要比较昂贵的设备，节目制作成本较高，费用常常用“秒”为单位来计算。

五、公共关系活动选择媒介的原则

不同的传播方式之间的一个重要区别，就在于传播媒介的区别：人际传播运用的是个人媒介，大众传播用的是大众媒介。公共关系实际操作中涉及各种不同的沟通技术和传播媒介，为了取得最佳的传播效果，必须正确选择传播媒介。选择媒介时需要坚持以下的原则：

1.根据自身需要和经济实力进行选择

每个社会组织的目标不同，工作重点不同，工作对象不同，经济实力也不同，因此在选择传播媒介时，一定要从自身实际出发，量力而行，尽可能做到“少花钱多办事”。

2.根据对象进行选择

前面我们分析了公共关系工作的对象——公众，公众类型复杂多样。不同的社会组织及其机构面对的公众对象是不同的，同一社会组织在不同时期的工作对象也是不同的。因此，公共关系工作人员要根据不同的受传对象，有的放矢地运用与之相适应的传播手段。

3.根据内容进行选择

一般来说，比较浅显的内容可选择电子传播媒介，比较复杂的内容可选择印刷媒介。

4.根据媒介自身特点进行选择

如前所述，不同的媒介适应的传播类型也不一样，书信、电话等适合于人际传播；实物、模型等适合于群体传播；内部刊物、闭路电视等适合于组织传播；报纸、杂志、广播、电视等适合于大众传播；互联网适合于各种传播类型。

第四节　传播沟通的障碍及其排除

“传务求通，传而不通等于不传”。著名的传播学者余也鲁教授专门用“传通”一词来表达一个重要的问题，即传播效果问题。事实上，在公共关系活动过程中，由于信仰、观念、语言、角色、社会文化及社会心理等多种因素的影响，往往出现传而不通，沟而不畅的情况，达不到预期的良好的传播效果，我们称出现了传播障碍。下面针对一些常见的传播沟通障碍因素作一些具体的分析，并提出相应的排除障碍的方法。

一、观念障碍及其排除

1.观念引起的传播障碍

在当今社会，每个人都属于不同的阶级、阶层和社会集团，都有着各自不同的政治利益和经济利益。由于人们的不同信仰和观念以及出于不同的利益方面的考虑，常常会发生对相互间沟通信息的拒斥、误解或曲解的现象，引致沟通障碍。如在上行沟通中，下级向上级报喜不报忧，或将信息层层克扣，导致信息失真；在下行沟通时，下级会去体会“弦外之音、言外之意”，导致对信息的误解。

同样的传播行为，在不同的价值观和不同的利益立场下，产生的效果是大有区别的。例如，我国某企业打算引进设备和技术支持，与美国一公司进行了真诚友好的谈判，谈判进行得较为顺利。在正式签约前，我方特意安排美方公司代表游览当地风景名胜，并派一名年轻漂亮的女员工陪同。在登山过程中，女员工对美方代表中一位老者呵护有加，诚心搀扶与照顾，被对方再三拒绝。而我方人员不愿放弃，最终导致老者勃然大怒，认为我方另有他图，自己不被尊重，感到受了侮辱，险些使合作流产。

2.观念障碍的排除

一是要全面了解传播对象的信仰、人生观和利益立场等，尊重受众的选择权。公众在接受信息时，不是任人摆布的，而是根据自身的需要、兴趣、爱好、知识、经验、信仰、价值观和习惯等，对大量信息进行选择性注意、理解和接受。当传播面对的是分散的公众时，要让公众接受传播的内容，就需要顺从公众选择的趋势，而不是去强制改变受众的固有立场。“改变自己比改变公众容易”，当传播效果不佳时，需要改变的不是公众，而是传播者自己，即要根据公众的需要来调整传播者自身的行为和传播的内容及方式，尽量避免因固执己见或由于受众信仰及人生观的差异而引起传播对象对信息的误解、偏见和歧视。

二是要端正传播双方的传播观念，树立良性的传播意识。主传者不能刻意增减传播的信息，受众也不能一味地去体会信息中的“弦外之音、言外之意”，忽视主要信息、本意信息。另外，在沟通中切忌犯预设立场的毛病，在没有了解到对方的真实或完全的想法之前，不可凭主观猜测而作出自己的决定。

二、语言障碍及其排除

1.语言方面的障碍

语言和思想有着极其密切的关系,思想是语言表达的内容,语言是表达思想的工具。如果人类没有语言,则没有文化思想。但是,语言和思想毕竟是两个东西,不能等同。语言作为表达思想的工具,是思维信息的载体,而不是思想或思维本身。因此,便产生了语言在表达思想时是否正确或恰当的问题。

(1)语言形式方面的障碍。即语言形式使用不当所引发的沟通障碍。其中的一种情况是使用的语言形式的差异所造成的隔阂。每个民族都有自己的语言形式,不同民族的人在言语交流过程中,如果没有共同性,就容易出现语言障碍。如在汉民族中使用英语、日语或德语等其他民族语言,很多人就会听不懂;反之亦然。另外,我国地域辽阔,有北方方言、吴方言、湘方言、赣方言、客家方言、闽北方言、闽南方言、粤语等八大方言区。每个地区的方言还可以分出大体上近似的一些次方言,使用方言也容易引发沟通障碍。如初次到南方的北方人饱受语言之苦,问路走错路、乘车坐错了方向、购物听不懂话甚至因语音误会而引起纠葛。社会各界已普遍感受到了我国消除语言障碍的必要性和紧迫性。正因为如此,在改革开放以后,特别是我国加入世界贸易组织以来,我国掀起了推广普通话和学外语(特别是世界通用语——英语)的热潮。

语言使用中的结构形式不同,沟通的结果也可能不一样。如某教堂的两个教士都想抽烟,教士甲说:“主教大人,我在祈祷时是否可以抽烟?”结果遭到主教的断然拒绝。教士乙说:“主教大人,我在抽烟的时候是否可以祈祷?”结果得到主教的欣然批准。

(2)语义上的障碍。即由于表达思想信息的语言意义不确切或不正确所引起的沟通障碍。词语是最小的能自由运用的语言单位,是句子的细胞。词义不明,就不能正确表达思想,不能成功地沟通。例如,有一个学生给校长写信说:“新学期以来,王老师对自己十分关心,一有进步就表扬自己。”校长看了这封信,非常纳闷:这究竟是一封表扬信还是批评信? 这个“自己”是指“老师自己”还是“学生自己”? 经过询问调查才弄清楚这是一封表扬信,其中的“自己”是指学生本人。

另外,有些词语有多个意思,即一词多义。如果信息传播者与接受者在词义的理解上不一致,也会出现沟通障碍。

(3)语用上的障碍。这是指使用语言表达思想的人同接受语言表达的人对所使用的语言有不同的规定所引致的沟通障碍。不同文化背景的人,由于使用的语言习惯不同就容易造成误会。如美国名牌 NOVA 汽车曾出口到波多黎各,希望打开当地市场，然而购买的人很少。公共关系人员调查后才发现，原来NOVA在美语中是“新星”的意思，但在使用西班牙语的波多黎各人的口中，它却表示“不走”。

(4)语构不当导致的障碍。语构即语言的结构，包括语句、语段的结构等。当这些结构不符合语言规律时，就会产生语病，给沟通带来困难。例如，自相矛盾。常有人说：“你的意见我基本上完全同意，就有一点值得商榷。”在这里，“基本上”和“完全”、“完全同意”和“值得商榷”都是不相容的思想，把它们杂糅在一起，令人摸不着头脑：到底是完全同意还是不完全同意？

2.语言障碍的排除

首先，言语沟通要有效地实现表达和沟通思想的功能，必须使交流双方具备共同的、必要的语境。比如，一些专业术语、行话和隐语等，交流双方都必须具有这方面的背景知识，才能有效地进行表达和交流。

其次，交流双方要了解甚至熟悉对方的交流习惯和差异。如习俗文化的差异、思维习惯的差异等。每个民族都有该民族特有的思维习惯，这种习惯在语言的布局上也会反映出来。比如，中国人说地点是由国→省→市(县)→区→路→号→幢→室，是从大到小，而英、美国家说地点时正好相反，是从小到大。再如在山东，“老爷们”如果称少女为“姑娘”会挨耳光，因为那里的“姑娘”是妻子的谦称。

再次，必须学好语言基本功，学会辨析词义，注意掌握语法知识，从而克服或避免由于语义不明或语构不当等引起的沟通障碍。

最后，交流时还要选择利用好时空环境。“时”包括时间和时机，在语言交流过程中，掌握利用好时间和时机会收到事半功倍的效果，反之，可能会引起对方的反感。“空”是指空间，包括视觉空间(光线、色彩、造型等)、听觉空间(音量、音调、语气等)、感觉空间和心理空间(接受或亲近、排斥或反对等)。例如，一个单位在光线暗淡、声音嘈杂、布置混乱、卫生糟糕的办公室中接待顾客、洽谈业务或进行商务谈判活动，极容易引起不良的信息互动效果；人们谈心时选择安静且景色宜人的户外或者布置浪漫、优美的酒吧、咖啡厅等地方，往往能够获得良好的效果。

三、角色障碍及其排除

1.角色障碍

社会是个大“舞台”，我们每个人在社会中都居于一定的地位，充当着特定的角色。各种角色有不同的行为规范。社会中的人只有按照自己的角色规范行事，社会生活才能有条不紊地进行。人的社会角色会经常发生转换，如果人的社会角色转换了，但角色意识仍然是旧的，角色障碍便由此产生。角色方面的障碍主要有：

(1)年龄上的障碍。如“代沟”造成不同年龄的人对同一语言有不同的理解，以及在制码和译码上的不同习惯和用语等。

(2)社会地位方面的障碍。社会地位带来的利益差别、社会距离和心理距离，使传播者与接受者彼此无法理解;其中的团体或阶层障碍更为明显。传播者和接受者分属于不同的社会团体或社会阶层,彼此间的利益对立会造成对同一组符号的不同看法,或者干脆对这一组符号反感,甚至抵触。

(3)角色认识方面的障碍。有时人们对角色的认识过于刻板,错误地理解了角色规范,因而造成了角色障碍。例如,人们往往认为工人是讲究实际的,知识分子是文质彬彬的,文艺工作者思想是比较解放的,上级是不苟言笑的,下级总是谨小慎微的等等。这种认识使人们在社会活动中容易戴着"有色眼镜"看人,形成人际交往和传播沟通的障碍。

(4)角色意识方面的障碍。当人们在实际沟通中角色意识(如职业意识)太强时,就容易给沟通带来障碍。如两个素不相识的人在公园里相遇,通过攀谈双方本来都有好感,但经过深谈之后,甲得知乙是大学教授,因而肃然起敬,乙也得知甲是工厂工人,此时由于职业的不同和层次的差距,双方往往就会出现自我角色意识障碍:甲可能觉得自己与大学教授相比显得渺小,难以产生共鸣;而乙也可能自命不凡而不愿与甲深谈,致使二人虽然进行了接触,但未能达到深层次的沟通。

2.角色障碍的排除

要排除角色障碍,一是必须破除传统偏见和固有经验的束缚,把人际交往建立在彼此平等的基础之上;二是要准确定位角色和转换角色。有成就的演员有句共同的名言:进入角色才能演好戏。传播者应当牢牢记住:自己是组织的一员,自己的形象就是组织的形象!如果传播者始终把自己孤立于组织之外,不能准确定位自己,就难以与受众进行有效的信息沟通和情感交流,也难以实现预期的传播效果。定位好角色,就要扮演好该角色或进行必要的角色转换。

实现角色转换的好办法是积极参加各种公共关系教育和实践活动,提高自己的公共关系意识和公共关系能力,在此过程中增强角色意识,建树与组织及其成员的认同感。每个人都在一定的社会单位中生活,如家庭、学校、工厂、机关等。承认自己在这个单位内并愿为搞好这个单位出力,这便是认同感。事实证明,有共同的奋斗目标,有共同的责任感,才有搞好一个单位的基础。身在群体内,心在群体外;不为群体尽一份责任,却把群体当成进攻的目标,这个群体就一定搞不好。在传播过程中,我们应该有主人翁的态度才能显现责任心和使命感,容易引起受众的共鸣,从而达到理想的传播效果。

四、文化障碍及其排除

1.社会文化引起的沟通障碍

文化的定义不计其数。这里是指狭义的文化，即观念形态的文化，它大致可以包括知识、信仰、艺术、道德、哲学、法律、宗教、风俗和习惯等。每个人都生活在一定的社会环境和文化环境中，无时无刻不在接受一定社会文化的熏陶与教化，所以，人们的思想、性格和行为等，都带有一定的社会文化的模式特征。每一个社会成员都不可能脱离社会文化环境，都要按照社会文化环境所规定的相应行为方式去行动，这种行为方式就是社会对其成员的行为期待。

文化对人的行为具有强大的控制能力。首先，文化影响人的行为规范。一个人要想成为社会的一员，要想在社会中生存和发展，就必须使自己的行为符合社会规范，即满足社会期待的需求。其次，文化培养了人们对角色、地位的认同。人在社会中的地位和角色，是根据社会文化结构所确定的，在社会结构中，占有一定的地位，就相应地要扮演相应的角色，就要按照社会对该角色的界定去行为，否则就不会得到社会的承认。所以，只有成为真正的社会人和文化人，才能确立自己在社会中的角色和地位。另外，文化还造就了人的心理和人格。人的心理和人格的形成与变化有先天遗传因素的影响，但更主要的是后天社会化的结果，并且随着社会文化环境的改变而变化。同时，文化还给人们带来了知识、技能和经验，不同的社会文化造成了人们思维方式和行为方式上的差异性，在传播过程中，传受双方的文化差异往往会影响传播的效果。例如：

(1)习俗文化差异。习俗文化是指一个民族在其交往与发展过程中形成并保留着的风俗习惯。这种习惯本民族人习焉不察，而外族人在与本民族人交往中一旦违反了这些习惯，便会使本民族人无法接受，也使外族人感到难堪、别扭，难以适应。例如，中国人见面常问“吃饭了吗?”“上哪儿去”等表示友好的问候，彼此打招呼，而在英美国家的人看来，如此问候则是很不礼貌的，甚至涉及和侵犯了个人的隐私。

(2)概念文化差异。一般说来，概念的抽象在人类各民族中有一定的共性。然而概念总是附丽于词义的，词义的内涵和外延又受民族语言词义系统的制约，具有民族特点。言语交际的一个重要的背景就是交际双方对所使用词语含义的抽象意义和文化意义都有共同的了解，否则便难以沟通。例如，中国人问婚事常说，“什么时候请吃糖呀?”外国人就听不懂，因为他们不了解“吃糖”的汉文化信息。

2.文化障碍的排除

(1)制定组织的社会文化策略，建树良好的组织文化氛围。社会文化策略是从人身外的社会文化因素的形成去影响人的行为。在公共关系的大众传播中，有效的社会文化策略要求信息的内容要向个人明确社会行为规则或文化上的要求，这些规则或要求将主导传播主体所期望的行为。如果这些要求本来就是明确的，传播的任务就是要重新明确这些要求或规则。

社会文化策略就是描述将发生的某一行为的社会期待，为行为提供某种恰当的文化定义，并用此定义和社会的规范与个人的压力相结合，来谋求人们对信息传播目的的遵从。这里的关键不在于某些人认为的消除文盲，提高员工的学历，而在于所组织提供的定义要受到有关群体的支持。其实现过程为：

信息内容 → 确定(或重新确定)文化要求或群体规范、作用、等级和约束力 → 形成或改变群体成员的社会赞许行为的定义 → 取得公开行为方向的改变。

组织的文化规范或引领功能一旦为公众所接受，将有助于组织与公众在其他信息方面的交流与沟通。

(2)提高传播人员的文化素养。在公共关系传播活动中，对公共关系人员提出的要求和采取的措施一般有：提高公共关系传播者在语言、文字、图画、影像等方面的表达能力和制作水平，要求他们尽量完整、准确地表达自己的意思；要求传播者在制码过程中严格遵守通用的规则和习惯，如不同的礼节习俗、宗教习俗、时空习俗等，尽量避免会引起歧义和误解的表达；要求传播者的表达制码尽量适合对象公众的兴趣、口味和理解能力；要求传播者针对不同层次和类型的对象公众选用不同的表达方式和传播媒介；要求传播者力求使传播的内容、目的和对象公众的利益相符合，以免引起反感和抵触。

总之，在组织实施公共关系活动和传播公共关系信息时，为了减少或尽可能避免传播的障碍，达到预期的目的和效果，要注意以下几点：

一是真实。真实是公共关系活动成功的前提。只有真实的东西才具有强大的生命力和说服力，才能经受住时间和实践的检验。当组织实事求是地面对公众，表现和宣传自己的优点并承认自己的不足时，一般都能得到公众的谅解、赞许和信任。尤其在当今市场经济社会，存在许多虚假、虚伪甚至欺骗现象时，更是如此。

二是真诚。真诚是公共关系活动成功的基础之一。公共关系活动的根本宗旨是维护组织和社会整体利益的统一，因此兼顾公众利益是它的重要原则。基于这一点，它针对目标公众所开展的各种活动是真心诚意的。只有真诚，才能真正感动公众。正所谓“精诚所至，金石为开”。

三是有效。有效是公共关系活动成功的保证。真实和真诚未必有效。公共关系活动要想取得预期的成效，除了要取信于民之外，还要使组织的公共关系活动确实有理、有利、有节。有理是指公共关系活动要把握目标公众的接受特点，言之有据、行之有理。言之有据是指公共关系活动要借助一定的科学依据和事实依据。行之有理是指公共关系活动要符合社会行为准则，符合目标公众的价值观念和评判事物的是非标准。有利是指公共关系活动要照顾到目标公众的利益，让利于民，让他们感受到组织确实是考虑了他们的利益，并在为保证他们的利益而努力，让他们懂得组织和他们的利益是一致的。有节是指公共关系活动要把握目标公众的接受能力，在具体实施过程中掌握好分寸和火候，以便在公共关系活动中进退自如。

复习思考题

1.什么是传播？“传播”概念的基本含义是什么？
2.传播过程包括哪些基本要素？
3.传播有哪些基本类型？
4.大众传播的主要特点是什么？
5.比较分析报纸和杂志各自的传播特点？
6.电子类大众传播媒介在传播方面有哪些优缺点？
7.传播沟通有哪些障碍以及如何排除传播沟通的障碍？

第七章　公共关系工作程序

本章要点

1.公共关系调查、公共关系策划、公共关系实施和公共关系评估，称为公共关系的“四步工作法”。

2.公共关系调查有观察法、访谈法、文献法和问卷调查法等。

3.公共关系策划是指运用思维想象和创造力对组织的公共关系战略和具体策略进行的运筹谋划。

4.公共关系实施包括公共关系人员，充分依据和利用实施条件，对公共关系策划方略进行实际操作和管理的过程。

5.公共关系评估是指对公共关系工作过程的各个环节，进行检查和评价，以判断其优劣成败的过程。

第一节　公共关系调查

一、公共关系调查的含义和意义

1.公共关系调查的含义

要想成功地开展公共关系工作，并且取得预期的最佳效果，调查是极为重要的基础和前提。调查是一种获取必要信息的方式，是公共关系四步工作法——调查、策划、实施、评估中的第一个阶段，在进行任何的公共关系项目操作之前，都必须通过各种调查方法去采集有关资料、数据和事实依据，这对于做好公共关系工作是非常重要的。

公共关系调查是指公共关系人员运用科学的、定量分析与定性分析相结合的方法，有目的、按计划、分步骤地去考察组织的公共关系历史和现状，分析组织的公共关系相关因素及其相互关系，预测组织公共关系发展趋势，解决组织公共关系问题的一种实践活动。

公共关系调查是公共关系实务活动的基本内容之一，是公共关系工作程序的重要环节之一，也是公共关系人员必须熟练掌握的专业技能之一。

2.公共关系调查的意义

美国管理学家和决策理论创始人赫伯特·西蒙说过："不论人们如何表达公共关系活动的流程，调查研究都是举足轻重的。如果把公共关系流程视为一个车轮，调查研究便是这个车轮的轮轴。"

美国的ITT公司在企业界影响相当大，公司的管理层和员工都认为本公司的知名度没有问题，但通过调查却发现知道该公司的人数还不到公众对象的1/3。对此，ITT公司调整公共关系策略，坚持每半年对目标公众进行一轮1 500人以上的全国性电话抽样调查，作为公共关系决策和检验公共关系效果的依据之一。结果，最终知道该公司的人数提高到了公众对象的3/4以上。

由此可见，无论是从理论角度，还是从实践层面，公共关系调查都是非常重要的公共关系实务工作，对做好公共关系工作有着十分重要的影响和意义。

第一，公共关系调查有利于组织进行形象定位。组织形象可以用组织的知名度和美誉度来体现，但是对组织形象的认知，组织和公众往往是不同的，有时甚至相距甚远。公共关系调查可以使组织了解自身在公众中的形象地位，了解公众对组织的知晓程度，对组织的认识与评价以及对组织的行为认可状况，从而使组织开展公共关系活动更具有针对性。

第二，公共关系调查为组织决策提供科学依据。公众是组织公共关系活动诉求的对象，通过公共关系调查可以了解公众的愿望和要求，从而制定组织符合和满足公众愿望的决策。同时，还可以防止和避免组织把人力、物力、财力、时间和精力浪费在与公众意愿无关或不感兴趣的公共关系活动上，减少或避免组织公共关系活动的低效果和无效劳动。

第三，公共关系调查使组织及时准确地知晓公众舆论。公众舆论也称为民意，是指公众对组织所公开表达的具有某种一致性的意愿、意见、议论和评论，具有强大的影响作用。积极、正向的公众舆论有利于组织的发展进步，消极、负面的舆论则可能损害组织的形象，造成组织的危机，甚至影响到组织的生死存亡。公共关系调查可以起到监测公众舆论的作用，以便组织及时采取有效的行动，扩大、传播积极舆论，缩小、减少消极舆论。

第四，公共关系调查有利于组织良好形象的塑造。公共关系作为一种有组织、有计划的社会性活动，是通过传播手段来为实现组织的特定目标服务的。调查的过程同时就是组织对公众传播组织注重自身形象的信息，赢得公众对组织好感的过程。就此而言，公共关系调查本身就是一种有效的传播，会起到塑造组织良好形象的积极作用。

第五，公共关系调查能够提高公共关系活动的成功率。通过公共关系调查，组织能够了解和把握公众的意见、愿望和需求，能够预测社会发展的趋势，能够认清组织对所要开展的公共关系活动的主观和客观条件，这些也就为组织开展卓有成效的公共关系工作提供了充分的准备和切合实际的操作计划，为组织的公共关系工作取得最佳效果提供了重要的保证。

二、公共关系调查的内容

1.组织自身的情况调查

首先，组织自身的情况调查包括：组织的经营方针和政策，发展目标和发展计划，财务制度、人事制度、分配制度和机构设置，服务项目和水平，员工的素质和管理人员的能力，产品、原材料、销售等方面的情况，组织在同行业中的地位和对社会的贡献，以及市场占有率和市场竞争情况等等。

其次，组织自身的情况调查要分析组织内部人际关系的状况，如员工对组织是否有荣誉感、责任感、归属感，组织能否满足员工的各种需求，内部的矛盾和冲突是否能妥善解决，领导与一般员工是否相互信任和尊重，内部人员之间的关系是否和谐、融洽等。

第三，要了解内部员工对组织的看法与希望，如员工对组织现状的评价和对组织形象的希望，对组织的经营管理有什么建议和希望，对组织环境、优势和劣势、工作环境、主管人员、规章制度、个人地位的评价等。

2.组织知名度和美誉度调查

组织知名度和美誉度调查即是组织社会形象的调查。知名度是社会公众对组织认识、知晓和了解的程度。如公众是否了解本组织的名称、标记、产品或服务，这种了解的程度和范围如何等。组织的知名度越高，说明该组织越为社会公众所熟悉；反之，说明公众对组织较为陌生。美誉度是社会公众对组织信任和赞赏的程度。如公众是否喜欢本组织的产品、服务及销售方式，是否信任本组织、组织的员工及其产品和服务以及信任的程度。组织的美誉度高，说明组织在社会公众中的信誉好；反之，则反映组织信誉差。一个组织的社会形象好坏，取决于它的知名度和美誉度的高低。

3.社会环境的调查

社会环境是指组织开展活动的基本环境。许多社会因素如政治、经济、价值观念等方面的变化，都会对组织的活动产生很大的影响。例如，政府的某一项法令的通过，有可能限制组织的某种活动方式，因而对组织的法律与政策环境，不仅要注意研究其成果形式，更要在酝酿过程中就给予高度的重视，随时追踪有关政策和法律的制定情况，以开展有关的公共关系活动。社会环境调查的主要内容包括有关政府机构、法律部门的方针政策，法律的制定和实施情况，以及银行、新闻媒介、科研机构、消费者、供销部门、竞争对手的情况等等。

4.公共关系活动效果调查

公共关系活动效果调查是指组织公共关系部门了解公众对组织公共关系专门性活动效果的评价和意见。例如，企业开展文明待客活动，举办大型展览活动，主持社会赞助活动，都应当了解公众的各种反映，检验公共关系活动的效果。

5.传播效果调查

传播效果是指组织公共关系部门调查组织运用不同媒介进行传播的实际效果。例如，通过赞助电视某一节目来提高企业的知名度，应调查该电视台的覆盖区域、该节目的收视率、观众的构成等。又如，通过报纸刊出公共关系广告，应调查该报纸的读者对象、发行量、广告阅读率等。此外，也可以包括对内传播的效果。如调查企业职工对内部传播媒介的偏好及其原因，调查内部刊物的职工阅读率及其原因等等。

三、公共关系调查的原则

科学地设计调查方案以及实际地进行调查研究，必须遵循以下几条基本原则：

1.实用性原则

设计调查方案必须着眼于实际应用，只有实用性强的调查方案才能真正成为调查工作的行动纲领。调查什么，由谁调查，到哪里调查，花多少时间和费用，都必须从委托人的需求和调查课题的实际需要出发，并根据调查工作的主客观条件慎重设计调查方案。实用性是评价调查方案优劣的首要标准。

2.时效性原则

设计调查方案必须充分考虑时间效果，特别是一些应用性的调查课题，往往有很强的时间性。例如，市场需求变化调查，就必须赶在市场需求发生重大变化之前拿出成果来，否则就会失去指导意义，起码会大大降低调查成果的社会价值。对预测性课题，更应作超前的调查和研究。如果总是落在实践的后面就失去了这类调查的本来意义。

3.经济性原则

设计调查方案必须努力节约人力、物力、财力和时间，力争用最少的人、财、物力和时间的投入，取得最大的调查效果。例如，在调查类型的选择上，能够作抽样调查的就不作普遍调查，能够作典型调查的就不作抽样调查。在调查方法的设计上，能够通过文献调查解决的问题，就不去做现场调查；能够通过观察、访问解决的调查课题，就不去做实验调查。在调查范围的大小、调查对象的多少、调查时间的长短、调查人员的安排等方面，也都应努力节约。

4.弹性原则

任何调查方案都是一种事前的设想和安排，它与客观现实之间会存在着或大或小的距离。在实际调查过程中，又常常会遇到一些意想不到的新情况、新问题。因此，设计调查方案时，对于调查工作的具体安排和要求，应有一个上下滑动的幅度，应保持一定的弹性。只有这种具有一定弹性的调查方案，才是真正实用的调查方案。

应该指出，设计调查方案并不都是只设计一套调查方案。对于某些重大的、复杂的调查课题来说，往往需要设计几套不同的调查方案，经过可行性研究之后，再从中筛选出最佳方案作为调查工作的实施方案。

四、公共关系调查方法及其设计

1.公共关系调查的方法

在公共关系调查中，要根据调查的目的和调查对象的特点，选择行之有效的调查方法。公共关系调查的主要方法有：

(1)观察法。这是指社会组织中的公共关系人员有目的、有计划地借助于自己的感官和各种测量仪器直接对调查对象进行观察以搜集资料的方法。常用的有直接观察法和间接观察法。直接观察法指公共关系人员通过自己的感官观察公众的行为、活动情况和效果。间接观察法是公共关系人员借助科学仪器或委托他人对公众对象进行的观察。观察法的特点是不会干涉公众原有的活动，可真实地了解他们的心态，能够增加观察人员的感性认识，验证第二手资料的真实性和准确性，且操作较简单，费用较省。但这种方法易渗透个人感情，搜集的资料有时缺乏说服力，影响公共关系调查的效果。

(2)访谈法。这是指调查人员通过访问和谈话的方式与调查对象进行面对面的信息交流以获取有用信息的一种调查方法。访谈法一般有个人访谈法、集体访谈法、来信来电访问法。访谈法灵活性较强，可以获得更多、更新、更有价值的内部信息。在公共关系调查活动中，采取什么样的访谈方式，应根据调查内容及公众对象的需要而定。

(3)文献研究法。这是搜集与调查对象有关的各方面的文献资料以进行全面、深入研究分析的方法。也就是说要充分利用现成的第二手资料进行分析和研究。

第二手资料包括历年统计资料,档案资料、样本资料及其他资料。有关组织的文献资料的搜集包括内部资料和外部资料的搜集。

(4)抽样调查法。这是指从调查的对象总体中按照一定的方法抽取一部分样本加以调查,并把这部分的调查结果推广到原来的总体上去的方法,一般采用问卷调查的形式。抽样调查可分为随机抽样和非随机抽样两种。随机抽样调查是在总体中按随机抽样原则抽取一定数目的个体进行调查,不加人为安排的抽样方法。随机抽样又分为简单随机抽样、等距抽样、分层抽样、整体抽样、分段抽样等方法。非随机抽样调查是指按照调查者的主观意愿,有意识地在总体中选择一些单位作为样本进行调查的方法。非随机抽样也有判断抽样、定额抽样、偶然抽样等方法。采用抽样调查这种方法,投入的人力、物力、财力较小,但由于用部分推断整体,有时结论不够准确。

公共关系调查的方法很多,在公共关系调查方法的具体运用过程中,应根据调查目的、对象的特点,选择适当的调查方法。在调查中既可以选择一种方法进行,也可以几种方法同时结合使用。

2.几种常见调查方法的设计

(1)观察提纲的设计。观察提纲包括观察项目清单和观察表。

在观察前应对准备观察的事物事先列出需要观察的项目,形成观察清单。下面以观察牙膏销售情况为例:

牙膏销售观察项目清单

观察目的:了解牙膏销售情况

观察地点:北京市百货大楼

观察时间:3 小时

观察项目:国内品牌______支,其中　　　中外合资品牌______支。

将观察项目列在表格中,就形成了观察表。

牙膏销售情况观察表

销售时间	名称	
	国内品牌	中外合资品牌
第 1 小时		
第 2 小时		
第 3 小时		

(2)访谈调查的设计。常规访谈调查的设计,主要是确定以下内容:

①访谈调查目的(为什么谈)。

②访员(谁去谈)。

③访谈对象(与谁谈)。

④访谈时间(何时谈)。

⑤访谈地点(何地谈)。

⑥访谈种类(怎么谈)。

⑦访谈记录方式(怎么记)。

⑧访谈报告方式(怎么写)。

(3)调查问卷的设计。问卷抽样调查法是指采用问卷或调查表的方法,对一部分有代表性的公众进行调查。它的步骤较多,操作复杂,但实际应用价值很大。

调查问卷一般包括前言、主体和结语三个部分。

①前言。前言是对调查目的、意义及有关事项的说明,主要有两个目的,一是引起被调查者的重视和兴趣,使他们愿答,另一个是打消公众的顾虑,使他们敢答,争取他们的支持与合作。前言的具体内容为:调查的目的和意义;匿名性和保密原则;对被调查者的希望和要求;回复问卷的时间和方法;调查实施单位或个人的身份。为了给被调查者以良好的"第一印象",前言语气要谦虚、诚恳,文字要简洁、准确、有可读性。

②主体。这是问卷的主题,包括调查的问题和回答方式。

问卷调查所调查的问题一般按照自变量、因变量和中介变量三部分内容来设计。但是在一些理论性不很强的调查里,中介变量部分的内容很少。

自变量部分主要由社会性的事实构成,也就是确定谁在答卷。如提问:性别、年龄、文化程度、居住地区、经济收入、职业、婚姻状况、宗教、种族、党派、国籍等。自变量是固定的因素,不因其他因素的影响而变化,而自变量内容的多少取决于调查的目的。

因变量是受到自变量或其他变量影响而发生变化的变量。因变量部分主要有被调查者对某件事物、某个观点的认识程度、理解程度和偏好程度构成的态度,对某件事物、某个观点的评价,以及被调查者的行为或行为取向,等等。例如,北京饭店的公共关系人员希望了解外国游客是否听说过北京饭店,是否对北京饭店有较好的印象,是否愿意住进北京饭店,这些都属于因变量的问题。

中介变量是受到自变量影响会发生变化,同时又能影响因变量的因素,也就是问到底为什么这样,包括动机、需求、信仰、期望等。例如,某人住进北京饭店,可能仅仅出于他对声望和地位的追求。同样,某个人之所以对改革不满意,也许并非因为改革触动了他的经济利益，而仅仅是由于他对改革的期望值过高。所以，对中介变量内容的调查可使问题更加深入。

在问卷调查中，问题的提问一般分为封闭式、开放式和半封闭半开放式三种形式。

封闭式问题如："假如以服务质量为标准将北京市所有饭店分为六个等级，您认为我饭店应属哪一等级：A 上上；B 上下；C 中上；D 中下；E 下上；F 下下。"其优点是问题的回答标准化，可比性强，容易分析和处理，同时回答者对问题回答比较方便。其缺点是容易使没有看法或不知如何回答的人猜着答，难以弄清被调查人在填写问卷时的内心活动过程。例如，问新工人是否对工厂生活感到满意，在回答满意的人中，所指的满意却有不同的含义。所以封闭式问题往往要好几道题才能确定一种内心态度。

开放式问题如："您对本公司的印象如何？""您认为本公司产品质量存在的主要问题是什么？"其优点是可以帮助调查人员开阔思路，发现急需调查和了解的问题，有时还能搜集到一些公共关系人员事先未曾预料到的问题。其缺点是被调查人有可能填写许多与调查无关的意见，资料不能标准化，难以进行定量分析。

半封闭半开放式问题如："您选择使用该产品的原因是：A 价格便宜；B 款式新颖；C 质量上乘；D 其他（请说明）。""您对该产品的整体评价是：A 非常满意；B 一般；C 不能接受，请说明其理由______。"这种形式的回答，是在封闭式回答后加上"其他"或者在开放式问题前加上封闭式答案。这样，既给了被调查者一定的自由回答余地，又有一定的规范答案，综合了封闭式和开放式回答的优点，避免了它们的缺点，具有更广泛的实用性。

第二节　公共关系策划

一、公共关系策划的含义和意义

1. 公共关系策划的含义

策划，是指策划者利用手中有限的资源去创造性地确定有效而可行的实施方案，以图实现组织预期目标的思维全过程。所谓公共关系策划，则是指公共关系策划者，为实现组织的公共关系目标，对公共关系活动的性质、内容、形式和行动方案进行谋划与设计的思维过程，它是公共关系人员在调查研究的基础上，为实现组织的公共关系目标，对组织的公共关系战略和具体策略进行运筹规划。

因此,公共关系策划分为战略策划和策略策划两个层次。组织对公共关系进行总体上的长远发展进行策划,称为战略策划;而对每一具体活动方案进行精心设计和安排,成为策略策划。只有把战略与策略有机结合起来,才能保证公共关系目标以及企业发展目标的顺利实现。可见,策划是一种思路、设想、方法和措施,它本身不是目的,策划是为了实现组织的公共关系目标,进而实现组织发展的总体目标。因此,公共关系人员不能为策划而策划,而要为达到公共关系目标和实现组织发展的总体目标而策划。

公共关系策划必须以公共关系调查为基础,没有公共关系调查,就没有公共关系策划;反过来,公共关系策划又指导和制约着公共关系调查的目的、范围、手段,因此没有公共关系策划,公共关系调查也就失去了相应的意义。

2.公共关系策划的意义

公共关系实务是一项有目的的活动,要达到预定的目的,就需要策划。因此,策划的好坏,直接影响到公共关系活动的成败及效果。公共关系策划的意义主要表现在以下几个方面。

(1)公共关系策划是公共关系活动的最高级层次。目前,我国公共关系活动大约可以分为三个层次:一是初级层次的公共关系,例如人们常说的“公共关系小姐”,她们做一些带有公共关系实务性质的工作,如招待、布置、联络等。二是中级层次的公共关系,这是为塑造良好的企业形象而进行的营销术、管理术或企业文化、政治思想等方面的工作。三是高级层次的公共关系,即公共关系策划,这一层次的公共关系人员应当是组织及组织领导的好参谋,他们要发挥自己的创造性,设计出高水平的公共关系战略和策略。

(2)公共关系策划是公共关系运作的飞跃。日常公共关系运作也能起到塑造形象、协调公众的效果,但是其强度不够,不能在公众心目中形成强大的影响。只有成功的策划,才能使日常公共关系运作上一个新的台阶,使公共关系运作产生巨大的飞跃。

(3)公共关系策划是竞争的法宝。在激烈的市场竞争的环境中,一个企业要想战胜对方,不但要靠自身的实力,还须依靠奇谋妙计。公共关系策划,就是通过策划一系列的奇谋妙计来塑造企业形象,并赢得公众。如法国白兰地为了打进美国市场,在艾森豪威尔总统 67 岁生日时赠送了两瓶保存了 67 年之久的法国白兰地,这一“双 67”的公共关系活动,取得了极大的成功,造成了美国历史上前所未有的“空巷”现象,这就是公共关系策划的魅力所在。

二、公共关系策划的原则

所谓公共关系策划的原则，就是指导我们进行公共关系策划的思想认识基础和行为规范准则。在公共关系策划的实践中，我们应当遵循这些从千百次公共关系策划的经验和教训中总结出来的原则，使之成为我们进行有效公共关系策划的行为依据和思想指南。公共关系策划的基本原则如下：

1.目标导向原则

这是指组织公共关系策划活动必须在一个明确目标的指引下完成。公共关系策划活动必须是"有的放矢"，也就是说在每次公共关系策划活动之前，策划者必须清楚此次策划究竟是为了达到什么目的。在公共关系策划的思维全过程中，必须始终围绕着既定的目标来进行，公共关系策划的每一步骤和环节都必须紧扣组织的公共关系总目标，特别是两大目标，即提高组织的知名度和美誉度。

2.利益驱动原则

公共关系策划必须事前弄清组织公共关系行为的深层动机。归根结底，人的一切行为，都是为了利益的获取，利益也是公共关系策划和公共关系行为的原动力。组织的利益由组织的经济效益和社会效益两个方面构成。组织的公共关系行为虽不表现为经济效益的直接获取，但组织良好形象的塑造和公众环境的协调，必定会给组织带来有利于生存发展的优越条件，从而生发出更为深远的经济效益和社会效益。公共关系行为不是慈善施舍行为，更不是一掷千金、花钱如流水的败家子行径，公共关系行为的每一分投入都必须考虑利益的产出。高明的公共关系策划，总是在利于公众的同时也有利于自己，那种毫不考虑组织自身利益的公共关系策划方案是没有实际价值的废纸，只会被决策者弃若敝屣。

3.真诚求实原则

公共关系策划中的真诚求实原则，具体表现在下列几个方面：

(1)在策划全过程中，尊重事实、尊重实践、尊重科学。首先公共关系策划必须经过大量调查，全面搜集和掌握有关信息，并对其加以客观公正的分析和研究。其次，据此设计出符合公众真实需要和组织自身利益的形象，谋划出最佳的形象传播策略，将形象向公众进行有效的传播。再次，在传播实施的过程中，要根据环境事实的变化，不断修正、补充、完善策划方案和调整实践行为。最后，要依据传播实施的实际过程及其收获，对公共关系策划进行科学的总结和评估。总之，在公共关系策划的全过程中，都必须以客观事实为策划基础，以客观实践为检验标准，以科学精神为工作态度，这样策划出来的公共关系活动，其结果才能获得公众的反响、理解、支持和认可，才能塑造出值得公众信赖的良好组织形象。

(2)在策划传播交流的内容时,注意信息的真实准确。公共关系策划在考虑向公众传递组织形象的有关信息以及搜集哪些公众反馈信息并向组织决策层传递时,都应考虑信息的质(信息真伪)、量(信息多少)和度(信息强弱)的问题,尽量做到使信息及时、准确、全面和客观地传递到公众或组织决策层中。在公共关系活动中,不允许传递任何虚假不实的信息,不允许将信息夸大或削弱,尤其要注意不虚美、不隐恶。那种为了迎合决策者个人意愿,只考虑本组织利益而不惜蒙骗公众的行为,表面上看起来似乎是在维护组织形象,实际上,一方面会致使组织决策的失误,另一方面还会在公众的心目中造成组织的虚假形象。

(3)在策划公共关系活动的方式时,要以能解决实际问题、达到切实效果的方式为佳,反对不切实际、不讲效益的虚架子、花架子。公共关系策划虽然讲究创意,但不能离开组织的真实需要和现实情况,去搞一些不着边际的设想,去片面地追求轰动效应,去做一些得不偿失甚至适得其反的事。

(4)在对公共关系策划效果进行预测评估时,要实事求是。一次公共关系策划能解决的问题总是有一定限度的,一次公共关系活动能达到的效果也不是无限的。我们的策划虽然要足以打动并鼓舞决策者,但关键在于要抓住需求的要害和体现办法新颖的特性,并据此拿出可行的方案供其抉择,而不应当言过其实、花言巧语、胡编乱造。正如《有效公共关系》一书中所说:"公共关系计划通常要贯注热情的语言,这样有助于取得上层管理者或者雇主的批准。但是如果这些热情语言过多则容易产生许诺过头的危险,形成轻诺寡信的印象。"

4.灵活创新原则

根据这一原则,策划者在策划过程中应当努力做到:

(1)以动态的眼光看世界,以应变的头脑想对策。这就是说,我们的策划思路必须跟上环境的变化。环境变了,公共关系对象变了,我们的谋略对策也要变,千篇一律走老路的办法,是无法解决复杂纷纭的公共关系问题的。

(2)策划方案必须具有相当的弹性。实践证明,事前再周密完善的策划,在实施过程中总会遇到这样那样的突如其来、猝不及防、意料之外的问题,方案如果毫无事前预有应变的思考和留下回旋的余地,则事到临头会措手不及,从而束手无策或举措失当。策划在总目标大原则不变的情况下,要保持相当的适度弹性,这对策划的成功,是很有必要的。

(3)牢固树立策划创新的观念。在策划中不应随便将就现成的办法,不受陈规的束缚,不轻易满足于最初的设想。策划者应当经常向自己提问:这是不是解决问题的最好办法?这是不是达到效果的最佳途径?能不能再想到更为有效的方法和更为便捷的途径?要力求别出心裁、独辟蹊径,尽量避免重蹈覆辙和与别人

"撞车"。

(4)将创造性思维方法贯彻到策划的始终。创意是策划的灵魂,创造性思维方法是获取创意灵感的有效手段。策划者不仅应在公共关系策划的全过程中从整体上使用创造性思维方法,对公共关系行为的每一个步骤、每一个细小环节的设计,都应采用创造性思维方法。

5.合理可行的原则

公共关系策划是一种思维活动,但它却不能脱离实际而存在,它既然是事前对公共关系行为的通盘谋划,就必须考虑它在未来实施中是否合理与可行。遵循公共关系策划合理可行的原则,在策划过程中,我们应当注意以下几点:

(1)风险性。凡策划,其结果总是成功与失败的可能同在。任何策划者,不管你是否走创新之路,对未来行为的谋划,总得考虑承担一定的风险。策划自然不能因为风险的存在而裹足不前、故步自封,但策划也绝不应漠视风险的存在而粗心大意。策划只能凭借策划者的艰苦劳动,尽量设计好周全的方案,在充分考虑到各种有利和不利因素及其组合给组织带来影响的前提下,去尽量争取成功的收效,把风险出现的可能降低到最低限度。

(2)经济性。公共关系策划必须对组织自身资源有充分的认识,策划必须量体裁衣、看菜吃饭,必须根据组织的经济实力和经济潜力去考虑组织的经济承受能力。公共关系策划的合理与否往往表现在如何提高公共关系活动的效益与效率方面,即如何尽量在有限的条件下多办事、办好事,以及如何以最快的速度实现公共关系策划要实现的目标。不考虑公共关系行为投入与实际效益产出的比率的策划,不但收效会成为问题,在决策者那里根本通不过。

(3)合法性。今天,任何组织都不是生存在真空之中,其行为总要受到所在国家和地区的法律法规乃至宗教信仰、民族意识、文化传统及风俗习惯的制约。对公共关系策划,必须首先考虑到是否合乎本国国情和法规;其次要考虑是否有违当地的民族习俗、宗教信仰、文化传统、风俗习惯等,凡是涉及坑蒙拐骗、违法乱纪、有悖国情的策划,只会搬起石头砸自己的脚,绝无好下场。至于有违当地民情的做法,必将招致公众的反对、舆论的谴责,结果必将使组织形象受到严重损害,甚至引来灭顶之灾。

(4)可操作性。公共关系策划是为公共关系实施提供依据,策划的优劣直接关系到实施的成败。故策划出的方案是否具有可操作性至关重要。公共关系策划的可操作性首先表现在对公共关系行为的每一个步骤与环节以及它们之间的衔接呼应关系都有着具体的表述和规定,不至于使操作者出现理解的偏差或无所适从;其次,它表现在公共关系策划的现实性,即策划是建立在组织现有资源条件的基础之上的，它不是脱离客观实际条件的非分之想；第三，它必须与操作者的观念意识、文化水平、工作技能等素质水准相适应(必要时，可通过培训等手段加以弥补)，否则，再高明的策划实施起来也会走样；第四，它必须与公众对象的心理素质和承受能力相适应，否则曲高和寡，无人呼应，策划就只能是一厢情愿了。

(5)融通性。组织的形象是一个多面综合体，反映组织形象、建立公众协调关系的工作，绝不是一个公共关系部或一个策划书就能解决的。真正要使公共关系策划取得效果，除了要搞一些必要的专门化的公共关系活动外(例如制造公共关系新闻、设计公共关系广告、参加社会公益活动等)，更主要的是融公共关系意识于组织的管理意识之中，融公共关系行为于组织每一成员的自觉行为，融公共关系活动于组织的其他活动之内，融公共关系效益于组织整体效益之中。只有将公共关系行为渗透到组织行为的方方面面，只有将公共关系思想变成组织中每一个人的自觉意识，公共关系策划才会有显效。那种指望通过一两次轰轰烈烈的“公共关系活动”来解决组织长远的战略形象的想法，实际上是一种脱离现实的“书生意气”。

三、公共关系策划的程序和方法

1.公共关系策划的程序

公共关系专题活动的策划，一般可以分为五个阶段，即立项、调研、策划、论证和决策。

(1)立项阶段。立项是指正式确立进行某个公共关系专题项目。只有项目确定了，才能开展策划的工作。立项是由策划的主题或曰公共关系专题活动的主办机构执行的。影响立项的因素主要有以下几个方面：

①主题是否具有迫切性。公共关系专题活动多种多样，以哪一种活动作为当前实施的项目，其标准是要选择符合组织机构总体形象建设需要和近期工作急切需要解决的问题的项目，就是说主题应当是具有迫切性意义的项目。

②是否有足够的经费支持项目的开展。任何一项公共关系专题活动，都需要耗费一定的经费，要有足够的经费才能支持项目的开展，所以有足够的经费支持的项目才可以立项。

③项目的进行具有基本的可行性。公共关系专题活动项目的实施是否具有基本的可行性，主要视项目个案实施的基础条件是否完备而定。基础条件具备，则项目可以立项。

(2)调研阶段。调研阶段是进行项目策划前的调查和研究分析阶段，这个阶段的工作十分重要，做好了充分的调查研究，才能为策划提供科学的依据。

在调查的基础上对策划项目要进行充分的分析和研究，分析研究的主要内容包括三个方面。

①主题活动目标的研究。策划人员应该明确，专题活动应该达到什么目标？目标定得是否切合实际？目标定得太高，而事实上不能兑现，就会失败。目标定得太低，即使成功了，其实际意义也不大。所以要根据策划主题的目的要求定出恰当的目标。

具体地说，目标有两种类型，一种是预告性的目标，即预告专题活动实施之后，将会产生一种什么样的效果，例如要搞一个企业文化的推广活动，那么活动之后，要使多少员工了解企业文化的内容？另一种是促进性的目标，这一类目标简明扼要，比较数据化，易于衡量，例如通过专题活动，促使50％的员工提高对企业理念的理解程度。

影响目标确立的因素主要有两个：一是经费因素。一般说来，投入的经费和产生的效果是成正比的。当然，能够少花钱办大事更好。二是时间的因素。公共关系传播是一种双向的沟通传播，要力促公众接受某一信息或新的概念，需要一定的时间。

②确立目标公众。确立目标公众又叫确立公共关系对象。这是策划人员研究确定公共关系专题活动将要针对的目标公众，通俗地说，就是这一活动项目要将信息传达给谁？有的项目可能是针对普遍的公众，有的项目可能是针对某一个层面的公众。只有明确公共关系对象，才能把有限的传播经费运用在目标公众身上，实现有效的传播。

③确立活动主题。主题是公共关系活动所诉求的中心思想，任何一项公共关系主题活动，都应有一个明确的中心思想，只有确立鲜明的主题，才能最大限度地提高传播的有效性。一个既定目标的公共关系专题活动，可以提炼出不同的主题，例如，一个以提升企业文化为目标的专题活动，其主题可以是以“重塑企业形象”为主题，也可以是以“争创一流企业”为主题，还可以以“树立全新理念”为主题等。总之，主题的提炼需要有现实意义，需要反复推敲方能确立。

(3)策划阶段。策划阶段是策划的主体工作阶段。这一阶段的工作包括拟定活动内容和活动形式、排列程序、安排时间、拟定场地布置方案、制定经费开支预算及落实工作的计划等。同时还要制订一整套的与目标公众的沟通策略、信息传播策略和媒介策略。

(4)论证阶段。论证阶段是策划方案拟成文案后，对方案进行预测性评估的工作过程。这一过程既要听取专家的意见，又要听取参与活动的公众的意见，从各个不同的角度论证策划方案实施的可行性，并对其做反馈调整。

(5)决策阶段。经过充分论证的策划方案经由决策人审定，方案就可以正式确定，这个过程，我们把它叫决策阶段。

2.公共关系策划的方法

(1)群体组合策划模式。现代社会是一个知识密集的时代，社会分工越来越细，资讯传播也越来越迅速，因此，任何一个个人都难以驾驭所有的知识，而只有单方面或若干方面的知识是难以胜任一些大型策划的。所以，现代策划已经发展到多学科会同合作和完成的阶段，已经从经验决策转向科学决策，从单一劳动转向集中各方人力共同完成。比如，要进行一项产品投资策略的策划活动，进行市场调查需要专业的人士；进行产品组合策略，需要工程技术人员和工业设计师、平面设计师一同工作；进行市场推广时，需要营销人员、公共关系及广告人员协同作业。这是一项综合性的活动计划，需要多学科的人员一齐参与，其成功才能得以保证。所以说，群体策划是现代策划的一个重要特征。

群体策划是一种人才组合的集体策划的形式。其具体形式表现为组成一个专职策划小组，由策划小组共同完成策划的任务。策划小组的最佳形式是由多学科的成员组成，而且应该有经验丰富的前线工作者参与，这样，有利于知识、信息、经验和技能的互补。

策划小组的工作步骤可以归纳为5句话20个字：分头调研、共享信息、独立思考、小组讨论、专人提炼。在这5个步骤中，策划小组的成员首先是分头收集、整理和研究基本的调查资料。然后将个人收集、整理和研究的初步结果向策划小组成员互相通报，形成第一次信息冲撞效应。个人又再次独立构思至一定程度，由项目召集人召开策划小组讨论会。这个策划小组讨论的过程是一个脑力激荡的过程，互相启发，十分有利于创造性意见的产生。有时一次会议未必产生结果，就需重复前面的程序，再择日召开会议，直至又一个基本的结论的出现为止。最后由确定的专人将策划小组研究的成果整理在案，或者由不同的个人撰写不同的方案，形成多个方案。这是运用群体智慧执行的策划方式。其最大的优点是知识互补和产生冲击思维的力量。

在这种组合中，并未削弱个人智慧的作用。第一、三、五环节都是在充分发挥个人智慧的作用；第二、四环节则是个人智慧与群体智慧的结合体。而更能体现个人智慧的则是策划小组的召集人，他同时是策划项目的带头人。策划小组的成员，要有较高的素质，尤其是要具有专业知识，熟悉及了解情况，有逻辑概括能力、策划能力、较好的表达能力和创新意识。

(2)策划会的组织。在现代策划中，策划会是一种重要形式。为了提高策划会的效率，要注意以下几个方面的问题。

①会前准备。会议的准备工作是会议成功的最关键因素。会前要确立好会议

的目标及议题，尤其是议题必须清晰。作为会议的组织者要印发会议议程，拟定好出席人选，提前发出会议通知。策划会议一般以 5～7 人为宜，组织者要为与会者提供应有的参考资料。与会者要认真阅读有关资料，并认真思考，带着意见与会。会场布置以圆桌会议形式为好，方桌也可以。场内设置板书工具，还要恰当地选择好会议的直观材料。必要时设置齐备的幻灯、投影和录像等设备。

②会议氛围。策划会应力求营造活跃、平等的气氛。活跃的气氛有利于活跃思维和脑力激荡；平等的气氛有利于与会成员发散性的思维。必要时可以设置会议饮品，营造轻松气氛。会议气氛的形成，一方面是会议室布置时刻意营造的，另一方面是主持人用主持会议的技巧营造的。

③主持技巧。主持人是策划会成功的一个关键因素，主持人应是策划项目的领头人。主持人在开会时要简洁明了地告知会议目的及要解决的问题，阐明会议的原则，保持活跃的气氛。他一定要时时把握会议的进展，尤其要把握会议的主题，保证会议议题不会走偏，并能够及时鼓励、引导与会者发言，及时捕捉好的构想，及时引导与会者相互借用议题激发新的构想。主持人要安排好专人记录，各种构想由记录员予以编号，写在白板上，让与会者可以对已提及的构想一目了然。记录员会后要整理好个人的构想，既作档案，又作进一步策划之用。会议结束时，主持人应该有一个小结，确认会议最后的研究结果。

④会议规则。会议效率不但取决于主持者，还取决于与会者，因此，与会者要遵循一定的规则：A. 准备好与会用的记录卡或记录纸，以便及时将构想记录下来。B. 想到的构想立即就要提出来，即使那个主意本身没有什么价值，但有时它可以启发他人提出有价值的构想。C. 发言要简明，一般只提出主要的构想，切忌古今中外论证一番。D. 个人独自自由畅想，不要私下交谈，否则会降低会议效率。E. 不要评议别人的构想。F. 发言要一个接着一个，不要冷场，最好形成顺时针顺序发言的习惯，形成压力。轮到的发言人实在没有构想，可暂时跳过，轮完一圈再继续一圈，如此往返，直至问题有一定的结论。G. 会议一般分为两个阶段：第一阶段为发散性思维阶段，与会者自由畅想，发表意见；第二阶段以有一个基本认定的构想为前提，可以对相对集中的一些构想再广泛发表意见。

对最后的提案，要有一个评价的过程，一方面尽可能地完善既定的提案，另一方面尽可能运用系统的、科学的分析方法进行严密的评价。基本的评价方法是：A. 以社会制约因素去审核，排除法律上、道德上的不允许因素；B. 对其中表达的概念再三论证；C. 效果评价；D. 可行性评价；E. 以一定的逻辑概念审视整个构想的排序。

(3)专题活动构思的方法。专题活动的策划构思过程，是一个艰苦的脑力劳动过程。专题活动是公共关系策划中最主要的内容之一,可以分为大型和小型两类,其中尤其是大型活动的社会综合性要求很高,所以策划应该坚持执行群体策划的原则。

在群体策划的方法研究方面,中外学者做了许多的探讨和研究,总结了许多策划构思及创造的方式,这里我们仅介绍两种比较常用的构思方法。

①头脑风暴法。头脑风暴法是通过联想进行构思的方法。头脑风暴法的核心是高度自由的联想。这种方法一般是通过一种小型策划会议,使与会者毫无顾忌地提出各种想法,彼此激励,诱发联想,导致产生新的构思的方法。

②案例排列法。案例排列法也是通过联想方式进行构思的方法,案例排列法主要是通过对过去案例的回顾而激发出新的构想的构思方法。这类策划会议主要是由与会者将议题相同的过去的同类案例排列出来,并在排列案例的同时构想新的计划。假设会议议题是讨论宴会游戏的设计,与会者轮流发言,可以按座位顺序依次发言,也可以随时发言,发言者先将曾经有过的宴会游戏排列出来,并随时可以提出新的宴会游戏构想。记录要把发言者的意见记录在黑板上,记录板分成两边,一边记录已有的案例,另一边记录新的构想,如此往返。案例排列法要力求穷尽与会者头脑中的案例,主持人要善于引导与会者进行联想推理,以便产生新的想法。

第三节　公共关系实施

一、公共关系实施的含义和意义

公共关系实施是指公共关系主体(社会组织)为了实现既定的公共关系目标,充分依据和利用实施条件,对公共关系的策划创意实施策略、手段和方法的设计并进行实际操作与管理的过程。

公共关系实施是解决公共关系问题和实现公共关系目标的重点环节。只有通过扎实、有效的实施工作,才能直接地、实际地、具体地解决问题。即使是完美无瑕的公共关系策划,如果不经过实施,而是束之高阁,也只能是毫无意义的“纸上谈兵”。

公共关系实施决定着公共关系策划创意能否实现以及实现的程度和范围。有效的公共关系实施,不仅能执行策划创意,而且能创造性地修改和弥补策划的不足。这时的实施活动,表现为实施人员能够选择最有效的实施途径和手段、方法和技巧。失败的公共关系实施，不仅不能实现策划创意，有时还可能使策划方案中想要解决的问题更加恶化，甚至完全与目标背道而驰。从这个意义上说，实施这个环节不仅决定了策划创意能否实现，而且也决定了策划创意实现的效果。

公共关系实施的结果是后续公共关系策划的重要依据与起点。任何一项公共关系策划的实施过程不论成功与否，它都会在社会上造成一定的影响和后果，进行新一轮的公共关系策划必须要以此为基础，针对新出现的问题策划新的方案，这是公共关系策划的继承性和可持续性规律的客观要求。

二、公共关系实施的主要内容

公共关系实施是整个公共关系活动的又一个重要的环节，它是把公共关系策划活动中形成的公共关系计划和具体行动方案付诸实施。这一活动的实质，就是力图对组织与其公众间的关系进行控制的努力。公共关系实施应包括两个大方面的具体内容：

一是由经理层执行的有关加强或调整组织的政策和行为的活动。这方面的内容一般是由公共关系调研后提交最高决策层进行决策，制订出计划和详细的措施，这些计划和措施要在公共关系计划中加以体现，并与传播计划一道提供各部门执行。

二是由公共关系部门执行的公共关系的传播活动。从公共关系部门的活动看，公共关系实施的内容主要有：

(1)统筹公共关系计划和具体公共关系方案的执行。

(2)促使组织进一步的自我完善。

(3)高质量地完成各种传播沟通所需的软件材料。

(4)确保计划顺利地通过预定的渠道，把预期的信息传递给特定的对象公众。

(5)因势利导，依据情况的变化，灵活掌握计划的执行，及时准确地处理计划中没有考虑到的问题。

三、公共关系实施的特点和原则

1.公共关系实施的特点

(1)艺术性。公共关系实施的艺术性包括两层含义，一是公共关系实施要勇于创新。同一公共关系实施策划方案的实施策略、手段和方法很多，要突破常规，别具一格，标新立异，以奇制胜，设计出竞争对手意想不到的、传播效果最好的操作手段和方法。二是公共关系实施在于攻心。目标公众具有不同的心理，比如性别心理、年龄心理、职业心理、专业心理、收入心理(也叫经济心理，即不同经济收入者心理)、地域心理、血型心理、民族心理、宗教心理、情感心理等,要针对目标公众的特定心理来设计与操作实施策略、手段和方法。因此,公共关系实施的过程是创新与攻心的过程。

(2)文化性。公共关系实施的策略、手段和方法具有鲜明的、浓郁的文化色彩,许多传统文化和现代文化都可以是公共关系实施可利用的重要资源。随着社会进步和人们物质消费水平的不断提高,特别是随着知识经济时代的到来,物质文化化、消费文化化、生活文化化和经济文化化成为现代社会生活的一大趋势。从某种角度来说,现代物质消费就是文化消费,现代生活就是文化生活,因此,公共关系实施手段和方法要体现一种文化品位,迎合公众的文化追求,用文化的力量去感染公众。没有文化品味的操作方法和手段是低层次的公共关系实施行为。

(3)人情性。公共关系实施的过程常常表现为一种感情交流的过程,感情手段成为公共关系实施中基本的和常用的手段。要注重研究和利用公众的感情心理和感情倾向,重视感情投资,以情感人,以情动人,以情服人。让公共关系实施行为充满感情,这是公众的客观需要,也是公共关系的生命根基。

(4)形象性。公共关系实施的策略、手段与方法必须具有良好的公众形象和社会形象,以此赢得公众和社会的信任与喜爱。这是由公共关系注重塑造良好形象的属性所决定的。

(5)关系性。公共关系实施以建立和协调组织与公众的良好关系为基础,一切有利于建立良好公共关系的协调手段、交际手段和游说方法均是现代公共关系实施手段与方法的重要内容。要建立、巩固与发展广泛的关系网,遵循“养兵千日,用兵一时”的关系网运作原则,使关系网成为公共关系实施的重要路径。要正确应用交际方法和交际手段,善于与公众打交道,以便顺利完成公共关系任务,实现公共关系工作目标。

(6)传播性。公共关系实施过程就是组织与公众之间的双向信息沟通过程。因此,各种传播媒介都是公共关系信息传播的载体,各种传播方法都是公共关系实施的方法。要把人际传播媒介、组织传播媒介、大众传播媒介以及各种综合性传播媒介有机结合、综合使用,熟练掌握其使用技法,以实现公共关系整合传播的最佳双向沟通效果。

2.公共关系实施的原则

公共关系实施是一个复杂而科学的过程,客观上需要有一套科学的实施原则作指导。公共关系实施原则是公共关系实施的工作准则,是公共关系管理者(领导者)和操作者在错综复杂的实施环境中,排除各种困难,完成公共关系实施各项工作，实现公共关系目标的成功法则。

(1)准备充分原则。在正式实施公共关系策划方案之前，必须做好各种实施准备。实施准备是公共关系实施成功的基础和前提条件。准备越充分，公共关系实施就越顺利，失误就越小。绝对不能打无准备之仗。在正式实施策划方案之前，要用足够的时间做好各种准备工作。公共关系实施的管理者、操作者要严格、准确地检查每一项准备工作。要建立"准备工作责任制"，把各项工作落实到具体的人，并要求他们负责到底。

(2)策划导向原则。所谓策划导向原则，就是公共关系人员必须严格按照既定的策划方案开展实施工作的原则。策划导向包括目标导向、策略导向和实施方案导向。

目标导向要求公共关系人员在公共关系方案实施过程中，不断将实施结果与目标相对照，发现差距，及时调整，务必实现目标。策略导向要求公共关系人员必须按既定策略思路去执行实施方案。策略指导实施行为，是实施行为的主题思想。实施方案导向要求公共关系人员严格按照实施方案开展实施工作。各项具体工作内容的实施方法是公共关系策略和公共关系目标的实现手段，应当熟练掌握和应用，并在应用中创造更有效的实施方法。

(3)控制进度原则。控制进度原则就是必须按照公共关系实施方案中各项工作内容实施时间进度的要求，随时检查各项工作内容的完成进度，及时发现滞后或超前的情况，搞好协调与调度，使各项工作内容按计划协调、平衡地发展，并确保按时完成。控制进度的原则要求做好预测和及时发现各种可能影响实施工作进度的因素的工作，针对关键原因采取有效的预防和应急措施。

(4)整体协调原则。这是指在公共关系实施过程中，要使各项工作内容之间达到和谐、合理、配合、互补和统一的状态。公共关系实施是一项系统工程，各项工作只有相互有机配合才会达到整体最佳。各自为政，相互矛盾，只能增加内耗，严重时必然导致公共关系实施的失败。总之，整体协调的目的是要形成全体实施人员思想观念上的共同认识和行动上的一致，保证实施活动的同步与和谐，做到统一意志、统一指挥、统一行动，提高工作效率与效果。

(5)反馈调整原则。反馈调整原则是指通过监督控制机制及时发现公共关系实施中的方法偏差甚至错误，并及时进行调整与纠正。由于各种因素干扰，或由于实施人员的素质问题，不按照既定工作方法实施的情况时有发生。由于策划设计错误，或由于实施环境突然发生变化，原来设计的实施方法也会无法操作，这些都是实施中的严重问题。要建立一种灵敏的监督反馈机制，快速发现问题征兆，并立即采取有效措施调整实施方法。

四、公共关系实施中应注意的问题

在公共关系实施的过程中，有一些问题需要注意并及时处理。

1.既要注意统筹管理和全盘协调控制，又要相信别人

要实行分权，责权到人，相互配合，共同完成既定的任务。要把公共关系计划的具体要求，方案中对各项目实施的详细安排都交给参与实施工作的人员，让大家都明白地了解各自执行的具体任务、具体职责以及和整个公共关系活动总目标的关系。

2.要注意组织行为和传播的配合

除了严格按照公共关系计划的要求，督促组织按要求采取必要的措施和行动之外，还应积极主动地排除一些临时出现的或发现的有碍公共关系实施的一些组织行为。如，有待改进的消费者服务工作；需要健全的公众接待制度、接触方式；产品或服务的品质问题；产品外观设计的形象问题等，这样才能确保公共关系计划的实施。

3.要注意对各种信息制作的质量进行控制，严格把关

如对新闻稿的写作，供各种媒介使用的广告作品的制作，大规模的公共关系活动的筹办，甚至小到通知书、邀请信的制作等，都要反复推敲，使之达到最佳效果。

4.对各种具体媒介的时间或空间的购买，要严格按照媒介战略中的要求执行

如果出现环境条件不允许的现象，也得尽可能使新购置的“时”、“空”能满足传播的需要。

5.要注意照顾到不同类型的公共关系活动的特点

(1)对以传播宣传为主要方式的公共关系活动，要特别注意创造必要的声势或气氛，以便形成有利的社会舆论。在具体活动中要特别强调宣传的主导性，信息的时效性以及传播的覆盖、频度或持续等问题。此外，还要特别注意努力与新闻界保持密切的、良好的合作关系。

(2)对以社会交往方式为主要方式的公共关系活动，要特别注意直接接触和情感思想的沟通，考虑如何尽可能地深化交往的深度。在具体活动中，要注意广结人缘，创造亲密的气氛。此外，开展这类活动还要讲究灵活性，强调活动的自然和谐，使活动更富有人情味。

(3)对以服务为主要方式的公共关系活动，要特别注意考虑给公众以实在的好处。即使是配合商业性经营的售前售后服务而开展的公共关系活动，也要特别注意尽可能减少商业痕迹。

(4)对以社会性为主要活动方式的公共关系活动，要特别突出公益性文化的特点，强调组织作为公民的职责等。

(5)对以征询为主要活动方式的公共关系活动，要特别注意严格的科学态度，把好质量关。

6.要注意对公共关系策略的把握

(1)当采取建设型公共关系策略时，实施要注意把握好高姿态的传播特点，尽可能地促使活动成为社会的注意中心。

(2)当采取维系型的公共关系策略时，实施要注意把握好一种长期不断的、较低姿态的传播方式。

(3)当采取防御型公共关系策略时，实施要特别注意防患于未然，抓好信息反馈，及时调整自身的政策和行为。

(4)当采取进攻型公共关系策略时，实施要特别注意把握好组织的政策和行为调整的速度，把握好传播的分量。此外，在具体活动中要特别注意对有利时机、有利条件的充分利用。

(5)当采取矫正型公共关系策略时，实施要特别注意传播前的思想和行为的准备，注意对所传播的信息严格控制，确保信息准确和前后一致性等。

第四节　公共关系评估

一、公共关系评估的含义和意义

1.公共关系评估的含义

公共关系评估是指有关组织或机构依据某种科学的标准和方法，对公共关系的准备过程、整体策划、实施过程及活动效果进行测量、检查、评估和判断的一种活动。

公共关系评估的目的是获取关于公共关系工作过程、工作效益和工作效率的信息，作为决定开展公共关系工作、改进公共关系工作和制定公共关系计划的重要依据。从某种意义上说，评估影响和控制着整个公共关系实践过程中的每个活动及每个环节。

2.公共关系评估的意义

在整个公共关系活动程序中，公共关系评估控制着公共关系实践活动的每一个环节，它在公共关系实践活动的准备阶段、实施阶段及影响效果的分析阶段均发挥着重要的作用。这种作用主要表现在：

(1)公共关系评估是改进公共关系工作的重要环节。公共关系评估对一个社会组织的公共关系工作具有"效果导向"的作用。美国一位公共关系的先驱者埃瓦茨。罗特扎恩早在1920年就曾说过,当最后一次会议已经召开,最后一批宣传品已经散发,最后一项活动已经成为历史的记录时,就是你在头脑中将自己和自己所采用的方法重新过滤一遍的时刻。这样你就会清理出经验和教训,供下一次借鉴。这位先驱者所说的"清理出经验和教训,供下一次借鉴",恰恰说明了公共关系评估对改进公共关系工作的重要作用。

(2)评估是开展后续公共关系工作的必要前提。从公共关系工作的连续性来看,任何一项新的公共关系计划的制订与实施都不是孤立存在和产生的,它总是以原来的公共关系工作及其效果为背景的。制订新的公共关系工作计划,要对前一项公共关系工作从计划的制订到实施、从效果到环境变迁进行系统评估分析。即使是前后两项公共关系工作所要解决的问题各不相同,但这两项公共关系工作仍然不会是截然分开的。

(3)评估是鼓舞士气,激励内部公众的重要形式。公共关系工作实施的效果本身往往表现为一个复杂的局面,既涉及公众利益的满足,也涉及公众利益的调整。一般说来,内部员工很难对它有全面深刻的了解和认识。所以,当一项公共关系计划实施之后,由有关人员将该公共关系计划的目标、措施、实施的过程和效果向内部员工加以解释和说明时,可以使他们认清本组织的利益所在及其实现的途径,自觉将实现本组织的战略目标与自己的本职工作联系在一起,并变为一种行动。

(4)评估可以承上启下,为进一步开展公共关系活动提供依据。公共关系评估是公共关系工作的最后一个步骤,但又与新的公共关系活动的开拓首尾相连,所以又可能是新的公共关系活动的调查与分析阶段。在评估过程中,评估人根据公共关系活动的目标要求,结合各层次各环节的评估结果,以及对实际投入、成本与收效进行比较,对本次活动实施成败的各种因素及制定目标依据与实际实施过程的偏差程度进行分析、评价,可以用于指导今后的公共关系活动,成为进一步开展公共关系活动的前车之鉴。

(5)评估可以为企业管理提供决策参考。通过公共关系评估,可以评估出经过公共关系工作之后的企业形象的状况,评估出企业形象各因素(如员工素质、产品质量、服务方针等)与期望值的差距,为企业经营管理决策提供参考。公共关系评估的意义还在于使组织领导人看到开展公共关系工作的明显效果,从而使他们能更加自觉地重视公共关系工作。

(6)评估可以增强公共关系意识,提高公共关系人员的工作信心。就企业而言,公共关系活动重在平时,它对企业良好形象的树立能起到潜移默化作用。但是，只有通过公共关系评估，才能更好地将公共关系活动的这些效能凸显出来，使全体职工看到公共关系活动的作用，体会到公共关系的重要性，理解“唐松定律：100－1＝0（即100个员工为组织形象而努力，只要有一个人损害组织形象，这些努力都可能付诸东流）”，加强企业员工的公共关系意识。同时，公共关系从业人员也能看到自己的工作为企业带来的效益，劳有所成，提高了工作效率。

(7)评估可以衡量公共关系活动的效益。公共关系工作的评估可以衡量经费预算、人力、物力的配备与开展公共关系活动之间的平衡性，衡量公共关系活动的效益。

总之，在进行公共关系活动之后，有必要对是否达到了目标，实现目标的程度如何，开展传播是否有效以及投入与收效等方面进行认真评估，这是公共关系实务不可忽视的一个重要步骤。

二、公共关系评估的程序

科学的公共关系评估要遵循一定的程序。

(1)设立统一的评估目标。统一的评估目标是进行检验公共关系工作的参照物，有了参照物才能通过比较来检验公共关系计划与实施的结果。

(2)取得组织最高管理者的认可并将评估过程纳入公共关系计划之中。评估不是公共关系计划的附属品或计划实施后的事后思考和补救措施，而是整个公共关系计划的重要组成部分。

(3)在公共关系部门内部取得对评估研究意见的一致。

(4)从可观察与测量的角度将目标具体化、明确化与准确化。例如，谁是目标公众，哪些预期效果将会发生以及何时发生等。

(5)选择适度的评估标准。

(6)确定搜集证据的最佳途径。方法的选择取决于评估的目的、提问的方式以及前面已经确定的评估标准。

(7)保持完整的计划实施记录。这些资料能够充分反映公共关系人员的工作方式和工作效果，尤其重要的是反映计划的可行性程度。

(8)评估结果的使用。公共关系活动的每一个周期都要比前一个周期表现出更大的影响力，这是因为通过评估结果的运用，问题的确定和形式的分析将会更加准确，更加符合组织发展的长远要求。

(9)将评估结果向组织领导层报告。这应该成为一项固定的制度。这可以保证组织管理者及时掌握情况，有利于工作的协调。同时，也可以进一步发挥公共关系活动在实现组织目标过程中的重要作用。

三、公共关系评估的标准与方法

公共关系评估的标准与方法多种多样，但主要有以下几个方面。

1.公共关系工作准备过程的评估标准与方法

(1)背景材料必须充分。在这个阶段，公共关系活动尚未开始，评估的主要任务就是检验前几个程序中是否充分占用了资料和分析判断的准确性。重点是及时发现在环境分析中被遗漏的、对项目有影响的因素。

(2)信息内容必须准确、充实。应该分析：公共关系活动中准备的信息资料是否符合问题本身、目标及媒介的要求？沟通活动是否在时间、地点、方式上符合目标公众的要求？有没有对沟通信息和活动的对抗性行为？有没有制造事件或其他行动配合这次公共关系活动？相对任务本身而言，人员与预算资金是否充分？

(3)信息的表现形式必须恰当。应该检验有关信息传递资料及宣传品的设计是否合理、新颖，是否能达到引人注目，给人以深刻印象的要求。具体包括文字语言的运用，图表的设计，图片及展示方式的选择等。

2.公共关系工作实施过程的评估标准和方法

评估不仅仅是对公共关系工作效果的评估，更主要的是它应当在公共关系活动的实施过程中发挥其监控和反馈的作用。例如，发现哪些决策是正确的、哪些是错误的，哪些决策不利于公众产生对组织的信任，以及发现决策实施过程中出现的偏差等等。在这个阶段的评估中，可以分为四个不同层次的评估标准：

(1)检查发送信息的数量。组织在实施公共关系活动中所进行的电视广播讲话次数、发布信件、其他宣传材料以及新闻发布的数量，还应发现其宣传工作如展览等进行与否及其努力程度。

(2)信息被传播媒介所采用的数量。报刊索引和广播记录一直被用来作为查对传播媒介采用信息资料数量的依据。其他宣传活动如展览和公开讲话的次数，也反映了组织为有效地利用各种可能渠道将信息传递给目标公众的努力程度。

(3)检验接收到信息的目标公众有多少。将收到信息的各类公众进行分类统计，从中找出目标公众的数量。对于评估来说，收到信息的公众的绝对数量并不重要，而重要的是这些公众的结构。报纸杂志的发行量可以作为评估组织信息传播效果潜在的参考数据。事件、会议及展览等的出席人数也可以作为这种评估的参考数据。但真正的效果应体现在有多少人真正注意到这一信息上。

(4)注意该信息的公众数量。据此可以调查传播信息的实际效果。

实施过程的评估方式可以分为三种：

①评估人员的直接观察。这种直接观察可以评估人员的直接参与实施过程，

进行实地考察，记录各个环节实施的状况和顺序以及进展情况。

②对实施者和实施对象进行调查。再把二者的资料和调查访问实施对象得到的资料进行对比分析，这也是一种重要的评估形式。

③分析各种汇报资料。从不同渠道汇报上来的各种资料，如数据、图表、报告是评估的重要依据。通过研究分析这些资料，比较实施人员、实施对象、实施方法步骤、社会环境等方面的特点，了解实施过程中易出现的障碍，以便建立标准化的实施程序，确定实施人员和实施对象的结合部位。

以上三种方式一般是综合运用，通过几种方式的相互比较，相互引证，可以得到一个全面的、综合性的评估结果。

3.公共关系工作实施效果的评估标准和方法

实施效果的评估是一种总结性的评估。这一阶段的评估标准有以下几点：

(1)检查"了解信息内容的公众数量"。公共关系活动的目的之一是为了增加目标公众对组织的认识、了解和理解。公众没有了解或没有完全了解所有关于组织的问题，都会影响他们对组织的观点和行为。

(2)改变观点、态度的公众数量。这是评估实施效果的一个更高层次的标准。

(3)发生期望行为和重复期望行为的公众数量。

(4)达到的目标和解决的问题。

(5)对社会和文化发展产生的影响。这种影响会与其他各种因素共同起作用，并在较长的时间里以复杂的、综合的形式表现出来。

四、公共关系评估中应注意的问题

公共关系评估是一个非常复杂的过程，为了进行科学和有效的公共关系评估，应当注意以下几个问题。

1.应注意定性分析与定量分析相结合

定性分析是从价值判评方面评估公共关系工作效果，而定量分析则从数据事实方面分析公共关系工作效果。公共关系工作的目的就是改变公众对社会组织的态度，激发公众的合作行为。因而，有些客观效果就不可能通过数量体现出来，如公众对产品的态度及其改变情况、推销工作的顺利与否等，对于这些方面只能进行定性分析。但仅有定性分析还不能确切地反映出公共关系工作活动的效果，还需要进行定量的分析，如产品的销售情况、公众参加社会组织的人数等。

2.应注意长远效益分析与近期效益分析相结合

公共关系工作的实际效果不可能马上全部得到体现，这是公共关系工作效益的特殊性。因此，评估公共关系活动效果时，除了考查近期效益外，还要分析长远效益。有些活动近期效益明显，但没有长远效益；有些活动虽没有近期效益，但长远效益明显，能够为社会组织的未来发展创造有利条件。只有既考察近期效益，又考察长远效益，评估的结论才能做到科学公正。

3.应注意标准性与变化性的统一

这就是说，一方面要有标准化的考评内容和考评项目，另一方面也要根据特定的公共关系工作活动，适当变通其中的部分测评项目，以保证测评结论的科学性。

总之，公共关系工作计划活动从制订到完成任务，大体上包括四个环节：调查公共关系状态，编制公共关系工作活动的实施计划，实施公共关系工作活动的计划方案，评估公共关系工作活动效果。严格地按照这四个工作程序开展公共关系工作活动，是提高公共关系工作活动效率、保证公共关系工作活动效益的基础。

复习思考题

1. 公共关系调查的内容和方法有哪些？
2. 公共关系策划的原则是什么？
3. 公共关系策划的程序和方法有哪些？
4. 公共关系实施的原则和特点是什么？
5. 公共关系评估的标准是什么？
6. 简述公共关系评估的程序和方法。

第八章　危机公共关系

本章要点

1. 危机与公共关系危机。

2. 危机预防与公共关系危机管理。

3. 处理危机必须遵循一定的程序，主要包括成立危机处理组织、深入现场、控制损失、确定对策、发布正式信息、组织有效行动、认真善后和总结评估。

第一节　公共关系危机概述

一、公共关系危机的含义

公共关系危机是指由于某些突发事件，使得组织的公共关系现状发生负面改变，并且对组织的生存和发展构成威胁的状态。

突发事件则是指意想不到的突然发生的事情或问题。它有广义和狭义之分。从广义上讲，突发事件有良性与恶性两大类。良性的突发事件是指突然发生的对组织有利的事件，而恶性突发事件是指突然发生的对组织不利的事件。从狭义上讲，突发事件则是专指突然发生的恶性事件。引发公共关系危机的突发事件是狭义的突发事件。

狭义的突发事件又分为两大类，即一般性突发事件和重大突发事件。一般性突发事件，主要是指组织活动中的公共关系纠纷，包括组织内部纠纷、同消费者、媒体、政府的纠纷、组织之间的纠纷等等。重大突发事件，主要是指组织中发生的重大的工伤事故、重大的生产经营管理错误、重大的政府决策失误、天灾造成的严重损失等。如天灾、水灾、地震、工伤、废气废水的泄露和交通事故等造成的重大损失；公共管理失误及政府公信力受损；服务及商品的信誉危机等。所有这些都需要公共关系人员来协助加以妥善处理，以维护组织的良好形象。

二、公共关系危机的形式和类型

公共关系危机会给组织带来形象上乃至生存和发展上的严重影响，因此，公共关系人员要特别注意研究公共关系危机产生的形式、类型和特点，以制定相应的对策，并加以妥善地处理。

1.公共关系危机发生的形式

(1)偶发式。又称阵发式，这是常见的危机形式。这种危机呈非规律性变化，即危机的发生与发展无一定模式。这类危机的强度越大、持续时间越长，对组织生产经营管理活动的损害越大，危机的善后处理难度也越大。

(2)次生式。次生式危机是一次危机发生后诱发起的另一次危机。如，经营性危机爆发后，商品积压，流动资金大量被占用，组织发生亏损。当经营危机发展到一定程度时，组织职工工资难以发出、客户退货、债务沉重。于是还会引发新的危机——信贷危机，使组织陷于更加被动之中。

(3)连续式。连续式危机往往是对相同性质的危机由于没有根本性的解决措施，相隔一段时间之后又重新出现的一种危机形式。连续性危机多是由素质危机或经营危机引起的。它是由于员工队伍素质差、管理素质低而产生的危机。当第一次危机爆发后采取了紧急措施，勉强渡过难关，但根本问题没有解决好，因而过一段时间会再次发生同一性质的危机。

(4)交替式。交替式危机是指两种不同性质的危机交替出现的危机形式。常见的交替式危机是商誉危机和经营危机的交替。

2.公共关系危机的类型

在组织经营管理过程中所经常遭遇的公共关系危机有以下几种：

(1)灾变危机。灾变危机是由于自然灾害和不可抗拒的社会灾乱而造成的组织危机。例如，受山洪、雷击、地震等自然灾害的侵袭而引发的公共关系危机；因战争因素使组织正常营运受到影响而引发的公共关系危机等。灾变性危机多是不依组织意志为转移而发生的突发性危机。

灾变危机主要影响组织经营管理活动的实力。在这种情况下，如何动员公众帮助组织渡过难关是组织公共关系人员的重要责任，也是组织公共关系实务活动的重要任务。如果组织公共关系工作能及时跟上，就可以促使组织员工更加团结、拼搏向上，组织凝聚力可以得到最大限度的激发，从而能够妥善地处理好危机并维护组织良好的形象。

(2)信誉危机。信誉危机是指组织信誉和组织形象受到严重损害的危机。这种危机往往是由于组织不能履行合同或商品质量、服务质量低劣，危害消费者利益所造成的危机。其后果可能会使组织一蹶不振而走向毁灭。商誉危机在公众中的直接影响表现为组织会失去公众的信任，使得组织行为失去公众的支持，这样，组织的生存便岌岌可危了。政府组织由于公信力不足，失去公众信任，也会发生信誉危机，使某些政府组织的威信扫地。

(3)经营危机。经营危机多是由于组织领导决策失误或管理不当造成的。目前，在我国的一些组织中，这种危机往往是由于经济效益差、管理不善、商品积压、费用膨胀造成的。经营危机多是由于长期隐藏着的经营决策上的失误，经过较长一段潜伏期后爆发的，若不立即做出决定性的变革，将会使生产经营严重恶化，最后使组织失去生存的可能。

(4)信贷危机。信贷危机也称信用危机。主要是指组织失去金融机构信任，无法得到必要的周转资金，致使组织生产经营活动无法进行而导致的危机。组织信贷危机多是一种次生性危机，往往是继经营危机或商誉危机之后爆发的。

(5)素质危机。素质危机是指组织素质过低，竞争力极差，无论人员素质，设备素质还是管理水平在同行中均属下乘，这使组织在新技术引进、新商品开发、服务项目的确定和市场竞争方面一筹莫展，处于被动状态，路子越走越窄，最后或被兼并或另谋出路。我国一些中小商贸组织多发生这种危机。

(6)形象危机。形象危机是指组织内部发生丑闻而使组织形象受到严重损害的危机。例如，组织被指控有贿赂国家人员，偷税漏税，倒买倒卖等违法行为；或者组织领导被揭露出有贪污、安插亲信、挥霍浪费等问题，从而使组织形象遭受到严重损坏。竞争性非营利组织，如医院、学校也会因为各种原因发生形象危机，如假药、医疗事故、假文凭、校园自杀事件等。组织形象危机是本质危机，需要采取重大的措施，才能渡过这种危机。

除上述六种危机以外，组织还会发生人事等类型的危机。

以上是按危机的性质进行分类的。如果按危机发生的程度还可以将危机分成显在危机和潜伏危机两种。显在危机是指已发生的危机或危机趋势非常明朗，爆发只是个时间问题。而潜伏性危机比显在危机具有更大的危险性。这犹如一座冰山，显在危机是浮出水面的部分，虽已被人所发现和重视，但所占的比重小；而潜在危机犹如隐于水下的冰山本体，既不容易被发现而且危险性更大。此外，危机还可以分为一般性危机和重大危机；人为危机和非人为危机；内在危机和外来危机等。

在一般情况下，各种危机不是孤立的，而是相互联系的。一种危机发生以后，往往会引发另一种危机。因此，对社会组织而言，一旦发生了意想不到的危机，应当立即采取措施，来遏止危机，使之不会蔓延扩大并引发其他的危机。

三、公共关系危机的特征

了解公共关系危机的主要特点，既有助于我们认真做好公共关系危机的预防工作，又有助于在危机发生时，更好地处理它，以减少损失，减轻负面影响。

所有的公共关系危机都具有以下较为明显的共同特点：

1.偶发性

公共关系危机事件是一种突发事件。它大多是在人们毫无察觉或无准备的情况下偶然发生的，所以，它让人们既感到意外、吃惊，又感到恐惧、害怕，并给组织带来一定程度的混乱。如2003年的“非典”流行，2008年的汶川地震，都带有很大的偶然因素。而对这类“天灾”处理不当，必然使公共关系陷入非正常。

2.未知性

未知性又称为潜伏性，这是指公共关系危机包含许多未知因素，具有不可预测的特点，它往往是潜伏着的。例如，一般来说，航空公司会遇到空难事故，但是我们并不知道什么时候会发生空难事故。一家组织可以预想到会受到舆论的批评、顾客的指责，但是却很难预料什么时候受到什么样的批评和指责，以及事情是否会越闹越大，会不会由此使组织陷入更加不利的境地。

3.不利性

危机事件一旦发生，会使组织面临十分困难的局面，对组织的生存和发展产生极为不利的影响。例如，1999年2月，西南航空公司T154航班在执行从成都到浙江温州的飞行任务时发生空难事故。当T154航班发生空难事故后，第二天，所有的T154飞机全部取消飞行计划，而许多乘客也不愿意再乘坐令人有不愉快记忆的T154机型的飞机。这样，有关的组织就难免会有经济损失和声誉损失。

4.严重性

危机事件不同于一般的矛盾或小问题，它涉及面广，影响巨大，危害严重，造成组织或组织多方面的损失和伤害，甚至遭到灭顶之灾。“三鹿”奶粉由于三聚氰胺事件，一夜之间由中国五百强，变成了破产的“名牌”。而“三株”口服液因为一篇“三瓶口服液要了一条老汉的命”的新闻报道，至今未能“东山再起”。

5.关注性

危机事件常常成为社会舆论关注的焦点和热点，它往往是新闻传播媒介最佳的新闻素材与报道线索。正如国外危机管理专家所指出的，每一起意外事件不尽相同，相关机构应变的态度也颇见差异。但有一件事是无疑的：当悲剧发生的时候，群众和媒体的注意力一定集中在出事的公司。有时，危机事件不仅引起国内各界公众的关注，而且还会引起世界各国的关切和注意。如1986年前苏联的切尔诺贝利核电站的核泄漏事故，在非常短的时间内就成为国内外大小媒体广泛报道的焦点。

6.危害性

危机事件一旦发生，还会造成一系列的甚至比较严重的危害。比如，空难、海难事故引起的危机，往往在危害组织的同时，还危害当事人及其亲属的心理和精神健康。2001年美国“9·11遇袭事件”，2004年俄罗斯“别斯兰人质事件”就是典型案例。

7.普遍性

危机的发生带有普遍性。大到一个国家，小到一个组织，都可能遭遇到灾难和不幸事件。世界上许多跨国公司，诸如雀巢、可口可乐、三星等，在其发展的过程中都曾遇到过性质不同、表现形式各异的危机。1985年，美国莱克西肯传播公司对美国主要组织领导人的一项调查表明，89%的领导人认为“组织发生危机如同死亡和税收一样，是不可避免的”。

8.复杂性

公共关系危机具有比较显著的复杂性。一旦发生危机，无论是处理危机、控制危机，还是协调与危机有关的方方面面，都呈现出非常复杂的态势。往往涉及比平时更多的人、要投入更大量的钱财和物资。通常，当一个组织发生灾难事故，又造成了人员伤亡的话，其涉及的单位和部门从十多个到几十个不等。而政府组织失误引发的公共危机，更会造成社会舆论的哗然和公众心理、态度的变化。

第二节　公共关系危机处理

一、公共关系危机处理的意义

组织面对随时都可能出现的或已经产生的公共关系危机，绝不能视而不见或袖手旁观，必须采取有效的紧急措施给予认真的处理和解决。对一个组织来说，妥善地处理公共关系危机具有十分重要的意义。

1.有助于在公众心目中重塑良好形象

公共关系危机的实质就是形象危机和声誉危机。对于任何一个组织来说，无论由何种因素或事件引发的公共关系危机，都会不同程度地影响其在公众心目中的良好形象。通过公共关系实务来妥善地处理这种形象危机，能控制事态的进一步发展，从而能使组织已经受到的形象损失不再继续下去，并使形象损失降低到最低限度。如果公共关系工作做得好,还可以为组织塑造出比危机前更佳的形象。在19世纪二三十年代,美国的洛克菲勒财团,因受揭丑运动的影响,被称为"强盗大王",名声很坏,而工人的罢工,使财团陷入危机。洛克菲勒接受了公共关系大师艾维·李的建议并采取相应的措施后,科罗拉多大罢工才得以平息。最后,公众渐渐地改变了对洛克菲勒财团原有的看法,洛克菲勒重新赢得了声誉,成为闻名于世的石油大王。

2.有助于降低或挽回经济损失

给组织带来直接或间接的经济损失是公共关系危机的后果之一。及时并认真地处理好公共关系危机,可以尽可能地降低或挽回经济损失。1982年,美国麦克唐纳快餐公司为了不失去已赢得的消费市场,在得知该公司搭配在"幸福快餐"上的微型塑料玩具没能通过美国民用安全委员会的检查后,马上下令撤回所有待售的1 000万只这样的玩具。如果不这样,就会失去公众对它的好感和信任;已占有的市场也会被另外两家快餐公司占领,从而会造成巨大的经济损失。

3.有助于协调与公众的关系

组织的良好形象得益于与有关公众关系的协调。当面临公共关系危机时,组织与公众的关系就处于不协调的状态。在这种情况下,有关公众就会成为消极的行为公众,产生对组织不利的行为。对公共关系危机进行审慎的处理,目的在于尽力协调组织与公众的关系,形成组织发展的良好环境。总部设在瑞士的雀巢公司,由于产品质量存在问题,加之在销售婴儿食品的过程中没有认真分析和研究不同国家和地区的文化差异、卫生条件等,使婴儿食品在使用中被部分公众"玷污",以至于形成了以美国为主的抵制运动,持续了七年之久。该公司因此而受到的直接损失达4 000万美元。不过,危机之后,雀巢公司更加重视公共关系,重视协调与各方公众的关系,与公众的关系逐渐变得融洽起来,从而重塑了自己的良好形象。

认识公共关系危机处理的意义,还在于能够消除侥幸心理,使组织决策层不仅能识危,而且善于防危、治危。

二、公共关系危机处理的原则

公共关系危机处理没有固定的模式。但是,当我们面对已经发生的公共关系危机的时候,公共关系从业人员仍然可以依据一些危机管理专家过去的实践经验来处理问题。这些经验已经被公认为公共关系危机处理行业内的基本原则。公共关系危机处理的总原则是真实传播,挽回影响,减轻损失,趋利避害,维护声誉。具体地说,主要有以下几个方面。

1.及时性原则

处理公共关系危机的目的在于尽最大可能，努力控制事态的恶化和蔓延，把因危机事件造成的损失减少到最低限度，在最短的时间内重塑或挽回组织原有的良好形象和声誉。为此，危机一旦发生，不仅公共关系危机管理小组的成员，而且组织的所有成员都应立即投入紧张的处理工作。赢得时间就等于赢得了形象。

2.坦诚性原则

坦诚，是公共关系实务中的重要元素，在处理危机时，坦诚尤为重要。对政府、对媒体、对受害者、对内部员工、对合作伙伴、对社区公众乃至对社会大众都要坦直、真诚，不可欺上瞒下，弄虚作假。

3.冷静性原则

公共关系危机发生后，处理人员应冷静、沉稳和镇静，不要因头绪繁多、关系复杂的事件使自己变得急躁、烦闷、信口开河等等。只有在遇到危机时冷静、沉稳和镇静，只有具备了良好的心理素质和积极的心态，才能在处理危机事件的过程中应付自如，左右逢源。

4.全面性原则

公共关系危机事件涉及或影响组织内部和外部的诸多方面，因此，在处理具体的公共关系危机时应遵循全面考虑的原则。既要考虑内部公众，又要考虑外部公众；既要注意对公众现在的影响，又要注意对公众未来的或潜在的影响等。

5.准确性原则

危机事件发生后，特别是在事件初期，由于种种原因，传播的不对称，会使得信息失真。为了防止公众的猜测、误解和有关危机事件的谣言，公共关系危机管理小组选出的发言人不仅要及时传递有关信息，而且还要使传递的信息十分准确，不隐瞒或省略某些关键细节。

6.公正性原则

在处理与受到危机事件影响或危害的公众之间的关系时，一定要公正。在处理危机事件的过程中，要排除主观和情感的因素，公平、公开、公正面对受损害的公众。

7.客观性原则

遵循公正性原则的同时，还要讲客观性。处理公共关系危机事件的客观性原则，包含了很多方面的内容，如事实的真实性、评估的客观性、传递信息的准确性、赔偿的公平性等。

8.灵活性原则

由于公共关系危机事件随着情况的发展而会不断地发生变化，可能使原来制定的预防措施或抢救方案显得不太周全，因此，为使组织的形象和声誉不再继续受到损害，处理工作必须视具体情况灵活地运作。要随客观环境的变化而有针对性地提出有效的措施和方法。

9.公众性原则

灵活性不是随意性，它要以公众原则为前提。在处理危机时既要考虑组织自身的利益，又要考虑公众的利益。在公共关系实务中，人们往往容易只考虑组织自身的利益，忽视公众的利益，这是错误的，我们要强调公众性原则，要把公众的利益放在首位。

10.针对性原则

由于公共关系危机具有不同的类型和特征，即使类型和性质相同或相似，所面临的环境也会是不同的。因此，所提出的解决措施和处理程序应当具有较强的针对性和适应性，要使所提出的措施、方法符合危机事件的类型、性质和特征以及不同的环境要求。

11.人道主义原则

在多数情况下，危机会造成生命财产的损失。因此，在危机处理中首先就要考虑人的因素。2008 年汶川抗震救灾中，政府始终坚持救人第一，把抢救和安置灾民放在第一位，就是人道主义原则的高度体现。欧美舆论界对造成危及人的生命安全的事故或事件尤其重视，甚至加以渲染。1984 年，美国联合碳化物公司设在印度博帕尔的化工厂发生严重氯气泄漏事故，导致当地居民 2 000 多人死亡，几万人中毒，全世界的媒体连篇报道。在舆论的压力之下，该公司不得不把救护中毒人员放在优先地位，从美国运来大批药物和医护人员，并答应给予赔偿，才稍微缓和了公众的谴责。

12.维护声誉原则

国外危机管理专家指出，公共关系在危机管理中的作用是保护组织的声誉，这是危机管理的出发点和归宿。在危机管理的全过程中，公共关系从业人员都要努力减少对组织信誉带来的损失，争取公众的谅解和信任。从实质上说，上述的十一项原则的最终目的也是为了维护组织的信誉。1998 年，香港特区一家奶制品公司主动刊登启事，告诉自己的消费者，不要喝某天生产的产品。因为公司发现部分产品的质量不稳定，可能会给消费者带来不便。这种做法，就在于防范危机的发生，维护组织的声誉，对大众负责。

三、公共关系危机处理的一般程序

公共关系危机处理的一般程序如下。

1.成立危机处理组织

成立危机处理组织机构是第一件大事,这是有效处理危机事件的组织保证。这一组织机构有的被称为危机管理小组,有的被称为危机事故处理委员会。该机构的组成人员应包括组织负责人、公共关系部门负责人和经过培训的危机处理人员、指定的新闻发言人和值班人员等。

2.第一时间,深入现场

组织的最高层领导应在第一时间亲临危机事故现场,指挥抢救工作,并委派专业人员调查事故,确实弄清危机事件发生的时间、地点、原因以及人员伤亡和财产损失等情况,并根据实际情况做出一系列的决定。

3.当机立断,控制损失

危机发生后,要尽快采取一切措施来降低损失。既要看有形的损失,又要看无形的损失。可以说,失去市场、丢掉发展的机会是最大的损失。例如,强生公司决定回收价值近1亿美元的"泰诺"止痛胶囊,就是为了减少损失,力争在价值12亿美元的止痛药品市场上不被竞争对手挤走。

4.分析情况,确定对策

当掌握危机事故第一手资料,清楚了解公众和舆论的反应后,组织应该在高层人员的直接参与下,深入研究和确定应采取的对策、措施。这是危机处理的一大关键。确定的对策既要考虑危机本身的处理,又要考虑好如何处理危机涉及的各方面的关系,更要考虑如何抓住蕴涵的机遇,恢复声誉,重返市场。

5.新闻发布,传播管理

在了解事实,确定初步对策的情况下,务必尽可能以最快的速度召开新闻发布会或记者招待会。一方面,向新闻界介绍危机的有关情况,公布公司正在采取的措施;另一方面,恳请新闻媒介密切合作,防止不利的消息和舆论的传播。为此,要指定新闻发言人代表组织"以我为主"公布信息,使信息传递口径统一,而且,一般地说,新闻发布会要召开多次。

6.组织力量,有效行动

这是危机处理的中心环节之一。公众、媒介和舆论不仅要看组织在新闻发布会上的宣言,更要看组织的行动。事实胜于雄辩。危机往往涉及面很广,仅靠公共关系从业人员的力量是远远不够的,因而需要组织领导人亲临第一线,亲自组织和协调。强生公司对"泰诺"危机的成功处理,特别是几次重要的新闻发布会,董事长伯克都亲自参加,并诚恳地回答记者的提问。

7.积极善后,转危为机

对于受害者来说,善后工作包括赔偿、安慰、关怀等等。对于危机事件当事者来说，善后工作包括诸如搜集、整理和分析媒介对危机事件的报道以及各类公众对危机的舆论反映等。当然，还包括危机处理的效果调查、研讨、分析，以便将危害转为机会。

8.总结评估，吸取教训

危机管理小组应对危机处理情况进行全面的调查、评估，并将检查结果向董事会和股东们报告，向公众和报界公布。有些重大事故也可采取刊登广告的形式检讨自己。通过总结检查，改进组织或组织在危机管理方面存在的具体薄弱环节，并将一些经验教训写成书面教材，教育组织或组织的员工。进而修正危机管理的计划，唤起全体人员对危机及危机处理的重视。

上述危机处理的8个步骤，其侧重点是面对正在发生的危机。如果我们的工作是以处理危机为主，那么，危机仍然可能频繁发生。为此，我们必须从更高的全过程管理的角度来看待危机。社会组织应该从以“治疗”危机为重点转向以预防危机为重点。从这个意义上讲，危机管理比危机处理更高一个层次。

第三节　公共关系危机管理操作与危机预防

一、危机管理的基本对策

不同的危机有不同的对象，公共关系危机处理没有固定的模式。如前所述，由于公共关系危机具有不同的类型、性质、特征以及面临的环境的差异性，因此，这里所谓的“对策”，从某种意义上说，仍然是一种原则性的提示，一种理论上的思路。

运用科学有效的调查手段，查明情况，判断危机事件的性质、后果及影响，分析所涉及的公众对象及其关系，是制定公共关系危机处理具体对策的前提。不同的公众对象构成不同的公众关系，因而应采取不同的对策。

1.组织内部对策

(1)迅速成立处理危机事件的专门机构。假如组织已成立危机管理小组，可在该小组的基础上增加部分人员。如果事先没有设置与危机管理小组相似的专门机构，需要立即成立。这个专门小组的领导应由组织负责人担任。公共关系部的成员必须参加这一机构，并会同各有关职能部门的人员组成一个有权威、有效率的工作班子。

(2)了解情况，进行诊断。所成立的专门机构应迅速而准确地把握事态的发展，判明情况，确定危机事件的类型、特点，确认有关的公众对象。

(3)制定处理危机事件的基本原则、方针、具体的程序与对策。

(4)急告需要其参加援助的部门,与这些部门共同参加急救。

(5)将制定的处理危机事件的基本原则、方针、程序和对策,通告全体职工,以统一口径,统一思想认识,协同行动。

(6)向传媒人士、社区意见领袖等公布危机事件的真相,表示组织对该事件的态度和通报将要采取的措施。

(7)危机事件若造成伤亡,一方面应立即进行救护工作或进行善后处理,另一方面应立即通知其家属,并尽可能提供一切条件,满足其家属的探视或要求。

(8)如果是由不合格产品引起的危机事件,应不惜代价立即收回不合格产品,或立即组织检修队伍,对不合格产品逐个检验。通知有关部门立即停止出售这类产品。

(9)调查引发危机事件的原因,并对处理工作进行评估。

(10)奖励处理危机事件的有功人员;处罚事件的责任者,并通告有关各方。

2.受害者对策

(1)认真了解受害者情况后,诚恳地向他们及其亲属道歉,并实事求是地承担相应的责任。

(2)耐心而冷静地听取受害者的意见,包括他们要求赔偿损失的意见。

(3)了解、确认和制定有关赔偿损失的文件规定与处理原则。

(4)避免与受害者及其家属发生争辩与纠纷。即使受害者有一定责任也不要在现场追究。

(5)组织应避免出现为自己辩护的言辞。

(6)向受害者及其家属公布补偿方法与标准,并尽快实施。

(7)应由专人负责与受害者及其亲属慎之又慎地接触。

(8)给受害者以安慰与同情,并尽可能提供其所需要的服务,尽最大努力做好善后处理工作。

(9)在处理危机事件的过程中,如果没有特殊情况,不可随便更换负责处理工作的人员。

3.新闻界对策

(1)如何向新闻界公布危机事故,公布时如何措辞,采用什么形式,有关信息怎样有计划地披露等,应事先达成共识,统一口径。

(2)成立临时记者接待机构,专人负责发布消息,集中处理与事件有关的新闻采访,向记者提供权威的资料。

(3)为了避免报道失实,向记者提供的资料应尽可能采用书面形式。介绍危机事件的资料应简明扼要,避免使用技术术语或难懂的词汇。

(4)主动向新闻界提供真实、准确的消息,公开表明组织的立场和态度,以减少新闻界的猜测,帮助新闻界做出正确的报道。

(5)必须谨慎传播。在事情未完全明了之前,不要对事故的原因、损失以及其他方面的任何可能性进行推测性的报道,不轻易地表示赞成或反对的态度。

(6)对新闻界表示出合作、主动和自信的态度,不可采取隐瞒、搪塞、对抗的态度。对确实不便发表的消息,亦不要简单地“无可奉告”,而应说明理由,求得记者的同情和理解。

(7)不要一边向记者发表敏感言论,一边又强调不要记录。这种习惯很不好。

(8)注意以公众的立场和观点来进行报道,不断向公众提供他们所关心的消息,如补偿方法,善后措施等。

(9)除新闻报道外,可在刊登有关事件消息的报刊上发歉意广告,向公众说明事实真相,并向公众表示道歉及承担责任。

(10)当记者发表了不符合事实真相的报道时,应尽快向该报刊提出更正要求,并指明失实的地方。向该刊提供全部与事实有关的资料,并派重要发言人接受采访,表明立场,要求公平处理。特别应当注意避免使对方产生敌意。

4.上级领导部门对策

(1)危机事件发生后,应以最快的速度向组织的直属上级部门实事求是地报告,争取他们的援助、支持与关注。

(2)在危机事件的处理过程中,应向上级领导部门定期汇报事态发展的状况,求得上级领导部门的指导。

(3)危机事件处理完毕后,应向上级领导部门详细地报告处理的经过、解决的方法和事件发生的原因等,并提出今后的预防计划和措施。

5.业务往来单位对策

(1)危机事件发生后,应尽快地、如实地向有业务往来的单位传达事故发生的消息,并表明组织对该事件的坦诚态度。

(2)以书面的形式通报正在或将要采取的各种对策和措施。

(3)如有必要,还可派人直接到各个单位去面对面的沟通、解释。

(4)在事故处理的过程中,定期向各界公众传达处理的经过。

(5)事故处理完毕,应用书面形式表示歉意,并向给以理解和援助的单位表示诚挚的谢意。

6.消费者对策

(1)迅速查明和判断消费者的类型、特征、数量和分布等等。

(2)通过不同的传播渠道向消费者颁发说明事故梗概的书面材料。

(3)听取受到不同程度影响的消费者对事故处理的意见和愿望。

(4)通过不同的渠道公布事故的经过、处理方法和今后的预防措施。

7.消费者团体对策

(1)所有的对策和措施,都应以尊重消费者权益为前提。

(2)热情地接待消费者团体的代表,回答他们的询问和质疑。

(3)不隐瞒事故的真相。

(4)及时与消费者团体中的领导以及意见领袖进行沟通和磋商。

(5)通过新闻媒介向外界公布与消费者团体达成的一致意见或处理办法。

8.社区居民对策

(1)社区是组织生存和发展的基地,如果危机事件给社区居民带来了损失,组织应组织人员专门向他们致歉。

(2)根据危机事件的性质,也可派人到每一户家庭分别道歉。

(3)向全国性的大报和有影响的地方报刊发谢罪广告。主要内容包括:作为谢罪广告对象的有关公众;公众了解的事项;明确而鲜明地表示组织敢于承担社会责任、知错必改的态度。

(4)必要时,应向社区居民赔偿经济损失或提供其他补偿。

除上述关系对象外,还应根据具体情况,分别对与事件有关的交通、公安、市政、友邻单位等公众采取适当的传播对策,通报情况,回答咨询,巡回解释,调动各方面的力量,协助组织尽快渡过危机,使组织形象的损害控制在最低限度。

二、危机管理中答复询问的技巧

危机发生后,许多媒介都会表示关注,员工或受害人的亲属也会询问许多有关的问题。公共关系部门和危机管理小组成员必须掌握被问讯时的答复技巧。在危机事件中,询问会来自方方面面,我们要根据不同情况区别对待。

1.回答来自员工亲属的询问

(1)接电话一定要有礼貌,一定要注意策略,言辞要准确,以免引起任何猜测。

(2)切勿出于好意随便与询问者探讨有关情况。

(3)打给组织的电话都应该转由公共关系人员或危机处理小组成员以及员工关系处理人员接听处理。

(4)当现有人员无法承受过大的电话压力时,或询问的电话在危机处理小组尚未到位就打了进来时,必须告诉对方稍过些时候再打来,以便有关人员就位。

(5)在回答询问过程中,一定要表示对受害人员及其亲属的同情、安慰和关心。如果一时无法向他们提供确切的信息,也要让他们感到没有被欺骗。当信息缺乏的时候,员工亲属们会焦虑不安,进而导致他们会向政府有关部门反映情况或与媒介接触,这容易在社会上造成该组织对员工及其亲属不负责任的印象。

2.回答来自媒介的询问

危机刚刚发生时,组织还来不及召开新闻发布会,而记者们出于职业的敏感或为了抢头条新闻，往往要通过打电话的方式来询问，有的记者甚至会迅速地直接到现场进行采访。为此，在回答记者们的询问时，应当注意的是：

(1)要以诚恳的态度和语言请他们支持和配合组织的工作。

(2)感谢他们对危机事件的关注和关心。无论从哪个角度看，他们的工作都是在促进组织的进步与发展。

(3)向记者们提供真实的新闻信息。如果不能提供完整的，一定要告诉他们在什么时间和什么地点如何取得最新的信息，或告诉他们什么时候再来。

(4)不要向他们提一些不合理的要求。

(5)平时应准备一份应急新闻稿，留出空白，以便危机发生时可直接充实并发给记者们。

(6)恳请新闻媒介的记者朋友们务必从危机处理新闻中心获取有关信息。

(7)切忌“无可奉告”之类的话。这只会表明组织想隐藏什么，并刺激人们的猜测。

(8)把他们的问讯记录下来，对一些问题提供有准备的有效的答复。

3.回答其他公众询问

除记者和受害人亲属的询问外，还有来自其他公众的许多询问。在回答其他公众的询问时，要注意的是：

(1)迅速区分询问电话是事务性的还是非事务性的，并转到适合的部门进行处理。

(2)对于无明显利害关系的询问，比如表示一下公众的同情等，应该非常礼貌地接待并表示谢意，同时做好相应的记录。

(3)对于政府、警察、环境保护机构、能源部门等的询问电话，应请组织高层领导接听。高层领导要用简短的语言来介绍危机处理的进展和控制情况。

在任何时候，特别是在危机期间，组织的员工对保护所在单位的声誉起着决定性的作用。发生危机的组织不可避免地会成为媒介关注的焦点。因此，必须对有关工作人员进行培训，使他们知道如何对众多的询问做出很好的回答。危机期间安排的应急工作人员必须懂得对一个无足轻重的电话询问做出轻率的答复，很可能会引来误解或给组织带来潜在的危害。为此，要培训员工，让他们知道自觉地告诉记者“自己无权代表组织接受采访”，并有礼貌地把他们引导至危机处理中心的新闻发布办公室。

接听电话是危机期间一项最基础和最重要的工作。即使应急计划发挥作用的几天后，组织仍然会收到许多不同公众的问讯。因此，必须培训较多的电话接听人员，以替换连续工作、疲惫不堪的人。电话总机室的工作人员也应当是受培训的对象。

三、公共关系危机预防

1.公共关系危机原因分析

造成危机的原因有许多，一般可分为两大类：即组织内部因素形成的危机原因和组织外部因素形成的危机原因。

(1)组织内部原因。

①经营决策失误。经营决策失误是造成经营性危机的重要原因。组织不能根据内、外部条件的现状及其变动趋势正确制定经营战略和公共关系战略，就会使组织的生产经营行为得不到公众的支持而遇到困难，无法经营，甚至使组织走向绝路。

②管理不善。组织基础工作差、管理的规章制度不健全、管理方式和手段不科学等原因都容易造成商品质量和服务质量问题，也易引发纠纷和突发性事件。

③组织素质低。组织素质低是除灾变性危机以外各种危机产生的一个重要因素。组织素质首先是组织领导和职工队伍的素质。因为人的素质是决定组织发展最为根本的素质。特别是组织的领导人员，如果不能正确处理组织长远利益与近期利益的关系，往往会出现管理的短期行为，这将扩大组织素质与现代生产经营活动客观要求之间的差距，组织就会因为自身素质偏低而被社会淘汰。

④公共关系策略失误。在公共关系实务中必须严守公共关系原则来制定公共关系策略。比如：公共关系的基本原则就是以客观事实为基础的真实原则，因此，向公众通报的信息是否真实会直接关系到组织的形象和声誉。公共关系中以公众利益为出发点的原则要求公共关系实务的主体必须尊重公众。"顾客至上"是组织贯彻公共关系原则的具体体现，维护公众的利益是组织公共关系的重要内容之一。而违背公共关系原则制定的公共关系策略必然遭到失败，会给组织带来危机。

(2)组织外部原因。

①不可抗力。不可抗力是组织无法抵御的外力或突发性自然灾害，这会使组织生产经营管理活动无法正常进行。如地震、山洪、海啸等大自然的突发事件，或是战争、政变等社会突发事件。这些事件的爆发对组织的影响是巨大的，也是组织无法抵御的。

②政策和体制因素。国家政策和管理体制对各类组织的行为的影响是巨大的。例如，1981 年，由于国家物资部门取消了统购包销的方法，使地处鄂西北山区的第二汽车制造厂的汽车销量日趋下降，传统的"皇帝女儿不愁嫁"的观念受到了严重的挑战。又如，1993 年 12 月 1 日起，北京市区已严禁燃放烟花鞭炮，使北京日用杂品公司在 1994 年遇到了经营困难。

③社会因素。这是指由于严重的社会不正之风的影响,严重扰乱了正常的社会经济秩序,给组织的经营发展带来了巨大的阻力。如果不治理好社会经济环境,组织就不能得以正常的发展,危机是很难避免的。

在上述原因中,一般说来,组织内部原因是造成危机的主要原因,特别是常见的经营性危机、商誉危机、形象危机更是如此。

2.公共关系危机的预防

对公共关系部门来说,危机的预防有两个环节:一是预测危机,即及时发现产生危机的"萌芽";二是制定处理危机的对策,即当危机一旦发生时不至于手忙脚乱,而是从容不迫的采取有效措施,这就需要平时要有应付危机的准备。

(1)危机预警。在市场经济条件下,组织特别是企业比任何时候都更容易遭遇到危机。这是因为:第一,市场经济本身就要求组织特别是企业必须经受市场竞争的磨炼,而且日益激烈的市场竞争过程又充满了风险。第二,政府比任何时候都更加加强了对市场和组织的行为干预、管制和监督。第三,新闻界比过去更有兴趣报道和渲染企业界的危机。对新闻界而言,组织特别是企业的危机事件是人人关切的,因此是有价值的新闻;对组织来说,则意味着任何危机事件都不可能成为秘密。虽然所有这些并不是组织产生危机的原因,但却是组织危机迅速成为人人皆知的"危机"的外在因素。正是由于这些环境条件的存在,今天我们一打开报纸、杂志、收音机和电视,就常会看到或听到新的危机(不仅是企业危机,还有政府危机,外交和教育等组织的多种多样的危机)。生存环境复杂难测,会给组织带来意想不到的灾难和危机。但是,如果组织能事前做好应有的准备,遇事就可以转危为安,甚至能利用危机,从逆境中开创新局面,发掘新机会。所谓事前要做好的准备,至少应当包括:

①应变的心理。无论是组织领导还是公共关系人员都要有强烈的危机意识和危机应变的心理准备,应当视危机的发生为必然,就像死亡与纳税一样不可避免。只有具备了这种心理,才能建立起组织危机预警,预见组织活动中可能发生的所有危机,及早做好应对的准备,并有相应的应付措施。

②危机预警。许多危机在爆发之前都会出现某些征兆,因此应当建立组织预警系统来及时捕捉这些危机的预兆。建立预警系统的工作可由公共关系人员协同各个管理部门来进行,它主要包括:

A.加强公共关系信息与组织经营信息的搜集分析工作,及时掌握公众对组织活动的反映及评价。

B.密切注意国家经济政策及经济、政治体制改革的方向,使组织生产经营管理活动与社会经济大气候相协调。

C. 加强对重点客户的沟通，使重点客户成为组织稳定的支持者，及时关注其变动趋势。

D. 经常分析竞争对手的生产经营策略和市场需求的发展变化趋势。

E. 定期或不定期地进行自我诊断，分析组织的生产经营管理情况和公共关系状态，客观评价组织形象，找出薄弱环节，采取必要的措施。

F. 开展多种调研活动，并在此基础上研究及预测可能引起组织危机的突发事件，使组织危机因素消灭在萌芽之中。

③设立警报线。对一个在各地建有若干分部的较大公司来说，在各部的公共关系人员和经营者之间建立一条警报线，是一种很好的危机预警方法。建立警报线，使每一个组织的公共关系人员或经理在发现问题后，可以立即通知其他部门的有关人员，采取适当的步骤，避免发生同样的问题，并且还可以询问其他部门的有关人员是否遇到过类似的问题以及他们处理这类问题的经过。有关经验证明，建立可靠的警报线，是及时发现潜伏问题，防范危机发生的有效方法。

(2)危机应变计划。危机预警固然重要，但是发现问题，发出警告并不等于就解决问题了，关键是在发现问题以后，采取解决问题的行动。从另一个方面说，危机预警也并不能发现每一个危机，在现实生活中，许多危机是在意料不到或不可抗拒的状态下发生的。因此，要应付危机必须事前做好准备，即要制订一个危机应变计划，并根据这一计划来处理紧急发生的危机事件。

所谓危机应变计划，就是紧急事件处理计划，它是提供应付、处理紧急事件所需要的人力、组织、方法和措施的一整套方案。组织既然不能逃避危机，就要先做好应变计划。一旦出现了危机，就可以借助这个计划去应对和解决危机。有人形象地将应变计划比喻为“手电筒”。人们在突然停电的情况下首先想到的是找到手电筒，然后才能在它的指引下走到保险丝处查明停电的原因，最后修复通电。制订一个健全的危机应变计划犹如置备了一个“手电筒”，在危急时刻可以帮助我们有条理地处理危机。

一个较健全的危机应变计划，大致包括以下三项内容：

①成立危机应变小组。好的危机处理计划事先就要准备应对危机所需要的人力和物力，一旦危机爆发，则可以节省许多宝贵的时间来集中精力处理危机。所以做好危机应变计划的第一个任务，就是成立危机应变小组。危机应变小组可先由组织负责人如经理(厂长)、技术专家、公共关系部主任和法律顾问组成一个核心，然后根据可以预见发生的危机，增加危机处理小组的人员，如技术方面的危机由某工程师处理，财务方面的危机由某会计师处理。这样，发生某种危机时就可以直接找人负责处理。而在平时，负责处理某项危机的人就应有意识地做好各种应战的

准备。

②拟定危机应变计划。危机应变小组应负责拟定应变计划。应变计划要设想到各种可能发生的危机和所应采取的应对行动。它要提出和回答许多诸如此类的问题:"如果发生某种情况,我们该怎样办?"它最后形成一个危机应变计划手册,成为在危机四伏的森林中迷路时用以脱困的地图。例如,对商贸组织来说,最有可能也是最严重的危机之一是商品质量发生问题,影响企业的信誉。在企业的应变手册中,就不仅要预见到这一危机,而且要指明何处,何人可以向我们提供紧急援助,他们的姓名和联络方法。危机应变手册是提供处理各种危机的指南,因此要视不同行业的组织有所不同,但其计划一定要细致到足以应对危机时为止。

③危机模拟训练。危机应变小组在完成危机应变计划的纸上作业后,可以举行模拟演习。演习假设一种或多种危机情况,考核危机应变小组对紧急事件的反应能力,危机处理的知识和决策能力。模拟演习还要使组员接受处理紧张心理的训练,以免到真正危机时,让紧张的心理妨碍我们的思维和决策。另外,还要学习如何与新闻界打交道,掌握接受记者采访和对外发言等方面的技巧。

总之,危机应变计划和训练做得越周详,处理危机的工具就越犀利。不过,光有危机应变计划还不能解决危机,应变计划只是解决危机的工具,还需要人在实际操作中加以执行和灵活的运用。

复习思考题

1. 公共关系危机的含义是什么?
2. 危机处理应该遵循哪些原则?
3. 危机处理的一般程序有哪些?
4. 危机管理的基本对策有哪些?
5. 如何理解公共关系危机的预防?

第九章　涉外公共关系

本章要点

1. 涉外公共关系，即国际公共关系，是指一个社会组织跨越国界，在国际范围内进行公共关系交流和开展公共关系活动。

2. 国际公共关系的含义和意义、国际公共关系的新发展、国际公共关系的基本原则和操作方法以及不同民族间的文化差异与交融。

进入21世纪，在科学技术迅猛发展和经济全球化的大背景下，世界各国间的相互合作进一步加强，各民族之间的政治、经济和文化交往日益密切。随着世界各国政治、经济和文化的发展与交流，任何一个国家、地区和社会组织都不能摆脱国际大环境的影响，必须依据国际市场的游戏规则，按照国际通行的惯例求生存、求发展。同时，各民族之间的生产方式、生活方式、文化传统和价值观念也在交流中相互冲突、彼此融合。一个世界人类大交流、大融合的时代已经到来。中国作为世界大家庭中的重要一员，特别是加入世界贸易组织以后，国内经济也必将进一步融入全球经济，在国际化市场的激烈竞争中冲浪搏击，迎接全球市场狂风暴雨的洗礼。无疑，拥有不同文化背景的各国社会组织在进行国际政治、经济和文化交往时，在解决各种交流中的冲突问题时，国际公共关系是一种必不可少的锐利武器和发展手段，国际公共关系日益受到各种社会组织的重视，从而推动了国际公共关系事务的发展。

第一节　经济全球化与我国的对外开放

一、全球化及经济全球化

1. 全球化

全球化是当今人类社会发展的一种必然趋势和现象，只不过不同的人对全球化有不同的理解。经济学家用它来表示世界经济一体化，政治学家视之为是建立新的世界格局的全球战略，社会学家则用它来解释世界市场经济活动的标准化、国际交往使用同一工作语言以及以同样的规划建立类似的国际机构等国际化现象。此外，一提起全球化，一些人还会联想起人类共同面临的难题，即全球性问题，如人口问题、资源环境问题、毒品走私问题、恐怖主义问题以及核武器扩散问题等。

全球化作为人类历史长河中的一个特定的发展阶段，如同其他社会历史发展阶段一样，具有自己典型的时代特征和基本内涵，即世界经济的一体化、国际政治的多元化和各国民族文化的世界化等过程和现象。

作为一种现实的运动，全球化可以从广义和狭义两个方面去理解。狭义的全球化指的是从孤立的国家走向国际社会的进程；而广义的全球化则是指在全球经济和文化交流日益发展的情况下，世界各国之间的相互影响、相互合作、彼此互动愈益加强，使得具有共性的文化样式逐渐普及推广，并成为全球通行标准的状态或趋势。美国学者A·麦格鲁提出，全球化是指民族国家之间超越现代世界体系的联系与结合。通过全球化这一过程，在地球某一地方发生的情况会对遥远的另外一个地方带来很大的影响。

从人类的全球化进程中，我们大致可以得出这样的结论：

一是人类社会的全球化进程是一种自然历史过程。全球化社会是整个人类文明的新阶段，是人类的生产活动、经济活动乃至社会文化活动的必然归宿。

二是全球化的基本推动力产生于社会的物质生产活动和科学技术的发展，而并非产生于理念；其主要的动力来源于民间，而并非来源于主权国家。经济基础是第一性的，上层建筑只是第二性的；社会存在是第一性的，而社会意识只是第二性的。

三是全球化必然伴随区域化和民族化的过程。在某种条件下全球化是以区域化来加以体现的。全球化的同时，并非各民族完全地同质化，而是在全球经济文化整合的进程中显现其区域或民族的异质性与特色。

2.经济全球化

经济全球化是全球化的最重要内容。经济全球化是指世界经济活动超越国界，通过对外贸易、资本流动、技术转移、提供服务等，相互依存、相互联系而形成的全球范围的有机经济整体。在经济全球化下，世界各个国家的贸易、投资、金融、生产等活动在全球范围内进行，各种生产要素在全球范围内实现最佳配置。经济全球化是当代世界经济的重要特征之一，也是世界经济发展的重要趋势。从根源上说经济全球化是生产力和国际分工的高度发展，要求进一步跨越民族和国家疆界的产物。

经济全球化主要从以下几个方面表现出来：

(1)生产国际化。这主要是指国际生产领域中分工合作及专业化生产的发展。现代生产分工已经不是在国家层次上的综合分工,而是深化到部门层次和企业层次的专业化分工。这种分工在国际间进行,形成了国际生产网络体系。其中最典型是企业生产零部件工艺流程的专业化分工,这种企业层次的国际化,使一个企业内部进行的设计和研制、零部件的加工或购入、组装和总装等一系列的活动环节分布到世界不同国家中进行,即企业的不同部门、工厂、车间,甚至工段、工序等都在国际范围内进行组织,从而也形成了生产组织的国际化。

(2)产品国际化。这主要是指生产总额中出口生产所占的比重大大提高,直接表现为现代国际贸易的迅速增加。世界上几乎所有的国家和地区以及众多的企业都以各种方式卷入了国际商品交换。现在的国际贸易已占到世界总生产额的一半以上,并且还在稳步增长。国际贸易的商品范围也在迅速扩大,从一般商品到高科技产品,从有形商品到无形服务等,几乎无所不包。

(3)投资金融国际化。生产和产品的国际化使得国际间资金流动频繁,大大促进了投资金融的国际化。为适应国际化的潮流,各国都放宽了对投资金融的管制,甚至采取诸多措施鼓励本国对外投资的发展。与此同时,国际资本的输出入更加自由,金融资本严重地与商品资本相分离,脱离生产发展而迅速膨胀。目前,世界金融交易量已远远超过了世界贸易量。而世界大银行致力于在世界各国广设办事处、代表处和分行,建立海外附属银行以及附属金融机构,并与其他银行组成合资银行或国际银行集团。金融投资的国际化反过来又会促进生产和产品的国际化。

(4)技术开发与利用的国际化。首先从国际技术贸易的发展来看,由于技术对生产和经济的重要作用,生产国际化自然带动国际技术贸易的不断增长。其次,从研究与开发的情况来看,一方面由于各国在科技发展水平上的不平衡,而企业又要获得先进的科技成果,因而各国间设立研究与开发据点便成了一种趋势,以至于许多企业形成了全球范围内的研究与开发网络,从而促进了研究与开发组织体系的国际化。另一方面,由于现代科技发展以高科技开发为中心,而高科技研究开发投入高,风险大,使很多企业感到力不从心,所以形成了越来越多的国际联合开发,这是现代技术开发活动国际化的又一显著特征。

(5)世界经济区域集团化。生产、投资、贸易发展的国际化使各国间经济关系越来越密切,这特别表现在区域间经济关系上。为了适应新形势的发展,以区域为基础,形成了国家间的经济联盟,如亚太经合组织、二十国集团、欧盟、东盟、非盟、北美自由贸易区、南美自由贸易区,等等。这种经济区域集团化的趋势,不仅大大推动了集团内的经济自由化程度,而且也会影响到经济全球化和国际化的进程。

二、我国的对外开放

自1978年党的十一届三中全会作出实行改革开放的重大决策以来，党和国家先后采取了一系列实施对外开放的重大举措。我国30多年的对外开放历程，大致可以划分为以下几个阶段：

第一阶段：创办经济特区阶段（1978—1984年）。1979年7月，党中央、国务院根据广东、福建两省靠近港、澳，侨胞众多，资源丰富，便于吸引外资等有利条件，决定对两省的对外经济活动实行特殊政策和灵活措施，给地方以更多的自主权，使之发挥优势，抓住有利的国际形势，先走一步，把经济尽快搞上去。1980年5月，中央确定在深圳市、珠海市、汕头市、厦门市各划出一定范围的区域，试办经济特区，迈出了我国对外开放的第一步。

第二阶段：开放沿海港口城市及经济区阶段（1984—1989年）。1984年5月，党中央、国务院批转了《沿海部分城市座谈会纪要》，决定全部开放中国沿海14个大中港口城市。1990年4月，党中央、国务院正式公布了开发开放浦东的重大决策，以开放浦东来促进上海建设成为国际金融、贸易和经济中心。在对外开放沿海港口城市的基础上，1985年2月，党中央、国务院批准了《长江、珠江三角洲和闽南厦漳泉三角地区座谈会纪要》，将长江三角洲、珠江三角洲和闽南三角区划为沿海经济开放区。1988年初，中央又决定将辽东半岛和山东半岛全部对外开放，形成环渤海开放区。1988年4月的七届人大一次会议正式通过了建立海南省和海南经济特区两项决定，海南省成为我国最大的经济特区。至此，以沿海港口城市为点，以沿海经济开放区为线，我国扇形对外开放格局形成。

第三阶段：开放沿江、沿边及内陆城市阶段（1990—2000年）。进入20世纪90年代以后，我国对外开放的步伐逐步由沿海向沿江、沿边及内陆城市延伸。1992年6月，党中央、国务院决定开放长江沿岸的芜湖、九江、岳阳、武汉和重庆5个城市。不久，党中央、国务院又批准了合肥等17个省会为内陆开放城市。同时，我国还逐步开放从东北、西北到西南地区的所有内陆边境的沿边城市。经过这一阶段的发展，我国的对外开放城市已遍布全国所有省区，基本形成了全面对外开放的格局。

第四阶段：全面融入世界的对外开放新格局阶段（2000年至今）。进入21世纪，以香港、澳门的回归以及加入世界贸易组织为契机，我国开始了全面融入世界的对外开放新格局阶段。2006年5月党中央、国务院决定设立天津滨海新区，2010年6月经国家批准正式设立内陆地区第一个国家级对外开放高地——重庆两江新区。2010年7月在经济特区建立30周年之际，深圳、珠海、厦门、汕头四个最早的经济特区范围扩展到所辖市区。

经过三十多年的对外开放的实践，不断总结经验和完善政策，我国的对外开放由南到北、由东到西层层推进，基本上形成了“经济特区—沿海开放城市—沿海经济开放区—沿江和内陆开放城市——沿边开放城市”这样一个宽领域、多层次、有重点、点线面结合的全方位对外开放新格局。

第二节　国际公共关系概述

一、国际公共关系的含义及其重要性

1.国际公共关系的概念

对于国际公共关系的概念和含义，国内公共关系学界持有不同的看法。有的公共关系学者将公共关系与国际公共关系这两个概念的内涵和外延完全等同起来，认为国际公共关系就是公共关系，只是名称不同而已；而多数公共关系学者则把国际公共关系与公共关系定义为两个不同的概念，认为国际公共关系是公共关系超越国界，在国际范围内进行的公共关系活动。

实际上，国际公共关系与公共关系在内涵和外延方面都是两个不同的概念。我们通常所说的公共关系主要是指在国内开展的公共关系，而国际公共关系是公共关系的进一步延伸和发展，是公共关系在国际范围内进行的活动和结果，从而在公共关系活动的主体、对象、范围以及功能作用、方式方法等方面都有了新的特征和特殊的表现。具体地说，国际公共关系概念具有双重含义：它一方面是指世界各国公共关系界进行国际间的交流与合作，即公共关系国际性组织以及世界各国的公共关系组织、公共关系人员之间的联系、交往、沟通和协作。另一方面是指各类公共关系主体进行跨国的公共关系实务活动，即一个社会组织针对国外公众开展的公共关系活动或所进行的在国际上产生显著影响的公共关系工作。因此，所谓国际公共关系指的是本国社会组织在进行国际经济、技术和文化交流过程中，按照公共关系的一般理论原则和方法，针对国际公众，通过国际间的信息沟通传播所开展的公共关系交流及活动。

国际公共关系不是国内公共关系的简单延伸和发展，虽然国际公共关系和国内公共关系所要遵循的原则基本一致，但是两者在开展公共关系活动时所面临的公共关系环境和公众对象是完全不同的。国际公共关系所面临的是不同政治经济制度、不同民族历史文化背景下的外国组织和外国公众，并且，开展公共关系的国际环境变幻莫测，这些都与国内公共关系存在着巨大的差别。因此，进行国际公共

关系活动时所要运用的方式、手段和技巧也必然与国内公共关系有所不同。

在理解国际公共关系概念时,需要特别注意的是,国际公共关系包括政府间的国际公共关系,但它又有别于传统的政府外交活动。所谓传统外交是指处理政治家和外交官之间关系的活动,也就是说通过正统的外交渠道进行外交活动。而国际公共关系则是指政府、组织和个人力图影响国际公众态度,并进而影响对方政府的外交决策和外交行为的活动。由于公共关系具有的特殊功能,在特定条件下,政府的国际公共关系常常被用于传统外交所难以奏效或难以取得预期效果的领域,它利用或快或慢的适宜媒体来影响国际公众舆论,从而推动和实现正式外交关系所难以达到的目的。这里的快媒体指广播、电视、报纸、杂志等传播速度较快的媒体,慢媒体则指电影、书籍、展览、赛会及学术和文化交流。

2.国际公共关系的重要性

20世纪科学技术的突飞猛进给世界带来了天翻地覆的变化,这种历史巨变主要体现在两大方面:

一是人类进入了全面信息化时代。现代科学技术的发展催生了信息革命,整个世界已经进入到一个全球传播的时代。传播技术的巨大变革以及信息革命推动了新一代传播技术的开发和应用,使得人类面临着一场前所未有的信息大冲击。

二是人类进入了经济全球化时代。以信息技术、交通运输技术的高速发展为推动力,世界经济已经全面进入到全球化时代。世界经济比以往任何时候都更为紧密地联系在一起,世界各国人们的沟通交流已经变得非常便捷,世界也逐渐地变成了一个“地球村”。

世界发生的巨变,更加凸显出国际公共关系在国际事务中的重要性,突出了国际公共关系的重要意义,这种重要性和意义具体表现在以下几个方面:

第一,国际公共关系有利于国家的对外开放,促进一个国家的经济融入国际经济体系。随着经济的全球化,无论是发展中国家,还是发达国家,其社会政治经济都在全球范围内日益紧密地融合在一起,任何一个国家的经济都不能独立于世界而单独得到发展。国际分工的深化,促使全球性的跨国公司的进一步发展,从而形成了世界性的生产网络;国际贸易、国际投资、国际金融成为各国经济发展的主要引擎。在这一背景之下,通过各种有效的国际公共关系传播活动,树立一个国家的良好的国际形象,争取有利的国际发展环境,具有重要的现实意义。

第二,国际公共关系有利于本国社会组织有效地整合国际资源,促进自身的发展壮大。随着国际交流和交往的增加,各类社会组织的生存发展对国际环境的依赖性也日益增强。特别是企业组织,如何通过国际公共关系,有效地利用国际上的各种资源为企业的发展壮大服务,更是每一个现代企业所不可忽视的问题。企业国际公共关系就是指一个企业进入国际范围进行投资经营，对其他国家的企业或相关组织以及当地公众所进行的有针对性的公共关系活动。这方面的国际公共关系活动，除了围绕塑造经济组织的海外形象和帮助他们的产品进入目标市场之外，还包括对各国政府的外事活动及宣传游说等。跨国公司的国际经营活动，缺少国际公共关系这一重要手段，不可能取得良好的经济效益。

第三，国际公共关系是促进国际间科学技术和文化交流的重要纽带和桥梁。各国公共关系界的交往和交流，不仅可以极大的促进公共关系理论的发展，更重要的是推动不同民族之间文化的沟通与交流。此外，在国际公共关系活动中，文化教育及民间社团等组织也担当了相当重要的角色。世界各国的科学研究人员日益频繁的交流与合作，越来越多的跨国文艺演出及民族文化展览，越来越多的本国组织自觉地运用国际传播媒介来塑造和宣传自身形象，在某种意义上都是在进行国际公共关系活动。因此，国际公共关系在加强不同民族文化的交流与沟通，消除不同民族文化的差异和冲突，促进不同民族文化的信任、理解以及融合等方面都是非常有效的武器。

第四，国际公共关系对于中国企业"引进来"和"走出去"，参与国际竞争具有重要的推动作用。中国加入 WTO 后，意味着中国将进一步融入世界的怀抱，成为国际大家庭中重要的一员，中国的政治、经济和文化都将全面地与国际社会接轨。中国及中国的企业将直接面临纷繁复杂、变化多端的世界环境，中国及中国的企业能否抓住机遇，迎接挑战，能否增强国际竞争力，有效地参与国际经济大循环，国际公共关系将在其中起着越来越重要的作用。

二、国际公共关系的新发展

公共关系作为一门管理科学和艺术，起源于 20 世纪初的美国，经过一个多世纪以来的公共关系实践和理论研究，公共关系无论是在学科理论还是在实际的工作方式、方法等方面，都发生了巨大的变化。特别是在 20 世纪后半期到 21 世纪期间，科学技术的飞速发展为公共关系的发展提供了强大的科学物质基础，公共关系理论和实务操作比以往任何时候都更具有国际意义，成为真正意义上的国际公共关系。科学技术的进步和经济全球化推动了国际公共关系的新发展。

1. 开展网上公共关系活动和网上公共关系交流逐渐成为国际公共关系界的一种潮流和时尚

科学技术的发展特别是信息技术的突飞猛进，为公共关系理论和实务提供了强大的技术支持。"数字时代"的到来，网络世界的发展，使国际公共关系界开展网上公共关系活动和交流变得极为流行。几乎所有的各层次的国际公共关系组织、国际公共关系公司以及各类企业都建立了自己的网站，以进行国际公共关系交流和开展公共关系宣传活动。1999年，国际公共事务基金会作了一项研究，以确定通过电子邮件发布信息的倍加因素。假设在星期一的上午8时，1个人向5个人发出一条信息，下一个小时每个收件人都把这一信息再发给5个人，依此类推，最后的结果是，在这个工作日结束之前大约有50万人收到了这条信息。因此，现代企业要想得到快速的发展，利用网络资源为企业服务是必不可少的。通过企业网络建设可以实现以下的功能：一是信息共享与集散，实现企业内外部的信息资源的共享与交互；二是推广企业形象，开拓社会公共关系；三是开展电子商务活动，这是未来经济发展的大趋势，其目标是实现交易信息的网络化和电子化，它是面向企业的互联网高级功能，是未来互联网发展的主导方向之一。

在这方面，中国的发展也非常迅速。中山大学公共关系与传播教研室在中山大学网页WWW公告板上设立的"公共关系学网上论坛"首开先河。接着，中国国际公共关系协会开通了"中国公共关系网站"。它以中、英文两种语言宣传和介绍中国公共关系事业发展的最新情况，现已有"新闻公告"、"CIPRA"(中国国际公共关系协会)、"公共关系公司"、"公共关系人物"、"(电子)出版物"等栏目。据调查显示，中国的大中型企业大多都建立了内部局域网以及开设公司网站，没有建立网站的企业也都表示在计划建立自己的网站。不久的将来，网络覆盖所有的政府部门、企业、学校、家庭等领域将不再是梦想，网络公共关系交流及开展网络公共关系活动就不仅是一种时尚，而且是一种非常有效、实用的公共关系手段。

2.国际公共关系进一步向组织化、职业化和规范化发展

1926年，英国成立了第一个官方公共关系组织"皇家营销部"，利用组织的力量开展全方位的公共关系活动，取得了巨大的成功。第二次世界大战后，随着整个世界范围内的公共关系学的普及推广以及公共关系活动的广泛开展，公共关系的理论体系与操作体系逐步成熟并走向国际化，国际公共关系组织更是如雨后春笋般大量涌现。1947年英国公共关系协会成立，现该协会已发展成为欧洲最大的公共关系组织，拥有来自50多个国家或地区的2 500多名会员。1955年，国际公共关系协会(简称IPRA)在英国伦敦成立，第一批会员包括欧、美、亚、非各大洲的20多个国家，标志着公共关系已开始成为一种独立的世界性行业。随后，国际性的公共关系公司和国际性的公共关系协会纷纷建立，1984年，全美最高的公共关系组织——美国公共关系协会也宣告成立(简称PRSA)。国际公共关系业务往来不断增加，公共关系在各种国际事务中发挥着越来越重要的作用。1991年4月，中国国际公共关系协会在北京成立，各省市级公共关系协会也随之成立，公共关系组织在中国形成了比较完善的组织管理网络。

国际公共关系组织的建立和发展，推动了国际公共关系向职业化、规范化发展。国际公共关系协会以及各国公共关系协会组织都制定了相关的公共关系从业人员的职业道德及行为准则与规范。企业内部的公共关系机构在普及，国际公共关系专业人员的咨询服务公司迅速发展，世界各国以公共关系为职业的人数十分可观，社会上独立的公共关系机构也愈来愈多。在中国，由于公共关系职业教育发展迅速，国家劳动和社会保障部已正式将公共关系职业列入到需持证上岗的 90 种职业之中，并把公共关系职业资格的确认列入每年的国家统一考试之中，建立了相关的鉴定制度。这种职业化与规范化推动了中国公共关系事业走上健康发展的康庄大道。据中国国际公共关系协会发表的年度行业调查报告显示，整个公共关系行业的年营业额、专业公共关系公司从业人员数量以及参加公共关系职业资格考试的人员，每年都在成倍地增加。

3.整合营销公共关系理论的形成和发展

公共关系策划涉及多方面的学科内容，在信息技术和经济全球化两大因素的推动下，国际公共关系出现了与其他学科，特别是与广告传媒和市场营销理论相互融合的发展趋势。其中影响最大的是“整合营销传播理论”。整合营销传播理论是美国著名的市场营销大师舒尔兹在 20 世纪 80 年代提出的全新的市场营销理论。他在 20 世纪 80 年代出版的《整合营销传播(integrated marketing communication)》是第一本有关这一理论的著述，也是该领域最具权威性的经典著作，书中提出的战略性整合营销传播理论，成为 20 世纪最主要的营销理论之一。该理论产生后，引起了很大的争论，对其定义也说法不一。全美广告业协会(AAAA)通过对整合营销传播理论的研究，提出了一个比较权威的定义：“IMC 是一个营销传播计划概念，它注重以下综合计划的增加值，即通过评价广告、直接邮寄、人员推销和公共关系等传播手段的战略作用，以提供明确、一致和最有效的传播影响力”。

所谓整合营销传播就是将与市场营销有关的一切活动一元化，具体包括三个方面的要求：一是把公共关系、广告、促销等市场活动统一到 CI 战略之中，创造出企业特色化的经营风格；二是公共关系活动自身围绕特定的主题理念，形成相对独立的活动体系，创出自己的活动特色；三是用统一的信息符号向公众进行宣传，强化企业经营活动的整合力。引入整合营销传播的方法后，可以强化公共关系活动的系统整体意识、有序意识、动态平衡意识、反馈意识，从而制作出高水平的公共关系宣传作品，开展卓有成效的公共关系活动。在当今信息爆炸、媒体泛滥，商品趋于同质化和消费市场多元化的社会环境中，整合营销传播给企业提供了一种全新的传播概念和策略，也大大拓宽了国际公共关系的内容和工作领域。

4.国际公共关系不断开拓新领域

世界潮流的发展变化以及信息技术的进步，使国际公共关系所运用的信息传播技术越来越先进，推动了国际公共关系不断拓展新领域。环境公共关系或称绿色公共关系，就是近年来国际公共关系中的一个新的热点领域。环境公共关系指的是一个社会组织以承担保护国际环境的社会责任作为向公众进行传播、沟通、协调的公共关系工作重点，达到树立组织环保形象，赢得国际公众支持的目的。诸如在提供的产品和服务中，重视和突出环保理念；以积极的态度支持和参加国际环保工作；自觉遵守和维护国际环保公约；加强组织在环保工作方面的宣传等。国际公共关系协会在 1991 年 11 月内罗毕理事会上通过的《关于环境和发展传播的内罗毕准则》，以及 1993 年 1 月发表的《可持续发展时代的环境传播》都明确提出了环境公共关系在当今人类社会发展中的重要作用，并对环境公共关系给予了高度评价。此外，金融公共关系和网络公共关系等新兴公共关系领域和技术手段，也越来越多的在国际公共关系活动中被广泛地运用。

三、国际公共关系活动

国际公共关系所面对的公众是具有不同宗教信仰、文化背景、风俗习惯的公众，因此，国际公共关系与国内公共关系相比，开展公共关系活动的环境更为复杂，难度也更大。

1.国际公共关系的主体和客体

在前面的章节中已经对一般意义上的公共关系主客体作了论述，这里着重分析一下国际公共关系的主客体。

国际公共关系主体指的是与国外公众发生交往关系，且主要针对国外公众开展公共关系活动的各种组织机构，包括政治、经济、科技、文化、民间社团等方面。因此国际公共关系主体是多层次、多方面的，主要有这样几大类：

第一类是政府涉外管理机构。主要是各级政府的外事部门，对外经济管理部门以及招商引资部门等。它们在处理涉外事务时，要运用国际公共关系加强与国外公众的沟通协调，很多活动都带有很强的国际公共关系性质。

第二类是专门提供国际经济信息咨询和公共关系服务的机构。诸如一些从事国际经济信息咨询、国际广告、国际公共关系业务的公司，如中国国际环球公共关系公司、博雅国际公共关系公司等。

第三类是国际金融机构。主要是那些广泛与国际金融公众频繁发生业务往来的金融企业，国际公共关系也是其极其重要的工作内容。

第四类是国际贸易机构。这是指那些主要从事国际贸易代理业务的外贸企业，它们直接参与国际市场的经济活动，能最广泛地接触国际客户，国际公共关系自然会成为其经营取胜的有力武器。

第五类是跨国生产企业。这是指那些运用国际资源来组织产品生产，并以国际市场为主销售产品的跨国企业，如中国的海尔、中国的联想等都属于这类企业。

第六类是国际旅游服务机构。包括各种国际旅行社、旅游公司、高级宾馆、饭店、民航、交通运输部门等。

第七类是科教、文化及民间社团机构。

国际公共关系客体是指国际公共关系对象，即国际公共关系主体在进行国际交往活动时与之发生关系的国际公众，包括组织机构和个体公众。国际公共关系客体也可以归纳为这样几类：

第一类是国际性的组织，如世界贸易组织、世界银行、世界气象组织等类型的国际组织。

第二类是外国政府、司法及政党组织。

第三类是各国的驻外政治、经济和文化机构。

第四类是国际金融及投资公众。

第五类是国外经销商、供应商和国外的消费公众。

第六类是国外的新闻传播媒介机构。

第七类是从国外来本国观光的旅游公众。

第八类是侨居国外的本国公民以及加入了外国国籍，但与本国具有同一血统、同一文化渊源的外国公民。

2.国际公共关系的基本原则

在从事国际公共关系活动时，要遵循国际公共关系的基本原则，主要包括：

(1)遵守国际惯例的原则。在国际范围内开展活动的每一行业，都会有自己成文或不成文的行业原则。国际公共关系领域也是如此。公共关系自从跨出一个国家范围，成为国际公共关系之日起，就逐渐形成了一套成文或不成文的行业执业规范或行规。这些国际公共关系中的国际惯例主要包括两个方面：

一是国际公共关系协会制定的有关行业规范和准则。主要体现在两个文件中，即国际公共关系协会在1961年出台的《国际公共关系协会行为准则》和1965年制定的《国际公共关系道德准则》。这两个文件对国际公共关系从业机构和从业人员的行为规范提出了原则要求，如注重信息的真实性和充分的交流；尊重和维护人类的尊严；对社会和公众利益负责等，这是开展国际公共关系活动都必须遵守的准则。

二是在国际公共关系活动中已经约定俗成的国际惯例。如自觉遵守所在国法律、法令和法规;为客户保守商业机密,不得损害客户利益;不得为相互竞争的双方委托人或个人提供服务,等等。

(2)国际性与民族性相结合的原则。一方面,国际公共关系是在国际大环境下开展的公共关系活动。而当今世界,最大的一个现实就是经济全球化,国与国之间的相互联系和彼此影响,要比以往任何时候都深刻和广泛,因此,用全球的战略眼光来思考,随时了解国际政治经济的发展变化趋势,随时关注全球人类共同面临的重大问题,随时掌握国际科学技术发展的最新态势,这是开展国际公共关系活动并取得成功的前提。另一方面,世界是一个由众多国家和民族组成的多样化的世界。所以,开展国际公共关系,仅具备国际战略眼光是不够的,还要充分考虑到不同国家,不同地区的民族性,并且将二者很好地结合起来。所谓民族性,指的是一个国家或地区在政治制度、法律法规、生活水平、文化传统、风俗习惯、宗教信仰、礼俗禁忌等方面表现出来的不同特点。了解和研究各地区、各民族的传统和文化特点,也同样是开展国际公共关系的前提和先决条件,国际公共关系如果无视所在国或地区的这些民族特性,将会一事无成。无论是全球化的发展趋势,还是在全球化下世界各种民族文化的融合,都要求开展国际公共关系活动既要承认人类社会的多样性和差异性,又要以理解和包容的态度,平等对待和尊重不同的民族文化特点。我们常说,最具有民族性的东西也最具国际性。在国际公共关系活动中也是如此,凡是成功的国际公共关系案例,都是国际性和民族性结合得最好的典范。

(3)兼收并蓄、综合运用的原则。公共关系是公共关系主体运用一定的媒介向特定的公众传播有效信息,从而达到公众理解并获得公众支持的活动过程。而国际公共关系面对复杂的国际环境以及不同社会背景和文化背景的公众,如何充分地开发信息、积极地传播信息、有效地使用信息,以促进国际人类社会的全面交流、相互理解以及和谐发展,实现组织的公共关系目标,是国际公共关系必须解决的一个重要课题。现代科学技术的发展,推动了国际社会发生巨大的变化,各种学科、各种文化、各种技术手段相互渗透和彼此融合已成不可阻挡之势。“有容乃大”,国际公共关系作为一种实用技术和理论,一方面对市场营销学、现代管理学、信息传播学、国际广告学等相关知识要兼收并蓄,融合渗透;另一方面要充分运用报纸、杂志、广播、电视、户外展示和互联网等传播媒介向国际社会的公众传递组织信息,组合运用所有能利用的传播手段开展国际公共关系活动。实践证明,成功的国际公共关系策划,都是整合多元传播的结果。因此,开展国际公共关系活动要依循兼收并蓄、综合运用的原则。

3.国际公共关系的操作方法

国际公共关系与一般公共关系的操作过程和操作方法基本相似,但国际公共关系所要面临的公共关系环境和公共关系公众要复杂得多，多变得多，从而又有自己的特点。

(1)国际公共关系调查研究。国际公共关系调查与一般公共关系调查一样，是以收集信息为主要目的的一种事先沟通的方式，这是开展国际公共关系活动的基础和前提。国际公共关系调查研究是指收集、分析、研究和组织相关的各种国际信息，为制定科学、合理的公共关系活动方案提供依据。这种调查研究的内容主要包括：

第一，与组织相关的国际社会环境，如国际上直接或间接影响组织所有活动的政治、经济和文化因素。

第二，组织面对的国际公众的情况，如他们的需求、利益和态度，并在此基础上，寻找出组织与国际公众双方利益的共同点。

第三，组织自身的国际关系状况，如涉外性质、特点和发展方向，组织的国际形象，在国际上的知名度和美誉度等。

(2)国际公共关系策划与传播。国际公共关系策划与传播就是以调查研究为依据，以国际公众为对象，以树立组织国际形象为目标，以整合多元传播为手段，对公共关系活动方案进行构思设计以及实施传播的整个过程。其基本步骤包括：一是确立国际公共关系的主题和目标；二是研究分析目标公众的民族文化背景，寻找最佳切入点；三是研究分析可以利用的国际传播媒介，组合运用传媒渠道和手段；四是进行公共关系经费测算；五是选择最佳时间实施传播。因为国际公共关系的复杂性和多变性，一个好的国际公共关系策划方案一般要历经调研分析准备、讨论草拟、反复论证和审议确定几个阶段，以确保国际公共关系策划方案的切实可行并与客户目标一致。

(3)国际公共关系的评估反馈。由于国际公共关系在公共关系环境、公共关系公众等方面远比国内公共关系要复杂，也蕴含更多的不可预测因素，因此评估反馈在国际公共关系活动操作过程中显得更为重要。围绕公共关系目标，根据评估反馈的信息不断调整国际关系活动方案，是确保国际公共关系活动获得成功的必要措施。国际公共关系评估反馈一般包括以下几个方面：一是活动开展前的评估预测反馈，广泛听取意见，完善方案；二是活动开展中的评估反馈，根据反馈信息调整活动方案；三是活动开展后的评估反馈，总结经验，检查不足，为下一步进行国际公共关系工作提供依据。

第三节 民族文化差异与国外的某些禁忌

一、民族文化的差异与融合

国际公共关系活动实际上就是对不同文化背景下的公众对象进行传播沟通的一种活动。世界各国和各民族的文化存在着很大的差异，这种民族文化的差异性将对国际公共关系的传播效果产生直接的影响。

1. 民族文化的差异与冲突

每一个民族的文化都有各自的独特风格和内涵。生长在某一个民族文化中的人移居到另外一个民族文化环境中生活，往往会感到拘束，会产生一种茫然与心理失衡的感觉。这是民族文化排斥效应的结果。一个民族或集团的行为方式的总体以及个人从其总体中得到的文化信息，常常是这一民族或集团中较为固定的模式。换句话说，同一民族或集团是以同一文化模式进行社会活动的。同一民族的成员由于拥有这一共同的文化模式，互相间会预知和理解对方的行为及其意义，从而不会发生误解。而跨文化的交际情况则完全不同。因为存在着两种不同的价值观、文化观及行为模式，所以互相间很难预知和理解对方的行为及其意义，用本民族的价值观、文化观及行为模式去理解对方，常常会发生误解，甚至冲突。

在同一个民族文化背景下，我们接受的是同一种教育以及认同同一种价值观和行为准则，从而知道什么是正确与错误、适当与不适当、体面与不体面，但在另一个民族文化传统中可能与这种价值观和行为准则完全相反。不同国家和地区的人们行为上的差异，其根源就在于不同民族文化的差异。为什么西方的笑话，在中国笑不起来？为什么在中国广为传颂的传统美德“谦虚”，在西方则被认为是无能的表现？在东方，更强调集体利益、合作精神和忠诚孝道；在西方则更强调个性自由和个人表现，认为不显露自己的才华，是不可思议的和奇怪的。因此，了解了民族文化的多样性和差异性，我们就能更好地理解不同国家和民族的日常行为为什么差别如此之大：日本人不喜欢握手，他们见面时鞠躬致意；巴西人等公共汽车不排队，喜欢穿棕色的鞋而不是黑色的鞋，参加鸡尾酒会常晚到两个小时；希腊人会目不转睛地看人，当他们不同意时就点头，偶尔在餐馆里冲着墙摔盘子；法国人用一片面包把吃过的菜盘抹干净，把糕点放在咖啡里；英国人吃饭时把汤盘放在离自己远一些的地方，倒拿着叉子吃豌豆，还在雨中打高尔夫球。

2.民族文化的交流与融合

我们不仅要清楚地了解世界民族文化的多样性和差异性，并且这种民族文化的多样性和差异性也不会在明天就消失，我们更要了解世界民族文化相互交流和彼此融合的发展趋势。拥有不同民族文化背景的人们的举止并非乱糟糟的没有头绪，而是存在着清晰的倾向、顺序和传统，这为不同民族文化背景下的人们之间进行理解和交流提供了可能。跨民族和跨文化的交流，随着现代交通和通信技术的巨大发展，变得日益频繁和便捷，经济全球化及“地球村”，把世界不同民族文化背景下的人们更紧密地联系在一起。在当今社会，国与国、民族与民族之间的交往融合呈现出加速发展的趋势。电视和网络的普及更加强了全球性的大交流。如今，电视卫星的“足迹”几乎遍及地球的每一个角落，网络的“神经”已经延伸到世界的每一个城市街区。这种全球性的信息数字化革命对文化、政治和经济的影响非常巨大。显而易见，电视、网络等媒介物对各民族而言，已不仅仅是旁观历史的媒介，实际上，绝大多数人正是通过电视和网络来经历及见证历史。每一个民族都将难以控制外来的信息，这种不可遏制的观念、意象和文化交融正在漫延和发展。卫星电视和互联网所带来的最大影响，就是对各民族文化的冲击，以往一种民族文化要被另外一种民族文化所吸收需要几十年甚至上百年之久，而现在一种民族文化现象从原产民族传播到其他民族并被吸收，只不过需要几个月，甚至数天时间。如卡拉 OK 和牛仔裤文化一经出现就立即传遍了全球的各个角落。

新的世纪是民族文化互相理解、互相学习的世纪。国家无论大小、民族无论强弱，都有向他国和他民族学习的需要。而科学技术的进步已经极大地破除了国家与民族文化之间存在的藩篱，从而也为不同民族文化间的沟通、交流和融合提供了可能。不同的民族文化在经济全球化的推动下，必将进行大交流，大融合，共创人类文化灿烂辉煌的未来。

二、国外主要礼俗禁忌

世界之大，无奇不有；各国礼俗，五花八门。开展国际公共关系必须了解和尊重各国各民族的风俗习惯和禁忌，只有入乡随俗，才能广结人缘，赢得人心。

1.数字禁忌

(1)“13”忌。这个数字在西方是最忌讳的。对此有多种传说。如耶稣被钉在十字架上是在 13 号且是星期五，出卖耶稣的犹大在最后的晚餐上坐的位置是第 13 位；又如古希腊神话记载，在著名的弗哈拉宴会上，有 12 位北欧之神出席，但有一位不速之客洛基——烦恼和吵闹之神突然降临，导致一位最受爱戴的尊神柏尔特丧生。“13”因此成了不吉利的象征，人们唯恐避之不及。要是 13 号又是星期五，更被视为不祥之兆，那一天一般不举行活动。在西方，楼房门牌号、旅馆房号、层号、宴会桌号、班机号都要避开"13"。英国剧院中找不到13排13号的座位。

(2)"3"忌。点烟时，一根火柴只能给两个人点，到第三个人时要把火熄灭，再燃一根火柴给第三个人点。

(3)"4"忌。在韩国旅馆没有4层楼，门牌没有4号，军队中没有第4军、第4师、第4团、第4营，也没有第4海域；在中国香港地区和日本，一般的人也很不喜欢4和由4组成的数字。

(4)"9"忌。因为日语"九"的发音与"苦"音相同，所以日本人忌"9"，不能赠送与"9"相关的礼物，否则会引人反感。

(5)忌"星期五"。传说耶稣被钉在十字架上的日子是星期五，夏娃偷吃禁果也是星期五，挪威神话中把星期五视为鬼日，因此，在西方有很多国家把星期五视为不详的凶日。

2.花卉禁忌

送花在国外非常普遍。由于习俗不同，某些花的含义在不同的国家也有区别。例如：荷花在中国有"花中君子"之称，而在日本却被认为是不祥之物，仅用于祭奠。郁金香在土耳其被看做是爱情的象征，但德国人却认为它是没有感情的花。菊花是日本皇室的专用花，而在比利时、意大利和法国人眼中，菊花却与死亡相联，只能在墓地或灵前使用。在法国不要送康乃馨，因为它表示不幸。在日本去医院探视朋友不能送白花，那将表示不吉利。在与外国友人交往时，按惯例不能将菊花、杜鹃花、山竹花以及黄色的花献给客人。

3.宗教禁忌

无论在东方还是西方，宗教都已渗透到社会礼仪的众多方面。在欧美国家要考虑到基督教的影响，在中东地区要考虑到伊斯兰教的影响，在东南亚一带则不能忽视佛教的存在。穆斯林国家的伊斯兰教徒每天要做五次祈祷，这时无论有什么要紧的事都应暂且搁下，外来人虽然可以不做祈祷，但绝不能表现出不耐烦或干扰当地人的祈祷。对于信奉佛教的泰国人来说，所有的神像都是神圣的，不经允许不准拍照。在进入日本的神社或寺院的房舍之前，则应脱掉鞋帽和围巾。

4.颜色的禁忌

在欧美国家，视黑色为哀丧之色，尽量少用。比利时人忌讳蓝色，巴西人则忌讳棕黄色。日本人认为绿色是不祥的象征。土耳其人布置客厅禁用茄花色，认为茄花色是凶兆。泰国人平时绝对不用红笔签名，因为在那里，人死后用红笔将死者姓名写于棺木之上。乌拉圭人忌青色，认为它意味着黑暗的前夕。蒙古人讨厌黑色，因为黑色象征不幸、贫穷、威胁、背叛和嫉妒。

5.服饰禁忌

西班牙女人上街必定要戴耳环,认为没有戴耳环就如同没有穿衣服。即将做新娘的欧洲姑娘,在婚礼之前往往拒绝裁缝要她试穿婚礼服的请求,原因是怕婚姻破裂。一个外国人如果到英国系了一条带条纹的领带,那将是一个严重的错误,这种领带可能是军队或学生校服领带的仿制品,系上它,可能会遇到麻烦。阿拉伯人的"阿格尔"是用来固定披在头上和脖子上的头箍,用骆驼毛做成,一般是黑色,也有少数老年人用白色。

6.饮食禁忌

饮食禁忌多与宗教有关。印度教禁吃猪牛肉。伊斯兰教禁谈猪,也不吃猪肉。伊朗人不吃无鳞无鳍的鱼。阿拉伯人不食外形丑恶的不洁之物,不吃死动物。日本人不吃羊肉。俄罗斯及东欧一些国家不爱吃海味,忌吃动物的内脏。

7.商界交往禁忌

(1)东南亚。与东南亚商人洽谈商务时,严忌跷起二郎腿,乃至鞋底悬着颠来颠去。否则,必引起对方反感,交易会当即告吹。

(2)中东。中东阿拉伯国家的商人,往往在咖啡馆里洽谈贸易。与他们会面时,宜喝咖啡、茶或清凉饮料,严忌饮酒、吸烟、谈女人、拍照,也不要谈论中东政局和国际石油政策。

(3)俄罗斯。俄罗斯及东欧诸国,对西方商人是极其热情的。在同俄罗斯人洽谈贸易时,切忌称呼"Russian"。

(4)英国。到英国进行商务活动,忌系有纹的领带,忌以皇室的家事为谈话的笑料,忌把英国人称呼为"British"。

(5)法国。到法国洽谈贸易时,严忌过多地谈论个人私事。因为法国人不喜欢大谈家庭及个人生活的隐私。

(6)南美。赴南美洲做生意的人,宜穿深色服装,谈话宜亲热并且距离靠近一些,忌穿浅色服装,忌谈当地政治问题。

(7)德国。到德国洽谈贸易时,严忌神聊或节外生枝地闲谈。德国北部地区的商人,均重视自己的头衔,同他们一次次热情握手,一次次称呼其头衔,他们必然格外高兴。

(8)瑞士。若给瑞士的公司寄信,收信人应写公司的全称,严忌写公司工作人员的名字。因为,如果收信人不在,此信是永远也不会被打开的。瑞士人崇拜老字号的公司,如果你的公司建于1895年之前,那么你应在工作证件上或名片上特别强调出来。

(9)美国。与美国人洽谈交易时,不必过多地握手与客套,贸易谈判可直截了当地进入正题，甚至从吃早点时即可开始。

(10)芬兰。与芬兰商人洽谈时，应重视行握手礼，应多呼其"经理"之类的职衔。谈判地点多在办事处，一般不在宴会上。谈判成功之后，芬兰商人往往邀请你赴家宴与洗蒸汽浴。这是一种很重要的礼节。应邀赴宴，忌讳迟到，且不要忘记向女主人送上5朵或7朵(忌双数的)鲜花。在主人正式敬酒之前，客人不宜先行自饮，并忌谈当地的政治问题。

三、国外主要宗教节日和民间节日

1.国外主要宗教节日

(1)基督教(Christianism)。

①圣诞节。圣诞节是欧美国家一年中最重要的节日。它原本是耶稣基督(Jesus Christ)诞辰纪念日，如今已成为西方国家全民性的节日，颇似中国的春节。圣诞节为每年12月25日，而12月24日通常称为圣诞夜，一般教堂都要举行庆祝耶稣降生的夜礼拜，礼拜中专门献唱《圣母颂》或《弥赛亚》等名曲。圣诞节节期(Christmas Season)往往持续2周。在这段时期里，雪片般的贺卡会飞往世界各地，电话线、互联网频繁地传递着人们的祝福和问候；大街小巷粉饰一新，商店橱窗前大减价、大拍卖的广告格外醒目；到处可见人们拎着大包小包的节日用品匆匆而过，到处可听见欢快的歌声和笑声。车站、机场里此时挤满了盼望回家的人群，因为圣诞节也是家人团聚的日子。无论外出多远，人们都会想方设法赶回家与亲人团聚。

②复活节。《圣经·新约全书》记载：耶稣受难被钉死在十字架上后，第三天复活。据说复活节(Easter)一词源于盎格鲁-撒克逊民族神话中黎明女神的名字(Eostre)。它的原意是指冬日逝去后，春天的太阳从东方升起，把新生命带回。由于该词喻义新生，于是被基督教教徒借用过来表示生命、光明、欢乐的恩赐者耶稣再次回到人间。根据公元325年尼西亚会议规定，复活节为每年春分后第一个圆月后的第一个星期日，一般在3月22日至4月25日之间。基督教多数教派都纪念这个节日。庆祝活动的具体内容各地不一，最流行的是吃复活节蛋，以象征复活和生命。根据各国不同的规定，人们都会或多或少休假几天。一般来说，大学都从复活节开始放春假，假期长达三四周，短的也有一两周。过去，在多数西方国家里，复活节一般要举行盛大的宗教游行。游行者身穿长袍，手持十字架，赤足前进。他们打扮成基督教历史人物，唱着颂歌欢庆耶稣复活。如今节日游行已失去往日浓厚的宗教色彩。节日游行洋溢着喜庆的气氛，具有浓烈的民间特色和地方特色。

③感恩节。这是美国基督教的习俗节日，起源于1621年，最初为迁居美洲的

清教徒庆祝丰收的活动，后经美国总统华盛顿、林肯等确定此节为全国性节日。具体日期多经更改，1941 年起定为 11 月第四个星期四举行，教堂在这一天举行感恩礼拜，家庭也举行聚会，通常共食火鸡等。

(2)伊斯兰教(Islamism)。

①开斋节。伊斯兰教最重要的节日是"开斋节"(回历 10 月 1 日)，庆祝斋戒满月结束。每年伊斯兰教月，称为斋月。斋月期间，穆斯林在日出之前都要吃好斋饭。日出之后的整个的白天，不吃不喝，谓之封斋，在这期间，一心只敬真主，戒除一切俗念，经过一个月的斋戒，于伊斯兰教历 9 月的最后一天，寻看新月(月牙)，见月后的第二天，即行开斋，故名开斋节。节日期间，穆斯林沐浴盛装，举行礼拜，互相祝贺，交换礼物，施舍穷人。

②古尔邦节。亦称"宰牲节"、"牺牲节"、"忠孝节"。"古尔邦"是阿拉伯语，原意是献牲，"宰牲节"是其意译，时间为伊斯兰教历的 12 月 10 日。这天上午 10 点左右，教徒们头戴小白帽，衣冠整齐，拥入清真寺进行会礼叩拜，会礼结束后，举行别开生面的典礼。在条件好的地方，每人要宰一只羊，7 人合宰一头牛或一峰骆驼。所宰之肉要分 3 份，一份自己食用，一份送赠亲邻和招待来客之用，一份济贫施舍。典礼完毕后，众人开始访亲问友，馈赠香油、花粿粿等互相贺节。

③圣纪节。阿拉伯语称"冒路德节"，与"开斋节"、"古尔邦节"并称伊斯兰教三大节日，在每年 6 月 8 日进行。相传这天为穆罕默德的逝世日，亦称"圣忌"。为缅怀其功德，举行纪念活动。主要包括诵经、赞圣和讲述他的生平事迹。当日穆斯林前往清真寺听教长、阿訇讲经，然后游玩一天，有的还宰杀牛羊，设宴聚餐。

(3)佛教(Buddhism)。

①佛诞节。也叫浴佛节，时间为每年的农历四月初八。这一天相传为释迦牟尼的诞生日，除了要举行浴佛法会外，还有一个盛大的"行像"庆祝活动，也就是用装饰华美的车子载着佛像巡行城市街区，供民众礼拜植福，因此也称"行城"或"巡城"。

②佛成道节。农历十二月初八，相传这一天是释迦牟尼成道的日子。佛教徒在这一天举行诵经、赞颂佛祖功德等纪念仪式，特别是要煮腊八粥供奉。

③万佛节。泰国传统佛教节日，在每年泰历 3 月 15 日举行。相传释迦牟尼于这一天在摩揭陀国王舍竹林园大殿向自动前来集会的 1 250 名罗汉首次宣讲教义，泰国佛教徒称此日为佛教创建日。泰国于 1913 年定这一天为节假日并成为泰国传统的佛教节。这一天政府与人民同庆，国王也亲自参加。万佛节早晨，泰国男女老少带着鲜花、香烛和施舍物品前往附近寺院进行施斋、焚香和拜佛等非常隆重的活动。2003 年因为情人节与万佛节相冲突，泰国政府还专门发令禁止情人节庆

祝活动。由此可见泰国佛教徒对该节日之重视。

2.国外主要民间传统节日

(1)新年。在西方国家,尽管圣诞节才是最大的节日,新年在人们心目中仍占有不可替代的重要地位。除夕之夜晚会是庆祝新年到来必不可少的活动。西方各国的人们都喜欢在欢快的乐曲和绚丽的光彩中喜气洋洋地度过一年的最后一个夜晚。大家无拘无束,尽情玩乐。在英美两国,午夜钟声一响,参加晚会的人们还要手拉手高唱《友谊地久天长》这首著名的苏格兰民歌。

(2)情人节。又名"圣瓦伦丁节"。每年 2 月 14 日 ,在春回大地之时,世界各国的人们都会欢度情人节。在这个充满了浪漫与幻想的节日里,情侣们互诉衷肠。相熟的异性之间也会互赠小礼物,并附上写有祝词的小卡片。许多人选择这一天订婚、结婚;各地的大学、中学和一些团体俱乐部主办热闹非凡的情人舞会;商店里推出各种表达柔情蜜意的礼品;剧院里演出以爱情为主题的戏剧节目,宾馆酒店也推出各种以情人为主题的服务。这一天是属于所有温馨、浪漫的有情人的一天。

(3)愚人节。在西方国家里,一年中有一天人们可以名正言顺地说谎,取笑别人,当然也会被人取笑。不仅如此,谁编造的谎言最离奇,最能骗人,那么他就会荣获"桂冠"。在这个尽情开玩笑的日子里,有些玩笑虽然开得过火,近乎恶作剧,可是人们并不在意,因为大家都知道这一天是愚人节。这就是每年的 4 月 1 日。

(4)泼水节。地处南亚的印度和缅甸与中国云南傣族一样,有一年一度的泼水节。印度是每年二三月,缅甸是 4 月中旬。在泼水节期间,男女老少都身穿艳丽服装,载歌载舞,互相泼水祝福,并示涤旧迎新之意。

(5)护士节。每年 5 月 12 日,这天是英国女护士、护理学奠基人南丁格尔的生日。因她为人类社会所做出的杰出贡献,世界各国相继确定这一天为护士节,以表示对她的纪念。

(6)母亲节。每年 5 月的第二个星期日。每到这一天,人们都要在胸前佩戴一枝石竹以示对母亲的敬意。作为子女都会给母亲送上一束鲜花和礼物以表心意。

(7)万圣节。这是西方的"鬼节"。时间为每年的 11 月 1 日。但主要庆祝活动都在 10 月 31 日,即万圣节前夕(Halloween)。假如你在 10 月的某一天徜徉在美国、英国或爱尔兰等国的街头,忽然发现到处挂满了面目狰狞的鬼脸,商店门外的音箱不时发出鬼怪凄厉的叫声,你立刻会意识到一年一度的万圣节再次来临了。万圣节最为有名的是化装舞会,每人都戴着精灵古怪的面具,放浪形骸,尽情地通宵狂欢。

(8)巴西狂欢节。每年的 2 月下旬举行,为期三天。节日期间,在巴西的主要城市到处张灯结彩,无论男女老少,不拘平日礼节,尽情地狂欢。艳丽的服饰和强劲的音乐吸引着众多的国内外游客。各种主题花车、美女，艳舞、桑巴舞，令人目不暇接，汇成一片欢腾的海洋。狂欢节作为文化遗产已成为巴西最重要的节日之一，也是最令国外游客所神往的。

(9)西班牙斗牛节。西班牙斗牛的季节是由3月19日“巴仑西亚的火节”开始，到10月12日的“沙拉哥沙的比拉尔祭”结束，但正式的时间是6月至9月。这期间，晴好天气的每个礼拜天与假日都举行斗牛会。西班牙斗牛举世闻名，历经百年，长盛不衰。千百万人置生命于不顾，忘情地、疯狂地面对凶猛的蛮牛，战无不胜，既弘扬了民族精神，又体现了人类的机智勇敢。在西班牙，斗牛士是最受美女青睐和尊重的人。

(10)瑞典仲夏节。每年6月24日举行，是瑞典规模最大、最具群众性的传统节日。这一天昼长夜短，太阳高悬天空，迟至午夜时分方徐徐落下，时过不久，朝阳又从地平线上升起，这就是奇妙的“白夜”。在仲夏节，青年男女围绕着鲜花、彩带装饰起来的木桩，轻歌曼舞，通宵达旦，庆祝光明和万物繁茂。在这个节日里，姑娘们要挑选自己中意的小伙子。这天傍晚，姑娘要去附近的山上，采摘红、黄、蓝、绿、青、橙、紫等七种颜色的鲜花。这些鲜花有两种用途，一是作为爱情的信物。姑娘们在这一天把七色花送给心爱的小伙子，表示向他求爱，小伙子如果也中意姑娘的话，就会愉快地接受。二是寄托爱情的希望。暂时没有意中人的女孩在睡觉前把这些花放在枕边，传说这样就会在仲夏夜的梦中同命中注定的“白马王子”结成连理，获得鲜花一样的爱情。

复习思考题

1.如何理解经济全球化？经济全球化主要表现在哪几个方面？

2.何为国际公共关系？它与一般公共关系有什么区别？

3.国际公共关系的新发展以及国际公共关系的基本原则主要有哪些？

4.怎样理解民族文化的差异对国际公共关系的影响？

5.国外礼俗禁忌有哪些？在国外进行商务交往中应注意哪些礼节禁忌？

第十章　公共关系心理

本章要点

1. 心理过程与公共关系。
2. 个性心理特征与公共关系。
3. 个性倾向性与公共关系。
4. 群体心理与公共关系。

人的心理现象或心理活动是极为复杂的，但可以大致分成两大类：一是心理过程，包括认识过程、情感过程和意志过程。一是个性心理。个性心理是由个性心理特征和个性倾向性构成的。其中的个性心理特征包括人的能力、气质和性格等；个性倾向性包括需要、动机、态度、兴趣、信念、价值观、理想和世界观等。公共关系是社会组织与公众的关系，归根结底是人与人的关系，而人与人的关系的重要方面，就是心理上的关系。开展公共关系活动的目的就是要争取人们的理解、支持和合作，这就需要在组织与公众之间以及人与人之间建立起相互理解、相互支持、相互信任、真诚合作、协调一致的心理相容关系，避免和消除组织和公众之间以及人与人之间的心理冲突。所以，要开展公共关系活动并达到预期的结果，要提高公共关系的工作效能，就必须对作为公共关系主体和客体的人的心理现象进行研究，就不能不了解人的心理的本质和规律，并应用一些心理学的理论和方法。

第一节　心理过程与公共关系

心理过程包括认识过程、情感过程和意志过程。心理过程及其差异对公共关系活动会产生重要的影响。

一、认识过程与公共关系

认识过程包括感觉、知觉、表象、想象、记忆、注意、思维等，它们都是人们对客观事物的了解和掌握。因此，认识过程是影响公共关系活动中人的行为的重要心理条件之一。在此主要分析一下社会知觉及其偏差对公共关系活动的影响。

1.社会知觉及其类型

知觉是人脑对直接作用于感官的客观事物的整体反映，主要分为自然知觉和社会知觉。由于公共关系是一种社会关系，因此，知觉中的社会知觉对公共关系实践活动的影响更大，更为重要和直接。

社会知觉是与对自然知觉相对而言的，它是指人们对社会及社会环境中人的知觉。社会知觉是人们社会行为包括公共关系行为的基础。具体地说，社会知觉包括以下四种类型。

(1)对他人的知觉。人要从事公共关系等活动，首先就要和他人打交道，就要认识他人。对他人的认知就是对生活在一定社会环境中其他人的感情、动机、意向、性格等心理活动和个性特征的知觉。在现代社会里，作为组织的领导者和管理者能不能正确认知自己的同事及其下属员工，这是关系到能否管理好组织及企业的大问题。同样，对于公共关系从业人员来说，是否能够正确认识他人及公众也是极为重要的，这是与他人及公众交往并与之建立良好人际关系的基础。

(2)人际知觉。人际知觉是指对人与人之间相互关系的认知，也就是对人际关系的知觉。公共关系与人际关系有着密切的关系，在一个成功的公共关系工作者应当具备的品质中，包括善于处理和协调自己与他人以及他人与他人的关系，为此，首先就要有一个正确的人际知觉。

(3)角色知觉。角色知觉是对某个人在社会活动中所扮演的角色以及对有关角色行为标准的认知。在社会这个大舞台上，每个人都在扮演着各种社会角色。例如，社会中的人千千万万，每天都有一群群陌生的人出现在我们眼前。对于这样多的素昧平生的人，要想靠一一介绍来认识是不可能的，也是没有必要的。然而，我们却知道怎样得体地与他们相处，这就是因为我们可以通过他们的角色扮演，如衣着打扮、行为举止、言谈话语等，来判断或辨认其社会角色。并且，每个人在社会上都扮演着各种不同的角色，而每一种角色又都有一定的行为标准，对角色行为标准的不同认知，也会影响一个人在社会上采取不同的角色行为。

(4)自我知觉。在心理学中，“自我”也叫“自我意识”、“自我概念”，是指个体对自己的存在的观察，是一个人对自己各种身心状况总和的意识。从广义上说，自我是指一切个体能够称之为“我的”的总和。它既包括个体的躯体、生理活动、心理活动，也包括所有与个体有关的存在物，如个人的事业、成就、名誉、地位、财产、权力等。狭义的自我，仅指个体对自己心理活动的认识与控制。人贵有自知之明。正确的自我知觉可以使人正确地认识自己和评价自己，并激发起人的自尊心、自信心、事业心和荣誉感，有助于增强人们自我控制和自我调节的能力，正确认识自己是有效地从事社会活动的前提。

2.影响社会知觉及造成社会知觉偏差的因素

社会知觉对人们的社会生活和公共关系活动有重要的影响,但社会知觉作为人的一种认识,特别是对人这个复杂对象的认识,难免会产生错误和偏差。分析影响社会知觉甚至造成社会知觉偏差的因素,才能使我们自觉地避免错误和偏差,得到关于社会和人的正确认知。这些因素通常也被人们称之为心理定势。所谓心理定势,也就是心理上的"定向趋势",它是由一定的心理活动所形成的准备状态,会使人们自觉不自觉地沿着一定的方向去感知事物、记忆事物、思考问题并寻求解决问题的方法。在日常生活中,人们的心理定势是普遍存在和起作用的。

(1)社会刻板印象。这是指在社会交往中,人们往往根据国籍、民族、籍贯、地区、肤色、年龄、性别及职业等,将人进行分类,对每一类人持有一套固定的看法,形成共同的、笼统的、概括的印象,并以此作为判断人的社会角色或人格的依据。例如,在国籍和民族上,德国人常被看做是有哲理的、崇尚科学的;英国人则常被看做是循规蹈矩、彬彬有礼、很有绅士风度的。在地区和籍贯上,一提北方人,就是粗犷、豪放、热情、好客;南方人则细腻、灵巧、精明、小气等。在职业上,一谈到教授,人们就会认为,他是白发苍苍、文质彬彬;一提到工人,就是身强力壮、性情豪爽。在年龄上,年轻人总是认为老年人墨守成规、因循守旧、缺乏进取心;老年人则总认为年轻人缺乏经验、冒冒失失,"嘴上没毛,办事不牢"。

对于社会刻板印象的作用,要做具体分析。一方面,社会刻板印象有一定的合理性。因为"物以类聚,人以群分",各类事物和人总有区别于其他事物和人的特点和共性,认识这种特点和共性不仅有助于区别于其他类的事物和人,而且也有助于认识这一类中的每个个体。在某些情况下,它可以将人们加以大致的归类,从而便于人们对他人做一个概括的了解。但是另一方面,如果这种归类不符合于人类群体的实际,或者只是在对某类人的非本质特征基础上做出的概括,就会使人们形成偏见,以偏概全,从而产生错误的知觉和判断。这是一种先入为主的观念和心理定势,可能有利也可能妨碍人的角色知觉。

(2)首因效应。首因效应是指第一次交往过程中形成的印象对双方以后交往关系的影响,也称"先入为主"效应或第一印象。人们首次交往时所形成的对对方的看法,不管正确与否,总是最鲜明、最深刻、最牢固而难以改变的,并且影响着以后交往的程度。这是因为人对事物的整个印象,一般是以第一印象为中心而形成的,以后如果还有机会接触,首因效应就会产生先入为主的效果,给人们戴上"有色眼镜",使人有意无意地把以后的印象同第一印象相联系,并将其作为第一印象的补充。一个人在初次见面时给对方留下的良好与不良的印象,会影响对方对他以后一系列行为的解释。第一印象良好，以后的不良印象相对来说不会那么使人反感；而第一印象不良，以后的良好印象也会相形失色。要改变这种状态，需做出很大的努力。还应注意的是，首因效应或第一印象是有层次性和推延性的，当人们第一次和一个美国人或日本人接触时，所得到的第一印象不仅仅是对这个人的印象，也是对美国人或日本人的第一印象；当人们在某个商店得到某个营业员的热情服务时，所得到的第一印象也不仅是对这个营业员的印象，还包括对这个商店的印象；当人们选购回一台电视机并发现其有质量问题时，他对这一电视机的品牌以及生产厂家的不良印象也许就再也无法挽回地产生了。

所以，首因效应在组织管理、公共关系活动和社会生活中都有重要意义。例如，在企业管理和公共关系活动中，领导者及公共关系工作者一方面要善于利用首因效应，注意自己在职工和公众中的第一次亮相，为其办好第一件事，给其留下良好的第一印象，树立良好的形象，这有利于今后工作的顺利开展。另一方面，领导者及公共关系工作者对职工和公众的看法应避免第一印象带来的消极影响，不要用固定不变的眼光来看职工和公众，应当善于发现他们的闪光点，不断鼓励他们克服缺点、奋发向上。同时，在公共关系活动中，我们必须重视公众的首因效应，一方面不能利用首因效应来欺骗公众，不能让公众因为首因效应而上当受骗。另一方面应该抓住公众的这种心理定势，利用首因效应积极地开展健康的、丰富多彩的组织及其产品和服务的宣传工作，树立组织及其产品和服务的良好形象。同样，在日常生活中特别是在大学生择业应聘的过程中，一方面要尽力给他人和组织留下良好的第一印象，这有利于得到工作以及今后工作的顺利开展和人际关系的完善。没有掌握“第一次见面”社交技巧的人，很可能其“好心”和“内在美”的东西不能被人了解，甚至会被误解，解除这种误解可能会需要时日，从而会错失良机。另一方面，在对他人的看法上，要防止先入为主，既不要对别人形成固定不变的偏见，也不要为别人给你的第一印象所欺骗。这就是说，我们既要为别人留下良好的第一印象，又不要为别人给你的第一印象所迷惑。

(3)晕轮效应。晕轮效应也叫光环效应、印象扩散效应、哈罗效应，是指在人际知觉中形成的以点赅面、以偏赅全的主观印象。我们在观察一个人时，对他的某种品质或特征会有清晰、明显和突出的知觉，从而掩盖了对这个人其他特征和品质的知觉。我们会从对象的某种特征推出对象的总体特征，从而产生美化或丑化对象的知觉。也就是说，一个人身上的某种突出的特征和品质起着类似晕轮的作用，使别人看不到他的其他品质，从而由此一点而做出对这个人整个面貌的判断，往往是一叶障目，只见树木，不见森林。俗话说“一俊遮百丑”、“一好百好”就是这个意思。同样，当我们走进商店，往往喜欢选购那些包装精美、价格偏高的商品，这是因为精美的包装、偏高的价格往往会使人产生晕轮效应，认为里面的东西会像精美的包装一样好，并且“物有所值”；而当我们一看到某个工厂工棚简陋、工具简单、环境不整洁时，绝不可能想到其生产出的产品会畅销全国。

晕轮效应的产生往往是由于人们在掌握有关知觉对象的信息还很少的情况下，就急于对其做出总体判断的结果。晕轮效应和首次效应一样带有强烈的主观色彩，往往以主观代替客观、以树木代替森林。因此，了解和研究晕轮效应，一方面，有助于克服以偏赅全的主观思想方法，在人际交往中，要尽力了解一个人的各方面的特质，减少偏见。另一方面，要有意识地培养并发扬自己的优良品质，如“热情”、“正直”、“勤奋”等。利用晕轮效应，可以给人以好感，从而弥补自己个性品质中的不足，这对于建立良好的人际关系及开展公共关系活动是有利的。同样，随着市场经济的发展，公共关系意识的增强，一些企业、商店等纷纷装修门面，讲究包装，以期利用公众的晕轮效应树立形象、扩大影响，提高产品及服务的销量，只要这是实事求是地进行的自我宣传，就是无可厚非的。但是，对于那种假借公共关系的名义，利用公众的晕轮效应来骗人、坑人的现象，却是应当反对和制止的。

二、情感过程与公共关系

人是有情感的。人认识和反映事物与他人的过程的特点之一，就是对所认识和反映的事物与人，并不是也不会是冷漠无情、无动于衷的，相反，在反映和认识的过程中总是要采取一定的态度，有一定的主观体验，带有对其喜欢或厌恶、愉快或烦恼、幸福或忧伤、恐惧或愤怒等心情，伴随着情感过程。因此，公共关系活动本身也必然渗透着人的情感，并且，公共关系活动的目的是要获得公众的了解、理解、信赖和支持，这首先就要与公众建立起情感关系，例如利用情感效应。

心理学中把对特定对象的情感迁移到与该对象相关的人或事物上来的现象称之为移情效应。如“爱屋及乌”就是用来形容人们将爱某人之深情迁移至和这人相关的人、事和物上。具体地说，移情效应首先表现为“人情效应”，即以人为情感对象而将对此人的情感迁移到与其相关的人、事和物上的效应。例如，人们常说的“朋友的朋友也是我的朋友”，这是把你对朋友的情感迁移到与你这个朋友相关的人身上；“为朋友两肋插刀”，这是把你对朋友的情感迁移到与你这个朋友相关的事上；人们珍藏去世的亲朋好友的遗物，这是把对逝者的情感迁移到与逝者相关的物上，留个“念想”。此外，移情效应还表现为“物情效应”和“事情效应”，即以物和事为情感对象而将对此物、此事的情感迁移到与其相关的人、事和物上的效应。如“以酒会友”、“以文会友”，是因为都爱喝酒、都爱舞文弄墨，不相识的人以酒和文为桥梁建立了友谊。应当注意的是，不仅爱的情感会产生这种“移情效应”，恨的情感、嫌恶的情感、嫉妒的情感等也会产生移情效应，以至于“恨乌及屋”。人都是有七情六欲的，所以人和人之间很容易产生情感方面的好恶，并由此产生移情效应。

移情效应在以树立良好社会形象为宗旨的公共关系活动中，也必然要得到自觉地利用。例如，移情效应的心理现象在现代广告中的应用非常普遍。请影视和体育明星，特别是请有人缘和人气的影视和体育明星做商业广告和公益广告就是典型的例子，名人效应其实也是一种移情效应。这样的广告无非是告诉人们，请你把对影视和体育明星等的喜爱和情感迁移到该广告所宣传的产品、服务、组织和事业上来。组织及企业利用消费者的移情效应可以营造良好的广告效应，激发公众的消费兴趣和购买热情，并树立良好的组织及产品和服务形象。当然，无论是做广告的组织及企业，还是做广告的明星们，在运用这种手段时也要讲求实事求是，也要讲法律和道德，绝不能弄虚作假，欺骗公众，否则产生的结果会得不偿失。一旦公众认识到事情的真相，不仅组织及企业的形象会受到致命的打击，也会败坏名人自己的声誉，害人害己。

三、意志过程与公共关系

意志过程是人确定一定的目的和计划，选择适当的方法去克服困难，改造世界以达到目的的一种心理过程。事实上，在公共关系活动过程中，调整设计、拟定方案、形成决策以及实施公共关系工作方案，就是公共关系工作者尤其是公共关系领导者做出意志决断的过程。它要求公共关系工作者通过意志的努力，克服由于选择方案引起的动机矛盾，对实现公共关系目标的具体方案做出最后抉择。并且，公共关系工作要和社会公众打交道，而公众是动态的、复杂的、变化的和发展的，其立场、观点和利益都有差异，还有各种各样的习惯势力和陈腐观念以及不利的客观环境和可能突然出现的各种新的情况。因而，在实施方案的过程中，不可能不遇到来自主客观方面的各种困难，不会总是一帆风顺；相反，总会遇到障碍或干扰，甚至要经历各种挫折。在这种情况下，如果我们屈服了，后退了，就将一事无成。在公共关系活动中，公共关系工作者要克服动机矛盾和犹豫不决、摇摆不定的倾向，要克服不利条件，创造有利条件，战胜困难，达到公共关系的预定目标，都离不开心理活动中的意志过程。有了意志，就有了毅力和勇气，我们才能做到坚韧不拔、百折不挠。意志和果断性能使公共关系的领导者和工作人员从容思考，等待时机、依时顺势，不贸然行事；也能使公共关系的领导者和工作人员一旦认识到时机已到，就立刻决断。特别是在组织及其产品和服务形象面临受损等紧要关头和危急时刻，能够不犹豫、不拖延、不失时机、当机立断，勇于进击、敢于承担风险，将事情一做到底。

第二节　个性心理特征与公共关系

人的个性心理特征主要包括能力、气质和性格。个性心理特征及其差异对人的行为及公共关系活动会产生重要的影响。

一、能力与公共关系

能力是能直接影响人的活动效率，使活动顺利完成的个性心理特征。

能力可以分为一般能力和特殊能力。一般能力是普通人都具备的、在各种活动中都需要并且都能表现出来的能力，这是一种共通性的能力。智力就属于一般能力。特殊能力是指在某些专业和特殊职业活动中表现出来的一般能力的某些特殊方面的独特发展。这种能力并不是每一个普通人都具有的，也不是各个领域都需要的，它只适合于某种较窄的活动范围和特殊领域，为某种特定的活动所必需。例如，艺术表演能力、绘画能力、音乐能力、古玩鉴赏能力、公共关系能力等都属于特殊能力。

能力总是与人完成一定的活动联系在一起的，并通过一定的活动体现出来，它是人完成某种活动的重要条件。因此，研究人的能力及其差异对于开展公共关系活动及组织管理有重要意义。例如，这可以使管理者和公共关系活动的领导者做到根据人的能力差异，量才录用，合理分工，人尽其才，才尽其用，提高管理和公共关系活动的绩效；有利于掌握好各类员工包括公共关系从业人员的能力标准，并进行相应的培训。任何一个工作职位和一项活动对人的能力都有不同的要求，二者应当相一致，相匹配。如果一个人的能力水平和结构符合这个岗位和活动的要求，他就能胜任，就能顺利地、高水平地完成任务，并且不会有人才浪费的现象发生，他本人也会心情愉快，不会有心理压力；如果一个人的能力水平低于工作和活动的要求，不仅会出现小材大用，不能胜任工作的情况。而且，由于他力不胜任，他的心理压力就会很大，甚至会产生心身疾病；而如果一个人的能力水平高于实际工作和活动的要求，就不仅会大材小用，浪费人才，而且这个人也会不满于现状，影响其工作积极性，以至于不安心工作，另谋高就。仅就公共关系活动而言，它特别要求公共关系从业人员具备组织管理能力、社会交往能力、想象创造能力、语言表达能力、宣传推广能力和应变能力等。

二、气质与公共关系

气质是一个人在各种活动中所表现出来的典型的、稳定的心理特征，它决定着人的心理活动的速度、强度和指向性等特征。换句话说，气质是典型地表现于人们心理过程的速度（如知觉的快慢，思维的灵活程度）和稳定性（如注意力集中时间的长短）、心理过程的强度（如情绪的强弱，意志努力的程度）以及心理活动的指向性（是倾向于外部事物，从外界获得参考信息，还是倾向于内部，经常体验自己的情绪和思想）等动力方面的特点。人的气质可以分为四种类型。

1.胆汁质

一般认为这种人的特征是：他们大都有强烈的兴奋过程和比较弱的抑制过程，所以，抑制能力差，兴奋性高，缺乏自制，心境变换快，情绪易于冲动，脾气暴躁，常大喜大怒；有外倾性，热情直率，争强好胜；反应速度快，精力旺盛，不易疲劳，办事果断。他们能以极大的热情投身于事业之中，也能克服通往目标道路上的重重困难和障碍，有一种坚韧不拔的劲头。但是，一当其精力消耗殆尽时，也易于丧失信心，情绪会立即转为沮丧，从而可能一事无成。并且，他们也不够灵活，特别是这种人往往粗枝大叶，容易急躁。

2.多血质

一般认为这种人的特征是：情绪兴奋性高，情感变化快，情感易于发生，也易于消失；外部表露明显，有生动的面部表情，语言表达能力与感染力也强；具有外倾性，喜欢与人交往；精力充沛，兴趣广泛、活泼好动、反应迅速、行动敏捷；注意力容易转移和变换，灵活，可塑性强；善于适应环境，能迅速接受和把握新事物；有事业心，在学习和工作上精力充沛且有高效率。但有时会轻浮或浮躁，容易轻举妄动，不够踏实，做事缺乏耐力和毅力，兴趣易变。

3.黏液质

一般认为这种人的特征是：安静、沉着、稳重，反应缓慢、沉默寡言；注意稳定，善于忍耐；内倾性明显，外部表现少，感情含蓄而不外露；情感反应慢却持久；遇事能忍耐，喜三思而后行；在工作和生活中，他们坚忍、稳健、辛勤，能严格地要求自己、恪守既定的生活秩序和工作制度；他们交际适度，不尚空谈，能自制，不喜显露自己的才能和表现自己。不过，一旦他们对自己的力量做好了估计且目标明确后，就能将事情一干到底。这种人有些惰性，不够灵活，不善于转移注意力，甚至固定性有余而灵敏性和灵活性不足。

4.抑郁质

一般认为这种人的特征是：严重内倾，性情孤僻，优柔寡断，反应速度慢，行动迟缓，有刻板性，不灵活；认真细致，智力透彻，善于觉察别人不易觉察到的细小事物；情绪兴奋性高而体验深刻，他们有强烈的感受能力，甚至敏感多疑，多愁善感，往往为微不足道的事情就动感情。内心体验相当强烈，却又很少表现在外，具有明显的内倾性。

应当指出的是，在现实中，纯属于某一种气质类型的人是极少的，大多数人的气质并不具有典型性，而是介于各种类型之间的中间类型；或者以某一种类型的气质为主，而兼有其他类型的一些特点。因此，在判断某个人的气质时，并非一定要把他划归为某种类型，主要是观察和测定构成他的气质类型的各种心理特性。并且，气质类型本身无好坏之分。任何一种气质都不是尽善尽美的，都既有积极性的一面，又有消极性的一面。因此，一个人的气质类型本身并不能决定他的社会价值和成就的高低。研究发现，在同一社会实践领域里的杰出人物中均可找出不同气质类型的代表。在评定人的气质时不能认为一种气质类型是好的，另一种气质类型是坏的。任何一种气质类型在这种情况下可能具有积极的意义，而在另一种情况下可能具有消极的作用。例如，胆汁质者外向开朗、反应快、效率高，但暴躁、任性、自我控制力差；多血质的人情绪丰富，工作能力较强，容易适应新的环境，活泼热情，善于交际，反应灵活，工作效率高，但注意力不稳定，兴趣容易转移；黏液质者镇静踏实，但反应较迟钝；抑郁质的人工作中耐受能力差，容易感到疲劳，性情孤僻，但感情比较细腻，做事审慎小心，观察力敏锐细微，善于察觉到别人不易察觉的细小事物，办事谨慎。

气质对人的实践活动包括公共关系活动有一定的影响。气质不仅影响活动进行的性质，而且会影响活动的效率。虽然各种不同的气质本身并没有优劣之分，但由于不同的工作有不同的要求，就有一个什么气质的人适合于做什么工作的问题，同时也有一个适应工作要求来改变自己某种气质的问题。所以，了解人的气质类型及其特征，对于组织管理、公共关系工作、培训公共关系人员、处理人际关系，使员工扬长避短，发挥特长，提高工作效率都有重要的意义。实践证明，影响人的工作效率的因素主要是思想觉悟、工作热情、文化技术水平、实际工作经验等，但不同的岗位和部门的工作对人的个性心理特点往往有不同的要求。例如企业的公共关系人员、推销员与人打交道的机会很多，故以多血质或胆汁质者为好；而广告设计者、财会人员、仓库保管员、质量检查员等以物为主要活动对象者则应选黏液质或抑郁质者为好。重视使人的气质类型与其所从事的工作特点相适应，会使这个工作人员心理负担轻，心理能量消耗少，精神愉快，工作效率高。反之，人的气质类型与所从事的工作特点相距甚远，虽然他们并不一定做不好自己的工作，但是要做到这一点需要用很大的毅力来控制、压抑、调节和改变自己的气质特点，努力去适应工作的要求，从而心理负担重，心理能量浪费多。面对这类问题，管理者一方面应对员工进行干一行爱一行的思想教育，同时还应在可能的条件下，为他们调换适当的工作，这有利于发掘人们的心理能量，充分调动他们的工作积极性。

三、性格与公共关系

性格是指一个人对现实的稳固态度和习惯化了的行为方式中表现出来的较稳定的个性心理特征。按照不同的分类标准，可以将性格划分为不同的类型。

例如，按在理智、情绪和意志三种心理机能中，哪一种占优势来确定性格类型，可以将其划分为：

- 理智型。他们通常以理智来衡量一切，并以理智来支配自己的行动。与人交往时明事理，讲道理。
- 情绪型。他们情绪体验深刻，举止易受情绪左右，情绪化成分大。
- 意志型。他们具有较明确的活动目标，行为活动具有目的性、主动性、持久性和坚定性。

同时，根据倾向于内部或外部，还可以把人的性格分为内向型和外向型。

- 内向型。心理活动倾向于内部；感情比较深沉，待人接物谨慎小心；处理事务缺乏决断力，但一旦下定了决心总能锲而不舍；能够进行自我分析和自我批评；不善社交，反应慢等。
- 外向型。心理活动倾向于外部；活泼、开朗、感情易露；待人接物决断快，独立性强，但比较轻率；缺乏自我分析与自我批评精神；不拘泥小事，善社交，反应快等。

此外，按照对社会的适应性来划分，性格还可大致分为摩擦型、平常型、平稳型、领导型、逃避型五种类型。摩擦型和逃避型社会适应性差。前者表现为性格外露，人际关系紧张、容易造成摩擦；后者表现为性格内倾，不善交际、与世无争。平常型指态度、意志、情感、理智等性格特征均表现为一般，属于中间型性格。平稳型和领导型的性格社会适应性较好。两者的区别在于平稳型较多地表现为被动适应，而领导型较多地表现为自主能动；平稳型的特点在于善结人缘，而领导型的特点在于影响公众。按照社会适应性来划分的性格分类法目前在国际上较为通用，这五种性格类型依序又被称为 A 型、B 型、C 型、D 型、E 型。

性格也直接或间接地影响着人际关系、人的能力与创造性、领导素质与作风、工作效率与成就。例如，人际关系是影响公共关系活动绩效的重要因素，而人良好的性格特征，如谅解、支持、友谊、团结、诚实、谦虚、热情等是使组织及企业人际关系和谐，有凝聚力的重要心理品质；相反，对人冷淡、刻薄、嫉妒、高傲，容易导致人际关系紧张，出现扯皮、拆台、凝聚力差与士气低落的局面。

第三节　个性倾向性与公共关系

个性倾向性主要包括需要、动机、态度、兴趣、信念、理想、价值观等。只有了解了人的个性倾向性，才能了解人类行为的原因，才能预测、激励、引导和控制人的行为，也才有利于公共关系活动的顺利开展。在此，主要介绍一下需要、动机和态度。

一、需要与公共关系

需要是维持个体生存与发展的事物在人脑中的反映，是人缺乏某种生理或心理上的东西而产生的一种紧张或不平衡的心理状态，是人对某种目标的渴求或欲望，它通常以缺乏感和丰富感被人体验。因此，形成需要要有两个相互联系的条件：一是个体感到缺乏什么东西，有不足之感；二是个体期望得到什么东西，有求足之感。需要就是在这两种状态下形成的一种心理现象。

人的需要有很多特点，其中最重要的特征之一，就是需要与满足两者之间具有不可分割性。一方面，任何需要，不管其程度强弱如何，也不管其满足的可能性有多大，都有一种不可遏止的、要求满足的态势或趋势。正是需要与满足的这种不可分割的特性，决定了需要本身必然要推动人们参与社会生活中的各种活动，成为个人、组织乃至整个社会的内在动力。如果有了需要却不必加以满足，则需要就无法推动人们以及整个社会去行动。另一方面，需要又有一种永不会满足的特性。如果需要是可以最终得到满足的，则意味着此后就不会再有需要，因此，这最多只能说明此前人和社会发展的动力，此后人和社会就没有发展的动力了；这最多只能说明人和社会在一定时期内的发展原因，却不能说明人和社会为什么会不断地、永恒地发展。实际上，并不是说一种需要满足了，社会动力就消失了。一种需要得到满足后，人还会产生新的需要，从而人和社会又会有新的、源源不断的动力。

人类的需要是多种多样的，从不同的角度，可以将需要进行不同的划分。如，按照需要的对象和性质，可以将需要分为物质需要和精神需要；根据作用可以将其划分为生存需要、享受需要和发展需要。此外，还可以将其分为个人需要和公共需要、眼前需要和将来需要、刚性需要和弹性需要等。而影响较大的划分方法，是马斯洛的需要层次论。美国心理学家马斯洛把人的需要从低向高划分为五个层次。

1.生理需要

这是指衣、食、住、行、婚姻、疾病治疗等人类最原始，最基本的维持个体生存的物质性需要。当人的生理需要得到相对满足时，人们的注意力才会集中到高一层次的需要上去。这类需要如果得不到满足，人的生存就会出现问题。

2.安全需要

这是人们寻求依赖和保护，避免危险与灾难，维持自我生存的需要。这类需要包括人生健康与健全、劳动保护、职业安全、生活稳定、社会保险、社会秩序与治安、退休金与生活保障等方面的需要。

3.社交需要

也称爱与归属的需要。人都希望得到爱和爱他人；希望交友融洽、保持友谊、相互忠诚信任、有和谐的人际关系；都希望依附一定的组织与团体，被团体接纳，成为团体的一个成员，有归属感。当社交需要成为人们最重要的需要时，便会促使人们形成和保持和谐的社会交往关系。

4.尊重需要

这是人们自尊、自重和希望受到别人尊重的需要。自尊、自重方面包括独立、自由、自信、成就等，这是有关个人荣辱和尊严的需求。受尊或他尊是人们都希望自己受到别人的注意、尊重、信赖、关心和好的评价，希望自己的工作能得到公正的肯定和承认，得到荣誉和威望，得到公认的社会地位。马斯洛认为，尊重需要得到满足会使人充满朝气、自信和勇气，对社会和他人充满热情，对未来充满信心，使人感受到自己生活在世界上的意义和价值，这是人的发展的一种巨大的推动力。而尊重需要得不到满足，就会使人产生自卑感，软弱感，失去生活和工作的信心。

5.自我实现的需要

以上四种需要都获得某种程度的满足之后，个体还会追求挖掘自身潜能，充分发挥自己聪明才智，实现自我理想和抱负的最高层次的需要。每个人都希望完成与自己的能力相称的一切事情，能做一些自己觉得有意义、有价值、有贡献的事，能越来越成为自己所期望的人。一个人的全部天赋和才能都能得到充分的发挥，从而达到自我实现，这时人才会感到最大的满足。

需要对人和人类社会的进步与发展有着重要的作用。因为，需要是动机的基础，是人的积极性的源泉，是推动人的行为活动的根本动因和原动力。归根结底，人类的所有行为活动包括公共关系活动都是为了满足某种需要。所以，了解和满足人的合理需要是调动人的积极性，提高学习、工作和劳动效率的重要前提。在公共关系活动中，也必须认真地分析和研究公众的需要倾向，把它视为开展公共关系活动的一个重要基础。

二、动机与公共关系

动机和需要既相互联系又相互区别。动机产生于需要，需要是人的行为和积极性的基础和根源；而动机是推动人们活动的直接动力。动机是需要与行为之间的中介，了解了动机才能把握人的行为的直接原因。

在心理学中，把能激励人的行动，并满足人的某种需要的欲望、愿望、理想、信念等主观心理因素叫做动机，它是引起个体行为，维持该行为，并导向某一目标的心理过程。因而，动机有三种功能或作用：

一是始发功能。它是人的行为发动的主动力与根本原因，动机能激发人们采取行动，以满足需要、达到目标、取得结果。动机的原意就是引起动作。

二是调节、定向和选择功能。动机不只是引发行为，而且会使这种行为朝着特定的方向、预期的和选择的目标进行，指向能满足人的需要的事物，并避开不需要或有害的事物，具有趋利避害的功能。

三是强化功能。动机使符合动机的行为加强，反之减弱。正是在动机的强化下，人的行为才能维持、深化和发展，否则即使是始发了行为，选择了目标，人的行为也很可能会由于心理上的冲突、生理上的疲劳、气候的异常、个性的懈怠以及一些难以应付的局面等原因，变得踌躇、徘徊，甚至半途而废。

总之，人的需要引起动机，动机支配行为，行为的方向是寻求并达到目标、满足需要……这样，周而复始，循环往复，直到生命的终止。这个模式是循环性的、连续性的。满足需要，实现目标，行为暂时完成；而目标完成又作为反馈信息提出新的目标，使行为向更高水平发展。

掌握需要、动机和行为及其相互关系的理论就是为了更好地调动人们的积极性，也就是激励。广义而言，激励就是激发鼓励，就是调动人的积极性、主动性和创造性。所以，激励就是借助于能够满足人们需要的事物作为目标，来激发和刺激动机，使人有一股内在的动力，朝向所期望的目标前进的积极心理和行为过程。狭义地说，激励就是一种刺激，是促进人的行为的手段。对管理者和公共关系工作者来说，激励就是要采取各种措施使下属或公众产生有利于实现组织管理目标及公共关系目标的行为过程。

三、态度与公共关系

1.态度及其构成和功能

态度是人们对某种对象所持的较为稳固的主观评价与行为倾向。人们可以有积极或消极、正确或错误、赞成或反对、喜欢或厌恶、羡慕或嫉妒、亲近或疏远、肯定或否定、接纳或排斥等不同的态度，这些不同的态度对其行为具有不同的指导性与动力性。态度是一种内在的行为倾向，当这种行为倾向见之于实际活动时，就是行为。

从心理结构上看，态度包括认知、情感以及意向（或行为倾向）三种成分。

认知成分是指人对某种事物与对象的看法、评价及带评价意义的叙述，包括个人对某个对象的认识、理解，以及肯定与否定的评价。

情感成分是指人对于态度对象的一种情绪、情感体验。例如：尊敬或蔑视、喜爱或厌恶、热情或冷漠，都是在人际交往中经常感受到的态度体验。

行为倾向或意向成分是个人对态度对象的反应倾向，是行为的准备状态，即个体对态度对象准备做出的某种反应。

态度对人的思想观念、心理活动以及人的外显行为有着十分重要的影响。它不仅影响个体对外界的认知、情感和意向活动，也能影响人的学习与工作效率，同时它对人的性格特点、生活方式与人际关系的协调也会产生较大的影响。具体地说，态度的功能和作用有：

一是态度与学习效率。人们对学习抱有主动积极的态度会激发强烈的求知欲、浓厚的学习兴趣和高涨的学习热情；能使人感知敏锐，观察细致，思想活跃，思维灵活，记忆和学习效果会大大提高。当人们学习和记忆的材料与个体的态度、信念、价值观相一致时，容易对其吸收、同化和记忆；而那些与个人信念、兴趣相违背的学习材料，往往令人对学习产生厌烦情绪与厌恶的态度，使记忆力降低，思维呆滞，学习效果下降，或者易于将其材料和信息歪曲。态度具有某种过滤作用。

二是态度与工作效率。一般来讲，人们如果喜欢自己所从事的工作，其生产和工作的积极性就容易被调动，生产、工作的效率也较高。在多数情况下还是态度积极的人比态度消极者的生产和工作效率高。积极的工作态度，是产生工作高效率的重要前提。

三是态度与社会性认识及判断。态度一旦形成，容易使人产生一种较稳定的认识、情感体验和带倾向性与习惯性的反应。以正确的价值观为基础的科学的态度会对人的社会性认知、判断和行为产生积极的影响。假若态度形成使人产生心理反应的惰性就会干扰或妨碍社会性认知、判断的准确性，甚至造成偏见和失误。不同的态度还会使人“仁者见仁，智者见智”，对同一个人、同一件事、同一种观点，也会产生不同的，甚至完全相反的看法。

四是态度与团体的相容性和凝聚力。在社会交往和社会活动中，一个人对自己、对集体、对他人的态度，往往影响他与群体的相容程度；团体成员之间的相互态度，也会影响团体内部的相容性和凝聚力。一般来说，对人持诚实、热情、友好、谦逊、宽容和互助的态度,则团体相容程度就高,人们能和睦相处,亲密无间,有较高的凝聚力;相反,对人持虚伪、傲慢、尖刻和苛求的态度,则团体的相容程度就低,可能导致人际关系紧张,团体的凝聚力差。

2.影响态度形成和转变的因素

态度的各种功能表明,态度对人的行为活动,包括公共关系活动有明显的动力或阻力作用。公共关系活动的一个重要目的,就是要改变公众对组织及其产品和服务的错误、消极、冷漠、疏远、否定和敌视等不良态度,形成并维护公众对组织及其产品和服务的正确、积极、赞成、肯定、亲近、合作等良好的态度。因此,在公共关系活动中,内部职工和外部公众的态度的形成与转变是其重要内容。从心理学上说,影响人的态度形成和转变的因素是多方面的,在此,仅就其中的几个主要方面进行分析。

(1)信息发出者或宣传者。从信息发出者或宣传者的角度看有以下一些影响态度的因素。

一是宣传者的权威与态度转变。宣传者有无权力和威信对被宣传者的态度转变有很大的影响。宣传者的权威性包括其地位、资历、专业知识、技能和经验等方面。一般地说,宣传者的权威与地位越高,其宣传效果就越好,被宣传者改变态度的可能性就越大。之所以如此,首先是因为人们普遍存在慕名心理,佩服那些地位高、有名望、有才华的人,愿意与他们的观点认同,似乎这样才能提高自己的身价。其次,人们有一种常识,即地位较高的宣传者所传递的信息往往不仅是其个人的主张,有可能是某个党派、团体或某种社会势力的代表,于是人们更容易赞同他们的观点。再者,当人们面对纷繁复杂难下判断的信息时,常常乐于以权威性高的人的看法作为自己主要的参考意见。总之,人们对宣传者的评价越高,就越倾向于接受其意图,改变自己的态度。

二是宣传者的个性特征与态度转变。对于被宣传者来说,宣传者的权威、地位是其外在的威慑力,而最令人动心的说服力来自于宣传者个人品质方面的因素,如品德、性格、能力和风度等。在被说服者眼里宣传者的动机是否公正无私,较之其权威性的高低更具有可信性。如德高望重者的演讲往往有分量、有感染力;相反,品德不端者大谈伦理道德,专搞歪门邪道者奢谈纠正不正之风,只会引起人们的鄙视和反感。宣传者自身的性格特征也是促使人态度转变的一个因素。一般来说,宣传者诚实、公正、热情,充满信心则会对他人有较强的影响力。宣传者的宣传能力、言语表达能力、组织活动能力及宣传者的仪表和风度等也是影响宣传效果的重要因素。

三是宣传者与被宣传者之间的关系。宣传者与被宣传者之间互有好感、关系和谐，则有助于态度的转变。心理学实验和人们的生活实践表明，如果想让别人相信你是对的，并且愿意按照你的意见行事，就必须首先让别人对你产生好感，喜欢你，否则你的尝试就容易失败。如恋人、知心朋友或你所信赖的长者的规劝往往较之他人效果更佳。这主要是由情感因素在态度中的重要作用所决定的。不过，在说服陌生人时，很难做到在短时间内让对方喜欢你，在这种情况下，宣传者不妨在阐述自己的观点之前，先表明自己与被说服者在认知上的某些共同点，利用“自己人效应”达到拉近双方心理距离，使对方感到亲切并产生愿意与你交流的欲望，然后再因势利导引出自己的见解，这样也可以收到很好的说服效果。

(2)信息交流过程。从信息交流过程来看，有下列影响态度的因素。

一是从宣传内容来看，信息交流的目的是让被宣传者接受信息内容。心理学家的实验研究发现：信息传达者自身的形象(如可信性，权威性等)与其所传递的信息内容相比，从即时(当时)效果看，前者影响大；而从继时(以后)效果看，似乎后者更有后劲儿。换句话说，宣传内容可能比信息源给被说服者留下的印象更深刻，也更容易改变人们的态度。

二是从宣传形式来看，不同的宣传形式有不同的宣传效果。各种宣传形式有其各自的特点。口头宣传如演说、谈话等，有灵活、快速、直接接触的特点，而且有语调、表情、手势等辅助信息的强化，有较强的说服力和感染力；文字宣传如报刊、传单等，具有长期保存、反复阅读、供人慢慢消化理解的特点；形象化宣传如电影、电视、展览会、舞台表演等，图、文、声并茂，为大众喜闻乐见，可起到潜移默化的作用。上述各种宣传形式若通过大众传播媒介，还具有快速，广泛的宣传效果。

三是从宣传方式来看，单面宣传(只讲有利的一面)与双面宣传(从有利和不利两个方面论证)对态度转变有不同的影响。一个实验表明，对于教育程度低的士兵来说，容易接受并赞同单面宣传的观点；但对文化水平高的士兵，则双面宣传效果好。另外，士兵最初的态度若与宣传者观点一致，单面宣传有效；反之则双面效果更佳。

四是从宣传要求来看，逐步提出要求与一次集中提出要求对转变态度有不同的影响。有这样一个实验：向一组被试(家庭主妇)先后两次提两项要求；向另一组被试(家庭主妇)一次提两项要求，结果是前者的逐步提出要求，易于被人接受。这说明宣传不要急于求成，欲速则不达，循序渐进，逐步加码提高要求，更容易奏效。

(3)态度转变的方法。不同的方法对态度转变的影响不同。在这方面，心理学上有这样一些理论。

一是参与改变理论。这个理论认为，个体态度的改变依赖于其本身参与群体活动的方式。当个体置身于一种活动之中，身临其境地试一试，自己提出问题，并与他人一起讨论，再动手解决问题时，要比只是被动地听他人说教，其态度转变速度要快。这说明，只有把学习理论同参加社会实践活动紧密结合起来，才能更好地起到转变人的立场和态度的作用。

二是沟通改变态度理论。这个理论产生于心理学家关于对待黑人的态度的研究。选择一批对种族歧视的态度基本相同的白人，并将其分为两组。让其中的一组看宣传黑人成就的电影、电视和画报等，而不让另一组人看。结果，前者对黑人的态度有了明显的改变；而后者却没有改变。这说明沟通特别是大众传播媒介对人的态度改变有重大的影响。商品广告作用的实质也是在于改变人们对某种商品的态度，从不关注到关注，从不喜欢到喜欢，从不接受到接受，从不想买到急于买，从而达到促销的目的。人与人、组织与组织以及个人与组织之间有时对某些问题持不同的态度，主要原因之一也在于互相不了解，没有沟通，只要创造条件让双方多接触，多沟通，在共同的活动中增进了解，消除了成见，对问题的看法就容易趋于一致。

三是角色扮演改变态度理论。这一理论主张一个人扮演的角色对他所持的态度有很大影响。这可以使人"换位思考"，换个角度设身处地看问题，态度自然就改变了，不同了。所以，为了改变态度，可以互相扮演一下对方的角色。例如，某护士开始对病人的态度不好，让其扮演病人的角色，设身处地地体验病人的困难和痛苦，就能较快地转变态度，真心实意地关心体贴病人。又如商店售货员、旅店服务员、交通部门的司售人员等，扮演一下顾客、旅客、乘客等的角色，了解自己服务对象的处境，体验他们的生活，有助于改善服务态度，提高服务质量。

第四节　群体心理与公共关系

在群体或组织之中，个体的心理和行为常常会受到其他个体及整个群体和组织的影响，从而有不同于个体在单独情况下的心理和行为表现。以上各节主要从个体角度来研究人的心理和行为，本节主要分析一下群体心理和行为。群体对个人的心理和行为有重大的、多方面的影响。

一、社会助长作用和社会致弱作用

社会助长作用是指，由于群体的其他成员在场，消除了单调情境，激发了个人的工作动机，从而提高了工作效率。这尤其是对简单熟练的工作，或对具有外向型性格的人来说，会产生更强的社会助长作用。社会助长作用的机制，主要是由于别人在场，能唤起个体的竞争意识和被评价意识，使自己感到有竞争压力，从而增强了行为的动力。

社会致弱作用是指群体对个体行为也可能起促退作用，在群体及他人存在的情况下，工作效果不如一人独处时好。如在特别需要专心致志地思考、学习和研究问题时，一个人往往要比人多效果好，不受干扰。而有他人的存在，相反会影响效果和效率。

二、从众行为

从众行为是指个人在团体中，不知不觉地受到团体的压力，而在意见、判断和行为上表现出与团体中大多数人相一致的现象。从众心理是人们最基本的也是社会生活中最常见的一种心理特征。在现实生活中，如果个人的知觉、判断、信仰和行为与众人不一致的话，他会感到有很大的压力，从而不得不改变自己原有的态度、观点与行为，形成符合社会与群体要求的态度、观点和行为。当然，具体的从众行为有几种不同的表现形式。

一是表面从众，内心也赞同。这是表里一致的服从，是口服心也服。这是个人与团体最理想的关系。

二是表面从众，内心却拒绝。口头上赞成多数人的意见，而内心却不同意，是口服心不服。这时将引起个人心理上的不协调，这是屈服于外在压力的被迫从众，是一种权宜的从众或假从众，还可能是阳奉阴违。

三是表面上不从众，内心却接受。表面上反对多数人的意见，心理上却是赞同的。老师对学生、上级对下级、年龄大的对年龄小的常如此。这往往是由于个体拘于自己的身份、地位和角色，甚至只是出于爱面子，不好意思，或者由于不敢，有顾虑等，不便于表示自己的真实想法。所以他们在公开的场合并不同意群体的要求或行为，但内心却是同意和接受的。

四是表面不从众，内心也拒绝。这是彻底的不同意多数人的意见，个人确信多数人的意见是不正确的，并认为应该改变多数人的意见。

三、暗示

暗示是用含蓄、间接的方式向公众传递思想、观念、意见、情感等信息，对人的心理和行为施加影响的过程与方法。暗示不需要讲道理，只靠直觉的提示，受暗示的公众如果接受了暗示，便会不自觉地接受暗示者的信息，按照暗示者所要求的方式行动。暗示作为一种心理现象，有时可以产生强大的力量。特别是心理医生为患者治病时，就常用这种方法。有一个小女孩因惊吓而站不起来，经检查其身体没有问题,这时医生对她说:我们这里有一种特效方法能治好你的病,然后就给她服用了安慰剂。过几天后告诉患者,你的腿完全好了,可以站进来走路了,这个女孩真的就站了起来。这就是利用良性心理暗示将病治愈。从公共关系学角度上说,在影响公众心理方面,暗示的地位和作用也是不应忽视的。公共关系人员应当遵循人的认知规律,掌握暗示技巧,发挥暗示的作用,善于引起公众的注意,激发联想,使有意暗示对公众产生预期的效果,并避免无意暗示对公众造成不良的影响。

四、感染

感染是通过语言、表情、动作及其他方式引起他人相同的情绪和行动。感染主要是指情绪的传递和传染,是引起人们和自己相同或相似的感情共鸣。感染又是一种群众性的模仿,它通过传播某种情绪状态,使公众之间相互影响而实现对某些心理现象的共同感受。具体地说,感染主要有两种表现形式。

(1)直接感染。直接感染是指通过自身的言语、表情、动作、行为等直接呈现自己当时的情绪和情感,使之在无强加条件下影响周围公众的感染。从直接感染这一形式中可以明显地看到,情绪和情感方面的感染往往是和行为模仿联系在一起的,情绪和情感总要通过外部形式表现出来,从而引起行为模仿。

(2)间接感染。间接感染是指通过报告、讲演、报道、影视、戏剧、小说、曲艺、故事、音乐、诗歌等形式产生的感染。这种感染的主要特点在于感染者和被感染者并不一定直接见面,而是通过感染者的介绍、描述、表演、渲染、创造,以典型人物或艺术形象来打动人心,激发人们的情绪,使公众受到感染、引起情感的共鸣。

感染的力量就是感染力,增加感染的力量也就是要增强感染力。感染力固然来自于感情本身的力量,感染是"以情动情",但同时也受感染者、被感染者以及感染者和被感染者的关系等三个要素的影响。特别是感染者本身的素质,包括知识、才能和品行等,对感染效果具有至关重要的作用。感染者知识渊博、才能出众、品行优良,无疑能使人产生信任感、崇拜或崇敬感,会产生"榜样的力量是无穷的"这样的效果。所以,公共关系人员要想增加感染的力量,一是要不断提高自身的素质,二是要借助于榜样的力量。二者不能偏废。

不难想见,公共关系活动要想打动人心、影响公众,顺利地实现公共关系目标,就不能不研究和运用感染这一心理现象与方法,把影响感染力的三个要素协调起来,增强感染力。特别是要对公众的心理特征和心理倾向性有比较全面和深刻的认识。同样的言语、表情、动作和行为,同样的讲演和作品,只有考虑到特定公众的心理特点来做、来写、来讲,才能感人,才能被公众所理解和接受。

五、时尚和流行

时尚是指在一定时期内、一定社会成员中流行的社会规范和生活样式，也叫时兴、时髦或流行。在社会上或某一群体中，它代表了一种生活方式或行为模式，是众多人相互影响、迅速普及的结果。比如流行时装、流行发型、流行家具、流行色、流行歌曲等，都是从这个意义上说的。时尚作为一种社会心理现象，具有时间性，具有突然迅速扩展和蔓延，而后又在较短时间内消失的特征，它在一定的社会成员中流行一定时期以后会被另一种时尚所代替。人们所说的“风靡一时”、“风行一时”就反映了时尚的这个特征。

从心理学上说，时尚的特点是同中求异、异中求同。同中求异，是指人们不满足于已有或现有的生活样式，想在某个方面有所突破，这是时尚形成的起始原因。时尚具有反常规的特点，往往以“新”和“奇”吸引公众；异中求同，是指一种时尚和原有的已处于消退状态的时尚出现差异时，人们往往害怕自己成为落伍者、“土老帽”，怕被别人瞧不起，而向新的时尚趋同，这是时尚之所以成为“时尚”，能成为具有一定范围的生活样式的原因。同中求异和异中求同都显示了人们对新生活的向往、追求，只不过前者带有创造性，后者带有盲从性。

时尚和流行具有一定的特点的规律性：

(1)时尚和流行需要一定的社会环境。时尚作为一种新的生活样式，反映一个社会文明进步的程度，时尚更替速度的快慢与经济发展有关，也与思想观念开放的程度有关。一般来说，凡是开放发达的社会，就会有较多的时尚可以流行。在开放发达的社会里，人们生活充实、思想开放，社会限制比较少，社会观念新潮、宽容且豁达，所以人们的各种欲望和好奇心就容易得到满足，时尚更替的速度就快。经济越贫困，政治、法律和道德方面的禁忌越多，时尚就越不容易形成。因此，流行的发源地往往是在某些开放程度较高的中心城市。并且，我国改革开放以来时尚不断更迭，“新潮”一个接一个，也从一个侧面反映了我国经济和社会发展生机勃勃、繁荣昌盛的景象。

(2)时尚和流行与性别和年龄有关。女人比男人更易追求流行，青年人比老年人更易追求时尚。青年人大多好奇心强，求知欲强，追求新潮、另类，个性张扬；而女人更容易追求浪漫，甚至爱慕虚荣，在一定程度上更害怕被人轻视。所以，时尚和流行多受青年人和女人的青睐，青年人和女人是时尚和流行产品的主要消费大军。

(3)时尚和流行易受有地位、有名望的人的影响。如社会政府官员、科技知识界的名人、体育明星、影视演员、歌星等。有地位、有名望的人在社会上有较大的影响和较高的威信,大多数社会公众尊重并相信他们,他们的生活方式和行为方式也容易成为公众的模仿对象,从而成为社会流行的时尚。

从流行的特点和规律中,我们可以看出,如果一个组织的公共关系工作人员了解了时尚流行的特点和规律,头脑清醒、反应灵敏,把握住时机并能预测其发展动向,学会满足和刺激大众的流行时尚心理,制造和引导流行时尚,就可能使企业的产品和服务成为公众追求和崇尚的流行时尚,创造和维护组织及其产品和服务的良好形象。

六、舆论

1.舆论及其特点

舆论就是相对多数的公众的看法和意见,是信息沟通后的一种共鸣。而舆论界主要是指新闻界及从事新闻事业的人。新闻界的从业人员对舆论的形成和导向具有十分重要的作用,担负着制造舆论或压制舆论的职责。

舆论的特点主要有以下几个方面:

一是公开性。舆论一般总是围绕一个比较重要的事件展开的,有的人要利用这个事件制造舆论,有的人则由于感兴趣,不由自主地被这个事件所吸引而发表议论,也不由自主地对别人的议论发表自己的看法。当这些看法、意见和议论公开发表出来时就成为舆论,舆论就是公开发表的议论。舆论的公开性是使舆论具有一定威慑力的重要原因。

二是评价性。舆论是含有评价的议论,是表示赞同或反对的议论。舆论所围绕展开的总是和人的价值观、兴趣、情绪及情感等有关的事件,也只有这样的事件才能引起议论,并且因而这种议论又必然含有评价,表明一种态度和有倾向性的看法。有评价的议论才能形成公众议论,才能成为舆论。

三是冲撞性。舆论以赞同或反对两种形式出现,赞同什么同时也就是反对什么,两者是相辅相成的。而且,舆论往往更多地是以批评、指责的形式出现,是在不同意见的斗争和冲撞中形成的。

四是煽动性。舆论并不具有法律的强制力,但它依靠多数人看法的一致性以及情感的力量,对某种言行进行指责、冲撞,从而使舆论无论是故意的还是不故意的,都带有煽动的特性。而且,舆论的煽动性越大,舆论的冲撞性也越大,舆论也就越具有威力。

2.公众舆论在公共关系活动中的作用

公众舆论是公众态度的一种反映方式,公众态度的综合就是民意。所以作为民意反映的公众舆论具有极大的威力,"人言可畏"就是对舆论作用的高度概括。

在公共关系活动中，公众舆论对组织及其产品和服务树立形象、扩大影响同样具有极大的作用。从公众方面说，组织及其产品和服务的良好形象要靠公众舆论树立起来，同样公众舆论又是毁坏组织及其产品和形象的有力“杀手”。特别是，虽然公众舆论并不具有法律效力，但它却具有社会压力，而且这种社会压力往往还会引发来自上面的压力，甚至产生行政命令，从而会迫使相关组织不得不调整自身的行为。公众舆论在公共关系活动中的作用告诉我们：

首先，不要把个人和组织的行为仅仅看做是个人和组织本身的行为，人是社会的一分子，组织是社会有机系统中的一个子系统，个人和组织的行为都具有社会性，都要接受社会各界的监督，包括舆论监督。一个组织要在社会上树立良好的组织形象，必须注意到公众舆论的褒贬作用，防止良好的愿望产生受舆论指责的结果。公众舆论是民意的反映，所以公共关系从业人员一定要注意民意动向的收集，把公众舆论当做塑造组织及其产品和服务形象的机遇，同时也要防微杜渐，避免使组织及其产品和服务成为公众舆论指责的对象。

其次，当组织及其产品和服务成为公众舆论指责的对象时，要看到这既会给组织塑造良好的社会形象带来灾难和危机，是坏事，也要看到这也是组织塑造良好社会形象的一个机遇和契机，要通过开展卓有成效的公共关系活动，使坏事变成好事。这种舆论毕竟扩大了组织的知名度，如果能对公众舆论指责采取积极的态度，并通过危机公关使舆论指责变为舆论赞扬，就能产生未受公众舆论指责时很难产生的社会轰动效应，使知名度和美誉度得到统一。

最后，树立组织及其产品和服务良好社会形象的活动是自觉的社会性活动，公共关系工作人员必须以引导和制造有利于组织形象塑造的公众舆论为己任。当指向该组织，以对该组织的评价为内容时，公众舆论这种多数人的意见，其“多数”越广泛，组织的知名度越大；其“意见”越向好的评价倾斜，组织的美誉度越高。所以，良好的社会形象从它同公众舆论的关系来说，几乎是良好的公众舆论的同义语，树立组织良好的社会形象，也就是要形成和保持和组织有关的良好的公众舆论。

所以，公共关系工作人员必须通过各种信息资料的收集、民意测验以及求助于组织外部的专家等途径，自觉地进行公众舆论调查，以及时知晓公众舆论，为组织决策提供咨询。公众舆论调查，是公共关系活动的一个有机组成部分。同时，舆论是可以制造和引导的，制造舆论就是制造能引起公众广泛议论的重大事件，就是制造新闻。引导舆论就是利用引起公众广泛议论的重大事件因势利导，使公众相信自己的看法或提出自己想说而未说的看法。制造舆论和引导舆论都是为了引起公众注意、扩大组织影响、消除公众的某些偏见或误解。制造舆论和引导舆论的方式是多种多样的，如召开新闻发布会、记者招待会、举办展览会、演讲活动、赞助活动、庆典活动等都是制造舆论和引导舆论的途径和方式。公众舆论有正确和错误之分,制造舆论和引导舆论有个方向是否对头的问题。因此,制造舆论和引导舆论要坚持正确的方向,要坚持实事求是、遵守法律和道德、符合社会需要、迎合兴趣热点、出奇而不出格的原则,要顾及到公众的心理承受能力和产生的社会影响。归根结底,制造舆论和引导舆论都是为了树立组织在社会上的良好形象,追求的是知名度和美誉度的统一。如果只顾知名度不管美誉度,舆论制造和舆论引导只能败坏组织的社会形象,使公共关系活动误入歧途,以至于使该组织及其产品和服务臭名远扬。

七、流言

1.流言及其特点

流言是相互传播的口头的、非官方的、不确切的消息。流言往往是一定社会成员中传播的有关共同关心的问题的新闻,如物价涨落、住房改革、工资调整、人事变动、地震灾害、瘟疫疾病等。一般说来,流言传播的内容越是被大家所关心,传播的速度就越快,传播的范围也越广,并且由于流言传播的途径主要是口耳相传,所以它往往会扩张和变形,使之越来越离奇甚至离谱。

作为一种社会现象,流言的产生和传播是有规律和特征的。

(1)流言是人们某种情绪的反映。流言带来的往往是一些"坏消息",如商品涨价、灾害发生等,"好事不出门,坏事传千里"。这不仅是因为好消息往往是由官方通过正式渠道发布的或者说人们可以通过正式渠道获得的,而不必通过口头的、非官方的流言方式传播,还因为流言所反映出来的情绪大多带有担心、恐惧、怀疑、不满、幸灾乐祸等消极成分,反映了人们一种惶惶不安或激愤不满的情绪。

(2)流言是人们某种愿望的反映。流言不仅反映人们的情绪,也反映人们的愿望。这种愿望有的是正向的,有的是负向的,两种愿望经常交错在一起,但又以负向的愿望为主。例如,人们传播商品涨价的流言,正是希望不要涨价。

(3)流言的传播具有必然性。由于流言是某种情绪和愿望的反映,并且,正由于流言是情绪和愿望的反映,它在传播过程中还会不断地被加入传播者的情绪色彩和个人愿望,这成了流言传播的重要动力因素,加之在任何一个社会中,都不可能做到在所有的问题和所有的方面都信息绝对畅通和全部透明,所以流言的产生和传播具有必然性。

2.流言的制止和消除

流言是必然的,但流言会带来不良的后果,所以,我们的管理者以及公共关系工作人员,要正视流言和正确对待流言,要把握流言产生的规律和特征,在对流言采取不轻信、不盲从、不乱传的态度的同时，也要主动地采取有效措施，制止和消除流言。特别是对影响本组织及其产品和服务形象的有关信息就更不能听而不闻、视而不见。

首先，制止和消除流言的最主要手段就是澄清事实。"事实胜于雄辩"。流言总归是流言，当事实站出来讲话时，流言会得到澄清和制止，就会不攻自破。当然，澄清事实往往要借助于大众传播媒介。当正常的信息渠道受阻、缺乏足够的信息内容、信息不清以及信息不及时时，人们就会紧张不安，流言就会产生、传播和增多。所以，我们的舆论界，包括公共关系工作人员，要主动地通过各种传播媒，特别是大众传播媒介及时地传递正面而真实的信息，这能抵制流言的扩散，并最终消除流言。

其次，仅就公共关系工作人员而言，公共关系工作人员应该始终保持一种敏感性，在流言刚开始传播时，就要准确估价流言的性质，有效地预测其传播的途径和影响的程度。如果是积极的信息，可以对其因势利导，以此来提高组织的信誉度和公众形象；如果是消极的信息，则应该及时进行解释，阻止其进一步传播，最好能将其控制并消灭在萌芽状态，以防止其对组织形象造成致命的伤害。如果流言已经传播开来，最主要的工作就是选择适当渠道，如召开记者招待会、听证会、实地参观等，揭露事实真相，用真诚的态度说明情况，争取公众的支持和谅解，制止和消除流言。

最后，从流言产生的规律上看，在特殊环境下，如社会变化剧烈、动荡不安时，或者出现天灾人祸时，流言会增多。此时人们本身就有紧张和不安全感，稍有风吹草动，就会信以为真。人们普遍关心和盼望的事情以及人们普遍感到稀奇或恐惧的事情也容易产生流言，因为人们都有与生俱来的好奇心和探究心理，这类流言的传播，在一定程度上可以满足人们的好奇心和探究心理。此外，被人普遍感到不平和憎恶的人或事也易产生流言。因为，人在遇到挫折和不平时，就会产生恐惧、焦虑、愤怒和憎恶，因此就想找到可以让自己发泄愤怒的途径，而流言正好是可以用来发泄愤怒的最好工具。所以，大力发展社会经济，加强物质文明、政治文明、精神文明和生态文明以及和谐社会建设，切实解决民生问题以及各种社会问题，并做好心理疏导工作，也能从根本上消除流言产生的社会和心理根源。

八、骚乱

在某一些公共场合或人群集中的地方，如影院、剧院、体育场、饭店、车站、码头、学生宿舍等，有时因为一些自然原因或偶然事件引起人群的激烈互动，造成一定范围内的混乱现象，如私物被损毁、公物被破坏、交通阻塞、人员伤亡等，这种现象称为骚乱。骚乱是在某一特定场合或局部范围发生的扰乱和冲击社会正常秩序的群体行为，是一种暂时的无政府状态，其破坏性是显而易见的；并且，无论是内部公众的骚乱还是相关的外部公众的骚乱，都会对公共关系活动，对组织的社会形象产生严重的影响。所以，对于如何全面认识和具体分析骚乱以及如何防止骚乱的发生，或对已经发生的骚乱给以有效的疏导，不仅是各级政府的责任，也是各类组织的责任，从而也是公共关系工作的重要内容之一，特别是公共关系危机管理的重要内容之一。

复习思考题

1. 如何理解研究人的心理现象，把握人的心理活动及其规律，对有效地开展公共关系活动的重要意义？

2. 什么是人的心理过程？如何理解心理过程对公共关系活动的影响？

3. 什么是人的个性心理特征？如何理解个性心理特征对公共关系活动的影响？

4. 什么是个性倾向性？如何理解个性倾向性对公共关系活动的影响？

5. 如何理解群体中个人心理和行为对公共关系活动的影响？

第十一章 公共关系人际交往

本章要点

1.人际关系也称人际交往,是指在社会交往中所表现出来的人与人之间的关系。

2.人际关系与公共关系产生和发展的历史不同,主体和客体不同,目的和手段不同。

3.为了做好公共关系工作就必须不断地克服人际交往中的障碍,建立和谐的人际关系。

第一节 人际关系及其在公共关系中的作用

一、人际关系的含义

人际关系也称人际交往,是指在社会交往中所形成和表现出来的人与人之间的关系,包括朋友关系、夫妻关系、亲子关系、同学关系、师生关系、同志关系、老乡关系、邻里关系,等等。人际关系的概念具有丰富的内涵,包含着四个层次的基本内容:

第一,社会生活和社会交往是人际关系建立和发展的前提。人总是生活在社会之中,而在社会生活中,人们又总是要与他人交往,这种交往可以是物质上的,也可以是精神上的。正是通过这种交往,人们才会彼此产生心理上的影响,从而建立和发展起彼此间的人际关系。说到底,人际关系就是人们在社会生活中的交往关系。

第二,人际关系的实质是一种社会关系。人存在于众多的社会关系之中,人的各种社会关系可以分成两大类:一类是社会的生产关系,以及在此基础上形成的经济的、政治的和文化的关系等;另一类是人与人之间的心理关系,也就是人际关系。人际关系是人们在社会实践中产生的交往关系,是人们在共同的社会生活中所结成的相互关系。与一般的社会关系不同的是,人际关系主要是指个体与个体之间的关系,而社会关系及其本质,是通过个体之间的关系表现出来的。

第三,人际关系存在于人们之间的思想和行为的互动过程之中。人与人之间的关系是通过人们的思想互动和行为互动表现出来的。在人们的思想互动和行为互动的过程中,由于相互了解和帮助,双方形成了某些感情,如同学感情、父子感情等。离开了思想互动和行为互动,人与人之间的关系便会疏远。

第四,人际关系表现为人们彼此之间的心理影响及其相应的行为倾向。也就是说,人们之间仅仅建立起某种关系是不够的,还必须通过思想和行为的互动过程,最终发生心理上的相互影响,这样才会真正建立和发展起人际关系。例如,一对男女青年,仅仅领取了结婚证,也只能证明两人是法律意义上的夫妻。只有两个人经过交流产生思想和行为上的共鸣,发生了心理和生理上的依赖,才会最终形成实质的夫妻关系。可见,心理关系是人际关系中不可忽视的重要因素。

二、人际关系的特征

人际关系之所以是一种有别于其他关系的独特关系,是因为它有自己明显的特征:

1.社会性

如前所述,人际关系本质上是一种社会关系。离开了社会,人际关系便无从谈起。人际关系的产生、发展、性质和状况等,无不与一定社会的历史条件联系在一起。在现代社会里,人们生活的社会化程度日益提高,人际关系的社会性也在不断增强。一方面,人们同社会联系的途径与方式更多,所涉及的领域和范围更广;另一方面,人们同社会联系的内容更丰富、更深刻。这一切昭示着人际关系的社会性有越来越强化的趋势。

2.情感性

人际关系以情感连接为纽带,这是人际关系区别于其他社会关系的一个显著特点,也是人际关系最重要、最突出的特点。所谓情感,简单地说,就是客观事物是否符合人的需要所产生的态度和体验,是人脑对客观事物与人的需要之间关系的反映。情感的基本特征是它的两极性,即肯定性和否定性、积极性和消极性。在社会心理学中,情感被归结为两大类:一是结合性情感,如热情、友谊、喜欢、亲密、恋爱、爱情等。在这类情感基础上所形成的人际关系程度不同地都带有相互吸引的特征和性质。二是分离性情感,如冷淡、嫌弃、厌恶、憎恨、敌对等。在这一类情感基础上所形成的人际关系则程度不同地带有相互排斥的特征和性质。人际关系之所以体现出多种类型和状态,在很大程度上是由于人们的情感的多种表现形式和状态使然。

3.需要性

需要是建立人际交往的动力，人际关系的好坏，主要反映了人们在相互交往中需要能否得到满足的心理状态。如果交往双方的需要都能得到一定程度的满足，就会产生喜欢、亲近或愿意交往的情绪反应，人们的心理距离就会缩短；反之，就会产生厌恶、憎恨等情绪反应，心理距离就会加大。因此，需求的满足是建立人际关系的心理基础。

4.交往性

人际关系是人们借助于交往，努力消除陌生，缩短心理距离的结果。交往是人们实现人际关系的手段，是人们交流信息、消除生疏、加深了解、获得肯定或否定的情绪体验的途径。不仅如此，交往的频率还是人际交往亲疏的调节器。一般说来，交往频率越高，人际关系越向纵深发展；交往频率越低，人际关系越趋于淡化，当交往完全不存在时，原有的实际意义上的人际关系也会成为名义上的人际关系。

5.双方确定性

在人际关系中，双方的相互关系是明确的。从纵向讲，人从一出生就卷入了人际关系的网络之中，先是构成了母子、父子关系，而后可能就是兄弟姐妹关系，再扩大到其他亲戚关系；进入学校又有同学、师生关系；步人工作岗位后产生了同事、上下级关系；到了婚嫁年龄又产生了恋爱关系、夫妻关系等。如此推论下去，人只要活着，人际关系就没有终止。从横向讲，每个人即使在同一历史时期，也可能扮演着多种角色。由此可见，社会中的人际关系是多种多样的，但每一种人际关系相互间的关系是明确的。倘若相互间的关系不明确，就无法建立和发展人际关系。

6.多面性

人际关系是思维、情感和需求等多方面的因素综合作用的结果。由于每个人在性格、表象、经历、知识和需求等方面的不同，在人际交往中，必然会表现出个体心理和行为上的多面性。另外，有些人际关系不仅受交际双方各种因素的影响，往往还涉及第三者、第四者或者更多的因素，这也是人际关系多面性的表现。随着人们物质文化生活的不断丰富和提高，人际关系的多面性会表现得更加突出。

7.渐进性

人际关系的发展有其自身的规律，需要经过若干阶段。人与人的交往，都是由浅入深，从彼此陌生，到相互熟知，到成为知己。奥尔特曼和泰勒对人际关系进行系统研究后提出，良好的人际关系的形成和发展一般要经过定向、情感探索、情感交流和稳定交往四个阶段。定向阶段，主要是初步确定要交往并建立关系的对象，包含对交往对象的注意、抉择和初步沟通等。情感探索阶段，双方主要是探索彼此在哪些方面可以建立真实的情感联系。情感交流阶段，双方的人际关系开始出现由正式交往转向非正式交往的实质性变化。表现在彼此形成了相当程度的信任感、安全感、依赖感，可以在私密性领域进行交流，能够相互提供诸如赞赏、批评、建议等真实的互动信息，情感卷入较深。稳定交往阶段，是人际关系发展的最高水平。双方在心理上高度相容，彼此允许对方进入自己绝大部分的私密性的领域，分享自己的生活，成为“生死之交”。只有彼此能正确判断相互间的人际关系的发展阶段，才能更好地运用不同的交往技巧，加深彼此间的友谊。反之，完全从自己的主观意识出发，做出一些突然超前或突然中止的反常行为，就会违背人际关系的规律性，从而引起当事人的惶惑不安。例如，初次同某人见面，就想求爱结婚，对方显然不会做出积极的反应。因此，在人际交往中，必须遵循循序渐进的原则，不能急于求成。

8.变动性

变动性也叫动态性。这是人际关系又一个重要而突出的特点。人际关系不是一成不变的，而是不断变化的。一个人从出生起要经过少年、青年、成年等阶段。在此期间，无论是人还是人际关系都不会是停滞不前的。并且在这种变动过程中，人际关系还是不可逆转和不可重复的，我们既不能倒转某个关系，又不能否认它的存在。例如，两年前你同某人关系密切，后来由于鸡毛蒜皮之类的小事却断绝了关系，这时你追悔莫及、想重续旧情。然而时过境迁，恐怕很难挽回了。同样，当你同某人结成至交后，你还想把关系回复到初识阶段往往也是不可能的。总之，当关系发生变化后，它不可能再完全地恢复到过去了。

9.复杂性

人是万物之灵，是自然属性和社会属性的统一体。复杂的生理因素和复杂的社会因素导致了人个体素质上的千差万别。因此，要真正认识一个人，本身就是一件复杂的事情，更何况两人以上所结成的人际关系，必然错综复杂。造成人际关系复杂性的原因，从根本上说，主要有两点：一是由关系主体的复杂性决定的。关系总是主体的关系，主体的复杂性，必然导致关系的复杂性；二是影响人际关系的外在条件和因素的复杂性，这属于外在原因，主要是指客观环境和文化背景等。

三、人际关系在公共关系中的作用

人际关系与公共关系有着密切的联系。良好的人际关系是构建公共关系的基础，了解人际关系并充分发挥人际关系在公共关系中的作用，对于组织建立良好的公共关系至关重要。

1.人际关系是组织内部公共关系的纽带和基础

组织内部的人际关系是指组织内部全体成员之间的联系，是一个组织内部的领导者与领导者、管理人员与员工、员工与员工、员工家属、邻里、上下级、同级职能部门之间等所有人与人之间的关系。显然，组织内部的人际关系是内部公共关系的纽带和基础，从一定意义上说，内部公共关系就是内部人际关系的总和，要建立良好的内部公共关系，就必须处理好内部人际关系。以组织内部领导者之间的关系为例，领导者之间的人际关系处理得越好，组织便越会具有较强的凝聚力。反之，领导者之间的人际关系处理得不好，彼此之间矛盾重重，则会造成组织的“内耗”，损伤组织的元气。这样的组织在内外部公众心目中，也不会有什么好的形象。因此，一个组织要在内部和外部创造良好的公共关系环境，领导者之间的人际关系状况是关键的因素。

2.人际关系是外部公共关系传播的重要渠道

公共关系的主要传播方式是大众传播，但人际传播也是公共关系最有效的传播方式之一，它能达到大众传播所不及的深度和死角，收到大众传播所收不到的持久而深入的效果。在很多情况下，组织的公共关系直接或间接地表现为人际关系并通过人际关系来实现公共关系目标。这主要表现在以下几个方面：

(1)组织内部员工与其亲属、朋友和邻里等的人际交往，组织的对外工作人员如推销员、采购员与业务往来单位的人际交往，组织领导者与政府官员、新闻界人士、影视体育明星、社会名流之间的人际交往等等，都是组织开展外部公共关系的重要传播渠道。

(2)即使是两个组织之间的交往，也往往是通过双方人与人之间的个别接触实现的。组织是人的组织。在这里，人际交往担负了公共关系的使命。

(3)公共关系人员策划的公共关系专题活动，就是为了提供一个展开人际交往、实现人际吸引的机会，从而达到联络感情、传递信息的目的，并促使组织公共关系目标的实现。

3.良好的人际关系是开展全员公共关系的基础

全员公共关系，即组织全体成员都做公共关系工作。公共关系活动的有效开展，最终要落实在组织内的每一个人身上。从组织的领导者、专职公共关系人员，到组织里的每一个成员，他们在对外交流活动中表现出来的风度、气质、态度和能力等，往往直接影响到对方对个人所代表的组织的印象，从而奠定了组织公共关系的基础。

要做到全员公共关系，首先，每个员工都必须以良好的行为和精神风貌出现在公众面前，给公众留下良好的形象；其次，每个员工在自己的岗位上都必须尽职尽责，为公众提供优良的产品和服务；最后，每个员工都必须对组织具有强烈的归属感、自豪感，处处维护组织的形象。要实现全员公共关系的目标，组织的全体人员必须有良好的内外人际关系。

第二节　人际关系的结构要素和类型

一、人际关系的结构要素

人际关系的结构要素是复杂的，包括内部构成要素和外部构成要素两部分。

1.内部构成要素

人际关系的内部构成要素，也叫心理与行为因素，主要包括三个方面。

(1)认知因素。认知因素是指建立人际关系各方的认知状况，包括彼此相互认知的状况和对共同关心的问题的认知状况等，这是构成人际关系的内在基础和前提条件。人际关系能否建立和发展起来，与这种认知因素有着极为密切的关系。两个彼此一无所知的人是无法建立人际关系的。

所谓相互认知，是指建立人际关系的双方通过感知、记忆、表象、想象和思维等一系列心理认识活动，达到对对方的认识和了解。顾客只有确认对方是售货员后，才会购买商品，售货员只有知道对方是顾客后，才会出售商品。可见，售货员和顾客的相互确认，是发生买卖行为，建立顾客和售货员关系的前提。相互认知的程度不同，人际关系的形成和发展的难易程度也就不同。一般说来，相互认知的程度越深，建立人际关系越容易；反之则越难。

对共同关心的问题的认知状况也影响着人际关系的建立和发展。构成人际关系的双方在共同关心的问题上的认知越是一致，就越容易找到共同语言，实现心理上的认同，也就越容易建立并维持良好的人际关系。所谓“心心相印”就是如此，相反，如果双方在共同关心的问题上的认知越不一致，就越难找到共同语言，要建立特别是发展良好的人际关系也就会变得越加困难，所谓“话不投机半句多”，正是这一现象的写照。

(2)情感因素。情感因素是指建立人际关系的双方彼此在情感上的好恶程度及满意程度。这是人际关系建立并维持和发展的纽带，它制约着人际关系的亲疏程度、深浅程度和稳定持久的程度。

我们知道，情感是人对客观事物能否满足自己需要所产生的态度和体验，它所反映的是客观事物与人需要的满足之间的关系。当客观事物能满足人的需要时，人就会产生肯定情感，而当客观事物不能满足人的需要时，人就会产生否定的情感。建立和发展人际关系，也是如此。如果建立人际关系的双方彼此都能满足对方的需要，就容易相互产生好感，产生较强的吸引力，从而建立和发展人际关系。相反，如果双方不能彼此满足对方的需要，甚至还阻碍着对方的需要的满足，就容易相互产生厌恶感，产生较强的排斥力，要建立特别是发展融洽的人际关系几乎是不可能的。

情感因素（包括从知觉印象引起的一般情感到理智感、道德感等高级情感）在人际关系构成中发挥着重要的作用。一般地说，情感因素的发展水平越高，其对人际关系的调节作用就越大。情感因素对人际关系的调节作用具体表现为：一是亲和作用，由于双方在情感上的相互喜爱、亲近，而使双方建立起亲密的、深刻的和稳定的人际关系；二是分离作用，由于双方在情感上相互厌恶、憎恨，就使得双方的人际关系变得肤浅、疏远，甚至是不相容的。

由此可见，人们只有在感情上对对方产生好感、喜欢和满意时，才会积极、主动地去建立与对方的关系，并使这种关系不断深入和发展。而当人们在情感上对对方产生厌恶、憎恨和不满时，人们就会尽力避免与对方建立人际关系，即使非要建立人际关系，那么这种人际关系也是不相容的，甚至是冲突的、对抗的。

(3)行为因素。行为因素是指建立人际关系双方具体的交往行为，包括言谈举止、表情动作、体态仪表等一切可察觉的表现个性的外部活动。这是建立和发展人际关系的根本保证。在人际关系中，不论是认知因素还是情感因素，都要通过行为表现出来。事实上，人们的相互认知，彼此感情的建立，都是通过具体的交往行为来实现和完成的。如果没有交往的行为，人们就无法认识他人，也就无从建立情感，形成和发展人际关系也就变得根本不可能。

生活中我们经常可以发现，交往行为越多、越频繁，人们越容易建立和发展人际关系。相反，交往行为越少，甚至没有交往行为，即使近在咫尺，也很难建立人际关系，更不要说人际关系的发展了。当然，交往行为受人的心理支配，人们的交往行为越相似或相近，要建立和发展良好的人际关系就越容易。

综上所述，认知因素、情感因素和行为因素是构成人际关系的主要内部因素。这三种因素相互影响、相互联系、相互制约，缺一不可。认知是内在基础，情感是联系纽带，行为是根本保证。

2.人际关系的外部构成要素

就外部条件而言，构成人际关系，至少要包括以下三个方面。

(1)人际关系构成的基础——方对关系。所谓方对关系，就是指两人相对、互为对方而结成一对关系。方对关系是构成人际关系的基础。人是人际关系的主体，构成某种人际关系，首先必须有两个以上的人参与，所以，没有方对关系就没有人际关系可言。如有父有子，才构成父子关系；有老师有学生，才构成师生关系。在社会生活中，方对关系有多种多样的表现，大体可以分为三种类型：

一是双方一对关系。双方一对关系，就是指构成人际关系的双方，互相结成一对的关系，这种关系只在两人中发生。这是人际关系中个体相互接触的基本关系，也是最常见的人际关系。如夫妻关系就是典型的双方一对关系。

二是多方多对关系。多方多对关系，就是指人际关系由多方构成，并彼此结成多对关系。这种关系在数人中发生，也是人际关系较常见的形态，如同学关系、朋友关系等。

三是群体复合关系。群体复合关系，就是指人际关系由群体构成，群体与群体之间结成相互关系。这种关系在群体中发生。

(2)人际关系构成的桥梁——联系媒介。构成人际关系，不仅要有人并结成方对关系，而且要通过某种媒介把人联系起来。人们通过媒介建立彼此间的联系。因此，联系媒介是构成人际关系的桥梁。没有联系媒介，要形成人际关系显然是不可能的。在现实生活中，这些联系和维持人与人之间的媒介是各种各样的，归纳起来，大致可以分为两类：

一是实物媒介。实物媒介也就是人们常说的物质交流，礼尚往来。以实物为联系媒介来建立并维持人际关系的现象，古已有之。投之以桃，报之以李。生活在物质社会中的人们，通过物质上的交流，建立并维持人际关系，应该说是自然而然的。当然，也应该看到，实物媒介既有积极作用，也有消极影响。过分夸大实物媒介在人际关系建立和维持方面的作用，将是十分有害的。

二是信息媒介。信息媒介就是通过信息载体传递人的思想，表达人的感情，从而建立和发展人与人之间的关系。这些信息载体包括口头语言、书面语言和体态语言，也可以通过电话、电报、录音、录像、电影、电视、传真、网络等方式来传递信息。这些载体不仅使人与人之间的联系范围扩大了，而且也使得这种联系变得更加容易。特别是在现代社会中，这种信息传递的方式已是人与人之间建立联系的重要媒介。

(3)构成人际关系的中心环节——交往活动。构成人际关系，不仅要结成方对关系，要有联系的媒介，而且还必须通过一定的活动才能实现。这种活动就是交往活动。交往活动使构成方对关系的双方，通过某种联系媒介，彼此产生了相互影响，或者说是心理上的互动。这样，人际关系便建立起来了。譬如一对恋人(方对关系)，情书(联系媒介)只有传递到对方手里(交往活动)，才会加深彼此的了解，并使感情加深。交往活动是多种多样的。从交往层次上分析，可以将交往活动分为礼仪交往、实物交往、情感交往和思想交往；从接触方式上分析，可以将交往活动分为接触性交往和非接触性交往。其中，接触性交往也叫直接交往，是指关系主体之间面对面的交往，是最普遍的一种交往方式。非接触性交往也叫间接交往，是借助某种通信工具或第三者传递进行的交往。

应该指出的是，构成人际关系外在条件的三个方面是相互联系、相互制约的。一方面，方对关系、联系媒介和交往活动构成一个整体，才会形成人际关系，缺少其中的任何一个条件，都不会有真正意义上的人际关系。另一方面，这三个条件又是互相依存、相互制约的。没有联系媒介，交往活动无法进行，方对关系也就失去了意义；没有交往活动，联系媒介就无法发挥作用，人们也就无法产生心理上的互动；没有方对关系，交往活动失去了对象，人际关系亦无法建立起来。

二、人际关系的类型

现实生活中的人际关系纷繁复杂。从不同的角度，可以把人际关系划分为不同的类型。下面介绍几种主要的分类方法及人际关系类型。

1. 媒介型分类

人际关系都是通过某种联系媒介而建立起来，根据联系媒介的不同，可以把人际关系分为四种：

(1)亲缘关系。亲缘关系是指人们以亲缘为纽带而形成的人际关系，是最原始的也是人类最早形成的人际关系，包括家庭关系、家族关系、氏族关系等。无论是对人类的延续和发展，还是对人的一生的影响，其作用都是巨大的，是其他人际关系所无法替代的，因此，有人又把这种人际关系称为人际第一关系。亲缘关系是维持家庭成员联系的纽带。这种人际关系有以下几大特点：

第一，亲缘关系是以血缘关系为纽带，以姻缘关系为基础而建立起来的人际关系。父子、夫妻、兄弟、姐妹等都是这种关系的具体表现。俗话说的“儿是娘的心头肉”“骨肉兄弟情同手足”“一日夫妻百日恩”等都描述了这一特点。在家庭关系中，这种亲情的结合往往使得家庭成员间的人际关系十分亲密。“血浓于水”“打虎还要亲兄弟，上阵还需父子兵”，是大多数中国人处理人际关系的一个信条。

第二，亲缘关系是最早、最长久的一种人际关系。原始社会的氏族制度就是在亲缘关系的基础上建立起来的，而现代人类社会依然受这种人际关系的影响。

第三，亲缘关系是发生频率最高、相互影响最大的一种人际关系。一般说来，人的一生都离不开亲缘关系，呱呱坠地时就产生了血缘关系；结婚以后，又扩展到姻缘关系。由于这种亲缘关系伴随着人的一生，因此，它的发生频率最高，相互影响最大。

第四,亲缘关系是最稳定的一种人际关系。亲缘关系不是随意就可以建立的关系,其中血缘关系是遗传的、先天的,本人无法选择;姻缘关系尽管可以加以选择,但也不是随意的,必须通过法律的手段加以确认。因此,亲缘关系一经建立就相对稳定。

(2)地缘关系。地缘关系是指人们以地缘为纽带而结成的人际关系。所谓的地缘,实际上就是指人们居住于同一地域,或者说拥有共同的生活空间,“亲不亲,故乡人”“老乡见老乡,两眼泪汪汪”,都是地缘关系的真实反映,生活中的邻里关系,同乡关系等都是地缘关系的具体表现。地缘关系在人们生活中有着重要的影响,它的特点主要有:

第一,地缘关系是以地理位置为媒介而结成的人际关系。一般说来,现代化程度越低,居住场所搬迁越少的地方,地缘关系越重要,反之,地缘关系就越淡漠。如城市和乡村相比较,地缘关系相对比较淡薄,越是现代化大都市,地缘关系就越发淡薄。

第二,地缘关系在某种程度上是无法选择的。如人的祖籍、出生地等。

第三,地缘关系具有层次性。这种层次性随着地缘范围的扩大,其作用依次递减。在现实生活中,人的老乡关系可以有村级、乡级、县(区)级、市级、省级等。到了外省,同一省份的人都可称为老乡。

(3)业缘关系。业缘关系是指人们由共同的职业和事业结合而成的人际关系。业缘关系是社会大分工的产物,并随着生产社会化的程度的提高和人们交往的逐步扩大而日益发展。师生关系、同事关系、上下级关系等都是业缘关系的具体表现。业缘关系主要有以下几个特点:

第一,业缘关系是因职业、专业和事业上的联系而形成的人际关系。因此,这种人际关系建立之初,通常带有较多的合作性、竞争性和功利性,而较少带有感情色彩。

第二,业缘关系具有阶段性或变动性。业缘关系主要是在学习,工作中获得的,而人的学习、工作又是不断变化的,因此,人的业缘关系也是在不断变化的。人在不同的时期内就会有不同的业缘关系。如学习的时候,就有师生关系、同学关系;工作以后,就有师徒关系、同事关系、上下级关系,等等。

第三,业缘关系在现代生活中所起的作用愈来愈大。社会愈是现代化,人们在职业、专业和事业上的相互依赖性也愈大,因而业缘关系也就显得愈发重要。

(4)趣缘关系。趣缘关系也称朋友关系,是指人们之间由于兴趣相同而结成的人际关系。“物以类聚,人以群分”,是这种人际关系的典型写照。棋友、牌友、球友、朋友等大都属于趣缘关系。趣缘关系有三个突出的特点:

第一,趣缘关系是以人们共同或相近的兴趣、爱好为基础的。因此,这种人际关系通常是在现实生活中自发地形成的,具有较强的选择性。

第二,趣缘关系表现出较强烈的情感色彩。如彼此喜欢并希望建立良好的人际关系,友谊感在这种人际关系中占有重要地位。

第三,趣缘关系的实质是心理认同关系。有共同兴趣的人之间虽然存在信息交流关系,但基本上不属于社会资源的交换关系,而是一种心理联系和心理认同关系。

应该指出的是,亲缘关系和地缘关系在传统社会中的作用较为明显,而业缘关系和趣缘关系则在现代社会中发挥着愈来愈大的作用。

2.相容型分类

生活中的人际关系的性质是不同的,从相容性的角度来分析,人际关系大体可以分为两大类。

(1)相容的人际关系。相容的人际关系是指双方心理距离接近、彼此容纳、和睦相处的人际关系。这种人际关系也有多种表现:

一是亲密关系。这是人际关系的最佳状态,表现为思想上的理解、感情上的共鸣、行为上的默契。知心朋友就是这种关系的表现。

二是和睦关系。这是指认识上虽有差异,但尚能求同存异,感情上依然相互依恋。和睦的家庭、和睦的邻里关系等,都属于这种关系。

三是维持关系。这是指认识上有较大差异、感情上联系较弱,但还没有达到关系破裂的程度。这是一种不牢靠、不稳定的人际关系。如同床异梦的夫妻关系,就属于此类。

上述三种人际关系,其感情因素和心理相吸呈递减趋势,心理相容性也逐渐降低,而彼此不相容的成分则逐渐增加。

(2)不相容的人际关系。不相容的人际关系是指双方心理距离疏远、互不相容、情感相反的人际关系,如钩心斗角关系、尔虞我诈关系等大都属于此类。这种关系的具体表现是:

一是疏远关系,这是指双方各方面差异较大,缺少相容与情感的基础,甚至相互反感。因而,双方尽可能采取敬而远之的态度,减少彼此的接触。即使必须建立联系时,也往往表现得比较冷淡。但这种关系尚未达到势不两立的程度,也没有表现出激烈的对抗和冲突。

二是排斥关系。这是指双方不仅在情感上,而且在利益和其他各方面都存在较大的差异。特别是追求目标上的不一致,使双方的心理距离较大,彼此不仅没有心理吸引,而且也没有共同语言。有时虽然不得已而在一起工作、学习和生活,也常常相互排挤,贬低对方。许多工作和学习中的竞争对手,就常常表现出这种关系。当然,排斥关系尽管彼此互不相容,但双方的矛盾还没有达到公开化和对抗性的程度。

三是冲突关系,也叫对抗关系。这是指双方的感情截然相反,矛盾表现公开化,彼此不仅没有心理吸引,而且心理距离极大。生活中像吵嘴、打架都属于这种关系。这是人际关系不相容的极端表现,严重时,可导致彼此关系的破裂。

上述三种关系,其心理距离逐渐加大,不相容因素逐渐增加,而彼此相容成分逐渐减少,直至没有。

3.范围型分类

从人际关系的涉及范围来分析,大体可以把人际关系分为以下几种:

(1)个人与个人之间的关系——人人关系。人人关系是指交往范围主要限制在个人之中,是个人与个人所建立的人际关系。生活中的人际关系,大多都属于这种关系,像亲属关系、朋友关系、师生关系、同事关系、老乡关系等。

(2)个人与群体之间的关系——人群关系。人群关系是指人际关系是建立在个人与群体之中的,是个体对群体进行的交往。人生活在社会之中,而社会就是由多种多样、大小不等的群体所构成、小到家庭、朋友圈,大到民族、国家等。如个人与家庭的关系、个人与班组的关系、个人与社团的关系以及个人与民族的关系、个人与国家的关系等,大都可以划入这种人际关系之中。

(3)群体与群体之间的关系——群群关系。群群关系是指群体与群体之间建立起来的关系,或者说是群体与群体之间所进行的交往。这种关系是广泛意义上的人际关系,与我们所说的具体的人际关系是有所差别的。

4.等级型分类

依据人们在人际关系中地位的对等程度,可以将人际关系分为以下三种:

(1)平等型的人际关系。平等型的人际关系是指构成关系的各方在地位上是平等的,处于同一条水平线上。这是现今社会人际关系的主流。

(2)不等型的人际关系。不等型的人际关系是指构成人际关系的各方在地位上是不平等的,各自处于不同的地位,分属于不同的等级。

(3)对立型的人际关系。对立型的人际关系是指构成人际关系的各方处于对立的地位,存在着某种对抗和冲突。这种类型的人际关系,大体上说来,在任何社会中都是存在的,但是在不同性质的社会中,它们在社会生活中所占的比重是不相同的。

第三节　影响人际关系的因素

每个人都想拥有良好的人际关系，但是，每个人的现实的人际关系却不一定尽遂人愿。影响人际关系的因素是极为复杂的，最主要的有以下三个方面。

一、生理因素

作为人际关系主体的人首先是一个生物实体，它自身具有的某些生理因素在不同程度上制约着人际关系的状况。这主要表现在：

1.生理需要

在人际关系主体的需要系统中，生理需要是最初或最原始、最基本的一种需要，它主要是指人对食物、水分、氧气、住所、医疗、性和睡眠等的需要。一方面，不同的生理需要，会导致不同的人际关系。例如，人们由于性的需要，才建立和发展能够满足这种需要的恋爱关系和婚姻关系。另一方面，生理需要的程度，也影响到人际关系的发展程度。一般地说，生理需要越迫切、越强烈，相应的人际关系建立得越迅速，表现得也越亲密。反之亦然。

2.生理特征

生理特征包括多方面的内容，人体肤色的黑白、毛发的疏密、性别的差异、年龄的长幼、身材的高矮、体形的胖瘦、相貌的美丑等，都是人的生理特征的表现。生理特征，在不同程度、不同性质上，影响和制约着人际关系。以年龄为例，发展心理学的研究表明，人在生命发展的不同阶段，具有不同的生理心理特征，同一年龄组的人相互间更容易产生共鸣，建立交往关系。以性别为例，只有异性的人才能建立正常的恋爱关系和婚姻关系。以相貌为例，具备一定仪表风度的人，往往有着特殊的人际吸引力，等等。

3.健康状况

所谓健康，是指人体各器官系统发育良好、功能正常、体质健壮、精力充沛，并具有良好的劳动效能的状态。健康状况对人际关系也有一定的影响。一般地说，健壮有力的人，在社会生活中往往充满信心，乐于与他人交往，而且在交往中能够正确认知他人，发展正常的人际关系。而体弱多病的人，对社会环境常常表现出诚惶诚恐或多愁善感的心态，很难与人发展正常的人际关系。

二、心理因素

作为人际关系主体的人，同时也是一个心理实体，具有多种多样的心理因素。制约人际关系的心理因素是多种类、多层次、多水平的，主要包括动力因素、认知因素、情感因素和气质性格因素。

1.动力因素

动力因素是心理因素的最高层次，包括需要、动机、兴趣、理想、信念、价值观、世界观等。

(1)需要和动机。需要和动机对于人际关系的制约，突出地表现在它是人际关系发生发展的动因上。一般来说，需要是人际关系发生发展的决定性因素，而动机则是人际关系发生发展的直接推动力。在人际交往中，如果能满足对方的交际需要和动机，就能建立良好的人际关系。反之，如果不能实现或违背了对方的交际动机，就会导致人际关系的疏远、紧张、中断，甚至冲突。

(2)兴趣。兴趣是一个人力求认识和趋向某种客体的积极的个性倾向。许多人际关系的建立都是以兴趣的共同性或相似性为基础的。兴趣有广泛和狭窄之分。广泛的兴趣使生活呈现五彩缤纷的画面，有利于建立和发展人际关系；狭窄的兴趣使人限制在狭小孤立的范围内，不利于建立和发展人际关系。

(3)理想和信念。理想是对未来有可能实现的奋斗目标的向往和追求。信念是一个人对某种认知的真实性坚信不疑，并力求加以实现的个性倾向。理想以一定的信念为基础，同时又促进信念的形成。共同的理想和信念，是建立和发展人际关系的重要基础。理想的改变和信念的动摇，则必然会引起人际关系的深刻变化。

(4)世界观和价值观。世界观是人们对世界的总的看法和根本的观点。价值观是人们对人生的目的、意义以及如何实现人生价值等问题的看法。世界观对价值观具有一定的调控作用，价值观则是世界观的外在表现。世界观和价值观相似的人，容易建立起亲密的关系。

2.认知因素

认知因素是指个体对对象的心理状态、行为动机及情感意向的推测和判断过程，是理解和确立人与人之间关系的心理倾向。认知包括自我认知和社会知觉两部分，其中自我认知和认知他人是影响人际关系的关键因素。

(1)自我认知。自我认知包括对自己的自然状态、智慧才能、思想意识、名誉地位、社会关系等方面的评估。自我认知是人际关系的基础。人类只有在认识了自身的状况之后，才能更好地使自己的行为适应外界环境的要求。在人际交往中，倘若不能正确地评价自己，不能对自己有正确的定位，不能控制自身的行为，必将给自己的人际交往带来困难和障碍。如自视过高、盲目骄傲的人，在交际中往往总想高人一等、独断专行，其结果，不仅挫伤了别人的自尊心，最终自己也会遭到别人的抛弃。

(2)认知他人。认知他人是指对别人的动机、感情、意向、性格等的认知。认知他人重在知心，外表和外部行为常常是可以文饰的，所以一定要通过他人的行为表现和外部特征推测出其内心世界的真实面貌。

人际认知除了受以上因素影响外，还常常受其他诸多因素的影响而出现认知偏差。如前所述，常见的人际认知偏差有第一印象(又称首因效应)、晕轮效应(又称光环效应)、定势效应和刻板印象等。它们既会给人际关系带来好的影响，也会给人际交往带来意想不到的麻烦。

3.情感因素

在人际关系中情感的作用主要体现在对他人的好恶倾向上。快乐、喜爱、赞许等积极的情感可以引发交际活动中的积极态度，从而促进人际关系的发展；厌恶、憎恨、愤怒等消极的情感则会引发交际活动中的消极态度，从而阻碍人际关系的健康发展。

(1)增强人际吸引的情感因素。

一是倾慕。如果交际双方情感相容，相互倾慕，就会缩短彼此的心理距离，引发与对方进一步交往的愿望和要求。通常兴趣爱好、认知结构、气质性格等较为相近的人容易产生倾慕之情，倾慕之情越强烈，人际关系越亲密。

二是友谊。交际双方进行接触时，必须有共同的情感投入，而情感的投入必须建立在友谊的基础之上。友谊的发展一般要经历接触、稳定和深入三个阶段。成功的友谊会带来事业上的成功、生活上的幸福、人际关系的顺当；而失败的友谊不仅会损害个人的事业和前途，给生活蒙上阴影，也会给今后的人际交往带来负面的影响。

三是爱情。爱情是交际情感的特殊形态，无论是从亲密程度，还是从双方相处的方式来看，都不同于一般的人际关系和友谊。许多人相信，爱情是人际吸引的最高境界，它可以彻底改变一个人的交际方式和交际观念。幸福的爱情经历可以使人焕发出惊人的力量，使懦夫变勇士；痛苦的爱情经历则使人从此消沉，自我封闭，远离人群。

(2)阻碍人际关系顺利发展的情感因素。

一是愤怒。愤怒的发生常常是因为自己的个人交际目标不能实现，于是就采取一种强硬的姿态来冲击和扫除阻碍目标实现的事物。将这种情感施之于交际对象，往往会引起强烈的反抗，或是遭遇冷淡的回答，从而引起人际关系的恶化。

二是恐惧。恐惧是人体质虚弱与无安全感而寻找补偿的情感形态。恐惧使人悲观、神经质，行动上表现为撤退、逃跑，这会使其缺乏社会责任感，从而无法与人和睦相处。

三是厌恶。厌恶是一种排斥性的否定情感。持有厌恶心理的人，对他人常常采取蔑视、鄙夷的态度，不愿与他人多做接触，无法与人和谐相处，其结果是使个体从群体中分离出来，成为孤家寡人。

三是嫉妒。过分嫉妒会使一个人变得目光短浅、自私自利，很难与人愉快交往。

4.气质和性格因素

如前所述，心理学上通常把人的气质分为胆汁质、多血质、黏液质和抑郁质四种类型。胆汁质的人，外向、冲动，与人交往比较主动，但人际关系的稳定性较差；多血质的人，无忧无虑、和蔼可亲、通情达理、善于社交；黏液质的人，小心谨慎、深思熟虑、沉着可靠、能自我控制，在与人交往中往往比较被动；抑郁质的人，沉默寡言、性情易变、悲观小气、不善交际。

瑞士心理学家荣格，还把人的性格分为内倾型和外倾型。根据这种学说，内倾型的人，一般沉静、谨慎、多思、孤僻，适应环境困难，与他人交往的动机和愿望淡薄，但一旦建立起人际关系，则较为持久；外倾型的人，一般开朗、活泼、善于交际，适应环境迅速，与他人交往的动机和愿望强烈，但人际关系的持久性难以维持，并往往缺乏深交。

三、社会因素

作为人际关系主体的人，不仅是一个生理实体和心理实体，更是一个社会实体。在一个人身上，积淀着多种多样的社会性因素，这些因素从不同的方面或角度制约着人际关系。

1.社会地位

所谓社会地位，是指人们在生活、工作和学习中所处的位置和所担任角色的总称。社会地位对人际关系的制约主要表现在三个方面。

一是社会地位制约或影响着人们的交往对象和人际关系的状况。在现实生活中，人际交往按沟通形式一般分为“上行”、“下行”和“平行”三种情况。上行指社会地位低的人与社会地位高的人之间进行的沟通或交往；下行指社会地位高的人与社会地位低的人之间进行的沟通或交往；平行指社会地位相等的人之间进行的沟通或交往。一般说来，在人际交往中，上行沟通较为困难，下行沟通较为容易，平行沟通则难易相当。

二是社会地位制约或影响着关系主体的交往热情和交往需要。在人际交往中，一般地说，处于主动社会地位的人要比处于被动社会地位的人更富有交往热情和交往需要。

三是社会地位制约和影响着人的交往动机和诸多的交往心理。社会地位除了有高和低、主动和被动之分外，还存在着援助和求助的区别。在生活、工作和学习中，处于求助社会地位的人要比处于援助社会地位的人具有更迫切的交往动机，同时会具有更突出的徘徊和胆怯心理。

2.职业类别

所谓职业类别，是指人际关系主体所从事工作的类型，也就是做什么工作。职业类别对于人际关系的制约表现在诸多方面。

一是职业类别制约或影响着人际交往的对象。人们从事不同的职业，就会有不同重点的人际交往对象，例如，售货员的主要人际交往对象是顾客，教师的主要人际交往对象是学生等。

二是职业类别制约和影响着人际关系的类型。不同的职业类别，容易形成不同的人际关系类型。

三是职业类别制约或影响着人际关系的广度、深度或亲密度。不同的职业类别会满足人们的不同需要。例如，教师能满足人们求知的需求，医生能满足人们治病的需要。从事的职业满足人类的需要越多，这种人越容易建立起广泛的人际关系。

3.知识层次

不管人们承认与否，每个人总是处于社会的一定的知识层次中。一般地说，科学文化水平相近、知识层次相同的人，容易建立人际关系。事实证明，知识层次相同的人，相互交往多；知识层次不同的人，相互交往少。当然，这里不能否认有不同知识水平的人之间互补性吸引的问题。不仅如此，知识层次高的人与知识层次低的人，在人际交往中的内容也是不一样的。高知识层次的人相互交往，学术的交流、文化的交流和精神的交流会占很大的比重；而文化层次低的人的相互交往，则会有很强的物质交换和情感交流的色彩。

第四节　建立和谐的人际关系

和谐的人际关系无论对于公共关系工作的顺利开展，还是对个人的日常生活，都是十分重要的。因此，无论在公共关系工作中还是在日常生活领域，我们都应当努力消除人际关系障碍，建立良好的、和谐的人际关系。

一、正确把握处理人际关系的原则

1. 平等原则

平等原则，是指人际交往的双方处于同等的社会地位，享有相同的权利，受到同样的尊重，它是发展人际关系的基本原则。交往必须平等，平等才能深交。没有平等待人的态度，就不可能建立起密切的人际关系。

在现实生活中，人与人之间存在着年龄、性别、职业、社会地位等方面的差异，正是由于这些差异，在人际交往中存在着许多不平等的关系。如上下级之间，上级往往以权压人，以势压人；不同辈分人之间，长辈往往不能平等对待晚辈；素质不同的人之间，能力强者往往瞧不起能力弱者；经济条件不同的人之间，有钱的人往往看不起没钱的人等。诸如此类的不平等关系，妨碍了人际关系的正常发展。

在人际交往中，要贯彻平等的原则，一是要正确认识和看待自己，既不能过于自负，总以为自己了不起；也不能过于自卑，总以为自己事事不如人。二是要不卑不亢地对待他人，既表现出对对方应有的尊敬，又不卑躬屈膝，更不能“看人下菜碟”。

2. 互利原则

互利原则，也可称为互利主义，这是指在人际交往中，关系主体双方都能够从对方得到一定的利益和好处，相互满足各自的需要。这种利益和好处，既可以是物质的，也可以是精神的。

互利原则不同于利他原则。利他原则是一种不期望报偿的自觉自愿的助人原则。互利原则与利他原则的根本区别是，在利他的同时，也要适当考虑到利己，主张自己的权利。

互利原则也不同于利己原则。利己原则，也可称为利己主义，持这种原则的人，一切从个人利益出发，事事为自己着想，处处为自己打算。互利原则与利己原则的根本区别是，在利己的同时，也要适当考虑到利他，主张他人和自己的互惠互利。

互利原则更不能等同于商品交换原则。商品交换原则，其表现形式是物与物的交换，奉行的核心准则是等价交换。互利原则与商品交换原则的根本区别在于，互利的内容不只是物质的东西，还包括精神、情感的东西，甚至主要是精神和情感的东西。在这里，等价交换既无可能也不现实。

在人际交往中，要贯彻互利原则，一是要破除极端个人主义，不能把个人利益看得过重，时时处处打自己的"小九九"；二是要有奉献精神，助人为乐，与人为善，特别是在他人遇到困难、需要帮助的时候，更应该提供自己力所能及的帮助。

在我们的现实生活中，尽管在坚持互利原则方面的主流是好的，但也存在一些消极的、不健康的现象。具体表现在：一是见物不见人，把商品交换原则搬到人际交往中，只知以物易物，不注重彼此间的情感沟通。二是斤斤计较，我给你五两，你必须换我半斤。三是实用主义的处世之道，谁对我有用，我就同谁交往。这些消极的、不健康的现象，是对互利原则的歪曲和亵渎，对建立和发展正常的人际关系影响极坏。

3.宽容原则

宽容原则，是指在人际交往过程中要胸怀坦荡，宽宏大量，不计小过，容人之短。大千世界，芸芸众生，每个人都有自己的个性和爱好，而且金无足赤，人无完人。因此，在人际交往过程中，绝不能用一种标准去要求他人，要学会宽容，求同存异。

宽容不是不讲原则。不讲原则的人，表面上看来能容人，但实际上却是胸无主见。宽容的人则目标明确，原则性强，容人的目的是为了把原则性与灵活性有机结合起来，以便更好地实现自己的目标。

宽容也不是懦弱。表面上看来，宽容的人与懦弱的人一样，都是"骂不还口，打不还手"。实际上二者是有严格区别的。懦弱的人是由于本身缺乏力量而任人欺负；宽容的人则开朗、豁达，为了实现自己的目标而主动地谦让、容忍。心理学研究证明，自信心越高的人，宽容度就越强。

在人际交往中，要贯彻宽容原则，一是要有谦让精神，做到有理也让人；二是要理解、体谅他人，常以将心比心的态度设身处地地对待和处理问题；三是对非原则性问题不必斤斤计较，学会以德报怨；四是大事清楚，小事糊涂，不在琐碎小事上与人交恶；五是严于律己，宽以待人。

4.诚信原则

诚信原则也叫诚实守信原则，简单地说，就是在人际交往中要诚实、信守诺言。诚信原则是人际关系得以延续和深化的保证。

所谓诚实，是指在人际交往过程中，要有真诚老实的态度，以诚相待。诚实既是做人的基本品质，也是人们相互信赖和友好交往的基石。在交往中，只有彼此抱着心诚意善的动机和态度，才能相互理解、接纳和信任，在感情上引起共鸣，使交往关系得到巩固和发展。那种"逢人只说三分话，未可全抛一片心"的交往信条，侵蚀着健康的交往关系。

所谓守信，就是指人际交往要讲信用，言必信，行必果，朋友之交，言而有信。自古以来，讲信用的人总是受到人们的欢迎和赞颂，不讲信用的人则受到人们的斥责和唾骂。

在人际交往中，要真正做到坚持诚信的原则，首先就要真诚待人，与人为友。交往双方应当彼此坦直，要真实地暴露自己，既不向对方隐瞒自己的短处和缺陷，更不能居心叵测，欺骗对方。交往双方要互相说真话，对对方的长处、优点，要学习和称颂；对对方的缺点、不足，也要善意批评，绝不能无原则地妥协。其次，要言行一致，表里如一。如果当面一套背后一套，说一套做一套，让对方知道了，便会失去继续交往的愿望。再次，要严守对方的秘密。秘密因为鲜为人知，所以颇具吸引力。交往双方切忌以炫耀和披露别人的秘密来抬高自己。这样做，不仅会失去自我，更会失去朋友，破坏人际关系。最后，要惜承诺、重承诺。一方面不要随意许诺，不要承诺自己不能做，不会做或是不愿做的事。另一方面许下诺言就一定要办到，只有这样才能建立自己的人际信誉。

二、建立和谐人际关系的方法

人际交往并不是一件困难的事，但是，良好的人际关系却需要精心呵护，需要科学的方法去建立和维系。

1. 主动交往，大胆尝试

在人际交往中，有人企图以显示自己为手段，结果不是令人生厌，就是弄巧成拙。更多的人则是缺乏主动性，总是被动地期望别人先接纳自己。这些都是人际关系的误区。人际交往中缺乏主动性往往出于两种原因：其一，自信心不足，害怕主动之后得不到预期回应而丧失自尊。实际上，人人都有交往的需要，主动的人得不到应答的情况很少。不仅如此，主动还容易使人产生好感，特别是在双方都处于新环境，都需要人际支持的情况下。其二，对人际关系存在误解，如认为先同别人打招呼是低人一等、想请别人帮忙又怕别人嫌麻烦等。实践证明，人际交往并不决定于机会的多少，主要问题在于方式。只有主动交往，大胆尝试，才可能建立起和谐的人际关系。

2. 树立良好的第一印象

人际关系的第一步，是建立良好的第一印象。某位心理学家曾为人们提供了一个著名的SOLER模式，大致意思是：面对面地坐，自然、开放，身体前倾，目光接触，放松。美国现代心理学家卡耐基也在他的著作中为人们指点迷津，其观点可以概括为：微笑，多提别人名字，真诚地对别人感兴趣，谈话符合别人兴趣，当个耐心的倾听者等。

其实，还有一些因素有助于建立良好的第一印象，它们包括：①主动交往（如前所述）。②良好的移情能力。人际关系的本质是情感联系，情感联系越密切，关系就越亲密。如果不能达成理解，不能体验别人的情感，交往的合理性就不具备。③助人行为。帮助可以有效地缩短人与人之间的心理距离，缩短关系发展的周期。当然，帮助不只是简单的物质上的支持。

3.显示才华又不掩饰不足

显示才华的一个重要手段是“毛遂自荐”。在这人才辈出、人才济济的社会中，如果不充分显示自己的才华，就会失去许多被社会和他人所接纳的机会。所以，要抓住每一个机会展示自己的才华和潜能。但是，显示才华切忌过分。心理学研究表明，一个极其聪明能干的人，过分地显示自己会使别人产生一种自卑感。莎士比亚说过，一个人往往因为有了一点点缺点，更显得他的可爱。水至清则无鱼，人至察则无徒。可见，一个人适度地暴露某些弱点，不仅不会影响在别人心目中的形象，而且会缩短人与人之间的情感距离。

4.用良好的个性特征去感染别人

每个人在人生舞台上扮演的角色是不尽相同的，角色的不同也就是性格的不同，用什么样的个性特征去感染别人、吸引别人呢？调查研究表明，以下的人格特征有助于增强人际吸引力：一是严于律己，宽以待人。也就是说对别人要宽宏大量，自己难以做的，不愿做的，就不要要求别人，正所谓：“己所不欲，勿施于人。”二是豁达地对待舆论和批评。在当今复杂的现实生活中，谁人背后无人说，谁人背后不说人。如何对待舆论呢？如果视而不见、听而不闻，会引起对方的不满、恼怒。但如果非要人家赔礼道歉，又会导致对立的情绪和行为。应该承认，有舆论说明自己被关注、被重视。所以，对待舆论和批评要通情达理。只有这样才会有利于别人对你推心置腹，使双方的关系健康发展。三是充满自信地面对一切挫折。所谓挫折，是人在从事有目的的活动时，由于遇到障碍和干扰，其需要和动机不能得到满足所产生的一种主观体验。对待挫折的态度以及在挫折面前的表现与自己的个性修养、遭受挫折的经验以及对挫折的心理准备等因素有关。一般来说，心胸宽广、性格开朗、意志坚强、自信豁达的人，对挫折的容忍力大。

5.学会心理位置的互换

所谓心理位置互换，就是我们通常所说的换位思考，是指交往双方由于所处的地位和位置不同，彼此存在着不同的要求和期望，而在两者之间发生冲突和矛盾时，每一方都力求站在对方的立场上，了解对方的感受和要求，设身处地地为对方着想的方法。也就是“将心比心”、“以心换心”。这种方法对于消除人与人之间的隔膜,填补人与人之间感情上的鸿沟,具有奇特的功能。

6.缩短时空上的距离

时空上的接近是人与人之间彼此熟悉、加深了解的客观条件。时空上的接近表现在相处距离的远近和交往频率的多少两个方面。从相处距离看,凡是地理位置接近者,容易发生人际交互关系。例如办公位置邻近的同事之间,住所接近的邻里之间,由于见面机会多,容易建立人际关系。从交往频率看,交往次数越多,彼此间越容易拥有共同的经验、共同的话题,从而越容易建立密切的人际关系。因此,与人为友必须主动拉近空间上的距离,并采取积极的态度加强交往,增加频率。

7.掌握批评的艺术

在人际交往过程中,发现别人的错误,及时批评指正是很必要的。但是如果方式不当,会激起别人的防卫心理,甚至招来敌意。因为不管怎样批评,都是要让别人做出某种自我否定。行之有效的方法,一是从真诚的称赞开始;二是不能以批评来显示自己的优越;三是间接地提醒别人,最好是让他自己得出结论。

8.诚恳待人,避免争论不休

每个人都是自己观点的捍卫者。卡耐基说,人赢不了争论,即便是赢了,也以伤害人际关系为代价。日常生活中,绝大多数争论并不以解决问题而告终,而是以相互敌意为结果,因为争论过后人们往往更相信自己。在人际交往中一旦产生了人际矛盾,应该马上开诚布公地进行交流,尽快消除误解,即或沟通不顺利,也可以先放一下,进行冷处理。切忌争得面红耳赤,产生严重敌意。

9.善于变换角色

现实生活中,每个人都在与不同的人打交道,扮演着多重角色。例如,在子女面前扮演父母的角色,在学生面前扮演老师的角色,在领导面前扮演下属的角色,等等。因此,在人际交往中,必须强化角色意识,根据不同的对象,不同的场合,变换自己的角色。只有这样,才能处理好各种各样的人际关系。善于变换角色有两层含义:一是对不同的人采取不同的态度。比如,对年长者要尊重、谦虚;对同事要协作、帮助;对生活中的不幸者要安慰、关心等。二是在与别人打交道时,要学会站在对方的角度考虑问题,体谅对方的难处。

10.尽力帮助别人

要树立善待人和热心助人的思想。在别人遇到困难时,应该尽可能地给予帮助,特别是当别人处于难以自拔的困境中时,更应雪中送炭。这种帮助既可以是精神上的,也可以是物质上的。正所谓“患难之处见真情”。

复习思考题

1.什么是人际关系？人际关系的特征有哪些？

2.人际关系在公共关系中的作用是什么？

3.人际关系的结构要素有哪些？

4.影响人际关系的因素是什么？

5.处理人际关系的原则是什么？

6.如何建立和谐的人际关系？

第十二章　公共关系礼仪

本章要点

1. 在公共关系活动中，公共关系礼仪是公共关系人员必须掌握并娴熟运用的人际交往和人际传播的技能与艺术。

2. 礼仪的含义和特点、礼仪的功能和作用以及社交的一般礼仪、公务活动礼仪、求职应聘礼仪和一些涉外礼仪。

第一节　公共关系礼仪概述

一、礼仪及公共关系礼仪的含义和特点

1. 礼仪及公共关系礼仪的含义

礼仪，从广义上讲，指的是一个时代的典章制度；从狭义上讲，指的是人们在社会交往中由于受历史传统、风俗习惯、宗教信仰、时代潮流等因素的影响而形成的，既为人们所认同，又为人们所遵守，并以建立和谐关系为目的的各种符合礼的精神及要求的行为准则或规范的总和。而所谓公共关系礼仪，就是社会组织中的公共关系人员或其他人员在公共关系活动中，为了树立和维护组织的美好形象，构建与内外公众和谐的理想关系所应遵循的尊重公众，讲究礼貌、礼节，注重仪表、仪容、仪态和仪式等的规范或程序，是约定俗成的常规礼仪在公共关系活动中的应用、实施与发展。

2. 礼仪及公共关系礼仪的特点

公共关系礼仪与常规礼仪既有一定的区别，又有极为密切的联系，因此公共关系礼仪与常规礼仪一样，具有以下几个明显的特征：

(1)规范性和限定性。礼仪是一种规范。礼仪规范的形成是对人们在社会交往实践中所形成的一定礼仪关系的概括和反映。也就是说，礼仪是人们在长期反复的生活实践中形成的，是通过某种风俗、习惯和传统的方式固定下来的，并通过

一定社会的思想家们集中概括出来的人们普遍遵循的行为准则。这种行为准则，见之于人们的生活实践并支配或控制着人们的交往行为。

也正因为如此，礼仪及其规范又有一定的限定性。礼仪主要是适用于交际场合，适用于一般的人际交往与应酬。在这个特定的范围之内，礼仪是行之有效的，但离开了这个特定的范围，礼仪则未必适用。并且，当所处场合不同，所具有的身份不同时，人们所要应用的礼仪往往会各有不同，有时甚至还会有很大的差异。一般而论，适合应用礼仪的，主要是初次交往、因公交往、对外交往等三种交际场合。

(2)社会性和普遍性。礼仪这种文化形态，有着广泛的社会性。有了人类社会就有了人与人之间的关系以及人与人之间的交往。为了获得交往的成功与愉悦，也为了在交往中保持互相尊重并得到自尊，就要讲究和遵守一定的礼仪规范。所以，礼仪贯穿于整个人类社会的始终，遍及社会的各个领域，渗透到各种社会关系之中。在现实生活中，每个人都会参加交际活动，从而只要有人和人的关系存在，就会有作为做人的行为准则和规范的礼仪的存在。

(3)多样性和差异性。礼仪与每个人都有着密切的联系，它涉及不同的生活、学习和工作领域。而且，不同的个人，在其生活、学习和工作的特定领域里又有特定的礼仪要求。更何况在不同的国家和民族，也有不同的礼仪。因此，不管是在内容上，还是在形式上，礼仪都是丰富多彩的。

同时，礼仪作为一种行为准则和规范是约定俗成的，这是各民族礼仪文化的一个共性。但是对于礼仪的具体作用，则会因现实条件的不同而呈现差异性。这主要表现在：同一礼仪形式常常会因时间、地点的不同而使其含义出现差异；礼仪的差异性还表现为同一礼仪形式，在不同场合，针对不同对象，会有细微差别。通常所说的“入乡随俗”、“客随主便”等就充分表明了礼仪的差异性。

(4)继承性和变动性(发展性)。礼仪是一个国家和民族传统文化的重要组成部分。每一个民族的礼仪文化，都是在本民族固有传统文化的基础上，通过不断吸收历史上的以及其他民族的礼仪文化而发展起来的。同时，礼仪是社会历史发展的产物，并具有鲜明的时代特点。既然礼仪是在人类的交际活动实践之中形成和完善起来的，所以随着社会的发展，历史的进步以及由此引起的众多社会活动的新特点、新现象的出现，就要求礼仪有所变化，这就使礼仪具有相对的变动性。

(5)应用性(实践性)和可操作性。礼仪与纯粹的理论演绎、概念探讨、逻辑抽象不同，礼仪来源于社会实践，并且直接服务于社会实践。礼仪既有总体上的原则和规范，又有贯彻原则和规范的具体细节上的一系列的方式、方法。礼仪切实有效，实用可行，规则简明，具有很强的应用性和可操作性。

(6)民族性和国际性。一个民族本身有一个民族的共同活动地域、共同的语言、共同的风俗习惯,从而不同的民族有不同的礼仪和礼节,礼仪具有民族性。同时,礼仪又是人类文明的产物与象征,又具有国际性。不论哪个国家和哪个地区,为了更好的生存和发展,为了维护自己的尊严和形象,都要在国际交往中重视礼仪和礼节,并且这些礼仪和礼节也有很多的共通之处。

二、礼仪及公共关系礼仪的作用

礼仪有着重要的社会功能和作用,而公共关系礼仪又不同于一般的礼仪,它是一种有直接的、明确的目的,在一定的理论指导下,经过周密计划和科学组织的公共关系活动的有机组成部分。公共关系礼仪是组织形象的一种宣传形式,在社会组织"内求团结,外求发展"的目标体系中占有十分重要的地位,发挥着其他公共关系形式不可替代的作用。因此,礼仪的社会作用在公共关系礼仪中显得更为突出。

1.有助于公共关系人员培养和提高个人的素质与修养

公共关系礼仪是公共关系人员的文化素质和文明修养的外在表现。在公共场合中,遵守和运用公共关系礼仪,是对公共关系人员的基本要求,是公共关系工作取得成功的重要因素。一方面,公共关系礼仪作为一种社会行为的标准和规范,渗透于人们的社会生活,指导着人们的行为活动,并要求公共关系人员将自己的行为纳入其规范,借以约束自己。另一方面,在公共关系活动中,公共关系人员要想塑造良好的组织形象,首先就必须要塑造好个人的最佳形象,以赢得他人的尊重与好感,而要做到这些就必须讲究礼仪、注重礼仪。

2.有助于公共关系人员树立良好的个人形象

公共关系礼仪的目的非常直接和明确,其核心就是塑造良好的个人形象并进而树立良好的组织形象。所谓形象,就人际交往来说,就是双方在对方的心目中所形成的一种综合化、系统化的印象,它直接影响着交往双方关系的和谐与否和交际的成败。而这种形象的形成在很大程度上要借助于礼仪。

在公共关系活动中,每一个公共关系人员都代表着社会组织的形象,要想建立和维护良好的组织形象,就公共关系人员来说,行之有效的方法就是遵守公共关系礼仪。否则,就很有可能使组织和个人的形象受到损害。

3.有助于组织内求团结,外树形象

一方面,礼仪及公共关系礼仪在社会组织内部起着建立融洽的人际关系,增强内部凝聚力的作用。"礼之用,和为贵。"社会组织成员若都懂得凡事用礼,互相尊重,互相理解,互相信任,那么,这个组织的内部就能建立起融洽的人际关系,凝聚力必然会增强,并显示出强大的战斗力。公共关系礼仪在规范人际交往,协调人际关系,增进相互沟通和相互理解等方面起着非同寻常的作用。公共关系工作者需

要同方方面面的人物打交道，在接待或交往时若能以礼相待，讲求礼仪，就能化解矛盾、沟通思想，就有可能对出现的矛盾或摩擦起润滑作用，建立起融洽的人际关系，并从而妥善地处理或缓解公共关系纠纷。

另一方面，礼仪及公共关系礼仪在社会组织外部起着传播和维护组织形象的作用。礼仪传播着友谊，传播着信息，为组织与各方面的合作架起了桥梁。公共关系工作者的礼仪水平在一定意义上反映着一个社会组织的形象，他们的行为及形象的美与丑、善与恶、有礼与无礼直接影响着组织的形象及其美誉度。在生活中，人们往往由赞美某个商店营业员的服务态度转而赞美其商店，由赞美空中小姐的微笑继而赞美其航空公司。反之，如果公共关系人员在礼仪上不加检点，就不仅会败坏自己的形象，而且还会有损组织的形象。

4.有助于促进社会主义物质文明和精神文明建设

公共关系礼仪服务于社会主义市场经济。对内，公共关系礼仪发挥其润滑和催化作用，协调人际关系，强化企业的道德要求，提高了企业内部的凝聚力；对外，公共关系礼仪展示了企业的文明程度、道德水准、管理风格以及良好的公众形象，这不仅有利于协调各方面的经济利益与矛盾，而且有利于提高企业的知名度和美誉度，进而达到提高企业经济效益的目的。同时，公共关系礼仪不仅能培养人们的道德品质，提高人们的修养，规范人们的行为，而且能够净化和美化社会，在对外开放的过程中，还能加深中国人民与世界各国人民的友谊和交流，树立我国良好的国际形象，提高我国的国际地位，以泱泱大国之风范立足于世界民族之林。

第二节 一般社交礼仪

社交礼仪是指人们在社会交往中相互沟通所必须遵循和掌握的礼节及礼貌行为。常见的社交礼仪表现在方方面面，这里只简单介绍一下日常交往礼仪和仪表礼仪。

一、日常交往礼仪

日常交往的礼仪很多，这里主要讲两个方面。

1.见面与介绍

在交际场合结识朋友，可以由第三者介绍，也可以自我介绍。一般来讲，经由第三者介绍而认识更为自然些。因此，在社交场合对于随行的同伴，应有意识地向自己的熟人引荐和介绍。当然，应当注意的是，为他人介绍时，最好先了解一下双方是否有结识的愿望,不要贸然行事,以免造成难堪的局面。同时,还应该注意,无论自我介绍或为他人介绍,做法都要自然。介绍具体人时,要有礼貌地以手示意,而不要用手指指点。

介绍有先后之别,一般而言,应把身份低、年纪轻的介绍给身份高、年纪大的,把男子介绍给女子。先提到谁的名字是表示对谁的尊重。介绍时,除妇女和年长者外,一般应起立致意;但在宴会桌上、会谈桌上可不必起立,被介绍者只要微笑点头、有所表示即可。

相互见面和离别时最常见的礼节是握手,这是流行于全世界的交际风俗。据考证,这一习俗是从原始人类的摸手衍生而来的。在原始社会,不同氏族部落的人,一旦相遇,双方各自伸出自己的手掌,让对方看清后,再互相抚摸掌心。这是表示,手中没有进攻的武器;以手掌心相贴,两手并一手,象征互相帮助。这就是握手的由来。

在握手时,握手双方应该由长者、尊者先伸手,男女之间由女士先伸手,主宾之间由主人先伸手,同辈同性间则先伸手者为有礼。一般以右手相握,手臂微弯,掌心向左上方。握手用力要适度,体现出热情或景仰,时间以 3～5 秒为宜。年轻者对年长者,身份低者对身份高者,则应稍稍欠身,双手握住对方的手以示尊敬。男士与女士握手时,往往只握一下女士的手指部分即可。

关系亲密的人见面时则可边握手边问候,甚至两人双手长时间地握在一起。

还应注意的是,多人同时握手时,不要交叉,待别人握完手后再伸手。握手前一般应脱下手套,当然,按西方习惯,地位高的人和妇女也可以戴手套握手。军人戴军帽与对方握手时,应先行举手礼,然后再握手。

2.探访与接待

遵守时间,不得失约是社会交往中极为重要的礼貌。因此,探访他人,在一般情况下,应事先通过电话及其他途径约好时间。一旦约定,应按约定时间到达。过早抵达,会使主人准备未毕而难堪;迟迟不到,则让主人和其他客人等候过久而失礼。因故迟到,要向主人和其他客人表示歉意。万一因故不能应邀赴约,要有礼貌地尽早通知主人,并以适当方式表示歉意。在“时间就是金钱”的商品经济和市场经济社会中,失约或者迟到更是一种非常失礼的行为。这里,需要特别强调指出的是,在现实生活中,许多人(包括公共关系人员)的时间观念非常淡薄,把失约或迟到这类的失礼行为视为小事而漠然置之。这对公共关系工作,尤其是涉外公共关系工作是极为有害的。

到达朋友家时,要先敲门,即使大门敞开也不可贸然闯入;进入室内后不可随便自行落座,须等主人指点方可坐下。后来的客人到达时,先到的男客人应该起立,等待介绍,女客人可不必如此。

与人交谈时,要做到表情自然,语言亲切,表达得体。说话时可适当做些手势,但动作不宜过大,不要手舞足蹈,更不要用手指指人。谈话的内容一般不涉及疾病、死亡等不愉快的事情,不谈荒诞离奇、耸人听闻、黄色淫秽的事情。谈话要注意分寸,称赞对方不要过分,谦虚也要适当。

别人说话时,要注意倾听,以示尊重。不要左顾右盼、交头接耳或随便打断他人的谈话,更不要伸腰、打哈欠、脱鞋、脱袜子或做其他懒散的动作。

做客人要彬彬有礼,言行举止均应显示出你的良好教养。探访过程不宜过长,如遇主人家另有朋友到访,即使主人谈兴正浓,也应同新来的客人打招呼,并尽快告辞,以免妨碍他们。

临别要向主人及其亲属、在座客人一一握手或点头致意。主人相送,应说"请回"、"留步"、"再见",不可径自大步而去。

接待来访是一项经常性的公共关系工作。如果事先知道有客人来访,要提前做好迎客准备;如果客人不期而至,也应放下手中工作,起身相迎,热情待客。

与客人交谈,不要频繁看表,以免客人误认为你是要送客。如果自己确有急事要办,不妨向客人说明,以取得客人的谅解。

客人告辞时,主人要等客人起身告辞后方可站起来相送,否则是失礼之举。送客一般送到门口。对远道而来的客人,要主动介绍车辆交通情况,必要时可送到车站或码头。

二、仪表礼仪

(一)仪表

仪表是指人的外表,包括人的容貌、姿态、服饰和个人卫生等方面,它是人的精神面貌的外观。

在人际交往的最初阶段,仪表往往是最能引起对方注意的,人们常说的"第一印象"的产生多半就来自一个人的仪表。仪表端庄、穿戴整齐者比不修边幅者显得有教养,也更懂得尊敬别人,这已成了一般人的思维定势。

行为学家迈克尔曾做过一个实验,他本人以不同的装扮出现于同一地点,结果却截然不同:当身着西装的他以绅士模样出现时,无论是向他问路还是问时间的陌生人,大多彬彬有礼,这些人看似属于上流阶层,颇有教养;而迈克尔扮成无业游民时,接近他的人以流浪汉居多,或是来对火或是来借钱。这个实验证明,仪表虽是人的外表,却是一种无声的语言,在一定意义上能反映一个人的修养、性格等特征,在人们初次交往时能给人以鲜明的印象。

(二)仪容与装扮

仪容是指人的容貌,这是个人仪表的重组成部分之一,它由发式、面容以及人体所有未被服饰遮掩的肌肤(如手部、颈部)等内容所构成。仪容在人的仪表美中占有举足轻重的地位,仪容之美包括发式、面容、颈部及手部之美,个人礼仪对此均有明确的规定和具体的要求。

1.发式之美

头发整洁、发型大方是个人礼仪对发式美的最基本要求。整洁大方的发式易给人留下神清气爽的印象,而披肩散发则会给人以委靡不振的感觉。一般来说,发式本身是无所谓美丑的,无论男女,只要一个人所选择的发式与自己的脸型、肤色、体形相匹配,与自己的气质、职业、身份相吻合,就能显现出真正的美。决定发式美的许多因素是人无法随意改变的,但通过对不同发式的选择,可充分展现自己美的部分,从而起到扬长避短的作用。并且,发式美只是仪表美的一部分,它应该与人的面貌美和服饰美相协调和统一。

2.面容之美

面容是仪表之首,也是最为动人之处。由于性别的差异和人们认知角度的不同,使得男女在面容美化的方式、方法和具体要求上均有不同的特点。

(1)男士面容的基本要求。男士应养成每天修面剃须的良好习惯。实在要蓄须的话,也要考虑工作是否允许,并且要经常修剪,保持卫生。不管是留络腮胡还是小胡子,整洁大方是最重要的。未蓄须者,切忌胡子拉碴去参加各种社交活动,尤其是外事活动,因为这是对他人不敬的行为。

(2)女士面容的基本要求。女士面容的美化主要采取整容与化妆两种方法。整容是通过外科手术来改变人的容貌,如隆鼻、造双眼睑以及文眉,等等。整容虽具一劳永逸的功效,但非个人自行所能完成,并且还要冒因手术失败而毁容的风险,故选用者不多。与整容相比,化妆则以其便利、易改、不用求人等优势,受到广大女士的青睐,成为当今面容美化的首选方法。

化妆礼节及其应注意的问题是:

第一,化妆的浓淡要考虑到时间和场合。随着时间与场合的改变,女士化妆应有相应的变化。白天,自然光下,一般女士略施粉黛即可;职业女士的工作妆也以淡雅、清新、自然为宜。工作中在脸上涂一层厚厚的粉底,嘴唇鲜红耀眼,这是不懂礼仪的表现。浓妆,多为参加晚间娱乐活动的女士的装扮。其实,夜色朦胧,不论浓妆还是淡抹都能为众人所接受。在正式场合,女士不化妆会被认为是不礼貌的。

第二,在公共场所不能当众化妆或补妆。在公共场所,众目睽睽之下修饰面容是没有教养的行为。如真有必要化妆或补妆,一定要到洗手间去完成,切莫当众表演。

第三，化妆属消极美容，治标而不治本，应提倡积极美容。要想使红颜不衰，永葆花容月貌，唯一正确的方法便是采取体内调和、正本清源的积极美容法。首先，在日常生活中，适当参加户外体育活动。其次，保持良好的心境与充足的睡眠。最后，坚持科学的面部护理与按摩，促进面容红润。

3.颈部的美化

颈部是人体最容易显现一个人年龄的部位，平时要和脸部一样注意保养。保持颈部皮肤的清洁，并加强颈部的运动与营养按摩，就会使颈部皮肤绷紧，光洁动人。颈部的营养按摩一般从20～25岁开始为宜，以延缓皮肤衰老。

4.手部的美化

手、手指和指甲的美，与人体其他部位的美一起，构成了人尤其是女性的整体风采。和脸部、颈部一样，手也常常露在服饰之外，极易被他人所注意。因此，适时适度地保护与美化手部是十分必要的，不容忽视。

要经常保持手部的清洁，要养成勤洗手和剪指甲的良好卫生习惯。在人际交往中，清洁、柔软的手，能增添对方对你的好感；在工作中，则能获得同事和上司多一分的信任。因为手的清洁在某种程度上反映的是一个人的精神风貌。

指甲的美化要慎重，不可随心所欲。在现代生活中，不论男女，手部的美化大多侧重于指甲的美化。涂抹指甲油便是方法之一，但涂抹指甲油对其色彩的选择一定要谨慎。

（三）服装

服饰是个人形体的外延，包括衣、裤、裙、帽、袜、手套及各类服饰，它们一同起着遮体御寒、美化人体的作用。服饰又是一种无声的语言，它显示着一个人的个性、身份、涵养及其心理状态等多种信息。服饰往往可以表现人格，一个人穿戴什么样的服饰，直接关系到别人对其形象的评价。

当服饰与穿戴者的气质、个性、身份、年龄、职业以及穿戴的环境、时间协调一致时，就能真正达到美的境界。古希腊“和谐就是美”的美学观点在服饰美中得到了最充分的体现。而为了使服饰的美达到和谐统一的整体视觉效果，人们就应恪守服饰穿戴的基本原则。

1.男士着装礼仪

男士的穿着不求华丽、鲜艳，不宜有过多的色彩变化，以不超过三色为首要原则。

(1)帽子与手套。在室内的交际场合不能戴帽子和手套。与人握手时，如戴着手套则会被认为是不礼貌的。向人致意时，应把帽子取下，以示对他人的尊重。

(2)衣裤。各式休闲外衣、牛仔裤等日常穿着的服装均为便装,适合一般场合穿,而参加正式、隆重、严肃的典礼或仪式,则应当穿礼服或深色西装。

西装被认为是男士的脸面,要让西装为自己增彩生色,必须注意“八忌”。

一忌西裤过短。标准西裤长度为裤长盖住皮鞋。

二忌衬衫放在西裤外。

三忌不扣衬衫扣。

四忌西服袖子长于衬衫袖。

五忌西服的衣袋和裤袋内鼓鼓囊囊。

六忌领带太短。一般长度应为领带尖盖住皮带扣。

七忌西服上装两扣都扣上(双排扣西服则应都扣上)。

八忌西服配便鞋。如休闲鞋、球鞋、旅游鞋、凉鞋等。

(3)鞋袜。在一切正式场合,只宜穿黑色或深棕色皮鞋。至于白色或浅色皮鞋,则适合于娱乐时穿。穿袜要注意袜子的长度、色调及其质地。袜长要高及小腿中、上部,颜色以单一色调为佳,穿礼服时最好配一双与裤色相近的袜子,无论如何不要在正式场合穿一双白色的运动袜,因为这与环境气氛是极不和谐的。

2.女士着装礼仪

俗称“男穿牌子,女穿样子”。女士比男士在穿着上有更大的随意性和更多的变化性。西方的“女士优先”原则在女士着装上也有充分的体现。

(1)帽子与手套。在正式场合中,无论室内室外,女士均可戴帽,但帽檐不能过宽,以免因遮挡别人的视线而显得失礼。与人握手寒暄时,女士可不必脱下手套。

(2)衣与裙。应穿着典雅大方的套装(以上衣、下裙为宜)参加各种正式场合的活动,如会议和庆典等。传统古典的礼服或民族服装,如中国旗袍、印度沙丽、日本和服等,较适合在各类文艺娱乐场所穿着。穿着袒胸露背、露脐露肩等过于性感的服装最好不要或少在社交场合露面,而在工作场所和办公室里更应避免如此。薄纱型衣、裙和裤,因其透光性较强,穿着时应尤为慎重,需有内衬,不然会显得十分不雅。对外国朋友来说,“透”比“露”更难让人接受。因为在他们看来,“透”不仅有碍观瞻,而且还说明穿戴者有不自爱之嫌。裙子长短应适度,不能过短,中老年及职业女性尤应注意,所穿裙子至少应长及膝盖。

(3)鞋袜。女士在社交场合,除凉鞋和拖鞋外,穿其他任何一种鞋子均可以随意,无统一规定,只是要注意鞋子和衣裙在色彩、款式上的协调。如穿套裙时不能穿布鞋,否则就会有不伦不类的感觉。穿裙子时,应配穿长筒袜或连裤袜,颜色以肉色、黑色为宜,且袜口不得短于裙摆边。袜子是女性腿部的时装,要注意不能穿着挑丝、有洞或补过的袜子外出。另外,袜子的大小松紧要合适,不要走不了几步就往下掉，或显得一高一低。当众整理自己的袜子是有失体统的。

(四)饰物

饰物的佩戴要有品味，佩戴得当，能向他人传递某种不可言传的美妙，也显现了佩戴者的爱好与修养，对此虽然不必完全循规蹈矩，但在涉外交往中不可不慎。

戒指通常应戴于左手。左手食指上的戒指代表无偶求爱；戴在中指上，表示正处在恋爱之中；戴在无名指上，表示名花有主，佩戴者业已订婚或结婚；而把戒指戴在小指上，则暗示自己是位独身主义者，将终身不嫁(娶)。在不少西方国家里，未婚妇女的戒指是戴在右手的中指上，修女则把戒指戴在右手的无名指上，这意味着将爱给予上帝。一般情况下，一只手上戴一枚戒指，戴两枚或两枚以上均不适宜。

手镯和手链的佩戴讲究相仿。已婚者应将之佩戴在自己的左腕或左右双腕同时佩戴；仅戴于右腕者则表示自己是自由不羁的人。一只手上不能同时戴两只或两只以上的手镯或手链。

项链、耳环、胸花的佩戴因人而异。总的来说，除扬长避短外，只要不过分耀眼刺目就行了。

第三节　公务活动礼仪

公务活动礼仪表现在方方面面，下面仅就其要者做一简单介绍。

一、电话礼仪

作为现代通信工具之一的电话，由于具有传递迅速、使用方便和效率高的优点，已成为重要的社会交往工具。如果缺乏使用电话的常识与素养，不懂得打电话和接电话的礼仪规范要求，往往会影响工作任务的完成，甚至会使本单位的良好形象受到损害。因此，重视电话礼仪十分重要。

电话通讯礼仪，有以下几个方面：

1.时间选择

主要包括选择打电话的时间和电话交谈所持续的时间。除紧急要事外，一般不宜在早上7点前或三餐时或晚上10点半以后打电话。同时，还应注意各个国家和地区的时差，以便选择最佳时间进行电话联系。

电话交谈所持续的时间，以3～5分钟为宜。如时间在5分钟以上的，应首先说出自己要办的事或大致意见，并征询对方是否方便，如对方此时工作太忙或开会，就请对方另约时间联系。

2.用语

由于语言是电话交谈的唯一信息载体,而电话通讯礼仪主要是指语言交往礼仪,因此,应特别注意语言的文明。

如果打电话拨错了号,则应道歉后才搁电话筒;受扰者应当体谅地说"没关系"或"不要紧"。

如是打给对方的总机,需转分机的,总机接线员就应说:"您好,这里是(单位名)"或加上"请问要哪里?"你应礼貌地说:"请转××分机(或部门名称)。"如遇占线,接线员应说:"对不起,占线请稍等(或请等一会儿再打来)"。如接通分机,那么打电话的人应当说:"请问××在吗?"切忌说:"你是谁? 叫××接电话!"等不礼貌用语。

此时,接电话者应根据不同情况使用下列文明用语,如"您好,请讲"、"请稍等"、"对不起,他刚走开,请问有什么事可转达?"切忌用"喂,你找谁? 你是哪里?"、"不知道!"、"等一会儿!"等不规范和表明语气不耐烦的用语。

假如你是某单位的秘书,对方找的是你的经理,刚好又不在,最好说:"对不起,经理不在,请问您是哪一位? 需要我留话吗?"而不要先问对方是谁,然后再告诉他经理不在,以免给人造成实际上是在的,而不愿意接他的电话的误会。

一般来说,结束谈话,致告别语是由打电话一方提出来的。如对方是长辈、上级、外宾或女性,你应在听到对方放下话筒后才挂电话。

现在,有不少家庭在电话上安装了录音装置。外出时将装置打开,以便把打来的电话留言下来。在录制自己的话音时,应注意措词的语调,如"这是××的家,因有事外出,请您听到信号后留言,并请说清您的姓名和电话号码。回来后会尽快给您去电话,谢谢。"你听到留言信号后,有什么话照讲就是。

3.语气语调和情绪控制

语气语调最能体现细致微妙的情感。如语调过高,语气过重,往往会使对方感到你尖刻、生硬、冷淡;语气太轻,语调太低,会使对方感到你无精打采,有气无力;语调过长又显得懒散拖拉;语调过短又显得不负责任。一般来说,语气要适中,语调均应以不影响别人办公为度,同时要使对方感到亲切自然。

在电话交谈中,讲话的态度一定要诚恳,以示对对方的尊重。即使自己心情不佳但需要打电话处理事务时,也切忌让急躁、烦恼的情绪影响语言以使对方感到不舒服。

4.注意事项

(1)接电话的人一般应注意在听到完整的一次铃响后,立即拿起话筒,不要让铃响多次,才慢腾腾地接电话。

(2)在电话机旁最好准备一本来电记录本和笔,以节约时间和防止遗忘重要事务及电话号码。

(3)交谈时要口齿清晰,说话要简单明了。谈话时嘴里不含、不吃东西,不与身旁人谈话。如确有急事需与身边的人说一两句,则应与对方道歉后用手捂住话筒。如谈到人名、地名、数字或重要的句子,最好重复一遍。如有听不清楚的话或不明白对方所说的话,可请对方再说一次。如碰到对方在讲到某一问题有为难之处时,则可婉转地转移话题或另约时间,这样做,往往会给对方留下很深的印象。

(4)在使用公用电话时,要设身处地地为别人着想,尽可能地缩短通话时间。

二、会议礼仪

会议是一项重要的公务活动,要想取得较好的效果,一要确定实在和必要的会议内容;二要讲究会议的种种程式,使之符合礼仪。

1.会议的组织程式

(1)确立会议议题和中心。每一个会议都有其目的和重点,大到国家人代会,小到班组学习座谈会,都必须在会前明确议题。目的不明、可开可不开的会议还是不开的好。

(2)拟发会议通知,确定会议议程。要及早通知参加会议的时间、地点、主题和议程,以及参加会议者的食宿、应准备的发言材料、学习资料等事项。而整个会议议程要事先拟定,使整个会议能够有条不紊地进行。

(3)安排布置会场。要根据会议的规模、大小来选择会场。会场布置也要和会议内容相统一,主席台上方要挂会议名称的横幅,会场中要有宣传会议的标语、主席台人员的名单牌、参加会议代表团的标牌、指示路线的路标及表示欢迎的室外标语等。还要事先装配、调试会场灯光、音响设备,以及采购和准备会场的茶水、饮料等物品。一些大型会议还得配备保安、医务人员及有关设施。

(4)做好接待工作。凡是一些大型和中型的会议,一定要安排好与会者的接待迎送工作。不然,与会者不知如何报到、食宿和回程,容易延误会议,对客人来说也是十分不礼貌的。所以会议组织者一定要安排好这项工作。如果对方是德高望重的领导、权威或是老弱病残,还应该安排车辆、人员前往机场或车站接送,会议期间的食宿起居应安排专职人员来处理和服务。

2.会议的礼仪

(1)组织者礼仪。作为会议组织者自始至终都要保持清醒的头脑和细致的洞察力,在会议组织过程中要热情、耐心,发现问题要及时解决,力争做到有求必应、有问必答、不厌其烦、准备充分。整个工作都要以严肃、认真的态度来完成。

(2)主持人礼仪。主持会议者一般来说都是由具有一定职位的人来担任,因此,更要注意一举一动符合身份,自然大方。走姿步伐应自信、刚劲、有力,体现一种胸有成竹、沉稳自信的风度和气质,步幅、步频要依据不同性质的会议而定。一般的纪念及悼念性的会议,步频慢,每秒1～2步,且步幅小。欢快及热烈的会议,步频较快,每秒2.5步左右,步幅应较大;主持庄严的大会,步频以每秒2步为好,步幅自然。行走时挺胸抬头,目视前方,摆臂自然。遇见熟人不能打招呼,更不可寒暄闲谈,但落座后会议还未正式开始时可适当点头、微笑致意。坐姿要端正,腰部挺直,颈部梗直,面对前方,虚视全场,双臂前伸。持稿时,右手持稿子底部中间,左手五指并拢自然下垂,双手持稿时要与胸高,与身体呈45°角。主持会议时,注意不能出现用手抓头、揉眼、搔脸、抖腿、手舞足蹈等不雅观的体态动作。

会议主持人的言谈要根据不同的会议气氛,或庄重,或幽默。要处处尊重他人的发言和提问,口齿清楚,思维敏捷。要注意调节、控制会议气氛和议题,会议出现僵局冷场后要及时引导,不以动作、表情或语言对不同意见者表示不满。

三、宴会礼仪

1.宴会的种类

很多人都怯于举办宴会。诚然,在许多方面,举办宴会如同操办一台文娱节目一样,担子确实不轻。然而,只要周密筹划,并在食品、饮料、鲜花等摆设以及客人照料等方面下工夫,这种担心就会很快消失。一次成功的宴会,就是一次成功的公共关系活动。

宴会有国宴、正式宴会、便宴之分,通常酒会、冷餐会等各种不备正餐的较为灵活的宴请形式也包括在内。此外,还有茶会、工作进餐等形式。

2.组织宴请活动的礼仪

(1)确定宴请目的、名义、对象、范围与形式。宴请的目的是多种多样的,如为代表团来访;庆贺某一节日、纪念日;展览会的开幕、闭幕;某项工程的开工、竣工等。

确定邀请名义和对象的主要依据是主、客双方的身份,也就是说主、客身份应当对等。如低级官员邀请对方高级人士就不礼貌,而规格过高也不必要。我国大型正式宴请活动常以个人名义发出邀请。日常交往小型宴请则根据具体情况以个人名义或以夫妇名义出面邀请。邀请范围是指请哪方面的人士,请到哪些级别,请多少人,主人一方请什么人出面作陪等。确定这些问题要考虑多方面的因素,如宴请的性质、主宾的身份、国际惯例、对方对我方的做法以及当前的政治气候,等等。

邀请范围与规模确定之后,即可草拟具体邀请名单。被邀请人的姓名、职务、称呼，甚至对方是否有配偶等都要准确。

宴请采取的形式，要尊重当地的习惯做法。一般来说，正式、规格高、人数少的宴请以宴会为宜，人数多则以冷餐会更为合适，妇女界活动多用茶会。依照“厉行节约”的原则，宴请形式力求简便。在外交活动中，提供多举办冷餐会和酒会以代替宴会。

(2)确定宴请时间和地点。宴请的时间应对主、客双方都合适。在外事活动中，要注意避开对方的重大节假日和重点活动的日期。尤其要注意尊重对方的风俗习惯，避免有禁忌的日子和时间。

(3)发出请柬。各种宴请活动均须发出请柬，这既是一种礼貌，亦能对客人起提醒和备忘的作用。便宴经约妥后，可发也可不发请柬，工作进餐一般不发请柬。请柬一般提前一周至二周发出，以便被邀请人及早安排。已经约妥的活动，为确切掌握出席情况，往往要求被邀者答复能否出席。遇到这种情况，最好在请柬发出后，用电话询问被邀者能否出席。

(4)订菜。宴请的酒菜根据活动形式的规格，在规定的预算标准以内安排。选菜不以主人的爱好为准，主要考虑主宾的爱好与禁忌。如果是四川客人，菜肴应以麻辣为主；如果是回族同胞，则用清真席，不用酒，甚至不用带酒精的饮料。菜肴道数和份数都要适宜。无论哪一种宴请，事先均应开列菜单，并征求主管负责人的同意。获准后即可印制菜单，一桌至少一份，讲究的也可每人一份。

(5)席位安排。正式宴会一般都要排定席位，也可只排部分客人的席位，其他人只排桌次或自由入席。无论采用哪种做法，都要在入席前通知每一个出席者，现场还要有人引导。国际上的习惯，桌次高低以离主桌位置远近而定，右高左低。桌数较多时要摆桌次牌。同一桌上，以离主人的座位的远近定席位的高低。外国习惯男女掺插安排，以女主人为准，主宾在女主人右上方，主宾夫人在男主人右上方。我国习惯按各人本身职务排列以便于谈话。如夫人出席，则通常把妇女方排在一起，即主宾坐男主人右上方，其夫人坐女主人右上方。两桌以上的宴会，其他各桌第一主人的位置可以与主桌主人位置同向，也可以面对主桌的位置为主位。

席位排妥后，即着手写座位卡。卡片用钢笔或毛笔书写，字应尽量写得大些，以便于辨认。便宴、家宴可不放座位卡，但对客人的座位也要有大致的安排。

从一定意义上说，席位安排是一门精细微妙的学问，公共关系人员必须深谙为身份地位不同的宾客安排与之相称的座位之道，并为之费心斟酌。在一些正式的或非正式的宴会上，一些传统的规矩和礼仪仍为人们所遵循：如贵客临门，则以其为尊；如客人的身份地位并无特别显赫者，则宴会座次就以年纪最大的人为尊。当然，在日益开放的现代社会中，那种论尊卑、序长幼的传统规矩已不为人们所拘守。

宴会是一种社交活动，其首要目标就应该是社交的成功。因此，席位安排应把有利于增进友谊、有利于进行交流以及有利于形成欢乐愉快的气氛放在第一位。

(6)现场布置。宴会厅和休息厅的布置取决于活动的性质和形式，宴会厅用圆桌和长桌。宴会休息厅通常放小茶几或小圆桌，与酒会布置类同。如人数少，也可按客厅布置。

冷餐会的菜台用长方桌，通常靠四周摆设，也可根据宴会厅情况摆在房间中间。如坐下用餐，可摆四五人一桌的方桌或圆桌。座位要略多于全体宾客人数，以便客人自由入席。

餐桌必须铺上桌布。通常，桌布必须垂直于地面，桌布边角应该用别针带住，以免发生意外。桌布必须洁净，通常以白色为主。当然，如在配色上别具一格也是可以的。酒会一般摆小圆桌或茶几，以便放花瓶、烟灰缸、干果和小吃等。也可在四周放些椅子，以供女客人和年老体弱者就座。

(7)宴会过程的掌握。东道主的第一任务是迎接宾客。照常例，主人应站在近门口处和宾客握手。主人应在所有宾客都接待后，才与贵宾交谈，做到宾主尽欢，照料周到，免得冷落了某些客人。宴会开始，上菜应从主人旁边端上来，菜上好后，由主人请客人品尝、用菜。宴席上，主人应是第一个敬酒的人。敬酒时可依序逐一遍敬全席。主人要善于在席间引导客人愉快地参与交谈，使宴会充满欢乐气氛。宴席行将结束，主人应离开自己的坐席准备送客。

主人离席时，可对尚未离席的客人说“各位慢饮”或“各位请慢”。送客时应该站在门口与客人一一握别。

3.出席宴会的礼仪

(1)接到宴会的请柬，能否出席要尽早答复对方。如因临时变故不能如期赴宴，也应立即设法通知对方。

(2)按请柬约定的时间赴宴。一般应提前3～5分钟抵达，迟到、早退都会被视为失礼或有意冷落；提前太多，会被认为急于求食；确因要事须早退，应事先向主人说明，席间悄悄离去。

(3)赴宴应仪容整洁，穿戴雅观、大方。这是对主人和其他宾客的尊重。

(4)到达宴会地点后，应先向主人致意，然后与其他宾客(不管相认与否)一一打招呼，或点头致意，或握手寒暄。总之，要表现得彬彬有礼，亲切、热情、自然、大方。

(5)入席要听候主人引导；聆听祝酒词时要停止一切活动；主人招呼之前不要自己夹菜；主人敬酒时要起立回敬；进食要文雅，闭嘴咀嚼，不要发出声响；热菜热汤待凉后再吃，不可用嘴吹；鱼刺、肉骨应掩嘴以筷取出，置于供你用的小盘内；取菜时不可在碟中乱搅,也不可把筷子伸向菜盘靠近别人的一面。

(6)用餐完毕,要等主人宣布散席,才可离席。告别时应向主人致谢,并对宴席予以称赞。

四、舞会礼仪

舞会是一种常见的社交活动,在外事活动中也经常安排,舞会通常在晚上举行,也可作为宴请活动之余兴。

1.舞会的组织工作

被邀请的男女客人在比例上要大体相等。对已婚者一般均邀请夫妇;较正式的舞会要发请柬,请柬上写明舞会持续的时间,以便客人在此期间的任何时候到场和退场。舞会场地应宽敞,邀请的总人数要与场地相适应,舞场地板要光滑、整洁;舞会上要把握好色彩和光线,力求形成一种温馨柔和的氛围。有条件的可安排乐队伴奏,舞曲要精心挑选,符合参加者的需要。此外,可备些糖果、点心和饮料,以供客人随时享用。

2.参加舞会的礼仪

(1)参加舞会,服饰要整齐,仪态要端正。国外举行舞会,通常在请柬上注明服装要求,以穿晚礼服和西服为多。

(2)较正式的舞会,第一场舞,由主人夫妇、主宾夫妇共舞;第二场舞,男主人与主宾夫人、女主人与男主宾共舞。

(3)男子应避免只与一位女子共舞,也应避免同性之间共舞。

(4)男方邀请女方跳舞,应仪表端正,举止大方,不可太勉强对方。

(5)跳舞时,应注意舞姿,舞步不宜过大。男方的右手应放在女方腰部的正中,不能超过女方腰的正中。

(6)自己不熟悉的舞步,不要上场。

(7)跳舞时不得吸烟,不能戴口罩,不允许大声喧哗。

第四节　求职应聘礼仪

一、礼仪在求职应聘中的重要作用

求职应聘是每一个现代人职业生涯的开始,并且,一个人在其整个人生经历中,可能会经历数次求职应聘,而且既可能成功也可能失败。每一个人都想找到一个理想的、能发挥自己特长的、未来发展潜力大的工作，都想求职应聘成功。而要达到目标，实现理想，求职者除了要具备良好的专业素养外，掌握一些求职应聘礼仪和技巧也是非常必要的，有时这些礼仪形式甚至会起到举足轻重的作用。用人单位除了看你是否具备相应的专业知识、能力和潜力外，还要看你在别人面前的言谈举止以及你的修养。

尤其是在求职应聘过程中，第一印象特别重要，如果在初次见面时给对方的印象不好，或使其产生错觉，就很难修正你的第一印象；即使能修正过来，也要花费很长的时间和很大的力气，并且时机也会被错过。而在外貌、着装、举止、言谈等方面是否懂得并注意礼仪，是影响你给对方留下什么样的第一印象的重要因素。如果你是一个谦恭有礼，非常懂得和注意礼仪的人，就会给对方留下积极而美好的印象，求职应聘成功的可能性会增大；反之，你落选的可能性会增加。

例如，某知名企业在招聘时，曾经设计过一道看起来不起眼的小题目，使许多自恃有高学历的“才子”、“才女”们纷纷落于马下。该企业在招聘时，通知所有的简历初审合格者，在同一天下午来面试，二十多位求职者坐满了会议室。这时，一位捧着很多材料的工作人员走进会议室，当他要离开会议室开门时一不小心把材料掉到了地上。然后他极不方便地想弯下腰捡起掉到地上的材料。会议室中的其他求职者好像没看到一样，都没有反应。而离这位工作人员最远的一位求职者走过来帮他捡起了地上的材料并帮这个工作人员开了门。约半小时后，会议室中的求职者们接到通知，除了刚才那位帮忙捡拾材料的求职者外，其余人都可以回去了。

冰冻三尺非一日之寒。合格的人才，不仅要掌握专业知识和技能，还必须具备良好的修养。唯有两方面都合格的人才，才能立足社会，发展自我。所以，作为一个求职者，首先就要在求职过程中，注意自己的行为举止，以表现出自己的良好专业知识和修养，这是获得成功的第一步。

二、求职面试礼仪

1.概述

求职应聘礼仪是公务礼仪的一种，它是指求职者在求职过程中与招聘单位接触时所应表现出来的仪表、仪态、言行等方面的规范，包括前期准备、求职应聘及应聘后期注意事项三方面。与其他礼仪相比，求职应聘礼仪的实用性和灵活性更强，具有以下几个特点：

(1)广泛性。随着改革开放的深入，我国就业制度已经发生了根本性的改变，在社会组织选人用人方面，形成了“双向选择”制度，即用人单位根据工作需要选人用人，而求职者也根据自身的需要选择用人单位。在这种新的形势下，越来越多的人，特别是我们的大学毕业生为了获得一个工作岗位，都将加入求职大军。所以求职应聘礼仪的应用范围将越来越广。

(2)目的性。求职应聘双方的目的都很明确。招聘方的目的是通过招聘寻找到适合本企业需求、综合能力强、整体水平高的人员。而应聘者的目的则希望自己能够通过在求职应聘礼仪等方面的优秀表现，给主考官留下良好的印象，打动主考官，促使面试成功，让自己能够得到可以充分体现自身价值的工作。

(3)时机性。每一个求职者在进行求职应聘之前，都会做大量的准备工作，但事情的成功与否，往往会有一定的随机性，所以在求职应聘中，应当充分利用每一个时机，抓住每一次机遇，用周全的礼仪争取获得面试的成功。当然，在求职应聘时每个人都应尽量保持一颗平常心，得失之心不要太重，这样你的行为举止才会稳重自然，而不至于压力太大而举措失当，弄巧成拙。

2.求职应聘准备方面的礼仪

(1)了解应聘单位。可以通过大众传播媒介，如电视、电台、报纸、杂志或互联网等了解应聘单位的信息，也可以通过亲自到用人单位、借助亲朋好友等其他途径来了解应聘单位的情况。通过以上途径了解应聘单位的性质、特征，所聘的职务、职数、待遇、薪金、发展前景，甚至单位领导的喜好等，越详尽越好，以使自己有备而去，“投其所好”。

(2)了解自己。应聘，特别是面试的时间一般都比较短，所以要充分利用这一机会和较短的时间来展示自己，给主考官留下积极、肯定、深刻的印象。这就需要你自己真正而全面地了解自己，包括自己的性格、气质、能力、兴趣、爱好等各个方面，既要了解自己的长处，更要了解自己的短处，从而使自己在应聘中扬长避短，促使应聘取得成功。

(3)礼仪准备。在初次应聘交往中，仪表可以说是一个人的“介绍信”，是应聘成功的“敲门砖”。仪表往往比一个人的简历、文凭、证明等来得更直接，所以在应聘时应充分做好仪表仪容方面的准备。

第一，力所能及地买一些较好的衣物。

第二，着装在整体上一定要和谐，搭配要合理，色彩要统一。

第三，着装要适合用人单位所需的气质，不要过分显示个性，过分时髦华丽。

第四，女性要化淡妆，不要浓妆艳抹，装饰品要恰当，如耳环、戒指等要适宜、适量、合理。

第五，服装整洁，不能有污渍，特别是领口、袖口要干净。女性袜子不要抽丝。

第六，头发要干净，发型自然。

第七，指甲修剪整齐，注意口腔卫生，不要吃有刺激气味的食品。

第八，应聘之前最好洗一个澡，出门之前，重新在镜子前审视一下自己，尤其注意细节问题。

(4)心理准备。要诚实、自信、谦虚。顺利时不要放松自己、掉以轻心，遇到困难时也不必急躁，不要轻言放弃，积极寻求可行的办法予以解决。特别是要认识到在求职的过程中可能会遇到无数次的失败，只要从头再来，就有可能终获成功。

(5)资料准备。例如，求职应聘的主要资料是求职函和履历表。

①求职函。在书写求职函时应包含以下内容：写信的动机，即为什么写这封信；对个人情况的介绍，如年龄、学历、资历、能力等；还要通过求职函争取获得面谈的机会。具体地说，求职函的书写要求如下：

• 纸张的选用：应选用厚、重、质地上乘的纸。纸的颜色应是白的，最好不要印有格子，印有信头的公文笺是绝对不能用的。

• 信封：信封的颜色和质地都必须与信纸相匹配。信封的大小尺寸要恰当。信封上的地址、收信人的姓名一定要写完整、清晰，决不能出现错误。

• 书写：亲笔书写时，字体要清晰整洁，不能涂改。字体不好的要打印。但要注意字号及字体的选用，要求是清晰明了，而且书写的文法、标点、拼写都不能出现不恰当的地方。整个版面的设计要美观大方。要全面真实地介绍自己的情况，书写内容简明扼要但突出重点，而且不要过分地强调学习成绩，应多强调自己完成工作的能力。书写的篇幅在两页以内。太长，对方没时间看；太短，自己的情况介绍得不够详细，不易引起对方的注意。

• 格式：求职函一般分为三个部分：开头部分说明写信的目的，主体部分阐述谋职资格和工作能力，结尾部分请示对方给予面试的机会。

开头首先写上用人单位的称呼和合适的问候语，并说明在什么地方了解了用人单位的招聘信息，或直接写出这封求职信的具体目的，表明你想寻找什么类型的工作和自己所具备的从事这项工作的知识和能力。撰写时要注意技巧，必须一开始就抓住目标单位的注意力。常见的求职信的开头有三种方法。

第一，赞扬目标单位近期取得的成就或发生的重大变化，表明自己渴望加盟的愿望。

第二，表述自己的特长和能力。

第三，说明具备目标要求的一些技能，然后陈述自己的工作能力，表明你有足够的能力做好此项工作。

求职信的主体部分要概述自己所具有的对目标工作有用的知识和技能。主要包括求职资格、工作经验、相关社会活动经历和个人素质等。应该提及你的个人简历，提示对方查阅相关资料，以便于进一步加强对你的了解。

结尾部分主要是请求目标单位做出进一步的反应，给予面谈的机会。写作口气要自然，不可强人所难。

求职信举例：

尊敬的××公司领导：

您好！

本人对贵公司招聘的电脑操作员一职极有兴趣。本人不揣冒昧，写此信求职，希望能予以考虑。

本人就读于××大学电子商务专业，系统学习了计算机基础、微机原理、C语言、计算机安装与维护、网页制作、文字编辑与排版、市场营销、社交礼仪、专业英语等课程，成绩优秀，每学期都获得二等以上的奖学金。

本人熟悉电脑操作及应用技术，熟练掌握中英文打字，五笔字型打字速度为每分钟70字左右。文字编辑及排版的能力较强，能够制作简单的网页。

我性格文静，比较机敏，相信我的热情、恒心和吃苦耐劳的精神，能够让您满意我的工作。

我的个人资料及相关信息一并附上，诚望能给我一次面谈机会。

此致

敬礼

求职人：×××

××年×月×日

②履历表。

初次应聘者除了准备求职信外，还应提供给对方自己的一份履历表。个人履历表应包含以下内容：

• 基本情况介绍：包括姓名、性别、年龄、身高、籍贯、政治面貌、毕业学校及专业等。

• 学习情况介绍：几年间学习的主要课程、学习成绩、主攻方向等。

• 实习实践情况：现代社会强调实践经验及动手能力，单纯学习好的学生，不一定能够得到用人单位的认可，因此在履历表中要介绍自己的实习实践情况，如自己发表文章的情况、在企业实习的情况以及社会实践的情况等。

• 专长爱好：选择有说服力的，尤其是用人单位所需求的特长，但一定要实事求是，不要弄虚作假。

• 获得奖惩的情况。

• 通信地址及联系方式。

履历表是一种书面的自我介绍，应力求简练，不能出现文字或语法错误，并避免使用第一人称。要实事求是，并尽可能地展现自己最优秀的一面。还应当注意的是，履历表只是“钓鱼”的一个“饵”，关键还在于通过它来争取得到或抓住面试的机会。

3.面试基本礼仪

(1)准时守信。应聘时千万不能出现迟到或违约的现象。否则会给人造成一种言而无信，毫无责任感的不良印象，不仅说明本人毫无诚意，更是对对方的一种不尊重。所以，在面试时，应当充分考虑途中可能会出现的各种障碍因素，以保证提前20分钟左右到达，而且你也可以利用这段时间熟悉应聘环境，稳定自己的情绪，调整自己的心态，以便于以最佳的形象出现在主考官面前。在应聘现场可能每一人每一物都是精心设置好的道具，所以，要礼待每一个人，处理好每一物，进入应聘现场后，要展现自己最佳的风范。

(2)被邀请进行应聘时，无论门开与否，都要先敲门，待得到应允后方可进人，并将门轻轻关好。入室前将口香糖吐掉，手机关掉或调至震动。如果主考官没有伸出手，你也不要贸然行握手礼。待主考官示意坐下后，方可就座，如果有指定座位，则要坐在指定座位上；若没有指定座位，可以选择主考官对面的位置坐好。就座时，不能全身靠在椅子里，给人以一种“目中无人，缺少礼貌”的感觉，也不要浅浅入座，让人感到缺乏自信。坐姿应大方、自然、端正，双眼平视对方，并面带笑容，给人以镇定自若，充满自信的印象。

(3)自我介绍是语言交流的第一环节，应记住只讲重点内容，突出重点，自我介绍时越简练有力越好，不要过于冗长繁杂，更不要过于狂妄自大。

(4)面试中交谈时应自信，口齿清楚，音量、音速适中，对于不能确定或不能肯定的问题，一定要讲究和运用语言技巧，不要信口开河；对于不懂或不清楚的，可要求对方重述一遍；对于主考官的任何问题，千万不能不答，沉默不语。但对于对方不礼貌的言词或问题，可以语气委婉温和地拒绝。在初次面试时不要率先提问一些敏感性的问题，如薪金、福利、待遇、就业日期等。

4.面试后礼仪

应聘者一般都非常注意面试时的礼仪，却往往忽略了面试后的礼仪。实际上面试后的后续礼仪对应聘者应试成功与否以及对以后的其他面试的成功与否都将起到重要作用。

(1)应当在应聘后两天内寄出感谢函或查询函给主试者。感谢函及查询函的内容要言简意赅，不超过一页。一方面表示感谢，另一方面重申自己对此项工作的理解，自己在这方面的能力，这样会使主试者加深对你的印象，增强对应聘岗位的竞争能力。

查询函或感谢函举例：

敬启者：

鄙人于×年×月×日参加了贵公司的招聘会，有幸应聘贵公司的管理人员一职，承蒙招聘者厚爱，在此表示感谢。贵公司是一个“知人善用”的公司，通过应聘，鄙人更加坚信能够胜任贵公司的工作，因为我有较强的责任心和团队意识，知识面广，专业基础扎实，善于独立思考，人际交往能力强，善于沟通协调，有较强的工作能力。但至今尚未收到贵公司的回复，鄙人希望知道自己的资历是否符合贵公司的要求，请允许我知道其结果，期盼早日得到贵公司的回复。

谢谢关照！

您忠诚的×××

(2)感谢函寄出 3 天左右后若仍无肯定答案，可再打电话询问，问一问是否还有面试机会以及主考官对自己是否有印象。

(3)若仍没有结果，视情况可再电话咨询或等对方音讯。在等待期间应回顾自己整个求职应聘的过程，进行归纳总结，记住自己的问题。

(4)如果对应聘单位不很满意，接到被录用的信息时，出于礼貌，不可视而不见，要委婉地给予拒绝，可选择信函或电话通知。

拒绝被录用的信函举例：

尊敬的××公司领导：

谢谢您×月×日来信中应允我任贵公司的××职位。

我十分抱歉地告知先生，我不能接受您仁慈的恩赐，因为在收到您的来信之前，我已接受了另一家公司所提供的同样的职位。

对贵公司给予我的厚爱，请接受我真诚的谢意！

您忠诚的×××

第五节　涉外礼仪

一、会见与会谈礼仪

会见与会谈是外事礼仪中的一个重要环节。无论是正式访问、谈判，还是礼节性拜访，通常要安排会见与会谈，以加强了解，发展友谊，增进相互间的合作与交流。

1.会见和会谈的含义

所谓会见，特指为了一定目的而进行的约会和见面。会见，在国际上一般称为"接见"或"拜会"。凡身份高的人士会见身份低的人士，一般称为"接见"或"召见"；凡身份低的人士会见身份高的，或是客人会见主人，一般称为"拜会"或"拜见"。拜见君主，又称"谒见"、"觐见"。我国一般不作上述区别而统称"会见"。接见和拜会后的回访，称"回拜"。

会见的性质有礼节性的、政治性的、事务性的，或兼而有之。其中礼节性的会见时间较短，话题较为广泛。政治性会见一般涉及双边关系、国际局势等重大问题。事务性会见则有一般外交交涉、业务商谈、经贸、科技及文化交流等。

所谓会谈，特指双方或多方就某些重大政治、经济、文化、军事及其他共同关心的问题交换意见。会谈也可以指洽谈公务和业务谈判。一般说来，会谈的内容较为正式，政治性和专业性较强。

2.会见与会谈的安排

提出会见，东道国和来访者及外交使节的权力是平等的。主客双方都可以在认为合适的时候提出会见的要求。当然，从礼节和两国关系上考虑，东道主应根据对方身份及来访的目的，在来访者抵达的当日或次日，安排相应的领导人和部门负责人会见。来访者及外交使节亦可根据两国关系和本人身份及业务性质，主动提出拜会东道国某些领导人和部门负责人。

通常，礼节性拜会，由身份低者拜会身份高者，来访者拜见东道主；如是正式访问或专业访问，则应考虑安排相应的会谈。外交使节到任后和离任前，应对与本国有外交关系的国家驻当地使节作礼节性的拜会。外交团之间对同等级别者的到任礼节性拜访，按惯例均应回拜，身份高者对身份低者可以回拜，也可以不回拜。

3.会场布置与座位安排

会见与会谈的场地。高级领导人之间的会见，通常安排在重要建筑物的宽敞会客厅(室)内进行，亦有在宾客下榻的宾馆的会客室进行的。会谈桌上常放置两国国旗，现场设置中、外文座位卡，卡片的字体应工整、清晰，以便与会者对号入座。会谈场地正门口，还要安排人员迎送客人。

会见座位的安排。会见的座位安排有多种形式，有分宾主各坐一方的，有宾主穿插坐在一起的。通常这样安排：主宾、主人席安排在面对正门的位置，客人座位在主人右侧，其他客人按礼宾顺序在主宾一侧就座，主方陪见人在主人一侧按身份高低就座。译员、记录员通常安排在主宾和主人的后面。

会谈座位的安排。会谈分为双边会谈与多边会谈。双边会谈通常用长方形或椭圆形桌子，多边会谈采用圆形或摆成方形。不论什么形式，均以面对正门为上座。

双边会谈时，宾主相对而坐，以正门为准，主人在背门一侧，客人面向正门，主谈人居中。如会谈长桌一端向正面，则以入门的方向为准，右为客方，左为主方。

多边会议，座位可摆成圆形、方形等。

小范围的会谈，也有不用长桌，只设沙发，双方座位按会见座位安排。

4.会见与会谈的几项具体工作

(1)会见与会谈的组织工作。会见与会谈的组织者，在会见前，要做好充分的组织准备工作。

一是提出会见要求。应将要求会见人的姓名、职务及会见什么人和会见目的通知对方，接见方应尽早予以回复，约妥时间，如因故不能接见，应婉言解释。

二是接见方应主动将会见的时间、地点、主方出席人员、顺序安排及有关事项通知对方。会见方则应主动向对方了解上述情况，并通知有关出席人员。

三是准确掌握会见、会谈的时间、地点和双方参加人员的名单，及早通知有关人员和有关单位做好必要的安排。

四是及早安排与布置会见、会谈的厅室、座位和音响等。

(2)迎接客人。客人到达前，主人应提前到达会见(会谈)场所。客人到达时，主人应在门口迎候。主人的穿着要和自己的职务、身份相称。如果主人不到大楼门口迎接，则可由工作人员迎接并引入会客厅。

(3)会见与会谈期间的服务礼仪。会见时所招待的饮料，各国不一。我国一般只备茶水，夏天加冷饮，如会见时间过长，可适当加上咖啡、红茶和点心。如需合影，要事先安排好合影位置，布置好场地，准备好照相设备。合影时主人和主宾居中，并以主人右侧为上，按礼宾次序，主、宾双方间隔排列。合影时间宜安排在宾主见面握手之后，经合影后再入座，当然也有在会见结束后合影留念的。

(4)会见与会谈涉及的人员。领导人之间的会见、会谈，除陪见人和必要的译员、记录员外，其他工作人员在安排就绪后均应退出。如允许记者采访，也只是在正式谈话开始前采访几分钟，然后全部离开。谈话过程中，旁人不要随意进出。

(5)握别。会见、会谈结束后，要热情话别并送至车前或门口握别，目送客人离去后再退回室内。

(6)一般官员及民间人士的会见。此类会见安排大体同上。也要先申明来意，约妥时间、地点，通知来宾身份、人数，准时赴约。而礼节性的会见，不宜逗留过久，半小时左右即可告辞。客人来访，相隔一段时间后，应予回访。

二、迎送和接待礼仪

1.迎送的安排

正式迎送来访者之前，首先要有一个对迎送活动的周密安排。一般说来，迎送活动分两种档次。

(1)隆重迎送。这主要适用于各国对外国国家元首、政府首脑的正式访问，往往都举行隆重的迎送仪式。对军方领导人的访问，也举行一定的欢迎仪式。

(2)一般迎送。这适用于一般人员的访问，对一般代表团和人员的访问，一般不举行迎送仪式。

当然，对应邀前来的访问者，不管是官方人士、专业代表团，抑或是民间团体、知名人士，在他们抵离时，均应安排相应的人员前往迎送。对长期在本国工作的外国人士、外交使节或专家，当他们到任或离任时，各国有关方面亦安排相应人员迎送。

2.确定迎送规格

对来宾的迎送规格，通常主要是依据来访者的身份，访问性质和目的，适当考虑两国关系，同时要注意国际惯例。

确定迎送规格，主要是确定哪一级人员出面迎接，是接待来宾的一个礼遇规格，应根据主管部门的接待要求来办。主要迎送人员通常都要同来宾身份相当，但由于各种原因不可能完全相符，可灵活变通，由职位相当的人士或由副职出面。总之，主人身份与客人的身份不能相差太大，以同客人对口、对等为宜，以示对客人的尊重。当事人不能出面时，无论作何种处理，应从礼貌出发，向对方做出解释。在特殊情况下，为了两国的外交关系或政治需要，可打破常规，安排较大的迎送场面，给予较高的礼遇，但要避免产生不必要的误会，以免造成厚此薄彼的印象。

3.掌握抵达和离开的时间

为顺利迎接客人，迎送人员必须准确掌握来宾乘坐的飞机、火车、船舶的抵离时间。如有变化，应及时告知。由于天气变化等意外原因，飞机、火车、船舶可能不准时，迎送人员应在客人抵达之前到机场、车站或码头，不能出现让客人等候的现象。送行人员应在客人起程之前到达，如有迎送仪式，应在仪式之前到达，并直到客人乘坐的交通工具看不见时再离去。

4.献花

献花适用于礼遇较高的外宾，迎接普通外宾，一般不需献花。献花须用鲜花或由鲜花扎成的花束，花束要整洁、鲜艳，忌用菊花、杜鹃花、石竹花和黄颜色的花朵。向贵宾献花，通常由儿童或女青年在参加迎送的主要领导人与客人握手之后，将花献上，并向来宾行礼。有的国家由女主人向女宾献花。

5.互相介绍

客人与迎接人员见面时，应互相介绍。通常先将主人介绍给来宾，职位从高至低，可由礼宾交际工作人员、接待翻译或迎接人员中职位最高者介绍。有时也可作自我介绍。客人初来乍到，一般较为拘谨，作为主人应主动与客人寒暄。

6.迎送中的陪车

迎送车辆都应事先安排好，不可临阵调遣，给人以仓促之感。客人抵达或迎送仪式结束后，从抵达地到住处，以及访问结束后，由住地前往机场、车站、码头，一般都应安排迎送人员陪同乘车。陪车时，应请客人坐在主人的右侧。上车时，客人要从右侧门上车，主人从左侧门上车。如果客人已先上车并坐在了主人的位置上，则不宜再请客人挪换座位。

7.迎送中其他应注意的事项

迎送贵宾时，应事先在机场、车站或码头安排好贵宾休息室，准备好饮料。

客人的住处、膳食应事先订好。如有条件，在客人到达之前，就应将住房地点、用膳方式、日程安排、联络方式、联络人等事宜通知到具体客人。如做不到，可将上列事项打印好，在客人到达时分发给每个客人，这样可避免混乱，使客人心中有数，主动配合。

指派专人协助办理入出境手续及机票、车船票和行李提取或托运手续等事宜。

客人到达住处后，应给客人安排休息的时间，再开展其他活动。

整个迎送活动应安排得热情、周到、有条不紊，使客人有“宾至如归”的感觉，不能出现冷淡、粗心或怠慢客人的情形。

复习思考题

1.什么是礼仪及公共关系礼仪？礼仪及公共关系礼仪有什么特点和作用，特别是在公共关系活动中有什么重要作用？

2.结合自己的具体实践，谈谈在社交、公务和涉外的公共关系活动中应该特别注意哪些公共关系礼仪？

3.什么是求职应聘礼仪？它包括哪些主要内容？

参考文献

[1] 熊源伟.公共关系学.合肥:安徽人民出版社,1997.
[2] 方光罗.公共关系实务.北京:中国财政经济出版社,1997.
[3] 纪华强,杨金德.公共关系的基本原理与实务.2版.厦门:厦门大学出版社,1999.
[4] 陈靖.公共关系实务操作.北京:高等教育出版社,2000.
[5] 熊超群,潘其俊.公关策划实务.广州:广东经济出版社,2003.
[6] 史有春.公共关系学.南京:南京大学出版社,2002.
[7] 何明宝,等.涉外公共关系概论.合肥:中国科学技术大学出版社,2000.
[8] 李道平,等.公共关系学.北京:经济科学出版社,2000.
[9] 张荷英.现代公共关系学.北京:首都经济贸易大学出版社,2001.
[10] 黄绍彬,顾之民.公共关系概论.青岛:青岛出版社,1994.
[11] 雷六七.新公共关系实务.北京:经济管理出版社,1998.
[12] 郭惠民,居易.公关员.2版.上海:复旦大学出版社,1999.
[13] 李兴国.公共关系实用教程.北京:高等教育出版社,2000.
[14] 白巍.大众公共关系学.北京:经济科学出版社,2002.
[15] 郭惠民.国际公共关系教程.上海:复旦大学出版社,1996.
[16] 郭惠民.当代国际公共关系.上海:复旦大学出版社,1995.
[17] 于健荣,王克智.现代公关理论与实践.北京:高等教育出版社,1997.
[18] 邱伟光,韩虹.现代公共关系.长沙:湖南大学出版社,1998.
[19] 何修猛.现代公共关系学——理论与技巧.上海:复旦大学出版社,2002.
[20] 段京肃,杨魁.二十一世纪公关蓝皮书.兰州:兰州大学出版社,1996.
[21] 袁传荣,宋林飞.公共关系学新论.南京:南京大学出版社,1994.
[22] 陶婷芳,晁钢令.涉外企业营销与公共关系.北京:经济科学出版社,1994.
[23] [美]格伦·布鲁姆,艾伦·森特,斯科特·卡特里普.有效的公共关系.明安香,译.北京:华夏出版社,2002.
[24] [美]伦纳德·萨菲尔.强势公关.北京:机械工业出版社,2002.
[25] [美]杰里·A·亨德里克斯.公共关系案例.北京:机械工业出版社,2003.
[26] [英]理查德·D·刘易斯.文化的冲突与共融.北京:新华出版社,2002.
[27] 兰迎春,陈军.公共关系学.济南:山东人民出版社,2010.

[28] 周安华,苗晋平.公共关系:理论实务与技巧.3版.北京:中国人民大学出版社,2010.
[29] 齐小华,殷娟娟,陈先红.公共关系案例研究.武汉:武汉大学出版社,2009.
[30] 谭昆智,汤敏慧,劳彦儿.21世纪新闻与传播系列新编教材·公共关系策划.北京:清华大学出版,2009.
[31] 何伟祥.公共关系原理与实务.大连:东北财经大学出版社,2009.
[32] 邵喜武,杨俊.新型公共关系原理与实务.北京:经济科学出版社,2010.
[33] 李秀忠,刘桂莉.公共关系学.武汉:武汉大学出版社,2009.
[34] 谭昆智,齐小华,马志强.现代公共关系学导论.北京:清华大学出版社,2010.